WILLY
« LE PÈRE DES CLAUDINE »

Du même auteur

BIOGRAPHIES
Isidore Ducasse, comte de Lautréamont, Gallimard, coll. Idées, 1975.
Christophe, Pierre Horay, 1981.
Raymond Roussel, Fayard, 1997.
Alphonse Allais, Fayard, 1997.
Le Pétomane au Moulin-Rouge, avec Jean Nohain, Fayard, 2000.
Jane Avril, Fayard, 2001.
Albert Humbert, en préparation.

DICTIONNAIRES
Dictionnaire du français argotique et populaire, Larousse, 2002.
Dictionnaire des gestes, en préparation.

BANDES DESSINÉES EN PROSE
Nous deux mon chien, Pierre Horay, 1983.
La Compagnie des Zincs, Climats, 2000.
Catalogue d'autographes rares et curieux, Limon, 1998.
Le Porc, le coq et le serpent, Maurice Nadeau, 1999.
Le Quartier Vauvert, à Paris, en préparation.

Bibliothèque oulipienne
n°s 37, 45, 54, 55, 60, 71, 96, 114, 122.

François Caradec

WILLY
« le père des Claudine »

Fayard

© Librairie Arthème Fayard, 2004.

L'influence de Vénus

Madame de Thèbes, la voyante à la mode, a prédit une année « incohérente » soumise à l'influence de Vénus. Il y a foule, avenue de Clichy, le jeudi 3 janvier 1907, à la porte du Moulin-Rouge, pour assister à la première représentation de la *Revue du Moulin*, une foule mêlée de membres du Jockey-Club et de nervis, de spectateurs qui ne viennent que pour se distraire, et d'amateurs de scandale aussi, alléchés par les articles qui ont paru depuis quelques jours dans la presse et par l'affiche insolite placardée sur la porte du music-hall :

> ? YSSIM ?
> et
> COLETTE WILLY
> dans
> *Rêve d'Égypte*
> pantomime de
> MME LA MARQUISE DE MORNY
> intercalée dans
> LA REVUE DU MOULIN.

? Yssim ? Les deux points d'interrogation nous invitent à retourner ce pseudonyme pour découvrir Missy, la propre fille du duc de Morny, frère adultérin de Napoléon III et son premier ministre de l'Intérieur après le coup d'État du 2 Décembre.

Colette Willy ? Tout le monde connaît son mari, le journaliste et romancier Henry Gauthier-Villars, qui sous le nom de Willy a publié des *Claudine* qui font scandale et ont atteint les plus forts tirages de l'époque.

Tout Paris – et la province aussi, car la presse y fait écho à cet événement bien parisien – sait que l'épouse du romancier a quitté son mari depuis six mois pour vivre avec la marquise de Morny, tandis que Willy habite maintenant avec une jeune danseuse anglaise, Miss Meg Villars : « deux couples qui ont arrangé leur vie de la façon la plus normale que je sache, qui est celle de leur bon plaisir », écrit crânement Colette au directeur du *Cri de Paris*.

Tout le monde n'est pas de cet avis. La famille du duc de Morny a jusqu'à présent fermé les yeux sur les frasques de Missy, qui a déjà plaqué dans sa province un mari falot, le marquis de Belbeuf, pour des liaisons féminines tapageuses, s'habille en homme et fume le cigare. Elle fait aujourd'hui la folie de s'exhiber sur les planches avec des cabotins et sa dernière liaison en date, cette petite provinciale mariée sans dot à un auteur de romans grivois ! Va pour le marquis de Belbeuf, dont elle a divorcé en 1904 et qui est décédé fort opportunément en janvier 1906 ; mais les Morny ne lui pardonnent pas de monter sur la scène du Moulin-Rouge !

Le frère de Missy, deuxième duc de Morny (ce « duc Mignon » se plaint : « Ma sœur m'enlève toutes mes maîtresses »), et le prince Murat ont loué une partie de la salle où ils ont placé leurs amis du Jockey et leurs hommes de main.

Les premiers numéros du spectacle de la *Revue du Moulin* passent à peu près inaperçus ; la salle s'impatiente. À onze heures moins le quart, le rideau se lève enfin sur *Rêve d'Égypte*. Alors les cris d'animaux, les coups de sifflet couvrent l'orchestre. Impassibles, les deux femmes miment leurs amours. On leur jette des épluchures d'orange, des pièces de monnaie, des petits bancs et même, car on a l'esprit frondeur au Jockey-Club, des gousses d'ail ! La tempête dure jusqu'à ce que le rideau tombe sur cette scandaleuse exhibition.

Alors le public mornyste privé de son spectacle se tourne vers une baignoire qu'occupe Willy, dont la silhouette tant de fois photographiée et caricaturée est facilement reconnaissable. « Cocu ! Cocu ! » scande le parterre qui, après avoir sifflé la marquise, s'en prend maintenant aux mœurs de sa partenaire.

Cocu ? Willy en est le premier étonné. Non seulement il n'a jamais cru à l'amour entre femmes, mais il ne s'estime pas trompé. Il se dresse dans sa loge et brandit sa canne. Le policier de service tente de le dégager tandis que les hommes de main du duc de Morny se ruent dans le promenoir. Meg Villars et quelques amis de Willy font le coup de poing et parviennent à le pousser dans le bureau de l'administration.

Le directeur du Moulin-Rouge escomptait un scandale ; il l'a eu. Mais il est convoqué le lendemain à la Préfecture de Police où il lui est notifié que son établissement sera fermé si *Rêve d'Égypte* n'est pas immédiatement retiré de l'affiche. Quels que soient les régimes politiques, c'est un service qu'un préfet de police ne peut refuser au fils d'un ancien ministre de l'Intérieur.

Bientôt, Henry Gauthier-Villars n'appellera plus sa femme que « ma veuve » et signera ses lettres : « feu Willy ».

Ce scandale du Moulin-Rouge, c'est à peu près tout ce qu'on retient généralement de la séparation de Colette et de son premier mari. On oublie qu'ils avaient connu treize ans de vie commune en parfaite entente, et qu'ils n'étaient plus des jeunes gens : Colette avait trente-quatre ans, Missy quarante-deux, et Willy quarante-huit.

On sait que les six premiers romans de Colette (et pas seulement les quatre *Claudine*) ont paru sous le nom de Willy, qui a publié plus d'une centaine d'ouvrages en tous genres. Soit au total, de 1882 à 1928, soixante-dix-huit volumes sous la marque Willy, une bonne quinzaine de préfaces du même, dix volumes de l'Ouvreuse du Cirque d'Été, seize études historiques sous la signature d'Henry Gauthier-Villars, et cinq traductions.

Colette, durant vingt-cinq ans, après son divorce, après même la mort de Willy, a poursuivi de son ressentiment l'homme qui lui a appris l'art d'écrire, mais qu'elle ne se pardonnait pas d'avoir aimé – l'homme qui avait vendu les droits d'auteur de ses *Claudine* un jour de dèche. « Mon héros, contrebandier de l'Histoire littéraire, je le trouve d'une taille et d'une essence à inspirer, et à supporter la curiosité », reconnaît-elle dans *Mes Apprentissages*.

J'ai eu cette curiosité. Depuis longtemps, je rencontrais l'ombre portée de Willy dans mes lectures, de la France de Grévy à celle de Fallières. Colette, beaucoup moins ; elle était là pourtant, dans son bureau penchée sur son épaule, tenant le fils de son mari sur ses genoux, ou mimant avec lui (et Toby-chien) des scènes équivoques de *Claudine à l'École* abondamment répandues en cartes postales. C'était une inconnue, une épouse discrète mais toujours présente auprès d'un des hommes les plus célèbres de la « Belle Époque », avec tout ce que ces mots peuvent sous-entendre de gaieté facile, d'insouciance factice, et de frelaté.

La situation s'est inversée. L'inconnu, aujourd'hui, c'est lui : elle était l'épouse de Willy, il est devenu le mari de Colette.

Elle a voulu tardivement sa revanche sur l'homme qui a signé ses premiers livres et ceux de bien d'autres jeunes écrivains ; elle l'a eue, et plus encore qu'elle ne l'avait souhaité. Si elle-même n'avait publié *Mes Apprentissages* cinq ans après la mort de Willy, il ne serait plus question de lui.

La vie commune de Colette et Willy fut celle de la vingtième à la trente-troisième année pour Colette, de la trente-quatrième à la quarante-septième pour Willy. Ce sont des années qui comptent, pour une femme – et pour un homme ! Pour elle, ce furent, comme elle l'a écrit, ses années d'« apprentissage » littéraire ; pour lui, les années de la maturité, de la réussite et de la célébrité.

Contrairement à ce qu'on pense généralement, nul homme de lettres de son époque ne s'est autant dispersé que Willy : il a voulu tout saisir, tout savoir. L'abondance de sa correspondance et de ses traces manuscrites est prodigieuse. Durant vingt années, à cheval sur 1900, il a été partout. Quand vint la guerre de 14-18, il avait cinquante-cinq ans ; il était trop âgé pour ne pas connaître, la paix revenue, la solitude et l'oubli.

Comme tout le monde, j'ai lu les œuvres de Colette avant celles de Willy. Je me suis étonné qu'à de rares exceptions près, les critiques fassent si peu de cas de la personnalité du premier mari de Colette, sinon pour le traîner dans la boue. Il ne me semblait pas inutile de tenter de saisir sa personnalité complexe, et de comprendre le drame de ce couple sans enfant qui alliait dans une même gloire littéraire un voyeur et une exhibitionniste. Tous deux, écrivains, vivaient dans l'imaginaire, mais ils se sont aimés, et tous deux l'ont écrit. D'où tant de violence au cours d'un divorce qui dura cinq années.

Ce livre n'est pas le « roman de cet homme-là » que souhaitait Colette. On ne peut écrire le roman d'un homme dont, avant d'avoir rassemblé les documents biographiques et l'iconographie, on ne savait pas grand-chose. Personnage plat, dont les traces sont toutes de papier – livres nombreux, lettres par centaines, revues, journaux, pièces d'archives et d'état civil, photos –, le « héros » d'une biographie n'en devient pas moins rapidement personnages de romans (au pluriel, car à sa lecture en naissent autant que de lecteurs).

Il n'y a pas plus de vérité biographique que de vérité autobiographique : utiliser des fragments des œuvres dans une biographie, c'est construire un nouveau mensonge sur celui des apparences. Naturellement, je n'y ai pas manqué : la superposition des faits vrais à l'autobiographie et à la vérité romanesque crée un nouveau désordre, celui d'une « vie » qui se fait et se défait sous vos yeux, avec ses ombres, ses contradictions et ses silences.

Je me suis astreint aux règles du jeu de la chronologie, ni par facilité ni par perversité, mais parce que avec ses temps forts et ses temps faibles elle permet de voir bouger peu à peu le personnage plat et de découvrir les mouvements de la vie. Si je veux bien oublier un instant les jugements de Colette (on ne peut pas toujours lui donner tort), Willy m'apparaît comme un homme instable mais un travailleur acharné, jouisseur mais intransigeant sur les grands principes de la morale, antidreyfusard et respectant la religion et l'armée, batailleur mais doux, joueur et guignard, chauve et ventru mais séduisant, cultivé en même temps que méprisant sa « clientèle », toujours passionné et contradictoire.

Qui n'a pas lu Colette ? Mais qui a lu Willy ? Bien sûr, ce n'est pas facile, car il y a belle lurette que ses livres ne sont plus édités ; c'est dommage, certains présentent un réel intérêt littéraire : *Maîtresse d'Esthètes* par exemple, que voulait préfacer Pascal Pia, roman écrit par Jean de Tinan maintenant réédité grâce à Jean-Paul Goujon ; d'autres aussi sous lesquels on retrouve parfois Paul-Jean Toulet, Curnonsky, Francis Carco et tant d'autres « nègres » (sans oublier Colette qui travailla aussi à ce qu'elle appelle « les ateliers ») ; enfin parce qu'on publie tous les jours des romans qui ne les valent pas.

Willy était un écrivain professionnel qui a beaucoup produit. Et même s'il écrivait à un lecteur, en 1923 : « Je n'ai jamais rien publié sous le titre *Un vicieux précoce*. Et je ne compte pas écrire quoi que ce soit d'analogue », il n'a lésiné ni sur la gaudriole, ni, cela va de soi, sur l'érudition.

Il ne se faisait d'ailleurs guère d'illusions : « Depuis qu'il y a des démocraties – et qui lisent – on ne leur plaît que par l'obscénité, le cynisme et la sensiblerie. »

1

De Willy à Colette
1859-1892

*De mes plus grands chagrins
j'ai toujours fait de petits à-peu-près.*

Henry Gauthier-Villars

En 1906, au moment où il se sépare de Colette après treize ans de vie commune, Willy rectifie une erreur de Curnonsky : « Je ne suis pas de 61. Je suis de 59, l'année de la guerre d'Italie. Ah ! merde. »

Cette année-là, son père, Jean-Albert Gauthier-Villars, participe à la campagne de Napoléon III, et c'est chez sa grand-mère, à Villiers-sur-Orge, que naît Henri-Jean-Albert Gauthier-Villars, le 10 août à deux heures de l'après-midi.

Si Curnonsky fait une légère erreur de date, d'autres lui attribuent pour ancêtre le maréchal de Villars : « Le premier Villars de ma famille qui ait marqué était un berger, un "heureux petit berger", comme chantait dans *Mireille* Mlle Auguez, avant d'épouser Henri Lavedan. » Ce Dominique Villars garde ses troupeaux au début du règne de Louis XVI dans les montagnes du pays de Champsaur, dans les Hautes-Alpes. Un curé de campagne, desservant de Saint-Bonnet, entreprend de lui enseigner les éléments de la botanique et l'envoie, à ses frais, poursuivre ses études au lycée de Grenoble. Devenu médecin, il ouvre dans cette ville un cours de botanique, crée un jardin des plantes et publie quelques livres « appréciés du monde savant ». Médecin-chef de l'hôpital de Grenoble, il a l'occasion d'opérer d'une grave blessure un simple sergent qui, selon la légende familiale entretenue par Willy, était déjà destiné au confesseur : le soldat guérit en six semaines et deviendra plus tard le maréchal Bernadotte, et roi de Suède sous le nom de Charles XIV. Nommé professeur à l'Université de Strasbourg à la fin de sa vie, Dominique Villars y meurt en 1831, doyen de la Faculté des Sciences.

Son fils, médecin militaire des armées du Consulat et de l'Empire, fait campagne auprès du même maréchal Bernadotte. Il a plusieurs filles, dont l'une, Pauline, épouse sous la Restauration Frédéric Gauthier, fils d'un imprimeur dauphinois établi en Franche-Comté. Le couple a deux enfants, dont Jean-Albert Gauthier, né en 1830 : c'est son aïeul, désolé de n'avoir eu que des filles, qui lui aurait demandé d'ajouter le nom de sa mère à celui de son père pour que ne s'éteigne pas la lignée des Villars. Ce qu'il fera le 7 juillet 1859.

Sorti de l'École Polytechnique en 1850, Jean-Albert Gauthier-Villars est d'abord ingénieur, et nommé inspecteur des Télégraphes à vingt-cinq ans. C'est à ce titre qu'il fait la campagne de Crimée de 1854 à 1856, établissant les lignes télégraphiques du corps expéditionnaire devant Sébastopol. Il revient en France en 1857 pour reprendre ses fonctions civiles, et épouse en 1858 Laure Pottier, née en 1836 dans une famille d'universitaires parisiens originaires d'Ile-de-France et de Normandie. L'année suivante, il est désigné par l'administration des Télégraphes pour organiser les transmissions de l'armée d'Italie. Au cours de la prise de Novare, avec les premiers Français entrés dans la ville, il s'empare du matériel télégraphique abandonné par l'ennemi pour expédier ses propres dépêches. Ce coup audacieux lui vaut la croix de chevalier de la Légion d'honneur à titre militaire à l'âge de trente ans.

Jean-Albert Gauthier-Villars a trois enfants : Henri, notre Willy, en 1859, Albert, né lui aussi à Villiers-sur-Orge en 1861, et une fille, Magdeleine. Il donne sa démission de l'administration et, le 1er janvier 1864, à trente-quatre ans, revient à la profession paternelle (et même familiale, car ses ascendants Gauthier l'exerçaient depuis plus d'un siècle) en achetant à Paris l'imprimerie-librairie Mallet-Bachelier, et en regroupant dans le même immeuble, 55, quai des Grands-Augustins, l'imprimerie et la librairie. Ce que fut cette maison d'édition scientifique a été raconté par Jacques Gauthier-Villars (le texte est anonyme, mais il m'a confié qu'il en était l'auteur) dans l'album consacré en 1964 au centenaire des éditions Gauthier-Villars.

Henri Gauthier-Villars – il signera « Henry » – est né dans une famille de polytechniciens de la bourgeoisie parisienne : son père, son oncle, son frère sont polytechniciens, et sa sœur en épousera un. Son père, Jean-Albert, en reprenant un catalogue où figurent le *Cours de Philosophie positive* d'Auguste Comte et les œuvres maîtresses d'Urbain Le Verrier, Léon Foucault, Marcelin Berthelot, Charles Hermite, Charles de Freycinet, Eugène Chevreul, Henri Sainte-Claire Deville et Louis Pasteur, continue de publier jusqu'à sa mort en 1898 les mêmes auteurs et de nouveaux, tels que Charles Cros, Camille Flammarion, Édouard Branly, Louis Ducos du Hauron, Henri

Poincaré, Henri Moisan, William Crookes, James Clerck Maxwell, Henri Becquerel, Alphonse Bertillon, Henri Abraham, Arsène d'Arsonval, Émile Borel, Pierre Curie... En même temps il édite de nombreuses revues scientifiques, sans oublier le *Livre d'Or de l'École Polytechnique* à l'occasion du centenaire en 1889, l'*Annuaire des Anciens Élèves de l'École Polytechnique* (depuis 1865) et le *Journal de l'École Polytechnique*. Dans son imprimerie, il améliore les techniques de composition typographique des formules algébriques et crée une fonderie (et un caractère de labeur, dit « Caractère G.-V. »). L'imprimerie Gauthier-Villars travaille aussi pour d'autres éditeurs, notamment Hetzel qui lui confie quelques-uns des ouvrages de Jules Verne et ceux d'Erckmann-Chatrian.

Ce père n'a pas beaucoup de temps à consacrer à ses enfants, qu'il voit peu. C'est leur mère qui les élève à la fois sévèrement et avec beaucoup de tendresse « dans le petit chalet que nous habitions à Passy, au fond de l'étroite rue des Vignes ». Elle est musicienne et Henri, son fils aîné, poupin et blond aux yeux bleus, reste des heures à regarder ses doigts courir sur le clavier du piano du salon. Elle l'initie aux lieder de Schumann, aux mélodies de Schubert, aux polonaises de Chopin, sans oublier les refrains en vogue à la fin du Second Empire. « C'est en 1867, écrit-il, que j'eus l'honneur et la joie de pénétrer dans un théâtre sérieux, au Lyrique, pour y voir *La Jolie Fille de Perth*. » Et à peine assis dans son fauteuil, le petit garçon de huit ans s'endort...

L'Empire est en train de s'écrouler. Henri a onze ans : « J'aimais beaucoup mes parents ; néanmoins, en 1870, pendant qu'ils mastiquaient dans Paris bombardé par les Prussiens d'insuffisants biftecks de cheval ("hippotecks" serait plus juste), je trouvais la vie belle à Châteauroux où ma mère m'avait envoyé, loin des balles, chez sa sœur ; je flânais à travers les prés fleuris que l'Indre arrose, je séchais les classes, voluptueusement. Ô les adorables après-midi, sous le préau du Lycée transformé en ambulance. Ô les divines parties de loto avec les turcos basanés, aux dents de marbre ! Un grand diable rieur, Mohammed-ben-Kekchose, mit sur sa tête ma casquette de collégien et me coiffa de sa chéchia. Des poux l'habitaient. Sans m'en douter, je les hospitalisai. Le coiffeur, mandé en hâte, vint me couper les cheveux dans le jardin, encerclé de mes cousins qui contemplaient l'opération, avec un mélange d'horreur et d'envie : "C'est des poux d'Afrique!" Cependant, ma pauvre tante, accablée de honte, pleurait en me promettant l'échafaud. »

Pendant ce temps, son père est arrêté en mai par les Communards et « en quelque sorte interné, rue Guénégaud »; il fera profiter ses proches de son expérience carcérale dans une plaquette de 56 pages, *Cinq jours de captivité*, tirée à 25 exemplaires et modestement signée « G.-V.[1] ».

« Rentré à Paris, je fis ma première communion, peu après les fusillades de la Commune, en août 1871. J'étais croyant, autant qu'on peut l'être. Avec mon cierge, je faillis incendier les mousselines d'une fillette et comme l'abbé Delafosse m'objurguait, la sueur aux tempes : "Petit maladroit, un peu plus, tu lui mettais le feu!..." je répondis, extatique : "Elle serait allée droit au ciel!" »

Au lycée Fontanes, « qui ne s'appelait plus Bonaparte et pas encore Condorcet » (il prendra ce nom en 1883), il suit les cours sans grand enthousiasme « mais sans ennui »; en 1873 il reçoit une médaille pour sa place de premier en composition générale de version grecque. Il doit être alors en classe de quatrième. Il regrettera plus tard de l'avoir un peu oublié (mais il en sait suffisamment pour rédiger en grec le compte rendu de la pièce de Maurice Donnay, *Lysistrata*, dans le *Chat Noir* du 7 janvier 1893) et racontera que son maître l'avait repris parce qu'il prononçait à la française le nom d'Archimède :

– Dites *Arkimède*, mon enfant.

Et comme le même professeur lui demandait un peu plus tard où il habitait, il répondit froidement :

– Rue de *Cliky*.

« La même année, je pus admirer Jules Simon qui inspectait les classes en qualité de ministre, sauf erreur; pattes de lapin, petite moustache courte, l'air d'un maquignon paterne et finaud. Ce partisan convaincu de l'hydrothérapie, dont il vantait les bienfaits en toute occasion, m'interrogea, honneur dont je me serais volontiers passé.

– Que faites-vous, mon ami, quand vous vous levez?
– M'sieu, je m'habille.
– Et avant de vous habiller?

---

1. Ce journal des derniers jours de la Commune dans le quartier de la Monnaie est reproduit par Willy dans les *Confidences d'une Ouvreuse, Gil Blas*, 20 juin 1911 et *sq*.

Il espérait la réponse : "Je me débarbouille", qui lui eût permis d'étaler sa conférence sur l'utilité des ablutions complètes. Mais, très embarrassé, je me confinais dans un silence qui finit par l'impatienter :

– Voyons, mon garçon, ne restez pas là comme une souche ! Que faites-vous le matin avant de vous habiller ?

Alors, penaud, cramoisi de confusion, je balbutiai :

– M'sieu, je fais pipi. »

Henri Gauthier-Villars a pour camarades (condisciples, labadens) Maurice Desvallières qui deviendra vaudevilliste (*Champignol malgré lui*, avec Georges Feydeau, 1892), René Doumic qui restera son ami, et Théodore Reinach, « déjà un petit poseur plutôt désagréable ».

« J'ai suivi les cours de Condorcet, se souvenait-il dans une lettre en 1914, conspué le censeur Guigelin, dit "Bicolor", et le mastodontesque professeur d'histoire Bonnefort, j'ai volé passage du Havre pour acheter des mandarines à 0 fr.10 et frôler les grues à 10 fr. (j'avais plus d'argent qu'aujourd'hui). »

Henri semble avoir été un assez bon élève, moins toutefois que son jeune frère Albert qui, comme papa, se destine à Polytechnique. J'ignore pour quelle raison il quitte le lycée Fontanes pour le collège Stanislas. Mais peut-être disait-il vrai : il a fort bien pu habiter rue de *Cliky* (ou plutôt de Clichy, près de la rue du Havre où est situé le lycée) et ne venir que plus tard quai des Grands-Augustins, dont la rue Notre-Dame-des-Champs, qui abrite Stanislas, est évidemment plus proche. La rive gauche offre pourtant un grand choix de lycées : s'il entre au collège Stanislas, c'est certainement parce que ses parents, croyants et pratiquants, préfèrent l'éducation des pères à l'enseignement laïc dont la discipline peut leur paraître insuffisante pour maîtriser cet élève fantaisiste.

La langue latine paraît avoir été une de ses passions. Il la sèmera tout au long de son œuvre ; et répondant en 1905 à une enquête sur le latin, langue universelle, lancée par *La Revue littéraire de Paris et de Champagne*, il écrit : « Personnellement, je ne verrais aucun inconvénient à ce que les murs de Paris fussent bariolés, *Cappiello adjuvante*, d'affiches rédigées dans la langue du regretté Pétrone. L'éléphant et le Turc qui, depuis moult années, proclament leur exclusive dilection pour tel papier à cigarettes, ne s'écrieraient plus : "Je ne fume que le..." mais *Nullam aliam nisi papyrum quae nomine Nili dicitur fumo.* » Et le 6 décembre 1891, il rédige en latin le compte rendu de *Lawn-Tennis,* la pièce de Gabriel Mourey qui fait scandale : « Quum primum Antonius, Theatri-Liberi notus ille moderator, comœdiam quæ *Lawn-Tennis* inscribitur legit : "Pulchrè! aiebat, benè, rectè! Hæc est illa veritas quam coram civibus non dicere modo, sed clamare ac vociferi debemus. Falsas morum imagines diutius nostri comœdiarum scriptores delineaverunt. Satis superque mentitum est. Eia age! Tempus est mulieris infamiam, auctore Gabriel Mourey, Antonio rectore, denuntiandi..." »

Au collège, Henri Gauthier-Villars a une manière bien à lui de travailler, qui agace un peu ses maîtres. Il ne se jette pas sur son devoir aussi hâtivement que ses camarades, il préfère le méditer, et ne l'écrire que lorsqu'il a entièrement pris forme en son esprit; il l'achève en même temps que les autres élèves, après une longue rêverie. Ce que certains prennent pour de la facilité n'est pas autre chose qu'une des façons les plus intelligentes de travailler. Plus tard, malheureusement, le temps lui manquera de pouvoir appliquer sa méthode; et peut-être faut-il voir déjà dans ces habitudes d'adolescence ce qui paraîtra aux yeux de son épouse n'être qu'une incoercible peur de la feuille blanche?

« Vu l'abondance des matières qu'il fallait s'assimiler, j'étudiais uniquement celles auxquelles je trouvais, à tort ou à raison, quelque attrait [...]. C'est surtout à la poésie que je m'adonnais avec passion; mes vers français, d'une élégance proprette, se garaient de toute originalité, je réussissais mieux les vers latins [...]. Je me souviens d'un devoir développant le thème : "... Tout chante dans la nature"... (*Barbe-Bleue*). Les hexamètres se suivaient et se ressemblaient, musicaux pour célébrer la Musique universelle. *Est et arundineis modulamen amabile ripis...* Ici le professeur sursauta; blessé dans son misonéisme qui n'admettait rien en dehors du siècle d'Auguste, il blâma *modulamen,* mot de la mauvaise époque, mot sentant son Sidoine Apollinaire. Des protestations s'élevèrent contre l'étroitesse de ce classicisme, si indignées, si convaincues que le brave homme se mit à rire et passa condamnation. »

Quant à ses premiers vers français, ce sont sans doute ceux qu'il cite dans *L'Année fantaisiste* de 1891, composés au lycée Fontanes pour la Saint-Charlemagne et dont le censeur refuse d'autoriser la lecture. Le potache se contente de les déclamer sur le perron du lycée :

> Amis, puisqu'aujourd'hui l'on sable le champagne,
> Laissez-moi vous conter une anecdote encor.
> Roland, neveu du grand empereur Charlemagne,
> Un jour qu'il avait mal au pied à la campagne,
> Fut contraint d'enlever sa botte et dit très fort :
> « Soit maudite à jamais la contrainte par cor ! »
> Cependant, l'Empereur à la barbe fleurie
> Lui dit avec bonté : « Que veux-tu mon enfant ?
> – Oncle, répond l'orgueil de la chevalerie,
> Je veux un pédicure. Ah ! de ma chair meurtrie,
> Puisse-t-il extirper cet atroce olifant ! »

Et le poète est porté en triomphe jusqu'à la gare Saint-Lazare.

« Malgré l'irrégularité de ces études », Henri Gauthier-Villars passe ses baccalauréats « sans douleur ». Le philosophe et moraliste Elme-Marie Caro, caricaturé par Édouard Pailleron sous le nom de Bellac dans *Le Monde où l'on s'ennuie* (1881), lui pose sur Kant une question qu'il ne comprend pas ; mais le candidat s'en tire « par des considérations prudemment absconses ». « Soit », soupire l'examinateur. À Himly, professeur d'histoire, qui l'interroge sur le *Guillaume Tell* de Schiller, le candidat oppose ses préférences pour Henri Heine. « Il s'indigna, ce qui ne l'empêcha pas, après une chaude discussion en allemand [...], de me gratifier d'une très bonne note, avec cette absolution rehaussée d'un formidable accent alsacien : "Allez et ne bêchez plus." Ce "bêchez" fit ma joie. » C'est ainsi qu'apparaît pour la première fois ce goût pour les accents du terroir que l'on retrouve dans ses romans.

Comme tous les jeunes gens de ce temps aux mœurs prudentes, le collégien monté en graine fréquente les maisons closes. Il l'écrit en 1925 à Renée Dunan : « Anormal, je l'ai toujours été en ce sens que, très jeune au collège, j'adorais les gamines ! Dans une maison de la rue Montmartre, qui en fournissait, il y en avait deux qui, lasses de leurs jeux coutumiers pour exciter les birbes, venaient avec moi par plaisir. Et la patronne, complaisante, *ne me faisait rien payer*, à condition que je garde mon képi de potache... J'ai compris, depuis, que sûrement de nobles vieillards devaient contempler ces ébats puérils par quelque trou que ne soupçonnait pas ma candeur. »

Henri Gauthier-Villars s'inscrit à la Faculté de Droit. Mais il sait déjà qu'il sera écrivain et, dès 1878, à dix-neuf ans, il collabore à *La Liberté du Jura*, fondée par son grand-père. Il publie la même année un recueil de *Sonnets* («Alexandrins faiblards, à peine supérieurs au meilleur Eugène Manuel», dit-il à Pierre Varenne). L'éditeur bienveillant, qui est certainement son père, préfère ne pas mentionner son nom sur la couverture de la plaquette imprimée sur papier japon. Et le 8 septembre 1879, il contracte un engagement conditionnel d'un an au 31e régiment d'artillerie en garnison au Mans. Son livret militaire précise qu'il a les cheveux et les sourcils blonds, le front et le nez ordinaires, la bouche moyenne et le menton rond. Taille : 1,69 m. Il sait lire, écrire... et il est bachelier ès lettres.

> Monter à cheval, faire des mises en batterie au polygone, oui, ça m'allait, mais je détestais pivoter dans la cour du quartier pour exécuter des «par le flanc droit, par file à gauche» dénués d'imprévu; quant au pas gymnastique, alourdi par les basanes et les bottes éperonnées, il me semblait le comble de l'horreur.
>
> Je conçus le projet, aussitôt exécuté, de me faire passer aux yeux de mon chef de peloton pour un «minus habens» incapable de rien comprendre à ses explications. Quand il m'adressait la parole, j'écarquillais des yeux ahuris, je feignais un anxieux malaise qui flattait son orgueil, je mâchonnais : «Heu... oui... non... heu... maréchal des logis.» Lui, me réconfortait : «Allons, n'ayez pas peur, bon Dieu, on ne vous mangera pas; restez bien tranquille et regardez ce que font les autres.» Je restais bien tranquille, je regardais les autres de mon air le plus hébété et je n'en fichais pas un coup. Au bout de peu de temps, je fus laissé de côté par le sous-off convaincu que trop bête pour rien faire, je n'arriverais jamais à distinguer une trajectoire d'un levier de pointage; il me prenait en pitié, ne me demandait plus rien et gourmandait mes camarades mis en joie par cette comédie : «Vous f... donc pas de lui; c'est pas sa faute s'il est bouché, ce pauv'type !»
>
> Le pauv'type se considérait comme le plus carottier de tous les artilleurs en garnison dans la bonne ville du Mans, quand son bonheur prit fin, avec une regrettable brusquerie. Et voici comment :
>
> Un vilain jour, pendant que nous faisions du maniement d'armes, ou plutôt pendant que les autres conditionnels en faisaient et que je les considérais avec une sympathie pâteuse,

je vis entrer dans la cour du 31ᵉ un chef d'escadron que j'avais rencontré plusieurs fois à Paris. Camarade de promotion de mon père à Polytechnique, il s'était souvent assis à notre table. Ah! comme j'aurais voulu faire partie d'un régiment colonial en train de manœuvrer loin, bien loin du département de la Sarthe!

Mon malheur voulut que ce chef bienveillant demandât à l'instructeur : « Tous ces jeunes gens travaillent bien, j'espère ? » L'autre répondit : « Tous, mon commandant, excepté ce pauvre Gauthier-Villars, mais il est si bête, c'est pas de sa faute!

— Comment, il est si bête ? Qu'est-ce que vous me chantez là ? C'est le fils d'un de mes amis...

— Je ne dis pas que ce n'est pas le fils, mon commandant, mais c'est un fils bouché comme tout.

— Voyons, voyons, il y a là un malentendu. Gauthier-Villars, sortez des rangs... Votre maréchal des logis prétend que vous êtes idiot ? »

J'étais pincé, je balbutiai : « Mon commandant, il doit s'y connaître mieux que moi. » Mais ça ne prit pas du tout, et je fus lestement recommandé au prône :

— Pas de mauvaises plaisanteries ici, mon garçon! Maréchal des logis, je vous dis que ce canonnier feint la bêtise et que vous pouvez beaucoup exiger de lui.

— Parfait, mon commandant, pour sûr que je vais exiger! Ah! ce qu'il m'a foutu dedans, cet animal cochon! C'est épatant ce qu'il imitait bien le conneau.

Cette tendance à la carotte n'empêche pas le canonnier d'être classé troisième au peloton du 28 décembre 1879 et de passer brigadier le 8 mai 1880 avec la mention « très bien ». Il a pour camarade de chambrée Adolphe Brisson avec lequel il échange après l'extinction des feux des « correspondances » baudelairiennes :

> Il est des parfums frais comme des chairs d'enfants ;
> Doux comme les hautbois, verts comme les prairies,

commence Adolphe Brisson.

> Et d'autres, corrompus, riches et triomphants,

poursuit le canonnier Gauthier-Villars. Ce qui ne manque pas de leur attirer les protestations de leurs voisins :
– Vous allez pas taire vos gueules ? On peut point seulement pioncer, avec vos prières !

Promu sous-lieutenant de réserve, Henri Gauthier-Villars servira dans la même batterie qu'un jeune lieutenant d'active de son âge, Alfred Dreyfus, dont il dira, au moment de la révision de son procès : « Je ne puis croire à la trahison d'un homme qui jouait si bien du cor de chasse. »

En 1881, tandis que son frère Albert entre à Polytechnique, Henri Gauthier-Villars s'installe dans la vie civile et fréquente les milieux littéraires de la rive gauche, et tout naturellement le Café de l'Avenir, au coin de la place et du quai Saint-Michel, où se retrouvent les derniers Hydropathes et les Hirsutes, avant de traverser la Seine à la suite d'Émile Goudeau pour fonder avec Rodolphe Salis « le Chat Noir » du boulevard Rochechouart. Le jeudi 2 mars 1882, dans le cycle des Conférences Olivaint, il prononce une causerie sur *Les Parnassiens*. Elle paraît la même année sous la forme d'une plaquette de 56 pages sur vergé à la cuve aux éditions Gauthier-Villars. Qu'il reproche à Leconte de Lisle son impassibilité n'est pas très nouveau (il y a plus de vingt ans que le font les jeunes poètes) ; à Théodore de Banville son goût des rimes calembours, est plus inattendu ; mais à Mallarmé d'être un « rimeur biscornu aux élucubrations ruisselantes d'inouïsme », ne laisse guère prévoir leur future amitié et son admiration pour le poète. Dans une lettre de 1942 à Henri Mondor, qui vient alors de publier sa *Vie de Mallarmé*, Colette reconnaît qu'elle n'y comprend pas grand-chose, « au-delà de quelques vers – les plus faciles naturellement ». Mais, surtout, dit-elle, « savez-vous ce qui m'étonne ? C'est de trouver M. Willy en villégiature avec les Mallarmé ». Cela prouve que Willy ne fait pas toujours partager à son épouse sa dilection des poètes. Ils sont mariés depuis cinq ans lorsque meurt Mallarmé et elle doit bien savoir que l'Ouvreuse du Cirque d'Été (Willy) le cite souvent parmi les habitués des concerts. Malicieusement, dans une « Lettre de l'Ouvreuse » du 5 janvier 1890 : « Stéphane Mallarmé, poète abscons, institué mage, total, aux multitudes animalement processionnantes derrière. » Mais, dans *La Colle aux Quintes* (1899), c'est « l'adorable Mallarmé... le dieu Mallarmé... Mallarmé le bon poète... », Mallarmé qui goûte *Maîtresse d'Esthètes* et sa couverture dessinée par Albert Guillaume, Mallarmé dont le premier vers de *Brise marine* est cité en 1901, Colette l'a oublié, dans *Claudine à Paris*. Mallarmisant, Willy l'est au point de partager avec le poète le plaisir des loisirs de la Poste. Sur l'enveloppe d'une lettre adressée à l'éditeur Vanier en 1887 :

> Viens ici, facteur, et m'écoute :
> Attentif cours *Quai Saint-Michel*
> *Numéro 19* (sur la route
> Il ne faudra pas flâner) chez l'
> *Éditeur Vanier*. À lui-même
> Remets cette lettre... Je l'aime.

On connaît aussi un quatrain de circonstance de Mallarmé :

> Amandine envers vous ou Jeanne
> Comme je me sens endetté
> Quand nul de mes vers n'enrubanne
> L'Ouvreuse du Cirque d'Été...

qui n'est pas d'une évidente clarté. Copié par Geneviève Mallarmé avec le titre ajouté « Pour l'Ouvreuse du Cirque d'Été », il ne s'adresse pas à notre Willy, mais à Willy Ponsot, en lui envoyant un exemplaire de *La Musique et les Lettres*.

Il ne suffit pas d'enfoncer les Parnassiens, Henry rejoint les poètes nouveaux. En 1883, Charles Cros vient de s'installer rue de Rennes et crée (ou plutôt recrée) le Cercle des Zutistes sur le trottoir d'en face, à la Maison de Bois, chalet suisse estaminet sis au numéro 139. C'est le jeudi soir qu'ont lieu les réunions dans la salle du rez-de-chaussée (il y a un billard), sous la présidence d'un Charles Cros alternativement plein d'allant ou avachi contre le mur ; les jours de cuite, c'est Louis Marsolleau qui préside, Alphonse Allais et Willy forment le coin des ironistes avec Léo Trézenick et Georges Rall. C'est ici que naît le Symbolisme et « cette nuance insaisissable de l'esprit aux conceptions si nouvelles » qu'il faut bien, comme les Anglo-Saxons, appeler humour. C'est ce que déclare Henry Gauthier-Villars en 1884 au cours d'une nouvelle conférence Olivaint, reprise (et augmentée) en un volume de 112 pages consacré à Mark Twain, alors inconnu en France :

> ... On comprend [...] que, résultant de conceptions si nouvelles pour nous, l'humour ait toujours jeté dans un cruel embarras ceux qui se sont efforcés d'analyser cette nuance de l'esprit presque insaisissable, cette habitude originale de porter sur les hommes et les faits des jugements curieusement motivés, et de considérer toute chose sous un angle bizarrement choisi. À ces difficultés déjà redoutables, il s'en joint d'autres, causées par la complexité de l'humour : avec le seul secours d'un idiome hostile aux dissonances, net et précis (parfois jusqu'à la sécheresse), tel que le nôtre, il faut renoncer à exprimer les sentiments vagues et indéterminés, à peindre les demi-teintes aux reflets changeants, à reproduire, en un mot, tout ce qui est l'essence même de l'humour : disons mieux, il faut renoncer à donner même une définition suffisante de cet assemblage de qualités et de défauts qui se confondent, de ce mélange de bon sens terre à terre et d'envolées fantaisistes qui nous déplaît parfois et nous surprend toujours. On l'a tenté souvent : autant d'essais, autant d'échecs.

« Mark Twain ? C'est bien cet humoriste à qui vous avez consacré un bouquin ? demande Guy de Maupassant. Eh bien, vous avez tort, jeune homme ; aucun auteur américain, aucun, vous m'entendez, n'a le moindre talent. »

Willy cherchera vainement à placer un recueil de contes. « J'ai eu trois minutes d'entretien [chez l'éditeur Ollendorff] avec Valdagne, mon cher vieux, écrit-il à Marcel Schwob ; il me répond que Mark Twain est un sujet bien usé, et que, d'ailleurs, le livre de Blémont en a tiré tout le possible... » Il fait évidemment allusion aux *Esquisses américaines* publiées par Émile Blémont en 1881 chez le même éditeur.

Gabriel de Lautrec, en 1900, lui dédiera sa traduction des *Contes choisis*. Henry Gauthier-Villars, qui cite largement dans son livre plusieurs contes et notamment l'histoire de *La Grenouille sauteuse* (The Jumping Frog), retient pour son compte le nom de son propriétaire, Jim Smiley : ce sera l'un de ses pseudonymes.

« En ce temps-là, je logeais mes élucubrations hebdomadaires et rossardes dans une petite feuille du quartier Latin, *Lutèce* », qui avait succédé à *La Nouvelle Rive Gauche* et pris ce nom en avril 1883. Le directeur est le normand Léo Trézenick dont le pseudonyme est la traduction bretonne de son propre nom, Léon-Pierre Épinette, et le secrétaire de rédaction, Georges Rall. Henry Gauthier-Villars tient à *Lutèce* la rubrique des théâtres pendant deux mois (15 septembre-15 décembre 1885) sous la signature de Gaston Villars. « Tous les genres faisaient bon ménage », écrit Ernest Reynaud. Gaston Villars y côtoie Louis Dumur, Robert Caze, Jean Moréas, Laurent Tailhade (avec lequel il se brouille définitivement, ne l'appelle plus que l'Orang Tailhade ou même Fiotte-Torand Lailhade, « râclure de théières, provéditeur des fiottes », et laisse entendre que Moréas n'est pas étranger à la composition de certains de ses poèmes), Henri de Régnier, Francis Viélé-Griffin, Edmond Haraucourt (qui publie en 1883 *La Légende des Sexes*), Verlaine. Il voit un jour Barbey d'Aurevilly entrer dans les bureaux du journal, si étroitement corseté qu'il se permet de lui en faire la remarque : « Ne m'en parlez pas, jeune homme, répond le Connétable ; si je communiais, j'éclaterais. »

C'est là aussi qu'il fait la connaissance de Jules Laforgue – « notre Novalis », écrit-il dans *Maîtresse d'Esthètes* –, qu'il préfère à Rimbaud. En 1925, dans *La Fin du Vice*, il le cite encore au côté de ses poètes préférés, Mallarmé, Baudelaire, Hugo et Verlaine.

Le numéro de *Lutèce* daté du 15 novembre 1885 annonce, sur la foi d'une dépêche de l'agence Havas, que Gaston Villars a été tué au cours d'un duel à la frontière belge, et qu'avant de mourir il a eu le temps de désigner Henry Maugis pour lui succéder à la rubrique théâtrale. Mais Villars est-il bien mort ? Dans la sixième édition (1885) de l'*Album lyrique de la France* d'Eugène Borel, revue et augmentée par C. Villatte (qui est peut-être Anatole Baju ?), on trouve à la fin du volume une villanelle de Henry Gauthier-Villars :

> D'un grand deuil mon âme est marrie.
> J'erre sans conseil ny dessein,
> Car me point une maladie
> Qui fait la figue au médecin.
>
> Las ! d'amour la fine sagette
> A navré mon cœur langoureux
> Ce cœur que seule, ô ma Lisette,
> Tu peux guérir, si tu le veux.

Frère Jean l'a dict hyer au prosne :
« Il n'est qu'un ladre et qu'un payen
Celui qui refuse l'aumosne
Quand pitoyable est le prochain. »

Adonc, ouïs ceste requeste
Et vers moi vire tes doux yeux,
Car seule tu me peux, Lisette,
Bailler l'aumosne que je veux.

De cette angoisse qui chagrine
Mon cœur et tant le faict souffrir,
Pris sur ta lèvre purpurine
Un baiser me pourra guérir.

Ou de despit je perds la teste,
Ou plus qu'anges je suis heureux,
Choisis, et m'ouvre, ô ma Lisette,
Le Ciel, l'Enfer, ce que tu veux.

Dans le même recueil apparaissent d'autres poèmes anonymes de la même veine, ainsi qu'un nommé P. Seudis, que le compilateur fait mourir à trente ans en 1794, sans nous donner davantage de précisions sur ses origines grecques.

Henry Gauthier-Villars mettra bien d'autres masques. Le voilà qui fréquente *Le Scapin*, où il fait la connaissance d'Alfred Vallette, futur directeur du *Mercure de France*, qui restera son ami, et *Le Décadent* d'Anatole Baju. Gaston Villars renaît avec le prénom d'Henri dans le numéro du 20 novembre 1886 :

FIN D'AUTOMNE

L'automne à l'hiver s'attelle.
Droite est la route... où va-t-elle ?
Est le tapis dépouillé,
Et sur le sentier mouillé
L'ormeau qui se démantelle
Jette son manteau rouillé –

Stridez, bise – ardez, gelée ! –
Orangers verts, moisissez,

> Dessillez-vous, cieux abaissés ;
> Or vous, mon âme esseulée
> Sur les soleils éclipsés
> Larmoyez inconsolée.
>
> Peur est dans tout – noir tourment.
> Un glas sonne ; – loi qu'on meure ! –
> Automne est en moi qui pleure,
> Si va mon cœur tristement
> Vers ceux qui sont dormant
> En la glèbe inférieure.

Le compère Louis Villatte consacre la colonne voisine à la louange de l'auteur de *La Marquise de Sade* : « Rachilde a toutes les sympathies de la nouvelle génération littéraire. »

En 1885, Henry Gauthier-Villars termine son droit. Il ne s'en vante pas, mais fait graver à son nom des cartes de visite avec ce seul titre : « Auditeur au Collège de France », qui impressionne les populations.

L'À-PEU-PRÈS GRAND HOMME

À Guillaume Apollinaire, qui le rencontre un jour au *Mercure de France* et lui demande pourquoi il n'écrit pas ses souvenirs sur cette époque : « Parce que ça m'ennuierait », répond Willy qui a néanmoins publié des *Confidences de l'Ouvreuse* en 1911 et des *Souvenirs littéraires... et autres* en 1925. Cette traversée des milieux symbolistes a pourtant laissé des traces profondes chez tous les écrivains de sa génération. Edmond Benjamin et Paul Desachy disent de lui en 1893 : « Aime assez les expressions décadentes, sans être enrôlé pourtant dans le clan de ces rénovateurs (??) de la langue française » (*Le Boulevard*). Écoutons Colette : « Cette prose qui fuyait la simplicité, même la clarté, cette phrase à volutes, jeux de syllabes, prétéritions, truffée de mots techniques, de calembours, qui fait parade d'étymologies, coquette avec le vieulx françois, l'argot, les langues étrangères, mortes ou vivantes », ne trahit pas seulement « une soif d'étonner », « une très vieille timidité, une mièvrerie de débutant, et le doute de soi ». Colette ajoute, il est vrai, un point d'interrogation.

Madeleine de Swarte dans *Les Fourberies de Papa* est plus indulgente en écrivant la même chose : « Dans ses phrases élégantes, où parfois se glisse une préciosité inconsciente, il enchâsse d'affreux termes argotiques acquis je ne sais où... » Les tics symbolards dont Colette dresse le catalogue chez Willy révèlent surtout une écriture artiste, tombée des Parnassiens et des frères Goncourt jusques dans les garnitures de cheminée, les rideaux et portières, l'architecture des pavillons balnéaires et les tournures des femmes (des seins, une taille, des fesses), avant de virer au modern style. Son « ornement » à lui, c'est le calembour, le mot technique, l'argot (etc., voir ci-dessus). Félix Fénéon :

> Sur des musiques, quelque livre, un drame ou tout simplement la vie, M. Willy écrit cinquante lignes dont il multipliera à l'infini l'efficacité en éveillant à l'entour par de sûres pratiques (paronymies, lointaines allusions, etc.), un pullulant commentaire d'images et d'idées. Les procédés d'expression ne laissent pas d'être complexes : il a recours au vocabulaire des sciences, des arts, de la Kabbale, du boulevard ; il corse sa copie de grec, d'anglais, d'allemand ; parfois du tchèque, plus rarement de syriaque ; il l'accidente de portées, de croquis, d'équations, de signes. Restauré aux étymologies, son style reste direct et sain parmi tant d'aventures.

Mais ce n'est pas tout. Dans une lettre à Marcel Proust, Colette écrit (*Lettres à ses pairs*, mai 1895, « mon mari est sorti et m'a laissé le soin de vous répondre ») : « Vous êtes le seul (pourtant je crois que Fénéon a fait la même remarque), qui avez si nettement vu que, pour lui, le mot n'est pas une représentation, mais une chose vivante, et beaucoup moins un signe mnémonique qu'une traduction picturale. » C'est bien l'attitude des Symbolistes (Jarry : les mots, « polyèdres d'idées »), c'est en tout cas celle de Mallarmé (*Les Mots anglais*) : « À toute nature apparenté et se rapprochant ainsi de l'organisme de la vie, le Mot présente dans ses voyelles et ses diphtongues, comme une chair ; et dans ses consonnes, comme une ossature à disséquer. » Et Willy plus tard, dans une note à Émile Vuillermoz : « Je n'ai [pas] dit qu'un mot n'avait aucun sens par lui-même mais que sa véritable signification se précisait par sa place, etc. [...] certains mots surtout ont des quantités de significations (est-ce vrai?) et le mot *lune* que vous citez peut très bien suggérer l'idée d'un astre plus ou moins poétique, alors qu'il évoque chez moi immédiatement l'idée d'un cul. Ah! la comparaison "comme la lune" dans un traité d'astronomie ou dans une de vos chroniques. » Quant au souci de l'étymologie, il le justifie en 1896 en reprochant à Laurent Tailhade (qui «commence à dévisser sa seringue de Pravaz») son goût de l'artificiel et son gongorisme : «Jamais le souci de restituer aux mots un peu de leur vigueur première en les retrempant aux sources étymologiques qui sont, pour les vocables, les Sources de Jouvence, dirais-je... »

Restent l'argot et les calembours de Willy – «l'à-peu-près grand homme», comme l'écrit Rachilde dans un double sens. Dans *Une Plage d'Amour* (1906), Nestaques félicite Maugis des «Lettres de l'Ouvreuse» qui paraissent dans *L'Écho de Paris* :

> Vous écrivez la prose avec une technique de compositeur moderne; vous modulez continuellement et avec un savoureux imprévu, vous usez des renversements et des changements de mode avec une virtuosité inégalée; vous goûtez l'accord rare du mot précieux et les allitérations piquantes de l'argot...
> – *Largo*, langage un peu traînard inventé par Haendel...
> – Et tenez, poursuivit Lionel, j'admire votre judicieux emploi du calembour, cette enharmonie du langage qui vous permet de passer sans effort aux tonalités les plus lointaines. Enharmonie verbale, changement à vue, fenêtre qui s'ouvre brusquement sur un horizon insoupçonné et qui projette soudain la clarté lunaire des bémols au milieu d'une phrase toute chaude de dièses... Ah! le calembour, vous le réalisez par augmentation, par diminution, renversable et à l'écrevisse!... C'est du grand art, vous dis-je!...

Est-ce à un collaborateur (Curnonsky en l'occurrence) que l'on doit cette défense et illustration du calembour? Nous ne sommes pas loin, en tout cas, de ce que Willy dit lui-même. Le calembour de Willy ne joue pas que sur l'étymologie, mais aussi sur l'orthographe. Dans le *Gil Blas* du 10 mars 1897, un journaliste l'interroge sur une scie à l'ordre du jour : «Pour moi, je ne vous cacherai point que si elle était adoptée, la réforme de l'orthographe m'atteindrait désastreusement. Car ce serait la fin des "à-peu-près", l'à-peu-près mis à la portée de tout le monde... »

À défaut de recueils d'anas, chaque lecteur de Willy peut constituer son anthologie personnelle. Voici quelques calembours et zeugmes relevés dans ses romans :

> Elle ne trouvait qu'en lui cette politesse exacte et précise, cette galanterie attentive, cette timidité passionnée qui sont l'apanage des vieillards amoureux, depuis l'âge où Ruth assouvissait celui du patriarche légendaire (*Un petit vieux bien propre*).
>
> Et il décrivait les harems et leurs mystères de luxure cruelle ; il décrivait les danses dites « suggestives », quoiqu'elles ne puissent rien suggérer de plus que ce que l'on voit ; il décrivait le bain de dames, auquel il affirmait avoir assisté, sinon pris part. Il décrivait enfin, avec sa canne, des moulinets (*La Môme Picrate*).
>
> Il s'était fort peu diverti, la veille au Corso, dont le portier de l'hôtel, expert en géométrie sentimentale, lui avait mystérieusement vanté les horizontales, les bars parallèles, les gens des cercles s'ébattant loin de leurs carrées (*La Virginité de Mlle Thulette*).
>
> Avec cela un je ne sais quoi qui lui donne l'air, tout ensemble, d'un personnage de la *Comédie humaine* et d'un héros pour l'auteur de *Monsieur de Phocas*... un je ne sais quoi de balzacien-lorrain... qui me passionne comme de la mauvaise littérature ! (*Une Plage d'Amour*).

On peut leur préférer des formules plus concises :
« Tu étais seul [...] ?
– Seul comme un lin » (*La Môme Picrate*).
Ou encore :
« Il était nu, puérilement nu, nu comme s'il se trouvait entre le *mu* et *xi* » (*En bombe*).

Ses lecteurs savourent ses noms de personnages à l'égal de ceux d'Alphonse Allais : ... saint François d'Assise, saint François de Paule, 5 fr. 75, etc. ; Suzanne Aubin, Nini Seffini, madame d'Amourédo (Claire), Andrée des Hartisses, le marquis de Vlaksastir, Tsvp (c'est un Tchèque), le peintre Raphaël Le Moidon, quand ce n'est pas le baron d'Ethelred, caricature de Jacques d'Adelsward...

Willy n'hésite jamais devant un « mot ». Ce manque de retenue lui fait beaucoup d'ennemis ; mais en fin de compte plus nombreux sont ceux qui préfèrent être cités dans ses romans que pas du tout. Lui-même tient beaucoup à ses jeux d'esprit. En 1891, dans la préface de *L'Année fantaisiste*, il se plaint d'être plagié :

> Ces boutades, après tout, ne sont pas si méprisables que plus d'un « revuiste » n'en ait fait son profit. Quiconque a beaucoup lu peut avoir beaucoup retenu. J'en pourrais citer un certain nombre que, transportées sur la scène, M. Francisque Sarcey a déclarées « impayables ». Effectivement, elles ne seront jamais payées ; et ceux qui m'ont fait l'honneur de me les emprunter se sont acquis à bon compte – sans devenir pour cela mes bons amis – une indestructible réputation d'homme de théâtre.

À propos d'un calembour encore, qu'il retrouve dans le *Figaro* :

> Cette fumisterie, mon dieu, est modérément comique, mais j'en suis l'auteur ; deux jours auparavant, je l'avais enfouie dans la discrète *Paix*, où s'en fut la rechercher un môssieur coutumier du procédé. Il me démarque régulièrement et touche à la caisse du 26, rue Drouot. Aussi, le très aimable Philippe Gille a-t-il bien voulu, sur ma réclamation, enjoindre à son Masque de « faire » (oh ! pardon !) moins fréquemment les mots du bon Willy. [Le Masque de Fer est une des signatures de Philippe Gille.] (*Soirées perdues*, 1894).

En cette année 1886, Gauthier-Villars (Henry) entre dans le *Petit Bottin des Lettres et des Arts* rédigé par Paul Adam, Félix Fénéon et Oscar Méténier :

> Pour expier certain livre imprudent sur... mettons Bret-Harte [le nom de l'humoriste américain Bret Harte est cité ici pour celui de Mark Twain], ce clubman aux moustaches pénicillées est devenu le forçat de l'hilarité cœliaque. Garde son boulet au lit, à la frontière belge, chez Mademoiselle Depoix, devant les épreuves de mathématiques de l'imprimerie paternelle, partout. Inventeur du calembour chargé à la glyoxyline et à la nitromannite. La majeure part de ses

produits pyrotechniques sont livrés aux artificiers Gaston Villars, Jim Smiley, Henry Maugis et Boris Zichine.

Cette liste de pseudonymes n'est pas complète. Il manque encore, et surtout, Willy, l'Ouvreuse et Robert Parville, Désiré Lecoultre, le Chemineau, M. Albert, Paul Reli, Marius Hégin. Mais d'abord, où a-t-il été chercher celui de Maugis ? Maugis est un nom français (j'en relève sept dans l'annuaire des téléphones de Paris) et l'on peut se demander s'il ne l'a pas emprunté à un parent éloigné. Il est plus sage d'y voir le souvenir de la légende des *Quatre Fils Aymon* – Renaud, Guichard, Alard et Richard, qui, au cours de leurs aventures sur le cheval Bayard, reçoivent l'aide précieuse de leur cousin, le magicien Maugis. Renaud, qui est l'aîné, et Maugis partent pour la Terre Sainte. N'est-ce pas une nouvelle preuve que ce Maugis est bien le nôtre ? Car Renaud et Maugis se rencontreront encore – dans *Claudine à Paris* – comme les deux faces du même homme qui a signé le roman d'un troisième nom, Willy.

En 1887, lorsque paraît le *Dictionnaire des Pseudonymes* d'Ernest d'Heylli, Willy est à peine connu : « *Maugis* (Henri). L'imprimeur Henri Gauthier-Villars a écrit sous ce pseudonyme. Il a encore signé *Willy*. » Et, sauf erreur, le premier livre portant le nom de Willy est *L'Année fantaisiste* de 1891. À cette époque, il ne signe pas encore ses lettres du nom de Willy, mais Henry Gauthier-Villars ou « Henri G. Villars » et entre parenthèses : (Willy). L'explication de ce pseudonyme est donnée dans *L'Esprit de Willy*, recueil d'anas établi par Léon Treich, avec l'active complicité de Willy. À propos du nom de Villatte, déjà cité, Léon Treich (?) écrit : « Il semble bien que M. Villatte doit ou dût être un ami intime de M. Willy – Villars, Villatte, Willy –, dont il paraît n'avoir pas négligé la collaboration. » Willy est donc un diminutif de Villars : on doit le prononcer *vili* et non *ouili*. Comment lire autrement les mots « willy-pendé », ou « willygiature » qu'il emploie à plusieurs reprises ? Colette elle-même nous renseigne : ses camarades de music-hall l'appellent « Colettevili », et Polaire (toujours d'après Colette) lui disait : « Non, Meussieur Vili... » Dernier exemple tiré des souvenirs de Willy :

Le Kaiser Guillaume II est né en 1859. Moi aussi.
Il a quitté sa patrie pour vivre à l'étranger. Moi aussi.

Il signe toute sa correspondance « Willy ». Moi aussi. Mais là s'arrête la ressemblance.

Et pourtant Paul Héon (Paul Barlet, l'un de ses secrétaires) évoque à son propos « ce moelleux vocable britannique ». Aucune raison en tout cas qu'il ait été utilisé dans son enfance (ce n'est le diminutif ni d'Henri, ni de Jean, ni d'Albert) ; on peut toutefois signaler son anglomanie (il orthographie son prénom Henri avec un y, et emploie dans son courrier les formules de politesse *Sincerely yours* ou *Truly yours*). Et dans le n° 580 du *Chat Noir* du « samdi 25 févrié 1893 », entièrement rédigé en orthographe phonétique, son nom est écrit « Ouili ».

Ce qui est certain, c'est qu'il tient à ce surnom familier devenu pseudonyme. Dans *Le Rire* du 21 mars 1896 paraît cette mise au point :

> Une des dernières fantaisies du *Rire*, « Comment le jeune Polochon devint général », a paru sous la signature Will.
> C'est par inadvertance qu'un de nos collaborateurs a pris en passant ce pseudonyme sans penser qu'il rappelait un peu trop celui de notre excellent ami Willy.
> Cette possibilité de confusion, quant à la signature, ne se renouvellera pas.

Gaston de Pawlowski, auteur de cette fantaisie, avait pourtant de bons motifs d'employer ce pseudonyme : il se prénomme Gaston William, et son premier recueil, *On se moque de nous*, est signé W. de Pawlowski.

L'Ouvreuse du Cirque d'Été

En 1888, Jean-Albert Gauthier-Villars songe sérieusement à sa succession. Il s'associe ses deux fils : l'aîné, Henri, est chargé de la direction commerciale ; le cadet, Albert, le polytechnicien, de la direction technique de l'imprimerie. Le premier quittera la maison d'édition en 1893, l'année de son mariage avec Colette, pour se consacrer exclusivement à la littérature et à la critique musicale ; le second restera le véritable collaborateur de son père et, à la mort de celui-ci en 1898, lui succédera. En attendant, Henri travaille dans la maison d'édition depuis 1885 au moins. Dans son bureau du rez-de-chaussée se réunissent (d'après Sylvain Bonmariage) Marcel Schwob, Remy de Gourmont, André Messager, Samuel Rousseau, Henri de Régnier, Paul Verlaine, Maurice Rollinat, Gustave Kahn, Claude Debussy, Jean de Tinan, Pierre Louÿs, Fagus; Lucien Descaves aussi, que Willy remercie de l'envoi de *La Caserne, misère du sabre* (1887) en évoquant leurs «gueuletons banlieusards»; et des auteurs de la maison tels que Camille Flammarion ou Maurice d'Ocagne, membre de l'Institut, professeur à l'École Polytechnique et familier de la princesse Mathilde. Charles Monselet encore (il meurt en 1888 à soixante-trois ans) qu'Albert Gauthier-Villars est surpris de voir s'enfermer si longtemps dans le bureau de son frère : quand il ouvre la porte, c'est pour constater que depuis une heure Willy et Monselet se bombardent de calembours à bout portant. Rachilde se souvient que toute jeune encore elle décide de prendre la défense de l'actrice Léonide Leblanc que Willy vient d'éreinter dans un article féroce : «Je vois encore le bureau sévère, quai des Grands-Augustins, où s'étageait la firme Gauthier-Villars, et le jeune employé de la maison qui en était aussi le fils, assis derrière un bureau, dissimulant son envie de rire en recevant l'ambassadeur de la puissance ennemie, sinon des ténèbres.»

Le premier travail de librairie qui porte son nom au catalogue des éditions Gauthier-Villars (mais est-ce bien le premier?) paraît en 1887 : c'est la *Photographie des objets colorés avec leur valeur réelle* (manuel des procédés isochromatiques et orthochromatiques) par le docteur H. Vogel, traduit de l'allemand par Henri Gauthier-Villars. On a dit que Willy avait payé 500 francs la rédaction de ce livre à un agrégé besogneux. Cela m'étonne un peu, car ce n'est qu'une traduction, et d'une langue que Willy connaissait fort bien. Les éditions Gauthier-Villars doivent être alors une véritable mine d'or pour les agrégés, car en 1888 paraissent successivement *L'Éclairage des portraits photographiques,* par C. Klary, refondu et préfacé par H. G.-V., et *La Platinotypie* (exposé théorique et pratique d'un procédé aux sels de platine), par Guiseppe Pizzighelli et le baron Arthur Hübl, traduit de l'allemand par H. G.-V. Les travaux du fils Gauthier-Villars ne se limitent sans doute pas à ces titres; notons qu'il ne signe que ceux qui ont trait à la photographie.

Willy fréquente en voisin les soirées de *La Plume* (car il collabore à la revue), au Soleil d'Or, place Saint-Michel, sous la présidence de Léon Deschamps.

Aux banquets de *La Plume* infortunés convives [Jules Renard, en 1892, parle d'un « gigot laineux mangé dans des soucoupes »] en avons-nous affronté des ratatouilles toxiques ! L'un d'eux, surtout, m'est resté gravé dans la mémoire, inoubliablement... Je me souviens, je me souviens, et c'est le meilleur de mes biens...

Nous étions très nombreux. Jules Renard, roux, narquois, silencieux, observait tout et tous, âprement. « Il a l'air d'un agent de la Sûreté », disait en riant le poète Ernest Raynaud, commissaire de police à ses moments perdus. Adolphe Retté se grisait consciencieusement, moins de l'aramon qui rougissait les verres que de ses théories révolutionnaires, plus rouges encore ; à présent qu'il est moine, je suppose qu'il boit de l'eau... Le prétentieux esthète Charles Morice « littérateur de demain » dont ses disciples prônaient la gloire « immanquable » et qui mourut comme il avait vécu, raté stérile, Charles Morice se distinguait par sa calvitie précoce étincelant au milieu d'une saugrenue couronne capillaire, savamment ébouriffée. D'Henri de Régnier, affable et pensif, les mouvements comme accablés de lassitude contrastaient avec les gesticulations fébriles de ses voisins ; cet aristocrate indolent, au monocle inamovible, faisait songer au refrain de la *Glu* :

Et lon, lan, laire
Et long, lent, las !

Moréas, que ses ennemis surnommaient, pour blaguer sa truculente allure, « Matamoréas », effilait d'un geste machinal et superbe ses moustaches de palikare, noires, si noires, et qui ne blanchirent jamais, car l'art du teinturier n'est pas un vain mot ; indifférent au chahut, il causait avec Stéphane Mallarmé dont les oreilles pointues agrémentaient d'une note faunesque la silhouette de vieux petit capitaine d'habillement retraité.

Qui donc encore ? Bernard Lazare, Nîmois agité ; Francis Viellé-Griffin, Américain flegmatique ; le grêle Maurice Duplessis, rebondissant comme s'il avait, sous ses semelles, des ressorts de sommier.

Dans cette assemblée de célibataires, on se montrait Laurent Tailhade, déjà veuf. Moustachu, inquiétant avec ses allures de provincial maniéré, il passait pour fréquenter moins les bobinards que les théières, et pourchasser non les filles mais les gitons (les «Ersatz d'amour» comme les surnomme une récente étude de l'homosexualité). Sa voix métallique au chantonnement indélébilement pyrénéen syllabait des quatrains dont la rossardise divertissait son entourage, par exemple :

> Aux cénacles d'adolescents
> Moréas cause avec Frémine ;
> L'un d'un sombre cuistre a la mine,
> L'autre beugle des contresens.

Par un juste retour des quatrains d'ici-bas, d'analogues épigrammes allaient bientôt le transpercer : le *Jean-Marc Bernard* édité par le «Divan» a reproduit celle-ci, qui m'est dédiée :

> Narcisse-Tailhade se mire
> Dans l'eau d'une onde au pur courant,
> Il se couronne et puis s'admire :
> L'eau rend l'orang laurant Laurent !

Le matin même du banquet, je m'étais battu, à l'île de la Grande-Jatte, avec Ferdinand Hérold qui est devenu un de mes meilleurs amis ; impossible de me rappeler le motif de cette rencontre peu sanglante dirigée par Georges Vanor, au cours de laquelle mon adversaire me gratifia d'une piqûre qui «intéressait l'humérus» et surtout ma petite amie, une Montmartroise endiablée que j'appelais «Lolotte» parce que son nom était Charlotte et qui m'appelait «Kiki», je n'ai jamais su pourquoi.

Comme j'avais le bras en écharpe, l'obligeant Henri Mazel (aujourd'hui grave sociologue au *Mercure de France*) me découpait ma viande, ou plutôt essayait, car ce bifteck qui, de son vivant, avait traîné des fiacres, défiait toutes les lames.

Marri de constater que si l'esprit des convives était fort (comme le beurre) la chère était désespérément faible ; inquiet, surtout, de voir le nombre incessamment accru des dîneurs dépasser celui des portions servies par notre gargotier parcimonieux, je courus à la charcuterie voisine d'où je rapportai un rassurant pâté que mes voisins de table saluèrent de bravos approbateurs.

Jules Renard me remercia d'un sourire qui n'avait, ma foi, rien de pincé. Le vieil Aurélien Scholl qui se trouvait là, je me demande pourquoi, réclama une seconde tranche de pâté. Après quoi, la bouche pleine, il énonça cette prophétie reconnaissante : « Jeune homme, je n'ai rien lu de vous, mais j'affirme que vous deviendrez un grand écrivain. »

Cette prédiction remonte à une quarantaine d'années ; si je veux qu'elle se réalise, il n'est que temps de m'y mettre... et d'en mettre[1] !

C'est là, en 1889, qu'éclate un samedi « la formidable acclamation » qui ébranle les murs du sous-sol lorsque Georges Fourest vient y déclamer son *Épître falote et testamentaire pour régler l'ordre et la marche de mes funérailles* :

> Ci-gît Georges Fourest ; il portait la royale,
> Tel autrefois Armand Duplessis-Richelieu.
> Sa moustache était fine et son âme loyale,
> Oncques il ne craignit la vérole ni Dieu !

De la fontaine Saint-Michel au bal Bullier près du boulevard de Port-Royal, Pierre Trimouillat, Jules Lévy, Paul Masson, Henri Mazel, Louis Le Cardonnel, Ernest Reynaud, Henry Gauthier-Villars, « vociférant leur enthousiasme », sacrent Georges Fourest chef d'école, l'École Fourestière. « Car, ajoute Willy dans la préface de *La Négresse blonde*, nous étions ce qu'il est convenu d'appeler la jeunesse studieuse. »

Willy collabore encore de mars à octobre 1888 à *La Batte*. Mais c'est surtout son passage à *Art et Critique*, de Jean Jullien, en 1889, qui va décider de sa carrière.

Jean Jullien (1854-1919) est un directeur exceptionnel. Ingénieur chimiste, il a d'abord dirigé une usine de soude en Bretagne, mais en 1883, abandonnant goémons et varechs, il décide de se consacrer aux lettres et au théâtre (*La Sérénade* au Théâtre-Libre en 1887, sombre drame qui tourne au vaudeville, *La Mer* à l'Odéon en 1891, etc.).

---

1. Réponse de Willy à l'enquête de Jean Émile-Bayard, *Le Quartier Latin*, 1924.

Cette collaboration va entraîner une correspondance quasi quotidienne. Les pattes de mouche de l'écriture de Willy ne sont pas toujours bien lues par les typos. D'où les amabilités de Willy à leur égard :

> Sacré mille noms de dieux de con de correcteur, de merde, de cette imprimerie à têtes de clous !!! Je signale tout spécialement *sehr* [un mot allemand] page 495 colonne II et ces cochons malades écrivent *sehir*. Quels morpions laitancés ! Ils ne savent rien, ne feront jamais rien ! Merde, merde et remerde. Il est (n+1) fois plus emmiellant de trouver des fautes dans une citation en langue étrangère !

Quatre ans plus tôt, en 1885, Henry Gauthier-Villars avait pris la défense d'un *Prélude* d'Emmanuel Chabrier que la critique jugeait trop luxuriant. Pour le remercier, Chabrier lui envoie un billet félicitant « le brave petit confrère de *Lutèce* ». Ils se rencontrent quelques jours plus tard à l'Opéra pour la première du *Cid* de Massenet et s'entretiennent des interprètes, notamment des danses espagnoles de Rosita Mauri, qui inspirent à Willy ce quatrain :

> Quand Rosita Mauri dont les grâces enchantent
> Revint pour saluer les gens de l'Opéra,
> Chabrier pensif murmura :
> « Mauri, tu ris, tes saluts tentent. »

Quant à la partition, Chabrier n'hésite pas à donner ainsi son avis à son jeune confrère : « Mon bonhomme, c'est de la sous-merde. »

« Cette parole définitive me donna le goût de la critique musicale », conclut Willy.

Mais à l'occasion de la Légion d'honneur de Jean Jullien, Willy sait reconnaître que c'est à lui qu'il doit d'être devenu critique :

> Mon cher vieux Jean,
> C'est toi qui as été le père.
> C'est toi qui as groupé, dans ce petit bureau d'*Art et Critique*, toutes ces énergies, toutes ces bonnes volontés qui se sont répandues, qui ont vivifié...

C'est toi qui, depuis longtemps, après tant de sacrifices, de peines et de belles galettes, aurais dû recevoir (bien avant chose et machin) ce ruban rouge. Tu l'as enfin ! Nul ne s'en réjouit plus que

    Ton vieil ami,   Willy

Le premier numéro d'*Art et Critique* est daté du 16 juin 1889. Dans le numéro 6 du 20 juillet paraît un court article, « Musique d'été », signé Henry Gauthier-Villars. Jean Jullien décide alors de lui confier la rubrique des concerts, et le 16 octobre 1889, c'est la première « Lettre de l'Ouvreuse » signée « Une Ouvreuse du Cirque d'Été ». Le Cirque d'Été, c'est la salle de Charles Lamoureux ; détruite en 1900, elle était située aux Champs-Élysées à l'ouest de l'avenue Marigny. L'Ouvreuse du Cirque d'Été deviendra peu à peu « Une Ouvreuse » (ou même U.O.D.C.D.E.), et tout simplement « L'Ouvreuse ».

On peut se demander pourquoi Henry Gauthier-Villars n'adopte pas un de ses nombreux pseudonymes et choisit le travesti. Il ne se fâche pas – au contraire ! – de lire dans *Art et Critique* du 28 juin 1890, sous la signature de Georges Lecomte : « Elle est blonde, rose, assez boulotte. C'est d'ailleurs un parfait galant homme et un très bon ami. »

Le succès est immédiat. Pertinentes et impertinentes, savantes et irrévérencieuses, mêlant le latin et l'argot, les « Lettres de l'Ouvreuse » sont attendues chaque semaine par les musiciens, les chefs d'orchestre... et le public. Charles Lamoureux, piqué au vif, se précipite au siège de la revue :

« C'est intolérable ! Votre Ouvreuse est d'une familiarité révoltante. Elle me tutoie, elle m'appelle Charles...

– Dites-moi, cher Maître, demande calmement Jean Jullien, quel prénom vous préféreriez qu'elle vous donnât ? »

C'est à Colette que l'on doit en 1905 l'énumération des trois procédés dont use Henry Gauthier-Villars dans les « Lettres de l'Ouvreuse » :

1°. La déformation calembourique. [...] Ceux qui ont entendu Mme Lilie Lehmann et son mari s'amusent en lisant : « Nous avons avalé le Kalish jusqu'à la Lilie. » Les ennemis de Tschaïkowsky goûtent cette appréciation franco-russe : « Il n'y a caviar le public pour comprendre que cette moujick a remporté une vestre. » [Ou plutôt : « Avoir couvert sept fois et demi l'emprunt russe ne suffisait donc pas ! il a fallu avaler la *Marche slave* de Tschaïkowsky. Je cronstadte que cette moujick a remporté une vestre », *Bains de Sons*, à la date du 18 octobre 1891. Colette reconstitue souvent les citations de mémoire.]

2°. L'affichage d'une technicité outrée, à dessein d'effarer les musicographes d'occasion. [...] Je cite : « Épatant, ô d'Indy, ton Finale avec l'ample phrase en ré bémol du deuxième temps (clarinettes, cor anglais) tripatouillé ici à cinq quatre par les altos et sur laquelle se greffe le thème du hautbois *sol, la, si, bémol*. J'en bave des enharmonies, mon Vincent ! »

3°. Le lyrisme qui, crevant en floraison, brusque l'écheveau emmêlé d'une phrase, s'élève jusqu'à l'émotion vraie, jusqu'à l'enthousiasme brûlant et pur, et vous plaque sans précaution au milieu d'une mare coassante de calembours.

Prenez ces trois procédés nettement disparates, mettez-les dans un chapeau (à bords plats), secouez : il en sortira une lettre de l'Ouvreuse.

Le premier « procédé » est celui que le public a surtout retenu. C'est bien dans les « Lettres de l'Ouvreuse » que Willy a commencé à tout traduire en calembours et en à-peu-près. Tout. Il se débride et ne se bridera plus. C'est d'un « procédé » qu'il s'agit (Raymond Roussel emploiera le même mot) et quand Willy s'en écarte on ne le reconnaît plus. « Depuis pas mal de temps, je traduis Wagner en calembours dans les Lettres de l'Ouvreuse. Ça ne m'amuse pas follement, mais il faut vivre. »

C'est aussi le meilleur moyen de se faire des ennemis. Victorien Joncières ne pardonnera jamais à l'Ouvreuse d'avoir commencé par ces mots le compte rendu de son opéra *Lancelot du Lac* : « Déjà le titre est pompier. » Citer les calembours que Willy a semés dans les « Lettres de l'Ouvreuse » est au-dessus de mes forces (« *Othello* : une tempête dans un Verdi »). À propos du décor de la *Jeanne d'Arc* de Joseph Fabre au Châtelet, il signale : « La prairie du Bois Chenu (rappelant tant elle est plate et longue, Mlle Yvette Guilbert), à l'horizon de laquelle se dessine le village isolé de Domrémy. Les musiciens admirent le bel effet que Domrémy fait seul assis. Toute la gamme ! » (27 janvier 1891). Il remarque dans la salle « le comte Stanislaz Rzewuski (prononcez Jevouski) que rze vois tourzours avec rzoie... » (*Rythmes et Rires*, 1894). L'Ouvreuse s'exprime souvent en argot (« Je me suis esbignée », dit-elle), ce qui n'est guère habituel dans la critique musicale : « C'est surtout le finale qui a rasé les pontes (fallait voir leur balle) » (*Accords perdus*, mai 1898).

Naturellement, l'Ouvreuse reçoit des lettres d'injures :

> « Dangereux plumitif, ouvreuse enfiellée, venimeux écrivain, virago en bonnet rose », voilà les épithètes dont on me crible cette semaine, pour me punir d'avoir dit, timidement, quelque bien de la Schola Cantorum ; acharnés à sa perte, les confectionneurs d'O Salutaris à roulades et d'hystériques Ave Maria, qu'elle gêne dans leur commerce, n'osant s'en prendre à Palestrina, cognent sur elle qui l'a remis en lumière, cognent sur moi qui la défends, braillant comme si on leur retirait le pain de la bouche... À la bonne heure ! Ça fait plaisir de constater qu'on a touché juste.
>
> Les attaques personnelles (surtout fichues comme celle-là), je m'en moque autant que de mon premier corset ; les autres, ma foi, les autres, c'est à peu près le même prix.

Willy a ses bêtes noires. Le directeur du *Monde musical*, Mangeot, ne peut supporter de voir sa gazette qualifiée : *L'Immonde musical*. Les deux critiques échangent injures et huissiers, jusqu'au jour où *Le Monde musical* publie un sonnet que lui a fait parvenir un lecteur :

> Musique, tu me fus un palais enchanté
> Au seuil duquel menaient d'insignes avenues.
> Nuit et jour, des vitraux aux flammes continues,
> Glissait une adorable et vibrante clarté.
>
> Et des chœurs alternant, – dames de volupté,
> Oréades, ondins, faunes, prêtresses nues, –
> Toute la joie ardente essorait vers les nues,
> Et toute la langueur et toute la beauté.
>
> Sur un seul vœu de moi, désir chaste et lyrique,
> Ta fertile magie a toujours, ô musique !
> Bercé mon tendre songe ou mon brillant désir.
>
> Et quand viendra l'instant ténébreux et suprême,
> Tu sauras me donner le bonheur de mourir,
> En refermant les bras sur le Rêve que j'aime !

On imagine la tête du directeur du *Monde musical* lorsque Willy lui révèle que le poème est acrostiche et qu'il faut lire verticalement la première lettre de chaque vers : MANGEOT EST BÊTE.

« Avez-vous remarqué que la surdité est presque obligatoire chez les critiques musicaux ? » demande l'Ouvreuse à ses lecteurs le 26 janvier 1890.

La brouille la plus pénible, et la plus durable, est celle de l'Ouvreuse et d'Erik Satie. Ce que Willy reproche à Satie, c'est d'être le musicien attitré du sâr Péladan :

> À propos de théosophes, quelle plaie d'Égypte pourrait être comparée au terrible Péladan, le Nergal d'*Istar* ? Cet Elohite bafouilleur, qui essaye maintenant de se hausser au wagnérisme, digne seulement de pontifier au Bayreuth de Franconi, gâte un talent savoureux par une niaiserie pyramidale. Écoutez-le faire de la critique et résumer la Terre du gros Émile : « L'Ecbolyque dysodienne remplissait deux pages... Après avoir fait du Crepitus le polyonyme le plus orné, le Bête découvre que Crepitus est pyrothique en sa phonascie... » [...] Il est alchimiste et fit un louis d'or qui lui coûte quinze cent trente francs. Il est mage – un mage d'Épinal, sans doute – hyperesthète et néo-platonicien. Il professe sur la peinture contemporaine des opinions d'aveugle, comme le prouve sa désopilante brochure, *l'Art ochlocratique*. Il est kabbaliste, grotesquement. Ce rosse-croix se prétend hiérophante, et s'imagine avoir parcouru « le périple de la gnose ». Astrologue d'opérette, thaumaturge de brasserie, incapable d'ailleurs d'envoûter un chat malade, il ne traite que d'incubes et de succubes, de corps astral et de délectation morose, de pentagramme et de grimoire. De ces rébarbatifs vocables, il subjugue la stupidité admirative d'un troupeau de dindes idéalistes, hypnotisées par son manteau fradiavolesque. [...] Le rêve de ce Daimon, en qui se modalisent les idées archétypes, c'est l'Androgyne, et parfois, pour changer, la Gynandre. Il a bâti là-dessus d'opaques volumes où quelques érudites considérations sur les *quattrocentisti* et d'assez originales vérités sur les mœurs actuelles sombrent en des aventures d'une feuilletonesque cocasserie : pugilats entre princesses d'Este et dominicains vertueux, chiens piqués au curare, souteneurs massacrés à l'acide cyanhydrique, migraines guéries par application de couleuvres, or potable et syphilis, théurgie et

sadisme... C'est Platon du Terrail, Orphée de Montépin
(« Lettres de l'Ouvreuse », 20 février 1890).

À propos des soirées de la Rose+Croix, l'Ouvreuse cite le 28 mars 1892, la musique de « M. Erik Satie, ex-pianiste au rez-de-chaussée du Chat Noir » :

> Quant au seigneur Erik Satie, un des « pieux de l'harmonie », il a composé trois préludes « nerveux », car on ne sait par quel bout les prendre, que « leur style sévère » et « leur caractère admirablement oriental » ont fait adopter par l'Ordre. Pour moi, cette musique de marchand de robinets ne m'a procuré qu'une médiocre Satiesfaction (*Bains de Sons*, 26 mars 1891).

Dans *L'Année fantaisiste* de 1895, faisant écho à un article de Paul Héon (Paul Barlet) paru dans le *Chat Noir*, Willy annonce qu'il vient « d'avoir le plaisir d'être excommunié au nom de la Rose+Croix par l'un des bons amis de l'excellent Péladan » :

> Église Métropolitaire d'Art   Abbatiale,
>   de Jésus conducteur   le 2 du mois de mai 1895
>
> Erik Satie, parcier et maître de chapelle, à Monsieur Gauthier-Villars, contre l'enflure de Son Esprit et en protection des choses magnifiques.
>
>   Monsieur,
> Le caractère sacré de l'Art rend plus délicate la fonction de critique ; vous avilissez cette fonction par l'inexcusable irrespect et l'incompétence que vous apportez dans son exercice. Sachez, par Dieu, que toutes les consciences vous réprouvent de vouloir atteindre, pour le ternir, ce qui est au-dessus de vous. Le démonique dragon de la présomption vous aveugle. Vous avez fait un blasphème de votre jugement sur Wagner qui est pour vous l'Inconnu et l'Infini. Pour moi, je puis le maudire tranquillement ; mes mélodies dynastiques, mon expression athétique et l'ascétisme de ma vie, m'en donnent le pouvoir. Après ces paroles, je vous ordonne l'éloignement de ma personne, la tristesse, le silence et une douloureuse méditation.
> Erik Satie

Les démêlés de Willy et de « ce Debussy qui aurait passé par Charenton » (5 octobre 1896) ne s'arrêtent pas là. L'Ouvreuse, le 7 décembre 1896 :

> Ma dernière lettre, où j'insinuai que le compositeur Erik Satie, parfois, maboulise, m'a valu une engueulade mystique de ce coco fêlé qui s'intitule « le Parcier, l'Épée bouillante, le Pauvre, l'Athlète, le Moine, l'Invisible, la Fermeture (?) et le Chevalier », – rien que ça ! Voici le début de son excommunication, calligraphiée, comme les précédents, à l'encre rouge :
> « Ne vous suggérez pas que ce certificat de votre misérable condition soit une réponse à votre écrit malfamé ; anachorète et orthodoxe (*sic*), retiré de la Terre, cénobite de l'Octave du Saint-Sacrement du troisième dimanche après l'Épiphanie, atmosphérique et thermal, chantre et bouclier, J'erre, Je plane et rien ne m'Atteint. » Et puis ça continue, je suis traitée d'« enfant adultérin de l'Enfer » par mon sympathique correspondant qui me déclare, en outre, faite « de la salive de Satan ». (Comment a-t-il pu connaître toutes ces particularités relatives à ma naissance ?) Comme on m'affirme que cet Erik Satie est un raté anagogique, affamé de réclame, quelle qu'elle soit, je n'hésite pas à lui accorder un peu de publicité ; il en serait tout autrement, et je garderais un silence apitoyé, si ces vésaniques fariboles étaient écrites sérieusement par un malheureux que guetterait, en ce cas, la paralysie générale...

Et Willy écrit à Curnonsky :

> Excommunié pour la seconde fois par Erik Satie, « parcier et maître de chapelle de l'Église métropolitaine de Jésus Conducteur », je te prie de *le traîner dans la merde*, au *Chat* [*Noir*] en un entrefilet ironique, ou grossier à ton gré, que tu signeras Curnonsky ou Willy à ton choix.
> Peut-être ta signature vaudrait-elle mieux, car je signe déjà des engueulades à la *Critique*, à la *Plume* et à *l'Ermitage*.

Le 22 février 1897, légère amélioration du temps :

> [...] quant aux *Gymnopédies*, conçues par une andouille mystique, Debussy les a délicatement orchestrées, rendant fort admissibles, du moins pendant les cinq minutes qu'elle dure, cette

machinette dont le léger maboulisme centre-gauche ne rappelle guère la musique de scène composée par le même Erik Satie, ignare en ébullition, pour le péladanesque *Fils des Étoiles* : j'ai pu voir le monstre lui-même, fâcheuse tête de potard obséquieux.

Mais le 13 juillet 1897, l'Ouvreuse enrage à la lecture des indications de nuances notées sur la partition du *Fils des Étoiles* que lui envoie l'éditeur Baudoux («Sans trop frémir... En se regardant de loin...»). Le 11 janvier et le 12 mai 1898, l'Ouvreuse étrille encore le «mystique loufoque» qui lui écrit (je coupe les réflexions de l'Ouvreuse) : «Vous êtes un galant homme, d'un esprit avéré, d'une haute compétence, Je le confesse, Moi-même en personne, et pour ce veux-Je de suite, sans détour, être votre servant le plus humble, le plus recueilli [...] à condition que vous ne voyiez point empêchement à ce faire, Messire !»

Une dernière citation extraite du recueil *À manger du foin* (1899) :

> Ce sans-le-sou cabotin (*Panne et circenses*), vêtu en toute saison d'un complet de velours à côtes – j'allais dire : à la côte – ce musico qui bat la dèche et la grosse caisse, du jour qu'il se vit promu par le sâr aux vertigineuses fonctions de «Parcier et Maître de chapelle de l'Église métropolitaine d'art de Jésus conducteur (*sic*)», n'eut plus qu'une seule pensée : excommunier les misérables hérétiques qui ne révéraient pas Péladan et les péladanistes. Cette manie, assez innocente en somme, est devenue une véritable maladie : le malheureux excommunie sous lui, littéralement; les formules de malédiction tombent de sa dextre comme tombent les pommes d'un panier... parcier.
>
> Personnellement, j'ai déjà été excommunié trois fois – qu'est qu'ça fait, pourvu qu'on rigole ? – par ce mystique inSatieable qui s'intitule «le Pauvre, l'Épée bouillante, la Fermeture et le Chevalier» (*sic*) !! Une première fois, l'Épée bouillante m'a condamné «aux amères réflexions et à l'éloignement de Sa Personne» (*sic*); puis, la Fermeture m'a traité d'«enfant adultérin de l'Enfer, fait de la salive du Diable» (chéri, va !) tout en affirmant avec force : «Sachez justement que Mon Art vous domine et que Ma Sévère félicité vous châtie». Enfin, par une troisième élucubration, le Chevalier m'a imposé silence en ces termes modestes : «Désormais,

taisez-vous ; je défends que l'on parle avant Moi ou en même temps que Moi ; tous sentiments hostiles à Ma volonté seront désormais combattus par la force. » Ce qui signifie, je pense, que la volonté du Parcier a force de l'oie.

Tout cela est écrit, tantôt à l'encre rouge, tantôt à l'encre noire, en lettres grandioses (les minuscules ont un centimètre de hauteur), sur du papier de dimensions imposantes ; les lettres majuscules abondent, le cher Parcier transformant en grande lettre l'initiale de tous les mots (Je, Moi, Mon, Ma) qui rappellent son imposante personnalité. Je ne crois pas exagérer en disant que chacune de ces épîtres ne coûte pas moins de cinquante centimes de « fournitures ».

Tout ne finit pas malheureusement par des calembours. Le 10 avril 1904, au moment où Willy fait son entrée au concert Lamoureux, Erik Satie s'approche de lui : « Vous écrivez sur mon compte des choses que je ne puis tolérer plus longtemps.
– Que voulez-vous que ça me fasse ? » riposte Willy.
Erik Satie se jette sur lui et lui donne un coup de poing « qui l'effleure à l'épaule » ; Willy lève sa canne et « frappe à tour de bras ». Des gardes municipaux accourent et expulsent Satie ! Et le lendemain, l'Ouvreuse écrit dans *L'Écho de Paris* : « Ce commencement de la symphonie, je l'ai mal entendu, occupée que j'étais à contempler M. Erik Satie recevant des coups de canne. »

La querelle Willy-Satie (dont je n'ai cité que quelques extraits et qu'on pourra suivre au plus près dans la *Correspondance presque complète* de Satie réunie et présentée par Ornella Volta) permet de mieux comprendre la véritable domination exercée par Willy pendant plus de vingt années sur les milieux de la musique. Mieux valait ne pas regimber. Ceux qui ne le savaient pas prenaient le risque de se voir expulser par les gardes municipaux. Le temps arrange heureusement bien des choses. En juin 1914, Satie et Willy se retrouvent dans le salon d'Armande de Polignac. Satie lui écrit pour la remercier : « Je suis revenu en métro, seul avec Willy. Oui, Madame. Et je puis vous dire qu'après vingt-deux ans d'une lutte corsique, c'est avec un grand trépignement cardiaque que j'ai serré la main de ce brave homme. »

En revanche, l'autorité que lui donnent les *Lettres de l'Ouvreuse* permet à Willy de défendre les musiciens qu'il aime

– Emmanuel Chabrier, Vincent d'Indy, Gabriel Fauré, César Franck, Ernest Chausson, Claude Debussy... – et, par-dessus tout, Wagner.

Quand on ouvre le premier recueil des *Lettres de l'Ouvreuse* (1890), on peut lire à l'index, à la lettre W : « WAGNER, partout... » Non seulement Wagner, mais aussi tous les wagnériens : Teodor de Wyzewa, Hans von Wollzogen, Victor Wilder, Julien Tiersot, Catulle Mendès, Alfred Ernst...

Félix Fénéon : « En faisant tourbillonner autour de la *Tétralogie* ses plus effarants coq-à-l'âne, "l'Ouvreuse du Cirque d'Été" a célébré Wagner mieux que ne le firent jamais Stuart Chamberlain et Teodor de Wyzewa. Et tandis que la mirobolante arabesque de ses phrases circuite à travers les esthétiques et les technies, à l'avant-plan une parade de logomachies en tumulte appelle le passant et l'amuse de chocs, de bariolures et de cris. »

L'Ouvreuse commence sa carrière de critique en pleine bataille wagnérienne. Se bat-on vraiment pour la musique ? Non. Wagner, « musicien boche », choque les oreilles « françaises ». Son cas n'est pas isolé. Dix-sept ans après la guerre franco-prussienne, le 10 mai 1897, à l'annonce de la venue à Paris de l'Orchestre philharmonique de Berlin dirigé par Arthur Nikisch, pour y donner quatre concerts, le bon peuple français se déchaîne : « À l'heure qu'il est, M. Lépine, [préfet de police] respire librement ; mais quel taf, hier ! Depuis une semaine, la Préfecture de Police était inondée de lettres, de petits bleus, de cartes postales – tout ça rigoureusement anonyme – contenant des variations rageuses sur ce thème : "Puisque vous permettez à des musiciens allemands de jouer en plein Paris, nous reconduirons comme il faut ces suppôts de Guillaume..." » (*Accords perdus*, 1898).

Willy, qui voudrait se battre pour la musique, doit faire face sur tous les fronts. En décembre 1892 paraît *Le Cas Wagner*, de Nietzsche, écrit en juin 1888, traduit par Daniel Halévy et Robert Dreyfus :

> Les moins documentés verront, par cette lecture, quelle est l'idée morale de l'œuvre wagnérienne, quels *doivent* être les admirateurs de cette œuvre, et d'où lui viennent forcément ses ennemis. [...] Bien que le *Cas Wagner* ne soit pas une exposition philosophique doctrinale, l'esprit de Nietzsche s'y montre dans toute sa laideur morale. Sans examiner aucune question

dogmatique, on peut dire que l'œuvre de Wagner est d'ordre chrétien, inspirée par le renoncement au vouloir égoïste, l'amour de ce qui souffre, poussé jusqu'à la rédemption effective. Nietzsche est en révolte contre cette idée. [...] L'antinomie est radicale, absolue. D'un côté apparaît l'art qu'on peut nommer chrétien – et Sophocle créant la figure d'Antigone est déjà un chrétien pour nous – l'art de notre moyen âge, le plus aimant, le plus jeune, le plus humain peut-être qui fut jamais, l'art auquel se rapporte également la conception shakespearienne de l'homme et de la vie, et auquel Wagner donne une formule nouvelle, harmonique, intégrale, consciente surtout. De l'autre, c'est l'égoïsme artistique, philosophique et littéraire, qui se manifeste, en tout son luxe extérieur, chez les païens de la Renaissance italienne et chez tant d'esprits contemporains, parmi lesquels je ne citerai que deux noms, deux tempéraments bien divers, Nietzsche et Renan, également détestés de tous ceux qui croient que l'affirmation est le seul principe générateur des grandes œuvres.

Le Willy «chrétien» qui apparaît dans ces lignes est un des aspects les plus profonds (et paradoxal, pour ceux qui n'ont lu que ses romans grivois) de ce personnage si difficile à saisir sous ses masques. Son éducation, dans une famille catholique aux principes rigoureux, et au collège Stanislas, l'ont plus marqué qu'on ne le croit : nulle trace dans sa vie d'une révolte contre l'autorité paternelle (il travaille auprès de son père plus de dix ans et jusqu'à l'âge de trente-quatre ans) et un grand respect au contraire des valeurs établies : l'armée, la religion. Dans une lettre à un collaborateur, ses directives sont fermes : «Je ne veux pas d'anticléricalisme. C'est mon horreur! Ça me rendrait clérical! [...] Bien entendu esquintez le curé individuellement, je m'en fous, mais pas le clergé en bloc, ah non!» On comprend combien sera fragile le couple Willy-Colette, une vraie païenne, celle-là.

Où la susceptibilité va-t-elle se nietzscher? Pour avoir rappelé dans ma dernière lettre que l'auteur du *Cas Wagner* gâtifiait et pamphlétisait sous lui, alors qu'il plaçait *Parsifal* au-dessous des barcarolles improvisées par les gondoliers (c'est pourtant sa seule excuse, ce ramollissement), je suis inondée de lettres de protestations, même d'injures. Un monsieur qui «fait dans les draps» – comme Nietzsche – m'envoie son opinion, si savoureuse que je serais folle de vous en priver. Voici : « Madame l'Ouvreuse, Nietzsche est Teuton, Wagner également Germain ; alors que nous importent les querelles de ces têtes de boches ? Vive la France ! » Évidemment. Et du coup, tout ce qui est allemand est, par ce patriotique ukase, jeté bas (*L'Écho de Paris*, 17 août 1897).

En mars 1896, c'est pour le défendre de l'accusation d'homosexualité lancée par Oskar Panizza, l'auteur du *Liebeskonzil* (*Le Concile d'amour*, 1894), que Willy vient encore au secours de Wagner dans *La Revue Blanche* : « Oui, Wagner qui, jusqu'à la fin de sa vie, aima les femmes, toutes les femmes, même les figurantes de Bayreuth ! » Mais au moment où il constate que les dreyfusards ont une tendance à devenir wagnériens, il rappelle en riant les pamphlets antisémites de Wagner contre Meyerbeer et Mendelssohn.

Pendant plus de dix ans, Willy fera le pèlerinage de Bayreuth, avec Colette quand il sera marié, mais après leur séparation il y enverra seul Émile Vuillermoz chargé de lui relater échos et potins. En juin 1905, Colette rapporte « L'Opinion de Claudine » (« Moi, je n'entends rien à la musique. Ou plutôt, je n'y entends que de la musique ») sur Maugis, le critique à Bayreuth : « Des sévérités brusques dressent toute sa physionomie, il fouille d'un œil justicier la forêt instrumentale et semble demander : "Qu'est-ce qui a fait ce bruit-là ?" »

Willy, dans ses *Souvenirs*, évoque « l'abomination de la camelote wagnérienne » entassée dans les vitrines : « Ferdinand Hérold contemplait, horrifié, des pantoufles-Parsifal où le père de Lohengrin, au point croisé, s'agenouille devant la sainte Lance ; Maurice Renaud, baryton inégalé, acheta une pipe commémorative portant, sur le fourneau, un portrait du maître entre deux mentions ; en haut : *Richard Wagner* ; en bas : *injutable*. »

Calembours ou procédés, on ne peut s'empêcher d'admirer la culture musicale de l'Ouvreuse du Cirque d'Été... et son don d'ubiquité : elle est partout, elle entend tout, elle voit tout.

Est-elle vraiment au festival de Bayreuth, au Théâtre de la Monnaie de Bruxelles, au Grand Théâtre de Monte-Carlo, au théâtre de Mannheim, au Hof-Teater de Munich ? D'ailleurs, dans *Soirées perdues,* elle propose quelques recettes « à propos du wagnérisme » :

1. Comment faire de la critique de Wagner sans aller aux représentations de Bayreuth.

2. Comment parler de la musique de Wagner sans en connaître une note : trois procédés.

3. Quelques recettes destinées aux critiques musicaux qui n'ont pas envie de se rendre à Bayreuth, pour rendre compte, sans les voir, des représentations du Festival.

Dans une lettre du 1er décembre 1889, elle remarque Willy et Alfred Ernst parmi les habitués du promenoir :

> Willy est d'un blond clairsemé, poupin, un peu fat, de grosses lèvres de jouisseur, des yeux de myope, frais encore. A eu des succès féminins, et le laisse savoir. En musique, ne possède que des notions délicieusement vagues et s'extasie avec conscience sur des modulations qui n'existent que dans son encéphale. Soirise sous divers pseudonymes, grincheusement ; recherche, infatigable, sur les quais, des brochures de son jeune temps qu'il détruit avec ivresse [les *Sonnets* de 1878]. Grand fumiste sous le ciel bleu, travaillé par la dégradante monomanie du calembour, il dépose d'épouvantables jeux de mots le long des partitions les plus respectées. SIGNE PARTICULIER : parle espagnol (n'est-ce pas, nina?), ce qui ne lui sert qu'indirectement pour comprendre Wagner. Il le sait et tape son *alter ego*, Ernst, des renseignements nécessaires, lorsqu'il doit soutenir, d'aventure, quelque polémique musicale contre le Wilder d'*Art et Critique*, ou construire, dans la *Grande Revue de Paris et de Saint-Pétersbourg,* un de ces articles massifs qu'il juge assez solennellement ennuyeux pour les oser signer du nom austère et polytechnicien d'Henry Gauthier-Villars.
>
> Ernst – à vos souhaits – est un des bons toqués du groupe. Ce qu'il a enfoncé de portes ouvertes et pourfendu de moulins est incalculable. Très emballé, a fait deux bouquins dithyrambiques sur Berlioz et Wagner. SIGNE PARTICULIER : féru de Mozart et fanatique de Lalo. L'auteur du *Roi d'Ys* ronflerait en public, Ernst s'écrierait : « Enfin, voilà une mélodie, une vraie mélodie ! Faites-en donc autant !!! » Peu réjouissant quand il est livré à ses propres lumières, ce Chatrian de Willy-Erckmann emprunte à son copain les facéties qui pimentent parfois sa prose. Il gesticule, il contredit, il rétorque, et ses joues de baby non sevré s'empourprent.

Tout est dit : les « notions délicieusement vagues » de Willy, les « renseignements nécessaires » dont il tape son *alter ego,* Ernst-Chatrian et Willy-Erckmann : leur collaboration est ouvertement reconnue. Au début, il s'agit surtout d'assurer la présence de l'Ouvreuse aux différents concerts : l'un au concert Colonne, au Châtelet, l'autre au concert Lamoureux, aux Champs-Élysées.

> Ouf ! Je suis débordée [écrit l'Ouvreuse dans *L'Écho de Paris* du 2 février 1899], et le pire, c'est que ces débordements n'ont rien de folâtre ; si vous croyez qu'une créature humaine peut, sans faillir, entendre une moyenne de six heures de musique par jour, non ! Je suis moulue, et pourtant j'ai de la résistance (même qu'on m'en fait souvent compliment).

Willy n'a jamais caché ses collaborateurs aux « Lettres de l'Ouvreuse ». Alfred Ernst (1860-1898), polytechnicien et wagnérien, bibliothécaire à Sainte-Geneviève, est celui qui lui apporte le plus. « On ne pouvait voir Ernst sans l'aimer », écrit-il dans *La Revue encyclopédique Larousse* en 1898. Willy dédicace de sa main les exemplaires des *Lettres de l'Ouvreuse* : « de la part de l'Ouvreuse, Willy-Ernst » ; dans les listes des œuvres du même auteur, Willy signale les titres de l'Ouvreuse « écrits en collaboration » avec Alfred Ernst ; en octobre 1894, il écrit sous le nom d'Henry Gauthier-Villars au directeur de la *Revue Bleue* :

> En un récent article de la *Revue Bleue*, M. T. de Wyzewa a bien voulu rendre compte, dans les termes les plus indulgents et les plus aimables, d'un volume de critique musicale fantaisiste intitulé *Rythmes et Rires*.
> Comme il m'en attribue l'entière paternité, je tiens à dire que ce livre a été écrit en collaboration avec mon ami Alfred Ernst. En particulier, les pages sur Mozart, Berlioz, Wagner et Gounod sont de M. Ernst et avaient paru sous sa signature, dans la *Revue Bleue*, plusieurs mois avant la publication du volume.

Ce que confirme Eugène de Solenière en 1903 : « Au moment où nous mettons sous presse, Willy consulté m'affirme que les meilleures pages de *Rythmes et Rires* sont dues à Alfred Ernst, il me souvient que jadis Alfred Ernst m'affirma exactement le contraire. »

Quant aux autres collaborateurs, Fagus nous dit en quoi consistait leur travail : « Il nous arriva de collaborer à une ou deux "Lettres de l'Ouvreuse". Ayant écouté avec attention le concert où nous étions délégué, nous rapportâmes une analyse scrupuleuse... que Willy se borna à truffer de mots d'esprit... Oui, mais voilà : ce qui n'était que le compte rendu de n'importe quel dilettante exercé et soigneux, ce judicieux truffage l'avait doué du je ne sais quoi d'inimitable qui caractérise les "Lettres de l'Ouvreuse". C'était du Quiconque, ce devenait du Willy. »

Outre Alfred Ernst et Fagus, on a cité une foule de noms de collaborateurs épisodiques, certains sans aucune preuve, et d'autres se citant eux-mêmes, ce qui n'est pas non plus une preuve. Par ordre alphabétique, F. Aussaresses, Paul Barlet, Henri Beaunier, Camille Bellaigue, Raymond Bouilhet, Marcel Boulestin, Pierre Onfroy de Bréville, Claude Debussy, Gabriel Fauré, Stan Golestan, André Hallays, Henri-Albert, Vincent d'Indy, Gabriel Pierné, Adolphe Retté, Gustave Samazeuilh, Florent Schmidt, Eugène de Solenière, Jean de Tinan, Émile Vuillermoz surtout. Et Colette, qui écrit dans le *Gil Blas* en 1903 : « Willy, choqué de ma tenue irrévérencieuse pendant cet interminable festival Strauss, m'a reproché, d'un air sec : "Pourtant, ma chère, la trituration de la pâte orchestrale est merveilleuse." – S'il savait ce que je m'en fiche de sa pâte et de sa trituration, puisque je n'aime pas cette cuisine-là ! » Et dans le public elle remarque « Max et Alex Fischer qui apportent à Willy leur dernier volume : *Pour s'amuser en ménage*. Pour m'amuser en ménage, je n'ai besoin des conseils de personne... »

Le succès des « Lettres de l'Ouvreuse » est tel, dès leur apparition dans *Art et Critique*, que les directeurs de *L'Écho de Paris*, Valentin Simond et son fils Henry, approuvés par Catulle Mendès, offrent à Willy d'entrer dans leur journal avec des appointements qu'il n'espérait certainement pas. Jean Jullien a passé la main à Eugène Pichot, ce qui achève de lever les derniers scrupules de Willy. Il écrit le 17 décembre 1890 au nouveau directeur :

> Cette position est fausse comme la voix de Cosima : il est urgent d'en sortir par l'une ou l'autre porte.
> Suis-je au ban d'*Art et Critique*, oui ou non ? Je ne supplie pas, je n'implore pas un recours en grâce, croyez-le ; je demande où j'en suis.

Si Jean Jullien – pour des raisons que j'ignore – se trouve avoir assez de l'Ouvreuse, qu'il le dise sans plus attendre. Comme Ernst le lui a fait comprendre, comme Ernst me le répète ce matin dans une lettre très nette « l'Ouvreuse n'est pas un, elle est deux ». Et, moi parti, il n'y aura plus d'Ouvreuse. Je vous concède que la perte sera mince.

Que si J. J. préfère voir continuer cette collaboration fumisto-musicale, il voudra bien me le faire savoir, par votre aimable canal, si j'ose ainsi m'exprimer, ou directement. Mais je serais bête comme un sous-préfet si, renvoyé, si, voyant ma copie refusée sous le nom de Willy, je persévérais à l'apporter au journal. Mettez-vous à ma place !

Quelques jours plus tard, le nouveau directeur se fend d'une lettre aux lecteurs : « Quant à l'Ouvreuse, cette jeune personne s'étant fait enlever par un de nos grands confrères, une de ses proches parentes la remplacera. » À la suite d'un article d'Alfred Ernst ouvrant la partie musicale de la revue, paraissent deux colonnes intitulées : « Autour de l'Orchestre », et signées Jane. Ou Jeanne, car elle n'est pas très fixée sur l'orthographe de son prénom. Elle pastiche si bien l'Ouvreuse jusqu'au dernier numéro d'*Art et Critique* en 1892 qu'on peut se demander si Willy n'est pas lui-même à la fois l'Ouvreuse et sa proche parente.

Au début de 1907, *L'Écho de Paris*, qui a perdu le ton léger de ses débuts, se débarrassera de l'Ouvreuse à la suite du scandale du Moulin-Rouge ; par chance, *Comœdia* vient alors de naître et Willy y entre... avec Émile Vuillermoz.

Il ne faut pas croire pourtant que l'Ouvreuse, si libre en ses propos, soit à l'abri des pressions. En 1910, G. Arnaud, secrétaire général de *Comœdia*, écrit à Willy : « J'appelle votre attention sur les concerts qui seront donnés à la salle Gaveau, les 23 février, 2 et 9 mars, et dans lesquels seront joués des pianos Gaveau. Vous voudrez bien ne pas oublier les mentions habituelles. »

Willy fait suivre la lettre à Vuillermoz, en ajoutant de sa main : « Cher ami, faites ce que demandent ces cons, mais tâchez aussi de dire un mot des Pleyel, aussi. »

Et qu'un jeune poète provincial lui demande d'annoncer la publication d'une nouvelle revue, encore une, consacrée à l'art, voici ce qu'il écrit : « Il me reste assez de place pour signaler la prochaine apparition de l'*Époque*, revue lyonnaise dont le sous-titre affirme, pour la bonne règle, qu'elle paraîtra mensuellement. Garantie contre tous retards, une telle revue ne pouvait passer inaperçue dans les milieux féministes. Le directeur qui est dans les affaires, recrute principalement sa clientèle parmi les Anglais. »

La plupart des chroniques musicales de l'Ouvreuse ont été réunies en volumes parfois illustrés de 1890 à 1901 : *Lettres de l'Ouvreuse* (1890), *Bains de Sons* (1893), *La Mouche des Croches* (1894), *Rythmes et Rires* (1894), *Entre deux airs* (1895), *Notes sans portées* (1896), *Accords perdus* (1898), *La Colle aux Quintes* (1899), *Garçon, l'audition!* (1901), *La Ronde des Blanches* (1901). Les inédits parus après cette date dans *L'Écho de Paris* et *Comœdia* rempliraient autant de volumes. Il faut noter, sous la signature de Willy, *Soirées perdues*, théâtrales mais aussi musicales (1894); le numéro de *L'Assiette au Beurre* du 27 septembre 1902, illustré de caricatures de compositeurs par Aroun-al-Raschid (Umberto Brunelleschi); *Anches et embouchures*, album de dessins de Le Révérend avec des poèmes de Willy (1905); *Propos d'Ouvreuse* enfin en 1925.

Henry Gauthier-Villars de son côté ne reste pas inactif. Il collabore, à titre de critique musical, à *La Revue Blanche*, à *La Revue encyclopédique* et à *La Revue universelle Larousse*, à *La Revue musicale*, *La Vie musicale*, *Le Monde des Arts*, et devient en 1898 secrétaire de rédaction de *La Revue internationale de Musique*. Il publie un livre sur *Georges Bizet* en 1908 (avec la collaboration de Pierre Onfroy de Bréville, sans doute, et d'Émile Vuillermoz, sûrement); préface *Musique de Chambre* de Gustave Lyon en 1908, et les *Notules et Impressions musicales* d'Eugène de Solenière en 1902. Mais surtout il rédige et rime des livrets d'opéras-comiques, genre qu'il dédaigne un peu du point de vue musical, prétendant que le livret en fait le seul intérêt : *Fervaal*, de Vincent d'Indy, avec Pierre Onfroy de Bréville (Théâtre de la Monnaie, Bruxelles, 1897); *Bastien et Bastienne*, de Mozart, avec G. Hartmann (Opéra-Comique, 9 juin 1900); *La Petite Sirène* (Opéra de Nice, avril 1907); *Amour tzigane*, de Franz Lehar, avec Jean Bénédict (1912); *Elektra*, de Richard Strauss, créé à l'Opéra en 1931. Je ne compte pas les poèmes mis en musique, comme cette mélodie de Messager parue dans *L'Illustration* en 1892, et tant d'autres qu'il faudrait retrouver.

Cette activité vaut bien de temps en temps quelques jours de vacances au bord de la mer, à Cabourg (Villa Mercedes...). Il ne laisse pas Jean Jullien sans nouvelles :

> Il y a de la cocotte, ici. Mais, contre ces élégances frelatées, je proteste par un sans-façon de costume vraiment de haut goût. Ma pipe et moi nous ne nous quittons plus (ô ma chérie !) et je pêche avec de vrais pêcheurs qui me ravissent, de la plie, du rouget, du maquereau, tandis que les snobs de la plage se mouillent les jarrets pendant trois heures, et toussent à cracher leur âme de veau, pour prendre trois sous de crevettes trop petites.
> Seulement, pour écrire un mot, c'est le diable. Il souffle un vent de flemme terrible !!

Germaine Villars

La musique ne suffit pas à occuper tout son temps. Willy publie des nouvelles dans la *Revue politique et littéraire*, où il fait la connaissance de Jules Lemaitre, et tient la rubrique théâtrale au *Chat Noir* à partir du 27 décembre 1890. Trois mois plus tôt, une «Petite correspondance» y saluait ainsi le sous-lieutenant d'artillerie de réserve H. G.-V., auteur de la polka *Pot-de-Fleurs* publiée par Vanier en 1889 :

> M. Henry Gauthier-Villars, lieutenant de canonnerie à Pontarlier. – 1° L'auteur de la fameuse marche Pot-de-Fleurs dont le Guatemala vient de faire son hymne national s'est longtemps abrité sous les initiales cabalistiques H. G. V. S. L. D. A. D. R. On sait aujourd'hui le nom du compositeur : c'est un nommé Willy, homme jeune encore mais déjà bedonnant ; au demeurant, le meilleur fils du monde. – 2° Pour la question, non, mille fois non. Un officier, même en tenue de campagne, ne doit pas se moucher sur sa manche.

Chroniqueur, il fournit au *Gil Blas* et au *Bon Journal* des articles humoristiques qui forment la matière de *L'Année fantaisiste* : il y en aura cinq, une par an jusqu'en 1895, chez l'éditeur Delagrave. Le premier volume paraît en 1891 avec des illustrations d'Albert Guillaume... et cinq dessins de

Christophe dont le nom ne figure pas sur la page de titre. Est-ce leur origine franc-comtoise qui les a rapprochés ? Le premier album de Christophe, *La Famille Fenouillard*, ne paraîtra qu'en 1893, mais Willy en a peut-être suivi les aventures dans *Le Petit Français illustré*, et rencontré à la librairie Gauthier-Villars ce jovial normalien qui sous le nom de Georges Colomb a été nommé sous-directeur du Laboratoire de botanique de l'École des Hautes Études en 1890. Ils décident de publier ensemble un *Comic-Salon* et Willy harcèle Marcel Schwob jusqu'à ce que onze dessins de Christophe (sur quatre-vingts) paraissent sur une page dans le supplément illustré de *L'Écho de Paris*, le 19 juin 1892. Le petit album, *Comic-Salon*, dessins de Christophe, légendes de Willy, paraît en même temps chez Vanier. Joyeuse et bonne idée qui n'eut malheureusement pas de suite.

Henry Gauthier-Villars signe des études historiques dans *La Revue Bleue* (*Toussaint Louverture au fort de Joux*, d'après des documents inédits, 23 janvier 1892), collabore au *Mercure de France* et figure sur la liste des futurs collaborateurs du *Journal* (sous l'orthographe Henry G. Villars) que Jules Renard dresse dans une lettre à Marcel Schwob le 27 novembre 1891. C'est d'ailleurs à cette époque qu'il fait la connaissance de Schwob, qui dirige le supplément littéraire de *L'Écho de Paris* depuis mai 1891. Henry Gauthier-Villars n'abandonne pas pour autant la maison d'édition paternelle, et y publie sous son nom en 1891 un *Manuel de Ferrotypie* dans la « Bibliothèque photographique ». Il se paie même le luxe d'un avant-propos... de Willy. Faut-il croire que celui-ci commence à être plus honorablement connu que celui-là ? Ou qu'il faut la caution d'un humoriste pour justifier la publication d'un livre sur ce procédé photographique surtout en usage dans les fêtes foraines ?

En mars 1892, Charles Morice, s'estimant diffamé par un article, lui envoie ses témoins, MM. Paul Gauguin et Raymond Daly, à ceux de Willy. Le procès verbal du 28 mars 1892 conclut qu'il n'y a pas lieu à rencontre. Comme il l'écrit à Marcel Schwob, l'affaire « Willy-Morice » tourne en eau de boudin :

> Le jeune « cerveau du Symbolisme » a déclaré à mes témoins que jamais il n'avait appelé [Jules] Lemaitre *ruffian de Lettres*, expression que j'avais remouchée ; – dès lors, mes copains ont répondu que mon appréciation tombait d'elle-même.

Il n'y aura aucune publicité : le procès-verbal ne porte trace d'aucun regret. Tout va bien. All right.

Un duel de perdu, dix de retrouvés. Ce n'avait pas été le premier duel d'Henry Gauthier-Villars ; ce ne sera pas le dernier.

C'est avec Émile Courtet, dit Cohl, que je m'alignai tout d'abord. Ce dessinateur de talent publiait dans les *Hommes d'Aujourd'hui* d'amusantes caricatures à la manière d'André Gill dont il se proclamait l'élève et le continuateur. Un jour, je déclarai à ce disciple fervent que les meilleures poésies de *La Muse à Bibi* étaient dues, non à leur signataire [André Gill], mais à Louis de Gramont. Cohl s'indigna. Je tins bon. Une histoire de femme, je dois le dire, aigrissait l'atmosphère. Les témoins de mon adversaire étaient le grand prêtre des Incohérents, le facétieux Jules Lévy et je ne sais plus quel journaleux. Ils s'abouchèrent avec les miens : Beauvais-Devaux, bretteur alors célèbre, et Lucien Normand, militant royaliste et catholique pratiquant, navré de prêter la main à la perpétration d'un péché mortel. On partit pour l'île de la Grande Jatte. Combat sans intérêt. En relevant l'épée de Cohl, je mis sa pointe en contact avec mon œil qui fut aussitôt baigné de sang. « Halte ! » Le docteur Devillers, épéiste en renom et mon collègue à la salle Miminque, marcha vers moi à pas comptés et prononça gravement : « C'est bien fait. » Je m'étonnai. « Oui, poursuivit-il, vous n'avez que ce que vous méritez. Combien de fois vous ai-je recommandé de ne pas porter la tête en avant, mais...
— Docteur, interrompit Cohl, un peu ému, j'espère que l'œil n'est pas crevé.

Le médecin, après un examen rapide, déclara :
— Non, la paupière seule est atteinte. »

Puis il reprit sa conférence sur l'inconvénient de porter la tête en avant quand on croise le fer.

Je revins à Paris avec mes témoins et Lucien Normand courut se confesser. (Notes recueillies par Madeleine de Swarte, citées par Pierre Varenne).

Ce duel a lieu le 25 octobre 1886. Émile Courtet, dit Émile Cohl (1857-1938) n'est pas seulement caricaturiste, même s'il prend un temps le relais d'Albert Humbert dans *La Lanterne de Boquillon* ; il est surtout photographe (on a de lui plusieurs photos d'Henry Gauthier-Villars) et l'un des pionniers du dessin animé. Quant à l'histoire de femme, elle est plus sérieuse que Willy ne le laisse entendre : Louise, la jeune femme d'Émile Cohl, est devenue la maîtresse d'Henry Gauthier-Villars et son premier grand amour. Ils s'installent 22 rue de l'Odéon, tout près du théâtre, en face du café Voltaire et à deux pas du café Tabourey de la rue Rotrou, hauts lieux d'un quartier beaucoup plus vivant qu'aujourd'hui. Dans la même maison habite Biana Duhamel, « alors potelée comme un vermicelle », créatrice de *Miss Helyett* d'Edmond Audran en 1890[1]. Le 19 septembre 1889 à trois heures de l'après-midi, Marie Louise Servat met au monde un fils, Jacques Henri, qui est reconnu par Émile Courtet. Germaine (je ne sais pourquoi Willy l'appelle par ce prénom) présente l'enfant à son père :

– C'est un fils et il te ressemble déjà.

– Avec une aussi jolie maman, ce garçon est inexcusable, répond Willy.

Les époux Courtet divorcent, et Willy peut légitimer son fils, Jacques Gauthier-Villars. Mais alors que Willy commence à connaître ses premiers succès littéraires, le 31 décembre 1891 à trois heures de l'après-midi, Marie Louise Servat, âgée de vingt-neuf ans, meurt dans leur nouveau domicile, 99 boulevard Arago, tout à côté de la place Denfert-Rochereau. « Willy dissimula son réel chagrin, écrit son fils, sauf à quelques intimes, qui me le racontèrent beaucoup plus tard. » À Marcel Schwob il écrit : « Songe que tu l'avais fascinée, par ta facilité à lire Catulle dans le texte. Que de fois elle m'a dit : Quand revient-il, le savant *qui rit avec un air réfléchi* (sic). » À un autre ami : « Je la pleure sans vergogne... et je maudis l'obligation de la copie "rigolo" qu'il faut écrire le cœur en larmes. » À Jean Jullien, en janvier 1892 : « Merci de tout mon cœur, mon cher Jean. J'ai bien, bien du chagrin, vois-tu, et je souhaite ardemment, moi qui t'aime, que jamais tu ne connaisses ces cuisantes angoisses. » Et quelques jours plus tard en le félicitant de sa Légion d'honneur : « Excuse-moi de ne pas t'écrire comme je le désirerais : je suis tout délabré par la mort soudaine de ma pauvre chère Germaine, cette blonde dont tu aimais les

---

1. Enlevée par un baron mélomane qui la tenait recluse, elle perdit sa voix, devint obèse et mourut dans la misère.

cheveux Titiens, tu sais ? Et je reste avec mon bébé de 27 mois. Heureusement, je l'ai reconnu ! »

Léon Maillard écrit la même année dans *Les Soirs de la Plume* : « ses souffrances s'enferment dans un cercle de calembours ».

Ils n'étaient pas mariés, mais Henry Gauthier-Villars fait imprimer des faire-part de deuil au nom de Germaine Villars, qui est inhumée provisoirement au cimetière parisien de Bagneux le 4 janvier 1892. Sur une carte qu'il adresse à Remy de Gourmont, il s'excuse d'avoir tardé à lui répondre : « J'ai porté des fleurs sur une tombe, bien convaincu, pourtant, que l'Au-Delà est une blague amère et que rien ne subsiste post lethum... Mais quoi, les antinomies ne sont pas pour vous étonner, j'en suis sûr !... »

Willy avait soigneusement caché sa liaison à ses parents, très à cheval sur les principes de la morale bourgeoise. Seul son frère Albert était au courant de l'existence de cet enfant illégitime. Du côté de la famille Servat, on avait également très mal accepté le divorce de Germaine. On l'avait même refusé : quand son corps est transféré le 5 janvier 1898 au cimetière du Père-Lachaise dans la sépulture Servat-Tanneur, le nom que la famille fait graver sur la pierre tombale est celui de « Mme Courtet, née Servat » !...

Willy a trente-trois ans. Il se retrouve seul avec son fils. Il écrit à Marcel Schwob :

> Mon cher ami Schwob, je vais quitter Paris pour quelques jours, car je me sens assez mal. Et puis, il faut que je conduise à la campagne mon petit Jacques, horriblement nerveux, comme sa pauvre chère maman endormie, et à qui la paix des champs est commandée impérieusement. Il lui faut pousser comme une plante, sans trouble. Je t'aime de tout mon cœur, mon cher Schwob.

Willy est retourné habiter sa garçonnière du quai des Grands-Augustins ; il va placer le petit Jacques en nourrice, à Châtillon-Coligny.

2

De Colette à Claudine
1893-1900

O gens du juste milieu, je vous hais !

ADIEU VAT

Jules Colette avait fait la connaissance de Willy au cours de ses visites à la librairie Gauthier-Villars. Il venait y acheter des livres et montrer à Jean-Albert Gauthier-Villars des cartes qu'il dessinait et qu'il apportait à la Société de Géographie. Les deux anciens officiers avaient des souvenirs communs qui étaient les sujets de leurs conversations : tous deux avaient fait les campagnes de Crimée et d'Italie.

Le capitaine Colette était né à Toulon en 1829 et sortait de Saint-Cyr. Promu lieutenant en Crimée après la bataille de l'Alma (1854) et capitaine un an plus tard, à vingt-six ans, il avait été blessé au cours de la campagne d'Italie, à Marignan (1859) et amputé de la jambe gauche. Jules Colette était alors entré dans l'administration. C'est ainsi que ce jeune percepteur de trente ans, auréolé d'une gloire toute fraîche, fut nommé dans l'Yonne, à Saint-Sauveur-en-Puisaye. Il avait été remarqué par Mme Robineau-Duclos.

Jules Robineau-Duclos mourut en janvier 1865. Et le 20 décembre de la même année, sa veuve, Sidonie Landoy, se remaria avec Jules Colette. « Sido » avait déjà deux enfants de son mari défunt : Juliette, née en 1860, et Achille en 1863. De son second mariage, elle en eut deux encore : Léopold, dit « Léo », en 1868, et Sidonie Gabrielle, dite « Gabri », en 1873. En 1880, Jules Colette prit sa retraite, pour le plus grand bien de l'administration des Contributions, qu'il négligeait. La mauvaise gestion du patrimoine de sa femme et les exigences du docteur Roché qui avait épousé Juliette, obligèrent la famille à quitter Saint-Sauveur en 1890 et à venir s'installer chez le fils aîné, le docteur Achille Robineau-Duclos, à Châtillon-sur-Loing (aujourd'hui Châtillon-Coligny, dans le Loiret).

Sidonie Gabrielle a dix-sept ans en 1890. Elle est allée plusieurs fois à Paris, à six ans, à onze ans ; à seize ans enfin, en 1889, l'année de l'Exposition universelle, qui voit toute la province débarquer dans la capitale, à l'instar de la Famille Fenouillard, pour admirer la Tour Eiffel. Gabrielle vient d'obtenir son brevet et elle accompagne son père à la librairie Gauthier-Villars. Willy, qui gardera toujours un penchant pour les fruits verts, a tout pour impressionner cette «jeune fille des champs» qui est alors (dira-t-elle beaucoup plus tard) une de ces «filles à peine nubiles qui rêvent d'être le spectacle, le jouet, le chef-d'œuvre libertin d'un homme mûr». Cet homme de trente ans, ce soiriste et ce chroniqueur humoriste qui la fait rire, connaît la gloire parisienne avec les «Lettres de l'Ouvreuse». Dans une lettre à Rachilde (en 1900), Willy confie qu'il a toujours bavardé avec Colette, «et cela depuis qu'elle a attrapé sa dixième année». Il semble en tout cas avoir fait prendre au capitaine un abonnement à la revue à laquelle il collabore en 1885. Colette avait alors douze ans et, dit-elle près de vingt ans plus tard, «je m'accordais en cachette la joie interdite de lire *Lutèce*, petite feuille du Quartier latin, où, sous des pseudonymes nombreux et truculents, celui qui devait être mon mari luttait avec fracas contre la mauvaise littérature et la mauvaise musique». Colette est déjà venue avec son père à la librairie lors de son séjour en 1884 à Paris, elle y a rencontré Willy; et l'on comprend son agréable surprise de la revoir... cinq ans plus tard. C'est au cours de ce voyage que Colette tombe amoureuse de Willy : «... lorsqu'à dix-sept ans l'amour arriva dans ma vie», écrit-elle à soixante-huit ans dans son *Journal à rebours*, en 1941, dix ans après la mort de Willy, qui avait déjà noté de son côté dans la préface de *Claudine à l'École* (1900) : «Claudine compte aujourd'hui dix-sept ans. Il serait amusant qu'elle fût quelque jour élue par un de ces admirables célibataires qui, redoutant d'associer leur existence à celle de Parisiennes trop renseignées, s'en vont chercher par les provinces de blanches petites fiancées qui ne savent rien de rien.» Mais Willy est alors sur le point d'épouser Germaine, la mère de son fils, et ne peut guère s'occuper longtemps de ce tendron.

Willy porte une grande confiance aux Colette, c'est vers eux qu'il se tourne au moment de sa détresse à la mort de Germaine. Il leur confie son fils dès le mois de janvier 1892. Le 12 mai, Sido écrit à sa fille Juliette : «Le petit [Jacques] Gauthier-Villars me prend aussi beaucoup de temps. [...] Gabri a passé une quinzaine de jours à Paris chez Mme Cholleton et elle a été au théâtre et au concert tant qu'elle a voulu...»

Colette n'a plus dix-sept ans; elle en a dix-neuf, et elle est toujours amoureuse de Willy. Mme Cholleton la laisse très libre et a une grande confiance en Willy. Dans *Claudine à Paris*, Colette raconte que Renaud, après le spectacle, emmène Claudine à la brasserie Logre (la brasserie Pousset, 14 boulevard des Italiens) et qu'ils échangent dans un fiacre le premier baiser qui décidera Renaud à demander sa main. « En somme, écrit Willy dans les *Indiscrétions et Commentaires*, il n'y a guère que du vrai dans *Claudine à Paris*. Le jour que Colette à ma grande satisfaction se trouva grise après deux coupes d'Asti (après quoi dans le fiacre où je la ramenai chez la générale Cholleton, chargée d'elle, rue Gaston-de-Saint-Paul, elle me déclara "je mourrai si je ne suis pas ta maîtresse"), Catulle Mendès la vit dans le restaurant de nuit, Eugénie Buffet la vit aussi, charmante, deux tresses blondes lui battant les chevilles, l'air si jeune que tous deux me conseillèrent la prudence : "Prenez garde, Willy, le Code ne badine pas." »

En juillet, Willy vient chercher son fils, qui n'est resté que six mois à Châtillon, pour le confier à sa mère qui habite Passy ; et lui part pour Bayreuth.

Colette et Willy sont fiancés. Ils se marieront un an plus tard comme le veut l'usage. Ils s'écrivent souvent et librement ; Colette lit régulièrement les « Lettres de l'Ouvreuse » dans *L'Écho de Paris*. Willy vient la voir à Châtillon, lui apporte des livres, des journaux, des revues, des friandises. Elle le raccompagne à la gare jusqu'au « mauvais train omnibus », avec le chien Potasson. Ses frères moqueurs la taquinent :

« Tu as remarqué, disait Achille à Léo, comme "il" a grandi depuis la dernière fois ?

– Grandi, tu es sûr ?

– Comment, je suis sûr ! son crâne dépasse ses cheveux !

– Allez-vous vous taire, disait Sido, vous tenez absolument à faire de la peine à la petite ?

– C'est très bon pour elle, répliquait l'aîné. Elle en verra d'autres quand elle sera mariée. Ça la dresse ! » (*Noces*).

Mais Willy est un journaliste parisien, blagueur et libertin, dans ses articles tout au moins, et cela suffit pour que la petite ville de province lui fasse une réputation de noceur : les parents de Gabrielle reçoivent des lettres anonymes. À tel point qu'il faut feindre une rupture des fiançailles. Sido à Juliette le 28 octobre 1892 : « Non, on n'a plus reçu de lettres anonymes. Je crois bien que la rupture supposée du mariage a dû satisfaire la personne qui les commettait. » Willy souffre toujours de son bras, à la suite d'une blessure reçue dans un duel le mois précédent. « Il ne viendra pas nous voir, mais Gabri part pour quelques jours avec son père à Paris pour être présentée à la famille Gauthier-Villars [...]. Ils voudraient si bien marier leur fils à une belle et bonne héritière ! Ils en ont sous la main qui n'attendent que l'occasion. »

Ils seront alors bien déçus. Le contrat de mariage que signeront Willy et Colette, sous le régime de la communauté réduite aux acquêts, prévoit que les époux ne pourront être tenus pour responsables des dettes de l'un ou de l'autre. Henri Gauthier-Villars apporte 3 000 francs représentant ses vêtements et meubles, 2 000 francs de deniers comptants et 100 000 francs en créance sur la société en nom collectif « Gauthier-Villars et Fils »; Colette n'apporte qu'un trousseau de 2 000 francs, la ligne prévoyant l'apport des deniers comptants a été biffée : Colette est épousée sans dot[1]...

En attendant, Willy écrit-il à Colette des poèmes d'amour ? À défaut, il publie celui-ci le 13 janvier 1893 :

> Entends le rossignol, entends ses notes claires
> Qui des bois endormis réveillent les échos,
> Viens ! Juxtaposons les muscles orbiculaires
> De nos orifices buccaux.

Il fait au mois de mars un voyage à Bruxelles. Il y rencontre très certainement les cousins Landoy. Les frères aînés de Sido, Henri-Eugène et Jules-Paulin Landoy, vivent en Belgique avec leur sœur Irma – Eugène journaliste, rédacteur du *Journal de Gand* jusqu'à sa mort en 1890. Ils avaient pris tous deux la nationalité belge vers 1850.

Le petit Jacques Gauthier-Villars est maintenant élevé par sa grand-mère qui l'adore, à Passy, 13 rue Singer, où il restera jusqu'à l'âge du collège. Willy vient d'annoncer à ses parents son intention de se marier. De Châtillon, il écrit à Marcel Schwob, « songeant au mariage et tout à fait abruti surtout par la grâce voltigeante de ma jolie petite Colette », en usant déjà de ce nom-prénom avant son mariage. « Dans un mois je l'aurai épousée. Et voilà. Et je n'aurai pas le sou. *All right !* » N'avait-il pas déjà pressenti : « Vous verrez que je finirai par

---

1. Claude Pichois et Alain Brunet, *Colette*, 1999.

épouser une fille sans dot ! » (*Soirées perdues*, à la date du 3 novembre 1891). Il fait part de son mariage à son propre frère seulement le 21 avril, par lettre, sur en-tête du quotidien *La Paix* auquel il collabore :

> Mon cher Albert,
> Un mot seulement. Je n'ai pu te joindre, tout à l'heure, pour t'annoncer un prochain événement dont, peut-être, tu as entendu parler déjà à la maison, je veux dire mon mariage. J'épouse la fille du Capitaine (de Châtillon), heureux de témoigner ma reconnaissance à une famille qui a été, pour Jacques, d'une bonté absolument touchante. Elle n'a pas de dot, d'ailleurs, ce qui ne réjouit pas nos Parents. À leur point de vue, ils ont raison de tiquer. En conscience, je ne pouvais agir autrement que je fais. Veux-tu, je te prie, faire part de cette nouvelle à Valentine dont la famille, je pense, poussera des cris aigus. Mais c'est si rare, si rare, un mariage réunissant, comme le vôtre, la plus exquise tendresse et le... comment dire ?... le sérieux confortable ! Vous avez réalisé le mariage d'amour greffé sur le mariage d'argent. Chance presque unique ! Pour moi, je ne fais pas, oh non ! un mariage d'argent. Que si je m'interroge, pour savoir jusqu'à quel point j'ai le droit de prononcer le mot « mariage d'amour » je me répondrai peut-être non, aussi. L'amour, le grandiose et le cuisant et le perforant, c'est, je crois bien, une blague de romancier. Et, quand c'est des fragments de cette chose idéale, on les enfouit à Bagneux, on ne les remplace pas, mon cher vieux...
> Mais je crois qu'une bonne affection peut avoir du bon, encore, n'est-ce pas ? Je ne sais pas pourquoi je moralise si vertueusement, aujourd'hui.
> À toi, de cœur,
> Willy

La famille de Valentine, qu'a épousée Albert et dont il aura quatre enfants, ce sont les Claude-Lafontaine, banquiers ardennais. Et Bagneux fait allusion au cimetière où a été inhumée Germaine, la mère du petit Jacques.

Le lendemain, samedi 22 avril, Willy adresse un télégramme au maire de Châtillon : « Publiez bans Gauthier-Villars-Colette. » Et dans la semaine il répond à son frère qui lui a écrit entre-temps :

> Vieux, je ne peux m'empêcher de rire de la surdité que tu affiches – à bon endroit – pour ne pas entendre les cris de ta belle-famille; ce qui m'amuse plus encore, c'est que ta maladie d'oreille a fini par gagner Valentine. Mais soyons sérieux.
> Un petit mot seulement; tu dis que cette jeune fille aura une position très difficile. Mais où? Tu ne me penses pas assez ramolli, que diable, pour chercher à l'imposer aux miens. Voyons! – Mes parents sont convaincus que c'est un mariage déplorable. Moi, je suis moins convaincu. S'ils changent d'avis ce sera tant mieux, et il est probable qu'elle fera son possible pour modifier leur opinion. S'ils continuent, ce qui est leur droit absolu, à lui battre froid, sans qu'elle le mérite, je ne manœuvrerai jamais pour leur faire changer cette attitude. Et ce que je dis pour Passy, je le dis pour la rue Bonaparte et pour le Boulv. St Germain, pour tous les quartiers de Paris, quoi! – Enfin, tu dis que je me marie sans grande joie. – Tu as raison, c'est vrai, je n'y peux rien, tout le monde croit que je me suis secoué les oreilles comme un chien mouillé, après le coup que j'ai reçu, et que tous jugent oublié; c'est peut-être un peu faux. Je crois d'ailleurs que Valentine est la seule qui ne s'y soit pas trompé, en fait de femme.
> Adieu vat. Il va y avoir de la vache enragée.

La rue Bonaparte et le boulevard Saint-Germain font allusion aux domiciles de ses tantes maternelles (Albert Gauthier-Villars habite alors 37, rue de Bourgogne). Il est inutile d'ajouter d'autres commentaires à ces lettres; la vache enragée aura la peau dure! En attendant, les ennuis ne sont pas terminés. Le 4 mai 1893, onze jours avant le mariage, paraît dans *Gil Blas* un écho fielleux qui ne cite aucun nom:

> On jase beaucoup à Châtillon, du flirt intense dont un de nos plus spirituels clubmen parisiens poursuit une exquise blonde, célèbre dans toute la contrée par sa merveilleuse chevelure. On ne dit pas que le mot mariage ait été prononcé. Aussi nous engageons fort la jolie propriétaire de deux invraisemblables nattes dorées à n'accorder ses baisers, suivant le conseil de Méphistophélès, que la bague au doigt.

Willy provoque en duel Lefebvre, directeur de *Gil Blas*, et à la deuxième reprise le blesse d'un coup d'épée à l'abdomen.

Sido écrit à sa fille Juliette : « La blessure qu'a reçue Lefebvre, Willy pouvait la recevoir et Gabri à cette pensée est presque aussi émue que s'il l'avait reçue. »

UN HOMME JEUNE ENCORE

Colette a vingt ans ; Willy en a trente-quatre. Il est temps qu'elle se marie ; habituellement, les jeunes filles sont fiancées à dix-sept ans. Quant à Willy, c'est à l'époque un homme encore jeune pour le mariage ; on estime qu'un homme doit attendre la trentaine pour fonder un foyer. Ce n'est d'ailleurs pas leur différence d'âge de quatorze années qui scandalise les habitants de Châtillon – moins en tout cas que Raymond Escholier en 1956 (Colette « chassée à dix-sept ans de son Paradis terrestre, livrée par la misère à Willy – le corrupteur ») ou Pierre Brisson en 1957 (« entrée dans la vie au bras d'un vieux faune trempé d'alcool »). Tout le monde sait alors que « quand un homme n'a pas dix ans de plus qu'une femme, il est moins âgé qu'elle » (*Pimprenette*, 1908). Dans *Claudine à Paris*, cette différence d'âge entre Renaud (quarante ans) et Claudine (dix-huit ans) est encore plus marquée, et c'est bien cela qui rassure Claudine : Renaud est « celui à qui je me confierai, comme à un papa chéri, celui auprès de qui je me sens tour à tour angoissée et honteuse, comme si j'étais sa maîtresse – puis épanouie et sans pudeur, comme s'il m'avait bercée petite fille dans ses bras... ».

Willy n'est pas l'amateur de jeunes femmes qu'il est devenu plus tard en vieillissant. Quand il a connu Germaine, elle avait vingt-trois ans et lui vingt-sept. C'est Colette qui écrit dans *La Revue illustrée* avant 1905 : « Aux vacances, durant les rares visites d'"Henry Gauthier-Villars", comme disent les provinces, je m'étonnais sans arrière-pensée qu'un homme encore jeune se donnât tant de mal pour paraître vieux ; pipe désabusée, chapeau revenu de bien des choses, cravate morte à toute espérance... Il a rajeuni depuis et ne fume plus que des cigarettes d'Orient. La postérité m'en devra-t-elle quelque chose ? » La postérité n'a tenu aucun compte du vœu de Colette, et ne l'a pas mieux traité que Willy : « la petite rustre au cœur et aux sens épanouis » (P.-H. Simon) fait désormais partie d'une légende que l'auteur et le signataire des *Claudine* ont soigneusement entretenue. Écrire qu'elle « vivait dans une province éloignée » (le Loiret !) comme le fait Jean de La Hire en 1905, est aussi faux que de prétendre, comme le dit Madeleine de Swarte à « papa » en 1926 : « d'une paysanne, une futée Parisienne a surgi grâce à votre baguette de fée ». Ce qu'Henri de Madaillan résume en 1957 en affirmant que Willy a été dénicher « au fond de sa province, une petite paysanne pauvre ». Il vaut peut-être mieux croire Misia Sert qui trace du couple ce portrait assez juste : « La ravissante Colette avec son visage triangulaire et sa taille de guêpe tellement serrée qu'elle avait une silhouette d'écolière, et son mari, Willy, que nous appelions son professeur, dont je comprenais mal les histoires trop crues. »

Le Willy de 1893 n'est pas encore le Maugis de 1901. C'est (dit l'Ouvreuse en 1891) « un homme jeune encore et déjà bedonnant ». « J'eusse souhaité (confie-t-il) – brun, grand, mince – une allure fatale et 1830 ; au lieu de faire de moi le beau ténébreux tant désiré, la Nature m'a modelé plutôt boulot, perçant mon visage grassouillet d'yeux dont le bleu rassure – trop – les timides d'abord enclins à s'effarer devant l'illusoire retroussis d'une moustache va-t-en-guerre. » Son fils rappelle qu'il tenait sa robuste stature de son père, Jurassien d'origine dauphinoise, sans toutefois l'attitude un peu roide de l'ancien officier des armées impériales. Dans *Mes Apprentissages*, Colette reconnaît qu'il n'était pas gros mais « bombé » : « Le puissant crâne, l'œil à fleur de front, un nez bref, sans arête dure, entre les joues basses, tous les traits se ralliaient à la courbe. La bouche étroite, mignarde, agréable, sous les très fortes moustaches d'un blond gris qu'il teignit longtemps, avait je ne sais quoi d'anglais dans le sourire. »

« Sa tête est en forrrme de harricot blanc », disait-elle aussi, à en croire Madeleine de Swarte. Et Claude Farrère : « Cet évasement du crâne et cette dépression temporale [lui] donnent l'air d'un bonze. » Le nez bourbonien sous un front sans fin (M. de S.), le menton faible, petit et même délicat, frappé d'une fossette dissimulée par la barbe (Colette), les belles moustaches en accolade et la barbe à l'impériale où la bouche se cache, petite, un peu boudeuse (M. de S.) – autant de traits que l'on reconnaît sur ses nombreuses photographies. « Dans ce visage très agréable, et très réjoui, l'œil a gardé quelque chose d'inquiet et de naïf », ajoute Sacha Guitry (1904) à propos de ses yeux bleus ; « flapis-lazulis », reconnaît Willy.

Il a aussi « une voix merveilleusement voilée » (Colette), « une voix féminine, toute frêle » (Georges Lecomte), « rapide, douce, mais nette carrément dans l'affirmation » (Jean de La Hire), il « parlait d'un ton doux, un peu bas, comme au confessionnal » (Rachilde). « Il riait fréquemment, d'un rire aigu, comme les gosses » (Polaire).

Francis de Miomandre en 1911 :

> Il joue au bohème débraillé, biberonnant, un peu fatigué ; et c'est un gentleman d'une rare distinction intime et qui peut garder sa tenue dans les plus périlleuses occasions. Il joue au romancier érotique et pervers, et il ne peut pas arriver à être grivois, dans ses pires velléités de l'être. Il demeure, comme malgré lui, d'une légèreté de trait, d'une sensualité délicate, d'un libertinage gentil, qui rappelle les maîtres du XVIIIe siècle. [...] Et ce n'est pas son esprit qui sauve tout, ou du moins pas celui que l'on entend lorsqu'on songe à ses calembours. C'est sa grâce, la rapidité de son récit, la mélancolie soudaine et saisissante de ses réflexions et tout ce que l'on sent de sincère dans son amour de l'amour et dans son goût du plaisir.

Georges Lecomte nous fait vivre une journée de Willy en 1893 :

> Dans la réalité de l'existence, Willy apparaît aussi frénétique ; il est l'homme de sa littérature. Les faits et gestes d'une de ses journées expliquent tout comme ses écrits son agilité cérébrale ; levé peu après l'aube, il froisse les gazettes humides encore de leur tout récent tirage, parcourt les revues, s'enfonce dans l'intimité souvent ténébreuse des poèmes les plus hermétiques, prend la peine d'en deviner les intentions, lit des articles de philosophie et de science, les communications aux diverses académies, dirige une grave maison d'édition, envoie dix télégrammes, écrit vingt lettres à des amis, des femmes, des savants, des secrétaires de théâtre, des ministres, des barnums, des professeurs au Collège de France, saute dans un fiacre, de ce fiacre dans une exposition, de là tombe à une répétition générale, écoute la pièce, puis va aux quatre coins de Paris,

consoler des angoisses de femmes, interroge par correspondance les vices de la province, observe ceux de Paris, se rend à des five o'clock musicaux, fait un whist au Cercle militaire, car il a des galons dans l'artillerie, écrit une demi-douzaine de chroniques sur des sujets les plus variés pour des journaux parisiens, départementaux ou exotiques, déjeune, dîne, a le temps d'être dévoué à ses amis, dur pour ses ennemis, d'administrer des raclées à qui l'irrite ; enfin, toujours frais, joyeux, amusant, il s'installe au théâtre d'où il sort pour aller près de la presse qui va gémir, sur le casier du compositeur ou sur le dos du metteur en page, écrire le compte rendu de la soirée. Puis ce sont les bocks, les franches lippées et les baisers...

Dans ce brouhaha fiévreux, il garde assez de force pour avoir de l'esprit à toute heure, sans contrainte, à la librairie comme au restaurant, dans ses causeries comme dans ses articles, d'envoyer des fleurs et des places de théâtre, de se battre en duel quand il le faut, d'assister ses amis quand ils sont appelés « derrière les tribunes », de commander une batterie, vingt-huit jours par an ; de faire annuellement le pèlerinage de Bayreuth et beaucoup plus souvent celui du Venusberg.

Dix ans plus tard, en 1903, Eugène de Solenière ne se laisse pas prendre à ce portrait : « On pourrait encore à bien des points de vue présenter et discuter Willy, pince-sans-rire, jongleur de mots à l'emporte-pièce, caricaturiste sarcastique, il résume pour le public *l'auteur gai* et je ne sais pourquoi je ne crois qu'à moitié à cette gaieté affichée, à ces dehors hilares... Souvent, en des soirs intimes, en des heures de fatigue et de tristesse, lorsque involontairement on se regarde en dedans, nous avons causé, et je sentais je ne sais quelle rancœur lui monter aux lèvres, il semblait se souvenir d'idéals de jeunesse, de buts plus abstraits, d'altitudes inconnues aux cervelles mondaines et, dans un soupir découragé, il murmurait : "Hélas! j'aurais pu faire autre chose!..." »

Jean de La Hire en 1905 confirme cette mélancolie que Willy exprime souvent dans sa correspondance : « Il n'est pas complètement heureux, comme nul n'oserait en douter ; il sent que le destin, avec une ironie imitée de la sienne, a fait bifurquer sa renommée sur une vie où il en a été réduit à prendre, systématiquement, le parti de ne pas s'embêter, et où il s'embête tout de même quelquefois [...]. »

Jacques Gauthier-Villars : « Mon père était, en effet, le plus secret des hommes, il se livrait peu et rarement. Ceux qui se targuent d'avoir reçu de lui de nombreuses confidences démontrent seulement qu'ils l'ont à peine connu. Willy avait horreur des indiscrets, il s'en défendait donc en leur faisant de fausses confidences. En public, il adoptait volontiers une attitude de circonstance, il créait son personnage, variable selon le milieu où il évoluait, d'où certains témoignages aussi contradictoires que sincères. Willy ne se montrait lui-même qu'en présence de gens dont il ne se défiait pas. Ils étaient peu nombreux. Je crois avoir été un de ceux-là. »

LA RUE JACOB

« Je sais bien qu'il est des vierges chastes et ignorantes (écrit Edmond Haraucourt dans *Seul* en 1891) ; mais ces ignorances et ces chastetés, inventions de l'homme, sont un appât de plus pour nous séduire et nous charmer, et qui rend plus désirables encore celles que nous avons le devoir latent de désirer un jour, devoir impérieux, inexorable, brusque, quelquefois mortel et toujours douloureux : ce devoir du désir, elles le subissent comme nous, les vierges, sans le savoir parfois, mais elles le subissent, et leur pudeur en est la marque ; si peu dignes qu'elles demeurent, la vie leur monte à fleur de peau quand elles sont sous le regard des hommes, comme à nous quand nous paraissons devant elles. »
Dans un roman écrit avec la collaboration de Jeanne Marais, *La Virginité de Mlle Thulette* (1918), Willy insiste encore sur cette importante question : « Quelqu'un m'a dit que la virginité féminine s'effeuille comme une marguerite : le jeune homme ne l'aime qu'un peu ; l'homme mûr l'aime beaucoup ; le vieillard l'aime passionnément. Il en résulte donc – le dernier candidat étant éliminé et le premier ignorant sa chance – que l'union parfaite sous tous les rapports est celle d'une jeune fille avec un homme mûr. » Colette, à vingt ans, répond-elle au goût de l'homme mûr ? Bien sûr ; malgré les allusions à des « leçons très particulières de musique, avec fugue », qui apparaissent bien tardivement dans *Les Imprudences de Peggy* en 1910, année du divorce de Colette et de Willy, et de leur brouille définitive.

Willy à Marcel Schwob : « Si tu savais comme elle a été gentille pour mon Jacques, et comme ce cher gosse l'adore ! »

Le mariage est célébré à Châtillon le 15 mai 1893, dans la plus stricte intimité. Une simple bénédiction à l'église à quatre heures de l'après-midi, réunit les parents de Colette et ses témoins, son oncle Jules Landoy et son demi-frère Achille Robineau-Duclos. Les témoins de Willy sont Pierre Veber et le sous-préfet Adolphe Houdard, déjà parrain du petit Jacques. Tous les accents du terroir sont réunis à Châtillon : le toulonnais du capitaine, le fresnois de Colette, le brabançon de l'oncle Landoy, et le parisien des témoins de Willy. La jeune mariée porte une robe blanche de mousseline à traîne à petits bouquets, et un large ruban de satin blanc sur le front « à la Vigée-Lebrun ». Pas de photographe ; mais un amateur a pris d'une fenêtre un instantané du cortège.

À la fin du dîner, la mariée s'endort quelques minutes :

« Elle ressemble à la Béatrice Cenci du palais Barberini, dit Willy.

– Elle ressemble surtout avec ses œillets rouges, dit Pierre Veber, à une colombe poignardée !

– Vous ne trouvez pas mieux que de la comparer à une décapitée ou à un oiseau blessé ! s'indigne Sido, qui éveille sa fille en retirant les fleurs de son corsage. »

Pierre Veber s'est emparé d'un châle rouge de Sido, et court dans la rue en hurlant : « Muerte ! Los toros ! » Les habitants de Châtillon sont sortis sur le pas de leur porte et regardent ahuris ce grand gosse à barbe blonde qui joue au toréador.

En attendant le départ des mariés, les hommes ont tombé la veste et improvisent des « fables-express » dont ils font une forte consommation dans la presse, et que Willy et Pierre Veber réuniront l'année suivante dans *Les Enfants s'amusent* sous le titre : *Poiésie*. C'est donc le moment ou jamais de faire goûter cet aspect du talent de Willy :

> Un jour, un passant débonnaire
> Ayant rencontré Georges Ohnet
> Fut mordu, soudain, au poignet
> Par ce romancier sanguinaire.
> Il conserva huit mois la trace de ses dents.
> MORALE
> Quand Ohnet mord c'est pour longtemps.

Une mine est béante, un champ qui la domine
Glisse et, soudain, s'engouffre, avec un long fracas.
MORALE
Garde-toi tant que tu vivras
De jucher les champs sur la mine.

Que nul n'entre chez moi, dit l'auteur du *Trouvère* ;
Et, pour faire observer sa consigne sévère
Il compte sur sa bonne, un monstre aux traits hideux.
MORALE
La bonne à Verdi en vaut deux.

Mais c'est surtout la culture classique (nous dirions aujourd'hui : les pages roses du *Petit Larousse*) qui fait les frais de ces « fables-express » :

Six lignards lâchent treize bruits.
(Qu'on m'apporte un flacon d'éther !)
Je vous le dis, ô gens instruits :
MORALE
Saepe, cives, similiter.

Il ne pleut pas depuis la semaine dernière,
Le ciel est chaud comme un poème de Mendès ;
Ne sors pas, chère enfant, sans ton cache-poussière.
MORALE
Mets manteau quia pulvis est.

Deux vieux grammairiens se disputaient pour Lise ;
Mais un juge, plus tendre et plus adroit, l'a prise,
Et la loge en garni près de la gare de l'Est.
MORALE
Grammatici certant, sub judice Lise est.

Possesseur d'une belle obèse et plantureuse,
Le maigrichon Toto, d'une voix langoureuse,
Lui promit six baisers. Il alla jusqu'à sept.
MORALE
Mince, agitat molem, et Toto se corpore miscet.

On pourrait en citer beaucoup d'autres; ou des poèmes comme celui-ci, à propos d'un jeune débauché qui s'est suicidé en se jetant dans la Seine au bas de la côte de Saint-Germain:

> Pauvre enfant qui menait au sein des brasseries
>   A bock et tabac
> Ta vie aux longues et navrantes beuveries
>   Ab hoc et ab hac
> Je pressentais ta mort et, du fond de mon âme,
>   Ab imo pectore
> Je me disais qu'un jour, – éteins-toi, triste flamme!
>   L'abîme au Pecq t'aurais!

Colette participe à ces jeux d'après-banquet. Elle lance un slogan pour le journal *Le Soir*, signé Baudelaire:

> Sois sage, ô ma douleur, et tiens-toi plus tranquille,
> Tu demandais le soir, il descend, le voici...
> ... mais il paraîtra désormais sur six pages avec deux feuilletons quotidiens signés des noms les plus aimés du public.
> – ... ça peut aller?
> – Bravo, bravo, dit joyeusement mon mari. Vous êtes un amour de petit camaro (*Noces*)[1].

Car Willy lui dit «vous» – et Colette le tutoie: ce sont des habitudes d'enfance et de famille, qui soulignent la différence de leurs origines, provinciale d'une part et bourgeoise parisienne de l'autre, dont ils ne se déferont jamais.

La noce est finie. Il faut rentrer à Paris. Les jeunes époux prennent le train, accompagnés par Houdard, qui chante, et Veber, qui entreprend de démonter le signal d'alarme.

«J'ai eu beaucoup de peine à accepter qu'il existât autant de différence entre l'état de fille et l'état de femme [...], entre l'amour et le laborieux, l'épuisant divertissement sensuel...»,

---

1. Or cette annonce paraît dans *Le Chasseur de Chevelures* (*La Revue Blanche* du 1er mars 1893), deux mois et demi avant le mariage:
«*Sois sage, ô ma douleur, et tiens-toi plus tranquille, tu demandais le soir...* ce n'est plus désormais *Le Soir* que demandera la douleur en question, anxieuse de connaître les dernières nouvelles de la Chambre, mais le supplément du journal *Le Saturne* qui, moyennant cinq centimes, la renseignera sur les événements d'après cinq heures.»

dit Colette, qui entre dans l'appartement de garçon de Willy, deux pièces au dernier étage de la librairie Gauthier-Villars (quatre étages avec mansardes et combles), qu'il avait surnommé le Venusberg; elle le décrit vert bouteille et chocolat, meublé de cartonniers, avec des piles de journaux sur les sièges et des cartes postales grivoises traînant un peu partout, un appartement qui « grelottait à tous camions et omnibus », car le roulement des roues cerclées de fer des voitures à chevaux sur le pavé de granit rend le quai des Grands-Augustins fort bruyant. On comprend que Colette, habituée au silence de Châtillon, en soit incommodée. « Cet appartement impudique », dit-elle dans *Mes Apprentissages*. « Le maître du logis eût trouvé mauvais que je m'attaquasse à ce désordre. » Peut-être avait-elle effectivement trouvé dans un tiroir cet « objet plus horrible qu'un fœtus, d'un rose faisandé et violâtre, empanaché de crins noirs, traînant ceinture, boucles et ardillons ». C'est au moins ce qu'elle affirme en prépublication dans *Marianne*, en 1935, avant de faire disparaître ce passage scabreux, l'année suivante, de *Mes Apprentissages*. Les jeunes époux commencent la journée en descendant prendre vers huit heures et demie « un croissant trempé dans du chocolat mauve », de l'autre côté du Pont-Neuf, dans une petite crémerie fréquentée par les emballeurs de la Belle Jardinière. La journée de Willy commence, et on peut parier que celle de Colette ne doit pas lui laisser le temps de l'ennui, malgré l'attitude réservée et lasse de vierge effarouchée qu'elle prend sur ses photographies. Elle ne s'est rendu compte que très tard de sa condition, et l'accueil que lui font les milieux parisiens ne peut que l'intimider. Cette *Ode à Willy*, d'Émile Goudeau, par exemple, adressée *Au bon confrère qui ne méritait pas d'être marié si jeune*, illustrée par Albert Guillaume d'un Willy confortablement assis, fumant la pipe et lisant son journal, entouré par une « petite femme » qui ne ressemble pas à Colette et quatre enfants en bas âge – comment l'a-t-elle prise ?

> Ta déveine, ô Willy, sera donc éternelle !
> Toi qui, dès le berceau, subis de la cruelle
>   Les injustes destins,
> Toujours le temps ajoute à tes déconvenues,
> Jusqu'à l'heure où ton âme aura de par les nues
>   Quitté les Augustins.

À cet âge où Jésus conquit sur le calvaire
Le droit d'être pour nous un coreligionnaire,
    Trente et quelque trois ans,
À cet âge où César disait avec colère
Qu'il n'avait de sa peau, jamais rien, rien pu faire,
    Tu vas faire un enfant.

O povero mio ! Pleurez littérature,
Pleurez muses et vous, poil et plume et peinture,
    Willy s'est marié.
Il n'en restera plus que pâle souvenance
Avant que d'une lune ou deux, dans le silence,
    Le croissant ait brillé.

Pleurez, esprits, car les follets qui désopilent
Les rates des bourgeois en des pages qui filent,
    Pour jamais se sont tus ;
Pleurez, vous qui jadis, près de lui dans Lutèce
Fites vos premiers pas. Pleurez, Willy s'engraisse,
    Et ne maigrira plus.

O mânes de Janin, tressaillez dans la tombe !
Vois-tu, malheureux Scholl, ton fils aîné qui tombe,
    Vaincu dans le combat
Et consent désormais, attaché sur sa glèbe,
À regarder noircir et puis rougir la phlèbe
    Qui supporte son bât !

Allons, danse *Ermitage*, et vous, sautez, *Mercure*.
Ne craignez plus Willy, de lui, n'ayez point cure ;
    Il est exorcisé
Par les charmes triomphants d'une magicienne.
Et toi, ma pauvre Ouvreuse, toi qui fus son ancienne,
    Tu t'es fait remiser.

Mais autour du Pont-Neuf j'entends crier Montjoie !
Libraires et marchands de bouquins dans la joie
    Embrassent le pendard.
Maugis a disparu ; Willy le redoutable,
De Logarithmes secs rééditant la Table
    Devient Gauthier-Villars.

> Et puis, les soirs d'automne, au bras de sa Colette,
> Susurrant, tout joyeux, l'air de *Ma Gicolette*
> Ils iront dans les champs,
> Et, sur les peupliers, les petites fauvettes
> Se diront en penchant sur eux leurs fines têtes :
> Willy n'est plus méchant.

Elle se fera bien vite des amis, – Pierre Veber, Paul Masson, Marcel Schwob, qui l'appelle «Lolette», et bientôt son amie Marguerite Moreno. Il ne lui déplaît d'ailleurs pas d'être devenue une Parisienne, si l'on en croit Sido : «Te voilà bien fière, mon pauvre Minet-chéri, parce que tu habites Paris depuis ton mariage. [...] Toi, te voilà comme un pou sur ses pattes de derrière parce que tu as épousé un Parisien.»

Marié à une femme sans dot, Willy, qui assure déjà diverses collaborations dans la presse, choisit de consacrer tout son temps au journalisme et à la littérature. En août 1893, il voit l'une de ses proses couronnée au concours mensuel de *L'Écho de Paris*, et cela ne peut que le conforter dans sa décision. Il cesse donc de venir faire acte de présence au bureau paternel, et c'est son frère Albert qui prend la direction des éditions Gauthier-Villars.

La garçonnière du quai des Grands-Augustins n'était qu'un logis provisoire. À défaut d'autre voyage de noces, les jeunes mariés se retrouvent en famille, dans le Jura, dans la propriété familiale des environs de Lons-le-Saulnier. «J'écoutais ma belle-mère, mes belles-sœurs, des tantes et cousines par alliance qui échangeaient des propos catholiques.» Une photo montre Colette au piano, la natte sur le dos, avec sa belle-sœur Madeleine. Sur une autre, les coudes sur la table et le menton au creux de la main, elle fait vraiment figure de gamine au milieu de ces hommes plus âgés qu'elle et de ces femmes absorbées dans des travaux de broderie et de couture. Sur les photos faites dans sa famille ou sa belle-famille, elle est toujours affalée, les coudes sur la table, «la tête entre [ses] bras repliés». On l'appelle Gabrielle, et elle tressaille, «habituée au nom de Colette».

Fin juin, ils viennent habiter 28, rue Jacob, au troisième étage, entre deux cours, «une morne maison sur laquelle on n'attend que mon décès pour apposer une plaque», écrit Willy à Guillaume Apollinaire en 1914; trois pièces et un cabinet sombre, la cuisine située de l'autre côté du palier, où officie la cuisinière de Madame. Colette connaît déjà l'appartement. Sido écrivait à Juliette en novembre 1892, plus de six mois avant le mariage : « Willy lui a fait la surprise de lui montrer son futur appartement tout emménagé jusqu'aux casseroles rangées et brillantes comme si on allait faire la cuisine demain. »

Le salon carré est équipé d'une salamandre ; une cheminée à gaz dans le réduit où Colette installe tub, cuvettes et brocs. Bref, tout le confort petit-bourgeois de la fin du siècle, pour un loyer annuel de quatorze cents francs, somme relativement importante. La « jeune fille des champs » trouve cet appartement bien sombre, mais en tout cas c'est le calme retrouvé, loin des camions et des omnibus. Sur la cour du nord, qui regarde vers la rue Visconti, elle aperçoit des toits de tuiles anciennes ; mais la cour du sud ne reçoit pas le soleil. Dans une lettre à Curnonsky, en 1953, Colette évoque « le plafond bas, la brocatelle rouge sombre de la rue Jacob ». Le précédent locataire avait occupé les lieux pendant un demi-siècle ; il avait patiemment couvert les portes, les corniches, les plinthes, les moulures, les placards, les chambranles, la niche du poêle en faïence de la salle à manger et une grande partie des murs « de confettis minuscules, multicolores, taillés en losanges et collés à la main, un à un ». À en croire la concierge, il y en a deux cent soixante-quinze mille...

Les premiers mois de mariage ne sont pas très heureux, et l'éducation de la nouvelle Parisienne ne se fait pas sans agacer Willy. Colette se sent mal à l'aise et la cible des curiosités : « On ne voyait que lui. Si on me regardait un instant, c'était pour le plaindre, je crois. On me faisait si bien comprendre que sans lui je n'existais pas » (*La Vagabonde*). Le peintre Jacques-Émile Blanche, dont la femme est apparentée aux Gauthier-Villars, organise le premier dîner en ville du jeune ménage dans une brasserie du Quartier latin. Vêtue d'une robe lie-de-vin à col tuyauté, Colette fait sensation, « traînant la corde à puits de ses cheveux » (Jules Renard), avec ses tresses qui descendent à la hauteur des genoux. Willy surveille l'effet que font sur ses hôtes les « r » bourguignons. « Elle émiette un petit pain chaud sur la nappe et nous regarde d'un air embarrassé. Willy la gronde. Rageuse, mais soumise, elle détourne la tête. »

Francis Jourdain avait gardé un souvenir agacé de « cette snobinette déguisée en écolière » :

Je revois une très jeune femme dont, si je puis dire, l'affectation de simplicité m'était insupportable. [...] Au lieu de porter ses cheveux – comme «les autres» – en bandeaux, elle en faisait deux nattes qui lui tombaient dans le dos jusqu'à la hauteur des genoux. Cet ostentatoire retour aux usages du pensionnat ne pouvait nous choquer. Nous voyions et pratiquions d'autres originalités – aussi faciles. L'assurance du regard – ceci était plus grave – avait quelque chose de blessant, d'impitoyable. Quel aplomb! Ce n'était pas seulement de l'impudence, c'était de l'impudeur.

À Marcel Schwob (c'est la première des *Lettres à ses pairs*, datée du 9 décembre 1893), elle écrit : «Willy me gronde et me bouscule et crie.» Il lui avait caché un télégramme de Schwob annonçant le décès de son amie Renée, la petite Vise décédée le 7 décembre, l'inspiratrice du *Livre de Monelle*. Colette «demande pardon d'avoir été vilaine tout à l'heure», car elle ne savait pas. «Mon cher Schwob, il faut venir nous voir beaucoup et ne pas rester seul...» Willy s'applique à enseigner à sa trop jeune femme la discrétion et le tact, mais il la tient à l'écart de sa comptabilité personnelle. Colette tient un livre de ses dépenses journalières, comme toute bonne épouse ordonnée soumise au maître de la maison : on en trouve la trace au dos d'une page d'un cahier de *Claudine en ménage*, de 1,60 de miel à 6,50 de papeterie en passant par 0,45 de papier WC, 3,25 de rideaux et 0,75 de beurre; mais rien au crédit. Bien plus tard elle s'étonnera de n'avoir pas été mise dans le secret de la comptabilité de son mari, qu'il confie à son seul secrétaire, et même de l'achat de valeurs boursières. C'est seulement au moment de son divorce que Colette constatera, comme toutes les épouses de son temps, qu'elle a été mise à l'écart des comptes de la communauté. Elle ne tient qu'un rôle de «mignonne secrétaire» (Marcel Schwob), et un certain nombre de *Lettres à ses pairs* (à Proust, à Jarry, à Gyp) sont des réponses à demi dictées par un Willy trop pressé. Comment pourrait-il abattre seul tout ce courrier? Le nombre de lettres, de cartes postales, de petits bleus et de télégrammes qu'il écrit dans une journée, souvent au même destinataire, est incalculable. Il passe son temps à commenter, à justifier, à prévoir. Et lorsqu'il aura le téléphone, il confirmera par lettre ses communications! Colette analyse cette écriture microscopique,

« gladiolée, ascendante », qui « révèle l'aristocratie du goût, le sens critique, l'aptitude à rebondir, le désir de plaire, et l'art de dissimuler au point que l'écriture, fine dès le début des lettres parvient sans aucune déformation à une petitesse qui défie la loupe ». Il utilise une plume très fine, et son écriture est toujours parfaitement lisible : on y reconnaît le timbre de sa voix. Il ne date jamais ses lettres, seulement du jour de la semaine, et les commence généralement, sur des papiers de petit format, de façon habituelle, souvent en diagonale en partant de l'angle supérieur gauche ; mais il tourne le feuillet pour continuer à écrire dans les endroits les plus inattendus. « Vieille habitude : lorsque je ne suis pas sorti de la soirée, je vais entre minuit et une heure porter mes lettres à la poste, même lorsque je n'ai pas écrit de lettres. À cette heure-là, il me vient généralement quelques idées, je les note sur des bouts de papier en rentrant, et, le lendemain, j'égare les bouts de papier ; c'est ce que j'appelle ma méthode de travail. Avis aux biographes futurs. Et puis je visite un certain nombre de cafés pour serrer des mains amies » (*Maîtresse d'Esthètes*, 1897).

« Une Passade »

Des dix-sept années de son premier mariage, les sept premières sont les moins connues des biographes de Colette. La « chronique » des *Claudine* ne nous renseigne guère, et l'on ne peut reprocher à la romancière d'y avoir mêlé la fiction à la réalité.

Avant même son arrivée à Paris, « Gabrielle » est déjà « Colette », et de son nom de famille elle fera le prénom de son pseudonyme, « Colette Willy ». Les rapports familiaux de Colette, aussi bien que ceux de Willy, ne sont pas faciles à dénouer. Ainsi, dans les *Claudine*, Colette fera disparaître la mère au profit du père (il est veuf), mais jamais elle ne parlera, ou si peu, de son père ni de sa famille paternelle dans ses écrits autobiographiques, si ce n'est pour évoquer la douzaine de tomes cartonnés des « œuvres » du capitaine Colette, qui ne contenaient que des feuilles blanches, et qui, malheureusement pour les bibliophiles, ont disparu. Quant à Willy, c'est du nom de sa grand-mère maternelle, Pauline Villars, qu'il use comme premier pseudonyme (et qu'il attribue à ses compagnes,

Germaine Villars et Meg Villars) avant d'en adopter le diminutif, Willy. La lignée paternelle chez Colette, la lignée maternelle chez Willy se rejoignent dans le pseudonyme Colette Willy qu'elle gardera jusqu'en 1923. « Colette », « Willy », ce sont d'ailleurs moins des pseudonymes que des « marques » derrière lesquelles l'un et l'autre (et Colette avant même de songer à devenir auteur) masquent leur état civil. Ce qui se justifie peut-être chez Willy (protéger la respectabilité de la famille et des éditions Gauthier-Villars) s'explique moins chez Colette. Tous deux ont bien des difficultés avec leur propre identité.

Rue Jacob, Colette prend l'habitude de recevoir. Curnonsky raconte dans ses *Souvenirs* que « les Willy [...] avaient à leur service un grand cordon bleu qui se prénommait Juliette ». Cette « vieille cuisinière », selon Curnonsky, la « petite bonne », dit Colette, avait le même âge que sa patronne, d'après Pierre Varenne.

En 1895, Colette écrit à Curnonsky :

> Mon cher petit Cur,
> Tu viens dîner dimanche, ça ne fait pas un pli, seulement je tiens à te faire savoir que la douce Juliette est au lit, que c'est Joséphine qui fonctionne – assez mal – et que le dîner sera probablement médiocre. Tu dois venir, la beauté de Willy, mon esprit, doivent te faire oublier la médiocrité du dîner. C'est une question de dévouement et non de gueule.

Bien d'autres amis du couple doivent recevoir des invitations semblables – Marcel Schwob, Paul Masson, Pierre Veber. Chaque semaine, accompagné par sa gouvernante anglaise, le petit Jacques vient rendre visite à son papa rue Jacob : « L'ambiance qui y régnait était fort divertissante et tenait même du "canular", un canular soigneusement entretenu par les maîtres de la maison, pour la plus grande joie de leurs hôtes, gens de lettres, musiciens, artistes et comédiens. J'avoue que les trépidants amis de Willy effaraient un peu mes cinq ans, habitués à la gravité bienveillante des savants pondérés assidus chez mes grands-parents ; néanmoins, en dépit des fortes émotions que j'éprouvais au domicile paternel, mes visites filiales hebdomadaires m'enchantaient. Willy, toujours débordant d'activité et auquel je faisais perdre un temps précieux, devait moins les apprécier que moi. »

Colette suit son mari au théâtre, au concert, au *Mercure de France,* aux réceptions à jour fixe, le vendredi chez Mme de Saint-Marceaux, le samedi chez le poète José Maria de Heredia, le dimanche chez Mme Arman de Caillavet – sans compter les réceptions chez Mme de Saint-Victor, chez Mme de Pierrebourg, chez Mme Armande de Polignac, chez Mme Judith Gautier, chez Robert de Montesquiou, ni les repas de famille, rue de Bourgogne ou à Passy. Ils sont de toutes les fêtes, de tous les galas, de toutes les premières, de tous les mondes, et de toutes les brasseries, de la rive droite et de la rive gauche.

L'année 1894 marque pour Willy une grande activité en librairie : il ne publie pas moins de cinq livres ! Les recueils des « Lettres de l'Ouvreuse » tout d'abord. *Bains de Sons* paraît en décembre 1893 ; l'année suivante voit paraître *La Mouche des Croches* et *Rythmes et Rires.* En janvier 1894, ce sont les chroniques théâtrales réunies dans *Soirées perdues.* « Entre deux concerts, j'ai souvent fréquenté des théâtres ; et les coulisses des trombones ne sont pas les seules que je connaisse » (*Confidences d'une Ouvreuse*).

Il appelle Jean Jullien à l'aide :

> Je vois avec douleur qu'il t'est resté, au bas de ta dernière colonne de *Paris*, du blanc, sans que tu en aies profité pour annoncer (oh très brièvement) les *Soirées perdues* de ton vieux Willy, livre uniquement consacré aux choses du théâtre.
>
> Tu serais bien gentil de consacrer trois lignes à ce bouquin, assez lourd à vendre, et qui aurait bien besoin d'un petit mot, de-ci de-là...
>
> Tu ne m'en veux pas, dis, de quémander ainsi ?
>
> Ton Willy

Il a pourtant un article de Francisque Sarcey dans *Le Temps* du 21 janvier 1894 :

> Willy a une note très particulière : personne n'est plus expert que lui aux « coq-à-l'âne ». Ils jaillissent de toutes parts dans sa prose, et ils sont si imprévus parfois, si bizarres, que l'on se sent tout à coup secoué d'un rire incoercible. Mais ce qu'il y a de plus étonnant, c'est que, sous ces à-peu-près fantaisistes, l'auteur cache une érudition profonde, un sens très droit, un jugement très sûr. Avec son air de blague à outrance, à travers le torrent

de ses calembours, il traite en se jouant des questions d'esthétique et ouvre des aperçus dont quelques-uns sont nouveaux et qui me paraissent presque justes. Il a dérobé leur grelot aux anciens fous du roi pour dire des choses sensées et vraies.

Puis un recueil de *L'Année fantaisiste*, et une préface à un bien curieux livre anonyme, *Récits de Rhamsès II*. Une « deuxième série » paraîtra en 1900 avec le nom de l'auteur, Raphaël Landoy (1856-1924). Comme on regrette que Colette ne nous ait jamais entretenu de son cousin journaliste ! (Il figure pourtant sur le faire-part de deuil du capitaine Colette, en 1905.) Ce recueil de contes, parus dans *Le Diable au Corps* (et dédiés « à mon cher alter magot, Willy », qui lui-même tient dans cet hebdomadaire bruxellois un *Courrier de Paris* en 1893-1895, « à MM. Jules Frédéric et Léo Colette », au docteur Robineau-Duclos... mais pas à Colette), se termine par les *Dicts de Bazoef*, écrits en pur brabançon, qui soulèvent d'enthousiasme Willy (et il y a de quoi) :

> Quelques lignes à présent sur Bazoef, dont les « Dicts » plus hilares que celui de Nantes sont l'orgueil de ce volume, sur la formation de son langage, son idiomesyncrasie, quoi ! De même que Spons « ça est un cadeie comme ça, un n'a la couille, qui a z'evu toutes sortes de les z'avanturskes » ; c'est un ketje de pure race bruxelloise, sans une goutte de sang wallon dans les veines. Luppe Keteleer l'a judicieusement observé, on parla d'abord flamand chez lui, et ses parents ne connaissaient que le « tiche » ; longtemps il résista à l'envahissante langue française, qui sévissait déjà dans la bourgeoisie ; mais peu à peu elle gagna le petit commerce, elle s'infiltra dans les milieux ouvriers, elle pénétra enfin dans la « strotje » paternelle de Bazoef. Dès lors il fallut céder ; dès lors chaque mot français annexé ne tarda pas à absorber le terme flamand primitif ; la maison est à moi, c'est à vous d'en sortir.
>
> *Inde*, la langue de Bazoef, extraordinaire idiome amphibie, produit incestueux de la carpe flamande et du lapin français, où le verbe *être* se conjuguant avec l'auxiliaire *avoir*, à la française, donne naissance à d'horrifiantes expressions comme *Ik Keb gewest*, tandis que, compensation exquise, le flamand traduit mot à mot aboutit à ces *Je travaille sur une administration* et ces *veux-tu profiter sur un verre* qui précipitent l'étranger dans une stupéfaction voisine du coma.

En 1903 paraîtront sous la signature de Bazoef *Œufs durs et Mastelles*, « Chansons et Poïesies Marolliennes » qui bouclent la boucle. Nous savons maintenant qui rencontre Willy quand il se rend à Bruxelles, et à qui il doit la connaissance, dont maintes fois il usera, des finesses de la langue bruxelloise.

Avec Pierre Veber (1869-1942), le témoin de son mariage, Willy publie deux livres coup sur coup. Sous leurs deux noms, avec une couverture illustrée par Jean Veber, frère de Pierre, *Les Enfants s'amusent*, recueil de fantaisies où il est difficile de déceler la part des auteurs; autant les « Métaphores » qui ont paru dans le *Gil Blas* en février 1894, bien qu'elles soient signées « Willy ou Pierre Veber » semblent sorties du cerveau de Veber, autant le chapitre « Poïesie » et ses fables-express semblent revenir à Willy. L'autre livre, c'est *Une Passade*, « récit, étincelant d'esprit, d'une de ces liaisons passagères où l'amour sensuel joue le premier rôle » (*Le Journal*, 29 novembre 1894).

Willy a déjà publié *Histoires normandes* en collaboration avec Léo Trézenick en 1891 : six nouvelles de la main de Willy, sur les onze du recueil. Cette fois, il ne s'agit plus de nouvelles ni de chroniques, mais d'un petit roman. Bien mieux, *Une Passade*, paru dans la collection « Les auteurs gais » chez Flammarion, ne porte que le nom de Willy et, entre parenthèses : (Henry Gauthier-Villars). D'après Armory, c'est Pierre Veber qui lui demande de signer à sa place, « ne voulant pas apporter à celle qu'il allait épouser [la sœur de Tristan Bernard] un roman aussi léger dans la corbeille de noces... ». Pour mieux donner le change, le héros est rebaptisé Henry Maugis – et Willy, cédant à son penchant, retranche des passages, en ajoute de nouveaux, corrige et modifie l'œuvre de son ami. Trop court au goût de l'éditeur, il faut alors ajouter au récit quelques contes qui n'ont guère de rapport avec cette idylle montmartroise. C'est à propos d'*Une Passade* que l'on commence d'accuser Willy d'employer des « nègres ». On va même jusqu'à dire que Willy a volé le manuscrit de Pierre Veber ! Et pourtant Willy ne cherche pas à s'approprier ce roman : quand il adhère à la Société des Gens de Lettres en 1898, il autorise la reproduction de toutes ses œuvres, « sans autre exception qu'*Une Passade* », sur laquelle il ne se reconnaît aucun droit. Dans les livres de Willy, *Une Passade* figure dans la liste des œuvres du même auteur avec la mention « (avec Pierre Veber) » ; elle en disparaît d'ailleurs rapidement, et en 1903 une nouvelle édition porte les noms des deux auteurs : Pierre Veber (en premier) et Willy. Mais il y a eu entre-temps une deuxième édition. On lit dans *Le Sifflet* du 1ᵉʳ mai 1903 : «*Une Passade* vient de reparaître chez l'éditeur Flammarion. La première était signée Willy, la seconde, Pierre Veber, la nouvelle édition porte les noms de Willy et Pierre Veber. Espérons que la quatrième – s'il y en a une – sera signée Pierre Veber, Willy et Cie.» Est-ce à l'occasion de ce roman, comme le dit Colette, que se brouillent les deux amis ? Il semble bien, en effet, que Willy ait exigé en 1903 que soit rétabli son nom, que Pierre Veber avait supprimé de la couverture (peut-être s'apercevant, en 1897, que Willy avait repris le personnage de Monna dans *Maîtresse d'Esthètes*) ; il semble aussi qu'ils se soient querellés beaucoup plus tard, après 1907, pour des raisons qui ont peut-être trait à la situation du couple Gauthier-Villars cette année-là. En attendant, les deux complices s'entendent à mystifier les voisins. Pierre Veber se précipite du haut de l'escalier de la rue Jacob et vocifère dans la cour : «Il y a des juges, Monsieur, pour les gens qui foutent leurs créanciers dans l'escalier au lieu de payer leurs dettes !»

Colette se penche à la fenêtre et Willy «enchaîne» à tue-tête : «Mes créanciers, Monsieur, je les respecte et je les honore ! [...] Mais je refuse ce titre à un petit salopiaud qui vient me relancer deux fois par semaine, sous prétexte que je lui dois trente-deux francs, en réalité pour pincer les fesses de ma bonne !»

Tandis que Paul Masson, ancien juge de paix, tire de sa serviette des images qui ne sont point «de piété» et les distribue aux enfants, écoliers et écolières qui se sont joints aux badauds autour de la concierge : «Pour occuper les longues veillées d'hiver...» On ne s'ennuie pas, rue Jacob.

«Pour désigner cette courte flambée des sens, plus sérieuses que les vulgaires coucheries, moins intéressantes que les folies de tête, les professionnels ont trouvé ce nom, jovial comme un conte libertin, sinistre comme un coup de lutte : *Une Passade.*» Ce récit, de Pierre Veber, est un des premiers romans à clefs de Willy. L'héroïne, Monna Dupont de Nyeweldt, a été la maîtresse de A. Clément-Jartel (G. Albert-Aurier, décédé en 1892) ; elle a été aussi celle de Remy de Gourmont, l'auteur de *Sixtine* (1890), ici sous les traits de Sixte Mouront, «pervers, mais faible de complexion, il se plaît aux raffinements coupables». On voit passer le compagnon Élie (Félix Fénéon), flanqué de deux anarchistes, Un Tel et Machin : «Cet homme, d'une gaîté de nègre, se supplicie à vouloir se donner un masque septentrional» (*Lettres de l'Ouvreuse*, 1890).

Monna Dupont de Nyeweldt, c'est Mina Schräder de Nysolt, ou Mina Schrader de Wegt de Nizeau, selon sa fantaisie, une blonde bien en chair, qui présente cette particularité rare à l'époque : elle ne porte pas de corset. Mina Schrader était peut-être son nom ; elle ne pouvait supporter qu'un poète, un peintre ou un sculpteur ne l'ait pas aimée, ne fût-ce qu'une nuit, ne fût-ce qu'un quart d'heure. «Gainée dans un fourreau de velours orange broché d'immenses iris, des gants de peau mauve jusqu'au cou, et une coquine de toque Henri II empanachée comme un corbillard de première classe», cette Monna-Mina, nymphomane mais aussi «graphomane exaltée», veut étrangler Pierre Veber, écrit à Willy «des lettres de 30 pages», avant de tirer un coup de revolver sur le député Lazare Weiller, ce qui lui vaut d'être internée.

Il est bien difficile de démêler dans ce petit roman quelle est la part des «corrections» de Willy, si ce n'est dans ce calembour : «trompé jusqu'aux os» ; ou dans cette parenthèse sur le nom de l'occultiste Jules Bois : «un mauvais goût m'emplissait la bouche (ce qu'on appelle, entre mages, la gueule de Bois)».

UNE GROSSE MALADIE

Cette activité débordante de presse et d'édition est sûrement lucrative. Colette nous étonne quand elle nous apprend qu'elle n'a pas de manteau, «en plein hiver 94, ou 95», et que sa mère venue pour quelques jours à Paris est obligée de lui acheter aux Magasins du Louvre «un manteau noir, de cent vingt-cinq francs, bordé de mongolie». Mais on croit volontiers qu'«un certain genre de privation n'a point d'action profonde sur les êtres jeunes», et que Colette et Willy se soucient peu, ou assez mal, de ce genre de confort. Et Willy, retournant ses poches sur le bureau peint en noir et drapé de grenat, verse un tas de louis d'or, en demandant à Colette d'en prendre autant que ses mains fermées peuvent en tenir. «Vous compterez après», lui dit-il. Et il ajoute : «Maintenant, je pense que vous ne me demanderez pas d'argent pour la maison avant deux mois ? » Colette compte ses louis d'or : il y en a pour huit cent vingt francs ! « Je trouvais naturel de vivre les poches vides », dit Colette. On ne comprend plus très bien ce qu'elle veut dire, sinon qu'elle n'a jamais eu la notion de l'argent.

Autant que les comptes, la vie que mène Willy lui demeure assez secrète. Avertie par une lettre anonyme, Colette saute dans un fiacre et se rend rue Brochart-de-Saron, dans le quartier des artistes et des cabarets montmartrois, près de l'avenue Trudaine, et sonne « à la porte d'un entresol exigu ». Elle y trouve Willy et Mlle Charlotte Kinceler, « non point au lit, mais penchés sur un livre – encore ! – de comptes ». Devant Colette et Charlotte Kinceler, muette, Willy ne trouve rien d'autre à dire que : « Tu viens me chercher ? »

Colette répond « sur un ton de mondanité » : « Mais oui, figure-toi... »

Qui est Charlotte Kinceler ? Après avoir évoqué la mort de Victor Hugo, en 1885, Willy écrit dans *Le Rire* : « En ce temps-là, j'avais des cheveux et une petite amie, qu'on appelait Lotte, parce qu'elle se prénommait Charlotte, et qui m'appelait Kiki – je n'ai jamais su pourquoi. » Il la connaît donc depuis dix ans lorsque Colette les surprend ? Et il s'étonne d'être appelé Kiki, alors que c'est le nom que lui donne aussi Colette : Kiki, ou la Doucette, ou Kiki-la-Doucette.

Quand Colette la revoit en 1906 à une représentation des *Hannetons* d'Eugène Brieux, dont elle est l'un des personnages interprété par Polaire, elles deviennent amies, ou plutôt « curieuses l'une de l'autre » : Colette sera l'amie de toutes les anciennes maîtresses de son mari, et sans doute est-ce bien la curiosité qui la pousse.

On comprend que cette petite montmartroise délurée ait amusé Willy :

– Hugo ? c'est bien lui qui a fait *la Légende des Siècles* ?
– Oui, mon chou.
– Dis donc ? il paraît que c'est rien cochon ?...

Lotte confond avec *La Légende des Sexes* d'Edmond Haraucourt, parue en 1883...

On connaît trois versions d'une rencontre de Jules Lemaitre et de Charlotte Kinceler, « petite femme brune – un mètre quarante-neuf, exactement – pas jolie, pleine de feu et de grâce» (dit Colette) : la première est due à Willy (*Le Rire*, 6 février 1909), la deuxième aussi, avec ses variantes (*Souvenirs*, 1925), la troisième est celle de Colette dans *Mes Apprentissages* et doit beaucoup à la dernière de Willy – à moins qu'elle n'ait assisté à ce dîner (Willy ne cite dans *Le Rire*, «outre le soussigné», que le compositeur Kunkelmann et le romancier Jacques du Tillet).

Contée par Willy ou par Colette, cette rencontre de Lotte et de Jules Lemaitre est tout aussi amusante :

> Lotte comprenait mal l'ironie de Jules Lemaitre, qui, lui, feignait, par jeu, de ne point comprendre l'argot que Lotte parlait naturellement. Résolue à éblouir, coûte que coûte, le critique des *Débats*, ma jeune amie parla de sa sœur qui, sous un nom ronflant, occupait alors une certaine place dans le demi-monde.
>
> Quand cette parenté glorieuse lui fut révélée, Jules Lemaitre s'inclina avec déférence et dit :
> – Madame votre sœur, je crois, fait commerce de galanterie...
> Lotte la regarda avec pitié :
> – Ma sœur? mais non, elle ne fait pas de commerce! elle fait la grue!
> – Oh! s'excusa Jules Lemaitre, candide, c'est à peu près ce que je voulais dire...

Cette version du *Rire* s'achève sur une note plus touchante :

> Lotte avait, naturellement, ses théories personnelles sur l'Amour. Dans la pratique, elle était férocement jalouse; mais, pour tous les billets de banque du monde, elle n'en aurait pas voulu convenir. Elle professait, au contraire, avec une sérénité affectée, qu'on n'est pas «trompé», du moment qu'on est loyalement prévenu.
> – Ce que je n'aime pas, disait-elle, c'est les coups en dessous!
> Un jour que je la quittais pour un voyage de quelque durée :
> – Écoute, Kiki, fit-elle en m'embrassant, je ne te demande pas de ne pas aller voir des femmes... Bien sûr, j'aime mieux pas... mais, si tu y vas, promets-moi que tu m'enverras un télégramme!

Après avoir ouvert une boutique d'herboristerie rue Pauquet (aujourd'hui rue Jean-Giraudoux et avenue des Portugais), Lotte fait la connaissance d'un prêtre. Elle écrit à Willy « des billets confus et balafrés de lumière » (Colette) : « J'ai encore retourné là-bas, voir ce ratichon. Ah! qu'est-ce que tu veux, Kiki, c'est une histoire à ne pas croire, j'en deviens louf. Il sue, il pue, il rote, c'est lui qui va m'amener à Dieu... » Un après-midi de novembre, elle griffonne sur une grande feuille de papier qu'elle pose en évidence : « Quand il lansquine pareillement, c'est incroyable ce que tout me dégoûte. » Et elle se tire un coup de revolver dans la bouche (Colette); « contre la tempe », dit Willy. Peu importe. « Elle avait vingt-six ans », ajoute Colette, « et des économies » ; ce qui explique peut-être la présence du livre de comptes. En supposant qu'elle se soit suicidée en 1906, l'année des *Hannetons*, elle n'avait donc pas plus de cinq ans en 1885, quand elle était la « petite amie » de Willy... Que ce soit dans les « souvenirs » de Colette ou dans ceux de Willy, il vaut mieux souvent se dispenser de vérifier.

Il est certain que cette première « trahison » est un choc pour la jeune femme. Le temps n'est pas encore venu où elle racontera à son amie Jeanne Muhlfeld les mots que lui rapporte son mari, comme de cette « ancienne petite maîtresse de Willy » (est-ce encore Lotte ou cette jeune comédienne nommée Louise Willy?) qui le suppliait : « Dis-moi... fleur [euphémisme de Colette pour « merde! »] ; mais dis-moi quelque chose. »

Colette n'est pas heureuse. *Claudine à Paris* a « le mal du pays ». Sa « grosse maladie » (« quelque chose comme une fièvre cérébrale avec des allures de typhoïde ») est due, croit-elle, à cette « folie » d'être venue à Paris :

> Pendant deux mois on n'a pas pu me peigner, et, comme le feutrage de mes boucles me faisait souffrir quand je roulais ma tête sur l'oreiller, Mélie m'a coupé les cheveux, avec des ciseaux, tout contre la tête, comme elle a pu, en escaliers!
> – Marchez à pied, Claudine, prenez de l'exercice.
> – Je ne peux pas, je ne veux pas, ça m'embête! Je préfère m'enfiévrer à domicile. Si vous croyez que ça sent bon, vos rues de Paris sous le soleil!

C'est ce qu'elle écrit en 1901 de sa maladie de 1894. En 1936, elle se souvient que cette année-là Jean-Albert Gauthier-

Villars préside le bal de l'École polytechnique, et qu'elle paraît au bras de son beau-père « dans une belle robe vert d'eau à berthe de dentelle. [...] On regarda beaucoup la "jeune fille", aussi verte que sa robe – j'étais très malade [...] ». Elle donne beaucoup de soucis au docteur Louis Jullien, frère de Jean Jullien, le fondateur d'*Art et Critique*. Il la soigne pendant deux mois et la semonce tendrement : « Mais guérissez, voyons ! Je m'évertue tout seul à vous guérir ! » Il écrit à Sido de venir à Paris, car il craint de ne pouvoir la sauver. « Il y a toujours une époque, dans la vie des êtres jeunes, où mourir leur est tout juste aussi normal et aussi séduisant que vivre, et j'hésitais. »

Oui, c'est bien cela : Colette hésite, elle hésite à vivre, à vivre à Paris avec son mari, à quitter sa mère ; elle hésite à devenir adulte. Willy comprend-il ? Ou continue-t-il de la gronder, de la bousculer, de crier ? Couchée soixante jours, elle confie sa chevelure à Sido. Une fois par semaine, on lui « monte » un bain au troisième étage : dans une baignoire de cuivre rouge doublée d'une grosse toile les porteurs versent des seaux d'eau chaude, où on la dépose, grelottante de fièvre. Puis les garçons vident l'eau du bain et emportent la baignoire. Elle reçoit des visites. Marcel Schwob, assis à son chevet, lui fait la lecture. Paul Masson vient tous les jours ; plus rarement Mme Arman de Caillavet, l'égérie d'Anatole France, qui lui porte beaucoup d'affection et, pendant sa convalescence, lui envoie un bijou napolitain.

Ce n'est pas suffisant. Colette a besoin de son médecin et de son autorité pour la sortir de la rue Jacob. Elle lui écrit le 26 mars 1894 :

> Cher Docteur,
> Je suis extrêmement malheureuse parce que je suis guérie et que je suis enfermée. Willy et Maman refusent de me laisser mettre un pied dehors avant que vous ne l'ayez permis. Et pourtant je suis très bien. Depuis une douzaine de jours je n'ai plus rien, je marche dans l'appartement et même je m'habille comme tout le monde quoique sans corset. Ah ! quand est-ce que je pourrai sortir, en voiture ! Je me suis mis encore un vésicatoire, par vertu, il y a trois jours, pour une courbature imaginaire, c'est vous dire que je suis aussi sage qu'il est possible de l'être ; je vous en prie, cher Docteur, venez me voir.
> Colette

Mon cher ami,

Je surprends cette lettre. Évidemment cette gamine va beaucoup mieux, mais de là à danser dans la rue comme elle m'en manifeste dix fois par jour le désir, il y a un abîme, que je voudrais voir comblé par votre avis. [...]

Si vous vouliez venir vous seriez le plus charmant des docteurs.

D'ailleurs je vous soupçonne d'avoir fui vers la Cité éternelle sans crier gare. Alors, quoi ? Si vous y restez trois mois, faudra-t-il garder 3 mois encore ce petit oiseau qui voudrait s'envoler, et donne du bec contre les barreaux représentés par votre dévoué et affectueux Willy.

(Lundi de Pâques)
Willy[1]

« Presque guérie », elle part en convalescence avec Willy à Belle-Île-en-Mer ; ils y resteront deux mois, de la fin juin au début de septembre 1894. Willy écrit à Jean Jullien :

Tu le sais peut-être, ami Jean, craignant une rechute de ma gosse, que, décidément, l'air de Paris empoisonne, j'ai quitté la rue Jacob un peu brusquement, à la première embellie. Je m'en félicite, ayant trouvé le beau temps, et une carriole qui nous balade en tous sens, de Palais à Port-Donant, en costume que tu devines, et qui, le dimanche surtout, m'attire des regards vitupérateurs quand je coupe la sortie de la messe. [...]

La flemme règne sans partage, oui ; moi qui ai eu la candeur d'apporter ici du travail en retard ! J'ai eu un mal du diable, certains jours que la pluie faisait rage, à confectionner trois pages du plus stupide et simple travail, une traduction de l'anglais ! Depuis, je n'y ai pas touché.

Maman m'écrit que mon moutard a éprouvé une émotion intense en voyant un homard que j'ai envoyé, et qui est arrivé, là-bas, vivant ; il s'est réfugié sur une chaise, debout, et a refusé obstinément d'en descendre « pour ne pas faire peur à la bête » ! Du diable si je sais pourquoi je raconte ces imbécillités à un vaurien qui, n'étant pas père, va se gausser de moi. Il est vrai que tu es maintes fois mâle [?], alors tu me comprendras sans doute.

---

1. Lettres publiées par Gilles Brochard dans *La Lettre du Livre*, février-mars 1985.

Colette écrit à Marcel Schwob :

> Masson a débarqué ici depuis à peu près une quinzaine de jours, sans que nous l'attendions et sans qu'il nous ait envoyé le moindre avertissement. De Quiberon, il nous a écrit, nous avons pensé que c'était une blague et Willy a télégraphié : «Moule, es-tu vraiment là?» Masson a retélégraphié ceci : «Non, c'est Alcanter de Brahm, ce n'est pas moi.» Et deux heures après le bateau le déposait, avec des pincettes, sur le quai. Il n'a pas à se féliciter de son séjour, je t'assure, il est bleu de coups, et strié d'égratignures. Bien fait, pas? [...]
>
> Oh! mon Schwob, si tu avais pu voir Masson, à Donant où est la Mer Sauvage, être le petit pifferaro qui montre les grottes, se faire pincer par la mer montante et mouillé jusqu'au ventre, tu en aurais poussé des «Ha! ha!» de vengeance. Willy était sur le sable, malade de rire, et moi sur lui, demandant qu'on m'achève.

Elle signe Lolette « et les amitiés de Willy et les amitiés de Sol Pamon ».

Dans une autre lettre à Schwob, elle lui avoue qu'à la suite d'une soirée arrosée « Lolette fut grise, mais grise!! [...] et puis avant de dormir on a fait des choses qu'on ne doit pas dire, parce que Willy m'appelait son mousse ».

Paul Masson, né en 1849, a dix ans de plus que Willy. Il a quitté la magistrature en 1884, à trente-cinq ans, pour se consacrer entièrement à la mystification sous le nom de Lemice-Terrieux, et accessoirement, nous dit Colette, à la rédaction du catalogue des Incunables de la Bibliothèque nationale. Ils ont fait connaissance aux soirées de *La Plume*. Masson a déjà publié sa *Fantaisie mnémonique sur le Salon de 1890* dont la totalité des notices est rédigée en calembours, en 1891 son projet de *Trains-Éperons* destiné à prévenir les tamponnements de chemin de fer, et des *Réflexions et Pensées* du général Boulanger, entièrement apocryphes. En janvier 1893, il fait paraître un *Carnet de jeunesse* du prince de Bismarck, qui (dit Colette quarante ans plus tard) « mit la France et l'Allemagne au seuil de la guerre : "Un peu plus tôt, un peu plus tard..." disait le monomane. » Willy écrit avec plus de vraisemblance en 1896 : « Le bruit courut un moment que l'ouvrage avait été saisi chez l'éditeur à la requête de l'ambassade d'Allemagne.

Cette nouvelle fut contredite par une note de l'Agence Havas, et jusqu'à l'heure actuelle aucun démenti officiel n'est venu d'outre-Vosges. [...] Le satanique Marcel Schwob lui conseillait un jour : "Vous devriez faire déclarer une guerre." »

Il a aussi publié en 1893 un premier recueil hors commerce de *Pensées d'un Yoghi*, et Willy fera paraître à leur retour, dans le numéro du 15 octobre 1894 de *La Revue encyclopédique*, « Une curieuse exposition », celle de la collection Paul Masson d'objets-calembours. C'est ce compagnon misogyne qui partage les vacances des Gauthier-Villars à Belle-Île.

À en croire *Mes Apprentissages*, c'est avec lui surtout que Colette se promène et bavarde, « respectant l'isolement de M. Willy ». Il est cependant très présent dans les lettres à Marcel Schwob : « Nous allons en mer, Willy et moi », dans le bateau d'un voisin. « Willy s'est déshabillé et a fait trempette aussi et a scandalisé les goélands. [...] J'ai dû aller me coucher parce que Willy ne veut plus que j'écrive le soir à cause de mes yeux, ou plutôt de mon œil gauche qui n'est pas solide depuis que nous sommes à la mer. » Elle lit *Le Livre de Monelle* que Marcel Schwob leur a fait parvenir avec un envoi qui les unit dans une même affection : « à mon cher Willy et à ma chère Colette, de tout cœur »; le livre lui cause une crise de larmes, « et Willy a dû me câliner beaucoup dans mon lit et m'endormir contre lui pour me calmer ». Elle signe « Lolette », parce que c'est le nom que lui donne son « Chevobe », comme écrit méchamment Paul Masson.

C'est dans ses lettres à Marcel Schwob que Colette se montre la femme-enfant et l'enfant-femme (Pierre Champion) qu'elle est encore après sa maladie. Elle lui raconte sa découverte des puces de mer et des berniques, parle avec désinvolture de l'assassinat du président Carnot, lui décrit les vêtements qu'elle porte, béret blanc, jupe courte aux genoux, « avec une petite culotte de jersey dessous, et avec ça des chaussures qui vont à l'eau, tu sais bien ? ». Elle le taquine (« Willy est une bête susceptible, toi tu es un susceptible idiot ») et bêtifie gentiment : « Je n'ai pas eu le mal de mer, et je m'ai tenue debout tout le temps. » À quoi Colette joue-t-elle ? Est-ce Willy, est-ce plutôt Mme Arman de Caillavet qui lui a conseillé de tenir le rôle de l'oie blanche, de l'innocente petite provinciale livrée aux hommes, que trahissent aussi certaines photographies ? Ou bien n'a-t-elle trouvé que ce moyen de cacher son désarroi dans un monde qui l'intimide et qui l'oppresse ?

> Bien que charmante, Suzette
> M'inspire de la frayeur,
> Elle a quinze ans, elle est bête.
> MORALITÉ
> L'âge oie fait peur[1].

Cette fable-express n'a pas été écrite pour Colette ; mais elle reflète peut-être le sentiment de Willy.

Les Gauthier-Villars quittent Belle-Île au début de septembre ; ils passent une semaine à Paris et vont finir le mois dans la famille de Colette à Châtillon-sur-Loing. « Maman tourbillonne, accroche son lorgnon, renverse de l'eau et se dispute avec Willy toute la journée. Ça me fait rire de joie », écrit-elle à Schwob.

Un autre jour, elle lui annonce l'arrivée de Paul Masson :

> Masson que nous verrons sans doute demain soir, se conduit d'une façon scandaleuse, nous crible de lettres éhontées, de télégrammes ivres et incohérents qui ont mis aujourd'hui toute la famille en émoi. Écoute le télégramme qui est arrivé aujourd'hui :
> Willy Châtillon-sur-Loing
> Francon a donné, ouvrez donc.
> Rob.

Nous avons fait des conjectures éperdues pendant deux heures, Willy est allé interroger les postiers. Deux heures plus tard, arrive un autre télégramme :
> Indisposition grave, émotion violente, xylostomie, pouls dégoûtant, état général satisfaisant.
> Masson.

Voilà. Il s'était saoulé.

Mais ils sont bientôt repris par la vie de Paris : attendre une partie de la nuit dans un coin de la salle de rédaction de *L'Écho de Paris* les morasses de la « Lettre de l'Ouvreuse » que Willy, « très sensible aux coquilles », corrige minutieusement. Puis c'est la brasserie Gambrinus ou Pousset, auxquelles Colette préfère

---

1. *La joie fait peur* est le titre d'une comédie de Mme Émile de Girardin, représentée pour la première fois en 1856.

le d'Harcourt et le Vachette du boulevard Saint-Michel, parce que avec Willy elle y rencontre Pierre Louÿs, Jean de Tinan et André Lebey. Colette trouve encore le temps de prendre des leçons de piano et de s'enticher de son professeur, « une grande alezane teinte et reteinte », qui se pâme en apprenant que son élève connaît Jean Lorrain. Celui-ci accepte de la rencontrer, mais en sortant il attire Colette sur le palier et lui glisse à l'oreille : « Imbécile ! Vous n'avez pas vu que c'est un homme ? »

Colette en reste effarée. Quelques semaines plus tard, à Colette qui a cessé de prendre des leçons, il jure qu'il voulait rire... Dans sa feinte naïveté, Colette se laisse prendre aux farces dont Jean Lorrain est coutumier.

Elle ne le fait pas exprès non plus, quand elle écrit à Marcel Proust en mai 1895 : « ... il me semble que nous avons pas mal de goûts communs, celui de Willy, entre autres ». Ce qui aurait bien fait rire Jean Lorrain.

C'est à partir de 1895 que Willy, ne se contentant plus de son métier de chroniqueur et de journaliste, commence vraiment à écrire, à faire écrire et à publier des romans. On peut croire que sa rencontre avec Curnonsky, et avec Jean de Tinan, a été décisive. La « littérature » ? L'essentiel est de faire de l'argent, et pour cela il faut produire, sous une « marque » commune, des œuvres qui plaisent au public. Il n'est pas le seul à penser ainsi, et ne sera pas le dernier. Willy devient rédacteur en chef des « ateliers », comme dira Colette, où vont s'élaborer plus de cinquante romans. C'est au cours de l'été ou à la fin de 1894 (un an, dix-huit mois après son mariage, dit-elle) que Willy suggère à sa jeune femme :

– Vous devriez jeter sur le papier des souvenirs de l'école primaire. N'ayez pas peur des détails piquants, je pourrais peut-être en tirer quelque chose... Les fonds sont bas.

Quand elle a terminé, elle remet à Willy un « texte serré » – 656 pages, écrit Curnonsky à Guillot de Saix en 1955, en ajoutant que « Willy n'a fait que barrer les confidences trop intimes ». Willy parcourt le manuscrit et laisse tomber : « Je m'étais trompé, ça ne peut servir à rien. »

Pourtant, Colette décide Willy à l'accompagner à Saint-Sauveur visiter l'école de Claudine en juillet 1895. Elle écrit à Mlle Olympe Terrain, la directrice, des lettres qu'elle signe « votre ex-fléau», demande des nouvelles des gens de Saint-Sauveur, « ça m'amuse tant ! », parle de sa vie parisienne, « nous sommes tout le temps dehors, dîners en ville, déjeuners itou, soirées, théâtre, etc. », raconte les pitreries qu'elle fait avec une jeune amie : « Vous direz que le mariage m'a si peu assagie... c'est pas vrai, d'abord. » Autour de la table de la directrice, Willy, Colette, les jeunes institutrices rient et bavardent. On sert le café et la goutte. Ensuite, visite des dortoirs de la nouvelle école, des salles de classe, du réfectoire. Cette équipée semble relatée à peu près exactement dans *Claudine en ménage*, l'entrée de Colette et Willy dans le dortoir, avec le baiser à chaque petite fille dans son lit et le sac de dragées que Willy verse dans les cuvettes.

Mieux encore :

> Willy a couché tout seul dans une chambre, et j'ai couché deux nuits au dortoir mon 'ieux, avec les petites filles, trop amusant ! Y avait là deux petites créoles, 14, 15 ans, le doigt de la Moreno d'il y a quelque temps en aurait tournebillé. Et le matin, irruption de Willy dans le dortoir, s'installant sur les lits et distribuant des bonbons. Paternité !

C'est ce que Colette écrit à Marguerite Moreno que « Sarcel Schmob » a rencontrée au mois de janvier de cette année-là et qui est devenue une habituée de la rue Jacob. Elle est alors l'amie de Catulle Mendès et confie à Willy :

– Écoute, chauve discret, pour qui je n'ai rien de caché : Mendès, toute la nuit, il me lit des vers, ... et le matin, il me rate.

« Outre qu'elle ressemble à tout ce qui symbolise la noblesse et la grâce, à un lys, à un lévrier, à une licorne, à une épée, à une vierge, elle est la seule, vous entendez, qui soit fichue de cadencer un dodécapode » (*La Môme Picrate*, 1904). Elle a deux ans de plus que Colette et s'attache à Marcel Schwob qui va tomber gravement malade. Ils se marient à Londres en 1900 et Schwob meurt en 1905. Moreno restera l'amie de Colette jusqu'à sa mort, en 1948.

Avant de rentrer à Paris en passant par Châtillon, Colette retourne voir la maison de son enfance. Et, c'est décidé, on reviendra. Pour remercier Mlle Terrain de son accueil (elle ne sait pas qu'elle sera Mlle Sergent dans un roman qui fera scandale), Willy lui envoie deux volumes destinés à la distribution des prix du 30 juillet.

Ont-ils vraiment l'intention de revenir? L'année suivante, Willy écrit à Curnonsky : « Dans quelques jours, je retourne à Saint-Sauveur (pour 48 heures) dans une adorable petite pension de fillettes, je pelote, en attendant parties (sexuelles), j'embrasse les sous-maîtresses aussi, je vais assister à la distribution des prix. Ça m'amuse follement, et mon exquise vicieuse gosse aimante s'en amuse davantage encore. » Une autre lettre de Willy à Mlle Terrain annule leur visite : « On a eu la bêtise de dire à Colette que notre tenue avait scandalisé Saint-Sauveur. La gosse en a eu du chagrin ; moi, personnellement, j'ose dire que je m'en fous... »

En août et septembre 1895, les Willy voyagent, dans le Jura d'abord, à Champagnole, où pour cinq francs par jour ils occupent dans une auberge une grande chambre au papier moisi, mais dont la table d'hôte se couvre, dès midi, « d'écrevisses, de cailles, de lièvres et de perdreaux, le tout braconné ». Ils font de grandes promenades en vélo « avant quatre heures du matin ». Colette écrit à Schwob : « Je m'en vais à Joigny chercher du papier tue-mouches, un papier très amusant, couvert de glu. On les voit se poser et se débattre jusqu'à l'immobilisation. Elles doivent souffrir affreusement. Je voudrais un très grand papier comme ça pour te rouler dedans. »

Après Champagnole, les Willy sont reçus par les parents Gauthier-Villars, à Lons-le-Saulnier, où « tante Colette » fait la conquête des enfants de son beau-frère : elle perce des flûtes, tresse des herbes, cueille des baies, allume du feu avec un cul de bouteille au soleil, attrape un orvet, mène le petit cheval Mignon et récite à l'escargot « la formule magique qui l'engage à darder ses cornes... ». Puis ils continuent leur voyage par Bâle, Munich et Nuremberg, où Colette visite les musées. À son retour, elle décrit à Marcel Schwob les instruments de torture et la fameuse Vierge de Nuremberg. Et lui, sans rire : « Mais la ceinture de chasteté était une bonne invention, pas cruelle. Il faudrait la moderniser... »

Willy est de son avis, et envisage aussitôt de s'établir serrurier et de faire fortune en fabriquant une douzaine de clefs par ceinture.

C'est en 1894-1895 que Curnonsky commence à fréquenter régulièrement la rue Jacob. En 1952, Colette lui écrira : « Tu étais un gentil garçon de vingt et un ans, à douce figure ; j'étais une froide petite fille peu serviable de qui l'origine provinciale se lisait dans ses traits, le silence, les longues tresses, les robes qui restaient dignes de leur village. »

Curnonsky habite alors rue des Feuillantines et gagne très bien sa vie, dit-il : « Certains articles que je faisais pour Willy m'étaient payés, par lui, cent francs [or] » ; ce qui permet de supposer que Willy était encore mieux payé !

Maurice Edmond Sailland est né à Angers en 1872. Il a choisi ce pseudonyme : *Cur non?* et la désinence *sky* que l'alliance franco-russe a mise à la mode. En 1896, il renonce à se présenter à l'agrégation pour vivre de sa plume. Il rencontre Paul-Jean Toulet, avec lequel il part en 1902 pour un voyage en Asie ; ils font paraître ensemble deux romans, le *Bréviaire des Courtisanes* et *Le Métier d'Amant* sous le pseudonyme commun de Perdiccas, dû à une erreur de transmission télégraphique (ils avaient choisi Perdican, en hommage à Alfred de Musset). Mais Curnonsky signe seul *Demi-Veuve*, roman auquel Toulet a aussi participé. Sa collaboration aux chroniques et aux romans de Willy va durer de 1895 à 1908, sans doute même un peu plus longtemps. C'est le plus fidèle « collabo » de Willy, celui qui saisit le mieux les intentions de son « doux maître ». Ce ne doit pas toujours être facile. Incurable noctambule, Curnonsky ne se couche jamais avant quatre heures du matin et lit jusqu'à l'aurore, pour ne se lever qu'au milieu de l'après-midi. Willy est obligé de le rappeler à l'ordre :

> Je ne songe pas une minute à t'en vouloir de n'être pas venu. Mais je voudrais bien que tu prisses l'habitude de te lever avant six heures du soir. Ce n'est même plus original : il y a des noctambules à Lons-le-Saulnier. Et ta santé (qui seule, en l'occurrence, m'intéresse) se trouverait bien d'un régime moins inutilement anormal, moins jeune-france. Bois-tu aussi du punch dans un crâne, en conspuant le gouvernement de Louis-Philippe ? Sacré bouzingot, va !

Curnonsky soutiendra plus tard qu'il est l'unique auteur de *Poissons d'avril*, recueil de chroniques qui paraît en 1896. Ce n'est pas impossible. On y lit en tout cas sous le titre « Malgachis » un courageux et violent pamphlet contre l'expédition française à Madagascar, paru dans *Le Rire* du 19 octobre 1895 :

Elle a donc pris fin, cette madagascarade, organisée, dirait-on, par des chienlits criminels, une des plus monstrueuses fumisteries où se soit affirmée la nullité homicide des bureaucrates. [...] L'annonce de la prise de Tananarive va permettre à nos bureautins, faiseurs de patriotisme à domicile, de s'attribuer les mérites de la victoire. Triomphateurs à grand fracas, ils pousseront des cris d'allégresse comme s'ils avaient sauvé la Patrie, et exulteront de toutes les joies du Capitole. Puis, ils combleront de félicitations les survivants, s'il en reste.

Et après ? Eh bien ! après, on utilisera sans délai ce nouveau débouché qui s'ouvre devant les fils à papa et les ratés de la diplomatie. Madagascar va devenir une pépinière de hauts et puissants crétins, et tout sera pour le mieux dans la meilleure des colonies. Quand le Haut va, tout va.

C'est au début de cette année 1896 que Paul Masson lance sa grande enquête sur les vers de Musset :

> Dis-moi, dans quel écho, dans quel air vivent-elles,
> Ces paroles sans nom et pourtant éternelles
> Qui ne sont qu'un délire et depuis cinq mille ans
> Se suspendent encore aux lèvres des amants ?

« Quelles sont, demande Paul Masson à ses correspondants, les phrases, interjections et onomatopées qui vous échappent le plus habituellement aux heures d'extase ? » Paul Masson reçoit de nombreuses réponses. On connaît une « Gazette rimée » de Raoul Ponchon dans *Le Courrier français*, drôle ; un article de Henri Fouquier dans *L'Écho de Paris*, qui a pris l'enquête au sérieux ; mais on ne connaît pas les autres réponses, ni celle de Willy, et Paul Masson n'aura pas le temps de les publier. Le 18 avril, sous la signature d'Henry Gauthier-Villars, Willy consacre cinq pages sur deux colonnes à « Lemice-Terrieux » dans *La Revue encyclopédique Larousse* : « Nombre de ses mystifications – les meilleures – n'ayant pas été reconnues pour telles, font partie désormais de l'Histoire, indestructiblement. Considérées comme pièces certaines, irréfutables, par nos petits-neveux, elles permettront aux érudits du XXe siècle, qui, dans l'espoir de récompenses académiques, rédigeront soigneusement de savants mémoires sur notre temps, de dénaturer complètement le sens des événements qu'ils prétendent raconter. »

Ce n'est pas si simple! Willy fait suivre à Marcel Schwob une coupure de presse :

> Je découpe ceci dans une interview du *Soir* que m'envoie l'Argus ; c'est une réponse à un copieux article que j'ai consacré à Masson dans l'*Encyclopédique* ; tu vois qu'il cherche à se dégager, et tente de rejeter sur toi, sur [Léon] Daudet, etc. les fumisteries dont la responsabilité l'inquiète.
> Il m'affirme que tu es bien l'auteur de la lettre promettant cent mille francs aux grévistes [des Omnibus] : il me l'a affirmé si nettement que je suis ébranlé, et pourtant, que vaut une affirmation de Lemice-Terrieux ?
> Éclaire-moi, je barbote.

Dans cette interview, Masson insiste encore en attribuant à Jean-Louis Forain la lettre du banquier Osiris à Meissonier mettant cinquante mille francs-or à la disposition des Beaux-Arts pour récompenser de jeunes artistes ; à Pierre Veber l'envoi de plusieurs pianos à Mme de B... Devant le journaliste étonné, Paul Masson s'étonne : « Vous êtes étonnant avec vos étonnements. »

Qui est sûr de quoi ? Ses amis ne se rendent sans doute pas compte que Paul Masson subit alors une grave dépression. Il se réfugie auprès de sa mère à Strasbourg. Et le 30 octobre 1896, il se jette dans l'Ill. Son suicide permettra-t-il d'y voir plus clair dans les mystifications qui troublent les esprits ? Même pas... Après la mort de Paul Masson, « Lemice-Terrieux » continue d'écrire aux journalistes, comme du temps qu'il vivait !

Un autre ami fidèle n'est pas en meilleure santé. « Willy, qui va me rejoindre à Châtillon, me dit qu'on vient de t'opérer cruellement », écrit Colette à Marcel Schwob, qui va subir cinq opérations. Elle lit ses *Vies imaginaires*, et en octobre : « J'ai reçu le *Spicilège*. Je veux dire que Willy l'a reçu, mais je me permets de croire que tu l'as envoyé un peu pour moi aussi. »

« Maîtresse d'Esthètes »

Willy a assisté à la lecture d'*Ubu roi* chez Marcel Schwob. En rentrant de Bayreuth à la fin de l'été, Colette remercie

Alfred Jarry de l'envoi de *Minutes de Sable Mémorial* et de *César-Antéchrist*, et termine sa lettre : « Je vous supplie de ne pas m'oublier quand on jouera *Ubu roi*. Deux petites places nous feront si heureux, Willy et moi. » Mais elle est obligée de relancer Alfred Vallette et Rachilde par carte-télégramme le 9 décembre 1896 : « C'est ce soir qu'on joue *Ubu roi*. Jarry m'a promis plus d'une fois et formellement des places pour sa répétition. Il m'a oubliée à présent. [...] Je vous supplie de me donner un moyen quelconque d'entrer ce soir, fût-ce au Paradis... » Dans le chahut qui éclate à la représentation, on entend Colette rugir de joie, tandis que Willy se retourne vers la salle et crie : « Enchaînons ! »

Pour toute une génération, le nom d'Ubu devient une exclamation, simple euphémisme pour « merde ». Willy l'emploie plusieurs fois dans ce sens dans les « Lettres de l'Ouvreuse » en 1897 (*Accords perdus*, 1898). Et dans l'atelier du sculpteur Franz Brotteaux, de *Maîtresse d'Esthètes*, on voit « un hibou qui répondit au nom d'Ubu avant d'être empaillé ». Mais a-t-il été placé là par Jean de Tinan ou par Willy ?

Jean de Tinan – qui sifflait et applaudissait en même temps à la représentation d'*Ubu roi* – est devenu plus qu'un ami, « fin et doux, la main un peu plus délicate qu'il n'est permis à un homme, et ses cheveux en boucles sur un front qui embellissait tout son visage » (Colette). Il fait paraître dans *Le Centaure*, dont il est le gérant, une liste d'« Œuvres de Henry Gauthier-Villars (Willy) », qui ressemble fort à un échange de bons procédés ; on y voit aussi pour la première fois le médaillon de Willy par Vallotton. Jean de Tinan, né en 1874, va devenir le collaborateur de Willy.

Avec Colette, née en 1873, et Curnonsky, né en 1872, les « ateliers » de Willy réunissent de tout jeunes écrivains. Ils ont l'enthousiasme et le talent ; le patron a l'expérience et l'entregent. « Jean de Tinan faisait ses premières armes dans la maison, Willy retouchait ses essais, les parachevait et les signait parfois » (Armory). Dans *Aimienne*, il désigne Willy sous le nom transparent de Silly :

> Physiquement, Silly est chauve, – il serait inutile de le nier. Je n'apprendrai à personne que son « genre de talent » consiste à oser le plus imprudent mélange d'érudition et de fantaisisme. Les circonstances en ont fait le critique musical que vous

savez, mais soyez sûr qu'algébriste il eût fait du calcul intégral par calembours... et c'eût été très bien aussi.

Silly est marié. Il appelle sa femme Jeannette... Vous croyez peut-être que c'est parce qu'elle s'appelle Jeanne ? Pas du tout, elle s'appelle Renée ; Jeannette est son nom de famille. En échange elle l'appelle Silly comme tout le monde... Personne n'a jamais su le prénom de Silly. Elle l'appelle aussi «le doux Maître», «le gros Chat», «la Doucette» et «le Bleu»...

C'est un ménage de camarades. Les gens grincheux les trouvent un peu bohèmes ; les autres charmants. Je crois que les premiers sont jaloux.

Jean de Tinan cite encore Willy dans *Penses-tu réussir !* Raoul de Vallonges constate qu'il n'est question que de Cléo de Mérode dans les journaux :

> Danses anciennes avec la charmante Cléo.
> Une interview de Cléo au *Journal*.
> Une lettre de Cléo à *L'Écho*.
> Chronique du cyclisme... Cléo.
> Et la Lettre de l'Ouvreuse : «Bandeaux... jambes spirituelles... Waterloo...»

L'Ouvreuse, en effet, avait rimé ce distique :

> Que deviendrait ton nom, Mérode, sans ton o ?
> Le mot qu'un général a dit à Waterloo.

Willy fait la connaissance du sculpteur Pierre Fix-Masseau, qui expose le buste de Colette[1] à la Galerie du Champ-de-Mars au Salon de 1897. Fix-Masseau propose à Willy de venir consulter un paquet de lettres d'une ancienne maîtresse, celle qui a précisément servi de modèle à la Monna d'*Une Passade*.

«Le pauvret savait [...] pour avoir fréquenté des écrivains, qu'une lettre d'amour gentiment troussée ne doit se déchirer sous aucun prétexte : c'est de la bonne copie qu'on est bien content de retrouver plus tard, aux jours où le cerveau est fatigué» (*Les Amis de Siska*, 1914).

---

1. «Présenté à l'Exposition nationale des Beaux-Arts de 1897, volé en 1948, on ignore où il se trouve actuellement», Claude Pichois, *Album Colette*, 1984.

Willy rend donc visite à Fix-Masseau accompagné d'un « sténographe » :

– Mais il me semble que Monsieur est Monsieur Jean de Tinan ?
– Taisez-vous donc! répond Willy. Cela ne fait rien. C'est un ami.

« Fix-Masseau raconte son histoire. Tinan prend des notes, Willy boit et fume. Tinan part pour Jumièges, se met au travail, deux ou trois mois. Willy va pendant quelques jours pour examiner le travail, donner le ton, et ce fut *Maîtresse d'Esthètes*. Tinan toucha cinq cents francs », écrit Paul Léautaud dans son *Journal* ; il note aussi qu'Henri-Albert[1] possédait un dossier des travaux de Jean de Tinan effectués pour Willy, qu'il a vu en 1921 et qui a disparu depuis. La vente Henri Leclercq, en 1943, offrait les brouillons et manuscrits de *Maîtresse d'Esthètes* de la main de Jean de Tinan, 165 feuillets de quatre versions sur papier bleu, rose, jaune et blanc pour le texte définitif. Si tous ces renseignements sont exacts, il n'y a aucune raison de ne pas restituer à Jean de Tinan l'œuvre qui lui appartient, comme ont été restituées les *Claudine* à Colette.

Pierre Louÿs écrit à son frère :

Si tu passes chez un Marpon [le libraire des galeries de l'Odéon], achète donc *Maîtresse d'Esthètes*. C'est signé Willy (H. Gauthier-Villars) mais c'est de mon ami Tinan. Secret sur ceci! Je ne le sais que parce que je me suis trouvé à Montigny avec Tinan au moment où il l'écrivait, mais il n'a pas le droit de le dire et il ne le dit pas. – Achète-le, c'est très gai, et c'est aussi Anémone [*Mercure de France*], que *Une Passade* était Montmartre. – L'héroïne est d'ailleurs la même, quatre ans plus tard.

« *Maîtresse d'Esthètes*, par Willy, nous exhibe à nouveau l'héroïne de la fameuse *Passade*, écrit Rachilde dans *Le Mercure de France* de mars 1897. Est-ce que Willy serait un homme constant ? Cette Ysolde Vouillard qui écrit, sans fautes

---

1. Sur Henri-Albert Haug, dit Henri-Albert, traducteur de Nietzsche et directeur du *Centaure*, voir J.-P. Goujon, *Pierre Louÿs*, p. 327.

d'orthographe, des lettres symbolistes, m'a tellement l'air de la belle Mina ou Monna, que tout le monde admirait à l'Œuvre, en robe orange garnie d'effilés d'ombrelles 1830!... C'est bien la même! Willy, n'abusez pas, malgré votre volcanique esprit, de cette jeune personne ; nous savons des esthètes qui faillirent en mourir très réellement, et sans aucune esthétique! »

La vérité, c'est que lorsque Willy tient un personnage – Claudine, Minne ou Maugis – il ne le lâche plus.

> Une qualité prédomine dans *Maîtresse d'Esthètes*, écrit Christian Beck dans *La Tribune littéraire et sociale* de mai 1897, une qualité que Willy a créée, qui porte la marque d'un esprit toujours original, toujours bien caractérisé : je veux dire l'alliance du sens de la vie à celui de cette indéfinissable qualité de race qui fit l'aisance des bons esprits et qui conserve la dignité du leur, jusque dans le comique le plus inaltérable. *Maîtresse d'Esthètes*, livre à clef, naturellement, nous montre les aventures du sculpteur Franz Brotteaux aux prises avec l'ardeur de la déjà connue héroïne d'*Une Passade*, Ysolde Vouillard, hiératique, ésotérique, pontifiante, extérisante, pseudo-wagnérienne, pseudo-esthète, pseudo-satanique, – mais vraie femelle.

Si l'on en croit le roman lui-même, elle est aussi, avec des majuscules, «Wagnérienne, Ésotérique, Néo-Platonicienne, Occultiste, Androgyne, Primitive, Baudelairienne, Morbide, – Nietzschéenne même lorsqu'elle éternue. [...] Wallace d'idéal, elle (abreuve) les vers-libristes de brasserie, les métaphysiciens d'atelier, les néo-wagnériens à la manque ; un peloton essoufflé de jeunes bagotiers en mal de littérature (pilonne) derrière son sapin triomphal.» Dans ses lettres, elle parle d'elle à la troisième personne, comme la Monna d'*Une Passade*.

Zélie, dite Ysolde, Vouillard, ne serait autre qu'Henriette Maillat – la Princesse d'Este du *Vice Suprême* (1884) du sâr Péladan dont elle a été l'égérie, une part de l'Hyacinthe Chantelouve de *Là-bas* (1891) de Huysmans, l'autre part étant Berthe de Courrières ; elle est l'amie de Barbey d'Aurevilly et de Félicien Rops, elle a été la maîtresse de Léon Bloy et de Sully Prudhomme. Jean Lorrain l'a baptisée : «la chahuteuse mystique». Ysolde Vouillard est aussi Mina Schrader, d'*Une Passade*, et donc l'ancienne maîtresse de G. Albert-Aurier et de

Remy de Gourmont... Il lui manque un sculpteur à sa collection : « Elle se voyait déjà "Sphynge" en marbre... » en rencontrant Franz Brotteaux. En effet, Fix-Masseau a exposé au Salon du Champ-de-Mars en 1895 un buste de femme sous le titre « La Sphinge[1] ».

Maîtresse d'Esthètes est donc bien un roman à clefs, et c'est encore ce qui fait l'un de ses charmes pour les amateurs de la vie artistique et littéraire de l'avant-siècle. Outre Maugis et Smiley, doubles de Willy, Paul Héon (Paul Barlet, son secrétaire) et Franz Brotteaux (Fix-Masseau), on y rencontre Sixte Mouront (Remy de Gourmont) et de nouveaux venus : Jef van den Kerkove (Maurice Maeterlinck), Christian Jossetennoode (Christian Beck, qui a sans doute aussi collaboré à ce roman), l'ami Spéret, directeur de *La Revue Mauve* (Alfred Vallette et *Le Mercure de France*), Jean Nancy (Jean Lorrain), Sotaukrack, auteur de *La Sphynge aux yeux mauves* (Joséphin Péladan), Suzanne Gazon (la comédienne Suzanne Després), et un certain nombre de personnages qu'il faudrait se dépêcher d'identifier : Otto Bodensée et sa femme, Issac Mayerth, Charlie Campbell, Alonzo Pérez, le peintre Eric Arkel, le compositeur wagnérien Richard Buvard (Gaston Lemaire ?), le peintre Venceslas de Radwan... Jusqu'à la maîtresse de Jim Smiley (Willy), Clarisse, qui s'appelle Sidonie, mais aussi Clarisse : Sidonie-Clarisse-Marie – tout comme Colette Sidonie-Gabrielle, mais aussi Colette. Il devait être alors assez facile pour le lecteur, à condition de connaître un peu le milieu où évoluent les personnages, de retrouver leur véritable identité. Quant à Jean de Tinan, s'il n'apparaît pas, il a su discerner un des aspects du caractère de Willy : Jim Smiley, le narrateur, est un voyeur que « cela va bien [...] amuser de [...] regarder » le couple formé par Franz et Isolde. « Voyeur, va ! » lui dit Franz. Il ne se trompe pas.

Le livre paraît sous une couverture d'Albert Guillaume dont Willy préface la même année l'album *Y a des dames*. Leurs « genres » s'accordent très bien : Albert Guillaume avec ses « petites femmes », et Willy avec ses romans légers, participent

---

[1]. Ce buste est reproduit dans *La Revue encyclopédique* du 1ᵉʳ mai 1895, p. 167. Selon certaines sources, un buste de « Monna » du même sculpteur, daté 1897, serait conservé au musée des Beaux-Arts de Dijon ; ce musée ne possède en réalité qu'une « tête de femme », entrée effectivement en 1897, sans ressemblance avec « La Sphinge ».

à la création du mythe de la « Belle Époque » en dépeignant un milieu insouciant et noceur qui n'existe que dans l'imagination des lecteurs de province.

Willy se dépense sans compter pour faire parler du bouquin, avec succès d'ailleurs. À Aurélien Scholl (« Cher Maître et ami »), il en résume le thème : « C'est l'histoire, banale, d'un sculpteur collé à une grue symboliste ; il commence à cracher ses poumons quand un ami, à temps, opère le dé-collage. Voilà. » Il ajoute que si le livre ne se vend pas, ses créanciers verseront des larmes amères. À Philippe Gille dans le *Figaro* : « Un roman plein de jeunesse, quelque chose comme du Murger à la mode de 1897, avec plus d'ironie et d'humour. » Willy remercie chaleureusement Lucien Descaves : « En ouvrant le journal, j'ai reçu dans l'épigaste le choc délicieux (Baoum !) puis j'ai lu avidement, comme on s'envoie le bock frais par un jour lourd d'été, et j'ai grogné le *Nom de Dieu* content, intimement satisfait, qui signifie : "Ce sacré Descaves, tout de même, a des idées bougrement justes. Ah ! que justes sont ses idées. Relisons ça." »

Cela n'empêche pas qu'on reproche aussi à *Maîtresse d'Esthètes* des « trivialités obscènes », ce qui est tout de même aller chercher un peu loin. Toujours prudent, « l'Oncle » Francisque Sarcey : « Je ne recommande pas la lecture de ce roman à clef aux jeunes filles. » Quant à Henry Gauthier-Villars, dans un article de neuf colonnes dans *La Revue encyclopédique* du 16 octobre, « Humoristes récents », il n'hésite pas à vanter les qualités de *Maîtresse d'Esthètes* de Willy, et de *Penses-tu réussir !* de Tinan, en même temps que le *Bec en l'air* et l'*Album primo-avrilesque* d'Alphonse Allais, et les *Contes de Pantruche et d'ailleurs* de Tristan Bernard.

Ceux qui pouvaient craindre que Fix-Masseau prît mal le personnage de Franz Brotteaux pouvaient le rencontrer avec Willy en compagnie de Jean Lorrain et de Mallarmé à un récital privé que Georgette Leblanc donnait chez elle quelques jours après la parution du livre, le 24 avril 1897.

Jean de Tinan ne se plaint pas du patron. Est-ce vraiment lui qui a écrit cette lettre que Jim Smiley lui adresse dans le roman : « Mon cher Jean de Tinan, j'ai rarement ressenti une impression d'art aussi intense qu'à la lecture de votre œuvre » ? Au mois d'octobre, dans une chronique du *Rire*, Willy évoque la sombre date du 15, vouée au dieu Terme,

où selon le dict du barde Jean de Tinan :
Trimestriellement et d'une voix qui tance,
Mon concierge me vient présenter ma quittance.

Le 29 décembre, c'est Tinan qui écrit à Willy :

> Bonne année ! Je suis délicieusement saoul ce soir... J'ai bu tout le vin blanc du pays à la fête de Navarrenx. [...] Bonne année ! Le cœur répond au cœur comme l'air à la lyre... ça c'est un alexandrin ! Et mon cœur ô Willy répond à ton cœur... [...] Je ne suis pas saoul du tout – mais j'ai bien l'intention de me saouler tout à l'heure... Je vais mettre de l'éther dans du curaçao c'est très ingénieux – Ah Willy ! j'ai des peines de cœur[1] !

93, RUE DE COURCELLES

« Une bonne nouvelle : M. Raymond Lacan vient d'appeler à la rédaction en chef du *Chat Noir* notre ami et collaborateur Willy. C'est un choix auquel nous applaudissons fiévreusement et d'autant que Willy, aimé de tous et des autres, conduira sa barque en joyeux mathurin. Nous sommes sûrs que le gai journal montmartrois s'abstiendra désormais de publier certains croquis de barbouilleurs [s'agit-il de Jacques Villon ?] et ne donnera plus l'hospitalité à certains vers de poétaillons, reçus par complaisance, et dont la niaiserie éloignait du journal le *Chat Noir* les véritables amis de l'Art » (*La Plume*, 15 janvier 1897). Willy est-il l'auteur de cet écho ? En tout cas, il semble prématuré. Depuis le départ d'Alphonse Allais en 1893, c'est un véritable défilé de rédacteurs en chef. L'Incohérent Jules Lévy, Gaston de Pawlowski, Paul Héon (Barlet), Pimpinelli (Léopold Dauphin), Paul Masson, Curnonsky et Willy font encore partie de la deuxième série qui a commencé en avril 1895 avec un format réduit. Raymond Lacan est le dernier directeur depuis le 18 juillet 1896 ; il prend pour rédacteur en chef Émile Boucher, qui disparaît définitivement à son tour le 19 décembre. Cette deuxième série hebdomadaire

---

1. La nouvelle édition de *Maîtresse d'Esthètes*, restituée à Jean de Tinan par Jean-Paul Goujon (1995), est suivie en annexe du prière d'insérer, d'articles de Willy et du dossier de presse – et de nombreuses notes.

s'arrête avec le numéro du 4 septembre 1897. Malgré ses appels aux collaborateurs, « prose ou vers, pour l'infortuné *Chat Noir*, bien anémique depuis quelque temps », Willy ne réussit pas à sauver le journal qui devient mensuel le temps de cinq numéros, de juillet à novembre 1898.

Willy avait fréquenté le cabaret depuis son origine et avait souvent collaboré au journal. Le 2 février 1895, Curnonsky avait proposé la création d'un Ministère chatnoiriste : la présidence du Conseil revenait à Alphonse Allais, le portefeuille de la Guerre à Georges Courteline, la Marine au Captain Cap, etc., et le ministère des Travaux publics à Willy. D'où cette lettre :

> Monsieur le Président de la République,
> Vous avez vraiment un blair d'artilleur (comme dirait le ramollot qu'on vient de re-Mercier) de m'avoir choisi comme ministre. Seulement, « Travaux publics », ça doit être esquintant, vu le titre... je ne sais pas très bien, d'ailleurs, en quoi ça consiste. S'il y avait un ministère des « Repos particuliers », il m'irait comme un gant.
> Je serre votre dextre présidentielle.
>
> T.S.V.P. Dites donc, y aurait pas moyen de toucher un mois d'avance ? parce que j'ai une petite amie qui me ruine en saucisses plates (c'est une femme du monde).

Willy, qui publie encore en 1897 *L'Argonaute*, roman bouffe, chez Juven dans la « Petite Collection du Rire », en collaboration avec Andrée Cocotte (G. Trémisot ? Paul Acker ?), n'est pas seul à mener ses « travaux publics ». Henry Gauthier-Villars, de son côté, se consacre à des recherches historiques et publie « Un paquet de lettres » dans *La Nouvelle Revue* du 1er février 1897. Ces lettres de la cantatrice Sophie Arnould sont accompagnées de commentaires qui éclairent « la fantaisie agressive, raisonnante, philosophique, en paniers et en poudre, la gauloiserie avec du rouge et des mouches » de celle qui les a écrites. Il traduit aussi pour Plon les *Mémoires d'un grenadier anglais*, de William Lawrence, traduction effectuée en réalité de la version allemande et non de l'original.

Tante Cœur (tante Caro, épouse d'Eugène Landoy), dans *Claudine à Paris*, fait une réflexion que les Gauthier-Villars vont entendre : « Et cette idée de loger rue Jacob ! Mon ami, les quartiers neufs sont plus sains, plus aérés, mieux construits, sans coûter davantage... » Ils s'installent donc au 93, rue de Courcelles, dans la plaine Montceau, dès le début de 1897 ; ils y resteront jusqu'en 1902. C'est un immeuble bourgeois, avec l'eau et le gaz à tous les étages, dont ils occupent l'appartement du cinquième porte droite, avec balcon. Le concierge est agrémenté de redoutables favoris noirs. Il y a même un ascenseur tapissé de velours rouge, auquel il arrive, en janvier 1901, de tomber directement au rez-de-chaussée. Willy, qui s'en est tiré au moindre mal, écrit au propriétaire une lettre sévère où il lui reproche d'avoir fait installer « un ascenseur trop poussif, qui ne marche bien que dans le sens interdit ». L'appartement est peint d'un vert clinique, et des peaux de chèvre blanches « jouent à l'ours » sur le parquet de l'atelier encombré de hanaps rapportés de Bayreuth et de bibelots Bing ; le chat Kiki-la-Doucette y circule et « dépose ses petites ordures un peu partout, excepté dans le plat spécialement affecté à cet usage ». Dans l'entrée, un énorme cartonnier oblige les visiteurs un peu corpulents, et Catulle Mendès, à se présenter de profil.

Cet appartement du 93, rue de Courcelles marque dans la vie de Willy le commencement d'une période faste, même si elle est de courte durée. Aucun Parisien de quelque notoriété ne peut se dispenser de monter au moins une fois le dimanche après le concert au cinquième étage des Gauthier-Villars. Colette règle les détails du buffet avec la cuisinière et la femme de chambre, tandis que Willy essaie sur les visiteurs les mots qu'il va mettre dans sa « Lettre de l'Ouvreuse » du lendemain. Armory cite Gabriel de Lautrec, Léon Daudet, Georges Vanor, Berthe Bady, la comtesse Greffülhe, le docteur Henri Cazalis, poète pessimiste sous le nom de Jean Lahor (« Ni Lahor, ni sa grandeur ne me rendent heureux », blague Willy) ; les musiciens Ernest Chausson, Duparc, Debussy, Pierre Onfroy de Bréville, Pierre Lalo... C'est au cours d'un de ces « dimanches Gauthier-Villars » que Pierre Louÿs, ému, bégayant, vient montrer la lettre de Debussy lui annonçant qu'Albert Carré, le nouveau directeur de l'Opéra-Comique, a décidé de monter *Pelléas et Mélisande*. C'est un triomphe qu'il convient d'arroser ; et Colette expédie Vuillermoz à la recherche de champagne « pour fêter Pelléas ».

Willy tempère plus tard cet enthousiasme en se demandant si Hervé, « le compositeur toqué », l'auteur de *Chilpérie* et de *L'Œil crevé*, avait eu des élèves :

Qu'on se rappelle ce début de scène qui eut son heure de célébrité :
– Prenez une chaise.
– Merci, je n'ai pas soif.
Et comparez ce fragment, offert par des artistes raffinés à nos récentes admirations :
– Quel âge avez-vous ?
– Je commence à avoir froid.
On trouvera la suite de ce dialogue, qui vaut son pesant de Symbolisme, page 18 de la partition, piano et chant, de *Pelléas et Mélisande*.

On connaît une photo d'amateur de Colette sur le balcon du 93, rue de Courcelles. L'un et l'autre se sont déjà fait photographier, mais en ce mois de mai 1897, c'est à son ami Paul Nadar que Willy s'adresse (B.N., manuscrits) : «Je viens de voir, de toi, un chef-d'œuvre, un admirable petit chef-d'œuvre, le trio des fillettes de mon frère Albert. C'est une merveille ! Si tu es toujours dans l'intention de nous portraicturer, Colette et moi, fixe-moi un jour et une heure. Quelle robe ? habillée ? montante ?» Il lui amène aussi un samedi son petit Jacques qui a sept ans : «J'ai reçu, outre les 3 poses de Colette, deux poses de Jacques *délicieuses* et deux de moi que chacun déclare excellentes. [...] Veux-tu me rappeler le prix – délicieusement "de faveur" – auquel tu me laisserais soit six, soit douze portraits, cher ami. Il me tarde d'en avoir.»

«Entre 1897 et 1900, écrit Colette, d'une colline à l'autre, la province explorait à peine Paris. Mais il lui arrivait d'enfourcher la bicyclette.» Willy en louait une, et Colette roulait sur une petite bécane de course, émaillée de bleu, sans frein ni garde-boue, que Willy avait gagnée en 1895 à une tombola à l'occasion de la centième représentation de l'opérette *Bouton d'Or*, de Michel Carré et Gabriel Pierné. Elle en culotte de zouave, chemisette à pois à manches ballons et canotier bleu marine, lui coiffé d'une casquette à carreaux et le bas du pantalon serré par des pinces, ils partent avec d'autres journalistes de *L'Écho de Paris*, sur les bords de la Seine ou de la Marne, moins pour y canoter que pour déjeuner gaiement. Un dimanche de 1896 ou 1897, à Mantes-la-Jolie, quelqu'un se souvient qu'il connaît le sous-préfet, Louis Barthou, et trente cyclistes franchissent la grille du jardin de la sous-préfecture occupée par un « bien joli garçon, svelte et gai, avec l'œil de velours ». La journée finit par un concert improvisé en plein air, où se fait applaudir Mme Tarquini d'Or, la chanteuse qu'Aristide Bruant a épousée en 1893.

Après le bref séjour habituel dans le Jura, Willy emmène avec eux à Uriage (Arriège, dans *Claudine s'en va*) son fils Jacques, qui se souvient plus tard :

> En relisant ce roman, plus de cinquante ans après sa publication en 1903, j'ai retrouvé tous mes souvenirs de l'Uriage d'alors, revu ses quatre grands hôtels, son établissement de bains et son casino modern style, tous situés à l'orée d'un parc immense.
>
> Quotidiennement, Willy, Colette et moi nous rendions dans ce parc pour y boire un lait chaud et mousseux trait devant nous dans une laiterie rustique, « en regardant monter la brume matinale que le soleil aspire », comme disait Colette.
>
> C'est également dans ces allées ombreuses et autour de son kiosque à musique, que Colette promenait en laisse le chat angora Kiki-la-Doucette, au grand ébahissement des baigneurs qui trouvaient « cette jeune fille très originale ». Évidemment, en 1897, cette « jeune fille » était mariée depuis quatre ans, mais, sujette aux migraines, Colette nattait le matin sa lourde chevelure en deux longues tresses qui lui battaient les talons. Aussi avait-elle encore l'air d'une « gobette » et non d'une matrone, comme l'étaient la plupart des « épouses » bien en chair de cette époque.

Puis ils partent pour Bruxelles assister à la Monnaie à la représentation de *Fervaal* de Vincent d'Indy. Dans le train, Jacques Blanche montre sur la partition des passages qu'il prétend chipés à Wagner : « Le doux et rêveur Ernest Chausson, le pénétrant et fin Pierre de Bréville, le sensitif Louis de Serres, il embêtait tout le monde, sauf Mme Colette qui dormait du sommeil de l'innocence. » Au retour, Henry Gauthier-Villars et Pierre de Bréville consacrent une « étude thématique et analytique » à *Fervaal*, et une brochure à *Fervaal devant la presse*. « J'y retrouve tous nos bons vieux principes franckistes », écrit Vincent d'Indy à Pierre de Bréville.

Les relations de Willy avec Vincent d'Indy ne se limitent pas à son admiration. Il sait aussi profiter de son expérience critique.

Ayant imprudemment accepté d'écrire un article sur un opéra d'Augusta Holmès (*La Montagne noire*, suppose-t-on), il se tourne vers Vincent d'Indy : « Voici que l'influenza me terrasse, je fais des lettres d'ouvreuse sur des notes que me rapporte ma femme, je ne puis sortir... et je ne connais pas les musiques. » Après lui avoir conseillé de renoncer à écrire cet article, Kerval lui conseille : « Demande à d'Indy... Si Kerval eut raison, ô maître, c'est vraiment le moment de vous exécuter, de me tirer d'une mélasse obstinée... » À charge de revanche, lorsque paraît *La Colle aux Quintes* (1899), la couverture de José Engel représente Vincent d'Indy placardant la partition de *Fervaal* sur la porte du Conservatoire.

L'année suivante, Henry Gauthier-Villars devient secrétaire de rédaction de *La Revue internationale de Musique*. Il perd cette année-là son plus fidèle collaborateur des « Lettres de l'Ouvreuse », Alfred Ernst, polytechnicien et wagnérien, décédé, le 15 mai 1898, à trente-huit ans [1].

Devenu un écrivain professionnel dont les œuvres sont reproduites dans la presse, Willy fait sa demande d'adhésion à la Société des gens de lettres le 21 décembre 1897, avec le parrainage de Charles Foley et de Paul et Victor Margueritte ; il est admis à titre de membre sociétaire le 28 mars 1898, sur rapport d'Albert Cim.

Entre-temps, le père de Willy, Jean-Albert Gauthier-Villars, tombe gravement malade. Colette écrit à Christian Beck qu'elle a été « promue au grade important de secrétaire de Willy, en remplacement de Paul Héon, tristement caserné à Neuilly ». Elle lui raconte le renvoi de la bonne Juliette qui buvait et « nous volait à tel point que l'anse du panier elle-même se rebiffait. Elle est allée, sur l'injonction amicale de Willy, boire et voler ailleurs ».

Jean-Albert Gauthier-Villars meurt le 5 février 1898 à l'âge de soixante-huit ans. Son second fils, Albert, devient le deuxième éditeur du nom. Sur son papier à lettres de deuil, Willy demande à Paul Nadar de photographier pour sa mère le buste de marbre de Jean-Albert Gauthier-Villars, ce qui cause quelques difficultés de transport de la rue Singer à la rue d'Anjou.

---

1. Il avait traduit *L'Or du Rhin*, *La Walkyrie*, *Siegfried*, *Le Crépuscule des Dieux*, *Les Maîtres chanteurs* et *Parsifal*. Il laissait inachevé *Tristan*.

« UN VILAIN MONSIEUR ! »

Un vilain Monsieur! (le point d'exclamation ironique a son importance) paraît en 1898. Ce roman serait-il, lui aussi, l'œuvre de Jean de Tinan ? Paul Léautaud affirme que le sujet appartient à Jean de Tinan et que Paul Acker y a travaillé aussi « un peu ». Henri Martineau de son côté : « Certains commentateurs de Willy ont rapporté [...] que les quatre-vingt-douze premières pages d'*Un vilain Monsieur!* devaient être attribuées à Jean de Tinan. Renseignements peut-être erronés », ajoute-t-il. Faute de connaître les manuscrits, nous n'en saurons sans doute jamais rien. S'il est vrai que Willy se contentait d'ajouter quelques calembours aux textes de ses collaborateurs, on peut alors s'étonner qu'il y en ait si peu dans *Un vilain Monsieur!* C'est en tout cas un des jolis romans des dernières années du siècle, dont l'auteur nous donne lui-même la recette : « ... de l'analyse sentimentale un peu rosse : Donnay, Valdagne, Hermant, d'une part; Bourget, Hervieu, Prévost, de l'autre; gros comme une noix de Barrès, une pincée de goguenardise à la Tristan Bernard, bien touiller, saler un peu et servir tiède ! ».

Dans ce « roman gai », les personnages évoluent encore dans le milieu parisien de *Maîtresse d'Esthètes*; c'est aussi un dialogue avec le lecteur, fort habile. Robert Parville, oisif et possesseur d'une « fortune grassouillette », ne manque pas une soirée du *Théâtre de l'Âme*, d'Édouard Schuré, reçoit (irrégulièrement) *La Néo-Revue*, *La Revue Pâle*, l'*Hamadryade*, dont il fréquente les poètes. On le voit dans les salons académiques et au Club Hellène où « ponter cinq louis de temps en temps » avec des journalistes, Smiley, Maugis, Baichard... Donc, il devient poète symboliste et compose un long poème, *La Route*, en deux soirées :

> Le chevalier passait dans le printemps en fleur.
>   Bel et grave, il suivait la route,
>   Et son armure adamantine
>   S'irisait de claires couleurs,
> Couleurs mirées des fleurs qui embaumaient la route.
> Le Chevalier passait, bel et grave, dans l'aurore divine (etc.)

« Il passait pendant quatre cent douze vers, pas un de moins ! » Parville publie son œuvre à compte d'auteur, cent exemplaires pour cinq cents francs, pour avoir la satisfaction de lire ce prière d'insérer :

> Dans un décor de langueur crépusculaire, M. Robert Parville analyse, au fond de l'ombre mystérieuse délicatement dramatique, tous les troubles que notre âme à la fois appréhende et recherche, depuis le rêve hallucinant des hiérophantes de l'occulte, jusqu'aux râles exacerbés de la volupté. Si parfois ces vers sont cantharidés de sensualité, le nimbe de la poésie les spiritualise, et, par un choc en retour étrangement suggestif, élève la pensée jusqu'à l'idéalisme le plus pur.

Mais le vrai sujet du roman n'est pas là : Robert Parville a pour maîtresse une femme mariée, Suzanne de Lizery, beaucoup plus riche que lui et pour qui l'argent ne compte pas. Aussi fait-elle dépenser son amant sans compter... Ses amis finissent par soupçonner Parville de vivre aux crochets de Suzanne (quel vilain Monsieur!), alors que c'est elle qui le ruine, inexorablement.

Un vilain Monsieur! se vendra mieux encore que *Maîtresse d'Esthètes*. Willy déplore dans une lettre à Octave Maus, directeur de *L'Art moderne*, que «le moment n'est pas propice aux ventes (ministère prochainement renversable, dreyfusards et déroulédistes aux prises, etc.)», mais il s'occupe sérieusement du lancement, et Armand Silvestre, Henri Chantavoine, Camille de Sainte-Croix, Teodor de Wizewa, André Beaunier, Adolphe Brisson (cinq colonnes dans les *Annales politiques et littéraires*), et d'autres, lui font un succès. Jarry lui-même semble l'apprécier quand il cite :

> Henry Gauthier-Villars, celui qui ouvre estivalement
> L'Ouvreuse, celle qui Willyain Monsieur.

Alfred Jarry rencontre souvent les Willy dans les milieux d'esthètes. Un soir, chez Maggie Clark, Colette, sa voisine de table, s'étonne de le voir s'agiter sur sa chaise et lui en demande la raison : «Madame, j'ai la foire!» lui répond Jarry.

Ce qui ne devait guère choquer Colette habituée elle-même à lâcher ce qu'elle appelle, en roulant les «r», des «marrons».

Si Jean de Tinan est un des auteurs d'*Un vilain Monsieur!* ce sera aussi l'un de ses derniers livres. Dans ses *Noctambulismes* du mois d'août, il évoque Willy dans... «le Coucher de la Mariée», comme si (et c'est peut-être exact) Willy avait parodié ce numéro de music-hall devenu le «Coucher d'Yvette» à l'Alcazar d'Été en 1894 : «La pantomime n'est pour lui qu'une distraction à ses occupations de bureau... c'est son "violon d'Ingres"... j'oserai dire qu'il en joue comme le regretté Stradivarius.» Il écrit à Willy un billet au crayon bleu : «Venez me voir, ça me fera bien plaisir – Je suis foutu.» Jean de Tinan, gonflé d'œdème, meurt le 18 novembre 1898, à vingt-quatre ans. Willy avait – je crois – tout fait pour l'aider à «vivre».

Un vilain Monsieur! sans être à proprement parler un roman à clefs, contient quelques portraits, dont le plus caustique est celui de Mme Moupet des Tares, égérie de l'académicien Végreuille :

> À l'autre bout de la table, pensant complaire à l'académicien Végreuille (ce «Bernardin de Saint-Pierre nihiliste», disent ses amis, «ce compère Mathieu frotté de Fénelon», précise Jim Smiley), la prolixe Moupet des Tares parle, ostentatrice, et tient le dais de la conversation.
>
> Comment notre jolie Suzanne a-t-elle pu naître de ce basbleu mal tiré? Peut-être bossue (ex-juive convertie par Don Bosco, prétend Maugis), certainement hanchée de travers, le cou brutalement court, les cheveux rares, saucés de roux, frisés à l'enfant par-dessus les oreilles qu'il urge de dérober à l'admiration, le nez crochu entre des yeux gris à fleur de tête, incoerciblement trépidante, Mme Moupet des Tares, maîtresse de Végreuille, a tout à fait l'air d'une chouette en automobile.

Mme Moupet des Tares, c'est Mme Arman de Caillavet, et Végreuille (qui deviendra Gréveuille), Anatole France. On lit cet écho dans *La Plume* du 1er septembre 1897 : «Pourquoi, depuis que Willy rédige en chef le *Chat Noir*, de cruels entrefilets lardent-ils M. Anatole France? L'éminent et doux académicien aurait-il frappé avec une rose la caustique Ouvreuse? Ils étaient pourtant bien liés naguère, la rose, l'académicien et l'Ouvreuse!» Il y avait plusieurs raisons à cela. Willy aurait été quelque temps «secrétaire» d'Anatole France; et Mme Arman de Caillavet avait rendu fréquemment visite à Colette durant sa maladie : «La célèbre amie d'Anatole France fut bonne pour une malade si jeune, si peu défendue [...]. Sa mante de zibeline s'achevait en fraise de dentelle, un oiseau de Minerve, qui lui ressemblait, la coiffait, ailes ouvertes » (*Mes Apprentissages*). Ce que Colette avait traduit dans *Claudine à Paris* : « Embobelinée dans une zibeline attardée sous quoi elle transpire, Mme Barmann est coiffée d'une chouette éployée. Chouette dessus, chouette dessous. Le nez crochu, pour être jaspé de couperose, ne manque pas d'autorité, et les yeux gris en billes remuent terriblement. »

Les Willy sont reçus chez Mme Arman de Caillavet, et Colette s'y rend parfois seule avec Marcel Schwob. Ils en plaisantent : « Willy te demande seulement de descendre de la voiture qui nous amènera, quelques mètres avant le 12 [avenue Hoche] pour que les gens qui seront là ne disent pas trop que nous "affichons notre liaison". Tu veux bien ? Viens me chercher demain à 7 heures. Nous nous amuserons bien là-bas. À demain, mon Schwob, je te pince cordialement. » En effet, on ne doit pas s'ennuyer chez les Arman, si l'on en croit *Claudine en ménage* :

> Nous avons passé la soirée chez la mère Barmann et assisté, pour changer, à une solide prise de bec entre cette chouette épaissie et le goujat tapageur qui partage sa destinée. [C'est Willy qui corrige : Colette avait écrit « le portefaix ».] Elle lui dit : « Vous êtes commun ! » Il réplique : « Vous embêtez tout le monde avec vos prétentions littéraires ! » Tous deux ont raison. Il hurle, elle piaille. La séance continue. À court d'invectives, il jette sa serviette, quitte la table et grimpe tumultueusement dans sa chambre. Tout le monde soupire et se détend, on dîne à l'aise, et au dessert l'amphytrionne expédie la femme de chambre Eugénie amadouer (à l'aide de quels procédés mystérieux ?) le gros homme, qui finit par redescendre calmé, mais sans faire d'excuses. Cependant Gréveuille, l'académicien exquis, qui craint les coups, donne tort à sa vénérable amie, pelote le mari, et reprend du fromage.

Colette y rencontre Marcel Proust, un jour de cassoulet : « Un mercredi, chez cette mère Barmann, je fus traquée, poliment, par un jeune et joli garçon de lettres. [Colette avait écrit « un jeune youpin », mais Willy a atténué ce portrait acide.] [...] Il me contemplait de ses yeux caressants, à longs cils, et murmurait, pour nous deux :

– Ah ! c'est la rêverie de Narcisse enfant, que la vôtre, c'est son âme emplie de volupté et d'amertume...
– Monsieur, lui dis-je fermement, vous divaguez. Je n'ai l'âme pleine que de haricots rouges et de petits lardons fumés. »

Marcel Proust ne semble pas avoir compris grand-chose à la brouille intervenue dans les deux ménages :

> Mme Arman prétendait que Willy, reçu chez elle en intime, avait fait la cour à sa belle-fille. Et, indignée, elle n'avait rien trouvé de mieux que de le révéler à Colette Willy et de cesser de les recevoir. À la suite de quoi, Willy prétendait que la douleur avait fait presque perdre la vue à sa femme. Comme ils avaient toujours été très gentils avec moi et que je trouvais qu'on avait mal agi avec eux, j'avais été pour une seule fois leur faire visite (que je n'avais nullement cachée à Mme Arman, qui m'en a toujours mortellement voulu) et leur avais offert mes services auprès d'un oculiste. Or je crois que Willy a cru que cette démarche n'était pas spontanée et, en tout cas, le fait qu'ils furent à ce moment-là éconduits, ce qui ne les diminuait en rien dans mon estime, ne leur serait pas, je crois, agréable à se rappeler... (Lettre à Louis de Robert).

L'aimable gaffe de Proust n'arrange rien, on s'en doute. Willy, sans la complicité de Colette, continuera de harceler « l'insupportable mère Moupet des Tares, Philaminte sur le retour, Égérie obstinée pour académiciens fourbus, tenancière d'un des plus redoutables salons-parloirs où s'élabore la libre-pensée officielle » (*Suzette veut me lâcher*, 1905).

Anatole France n'est pas mieux servi :
– Du mauvais Bourget.
– Dis une indigestion de Maupassant avec, par-ci, par-là, un renvoi d'Homère (*La Maîtresse du Prince Jean*, 1903).

Et dans *Jeux de Prince* (1906) encore, ce dialogue :
« Il fait chaud ? – 32°4 à l'ombre. – Vous avez lu le dernier bouquin d'Anatole France ? – Oui. Comme il baisse ! Le thermomètre devrait bien l'imiter ! »

Pour connaître les véritables raisons de la brouille, il faut peut-être aller chercher plus loin que ne le faisait le « jeune et joli garçon de lettres ». Dans les *Indiscrétions et Commentaires*, Willy note à propos de l'« ex-juive convertie par Don Bosco » :

« J'ai silhouetté sous le nom de "Barmann" l'ex-Mlle Lippmann devenue Mme Arman (de Caillavet), la plus rosse des rosses, l'entreteneuse d'Anatole France (Gréveuille) » et son mari, « le conservateur du collage de France ».

On sent dans tout cela un relent d'antisémitisme – en pleine affaire Dreyfus. Tandis qu'Anatole France adopte les opinions de Mme Arman et devient dreyfusard, Willy rejoint immédiatement le camp des antidreyfusards. C'est le prétexte de son duel, en 1895, avec le poète Ferdinand Hérold, qui se juge offensé par un article de Willy et prend pour témoin Bernard Lazare, le premier défenseur de Dreyfus. Les plaisanteries antisémites ne manquent pas dans les romans de Willy. Dans *La Maîtresse du Prince Jean* (1903) : «... quelques gens de lettres et tout un ghetto de financiers : un ou deux Worms, trois ou quatre Cerf, cinq ou six Hirsch, des Lévy, des Kahn – j'en passe, et des Meyers ». Et même dans *Chaussettes pour Dames* (1905) : le « grand principe qui fait la fortune de la race juive : UBI BENEF, IBI PATRIA ! ». Mais qu'est-ce qui nous prouve que les « collaborateurs » eux-mêmes (ici, Curnonsky) ne profitent pas du masque qu'ils portent pour étaler leur propre antisémitisme ?

L'année 1898 est celle du procès Zola. Le nom d'Henry Gauthier-Villars apparaît pour la dernière fois dans la *Revue Blanche* le 1er février.

« Je ne veux pas de l'article de Willy, dit Thadée Natanson. Je ne veux pas qu'en ce moment, à la *Revue Blanche*, on fasse un mot contre Zola. [...] Qu'il fasse des mots à *L'Écho de Paris* » (Jules Renard, 11 février).

Réponse de l'Ouvreuse dans *L'Écho* le 15 février : « M. Henry Gauthier-Villars me charge d'annoncer qu'il cesse sa collaboration à la *Revue Blanche* dont il refuse à partager la Zolâtrie dreyfusienne. » Et Jules Renard encore le 17 février : « À propos de Willy refusant de signer la protestation de *La Revue Blanche* :

– C'est la première fois, dit Veber, qu'il refuse de signer quelque chose qu'il n'a pas écrit. »

Au mois de décembre, après le suicide du colonel Henry convaincu d'avoir fabriqué le « bordereau », Willy est de ceux qui participent à la souscription lancée par *La Libre Parole* pour permettre à sa veuve de poursuivre Joseph Reinach en diffamation à la suite d'un article paru dans *Le Siècle* du

7 novembre. Parmi les signataires, avec Édouard Drumont, Henri Rochefort, Arthur Meyer, Paul Déroulède, le général Auguste Mercier, la duchesse d'Uzès, Maurice Barrès et François Coppée, on relève aussi les noms de Pierre Louÿs, Jean Lorrain, Gyp, Paul Valéry, Paul Léautaud[1].

On peut penser que Henry Gauthier-Villars est d'abord antidreyfusard par respect de l'armée et de la chose jugée ; mais il l'est aussi très certainement par antisémitisme, ce qui n'est pas incompatible, le « Juif » pour beaucoup de militaires étant aussi le « Boche ». Il ne s'est d'ailleurs jamais caché de son racisme. À côté de la veuve Hackel-Cadosch, il crée le personnage de Napoléon-Démosthène Égalité de Bourbon-Dépotoir, mulâtre de la Louisiane. En 1905, cela fait rire. En 1926, il écrira encore : « Henry Maugis avait les descendants de Cham en abomination. Je partage son horreur. Pourquoi ? Parce qu'ils me dégoûtent... »

C'EST GENTIL...

L'activité de Willy semble brusquement se ralentir en 1899 ; il ne publie que des recueils d'articles. Après *Accords perdus* (1898), un seul recueil d'articles de l'Ouvreuse en 1899, *La Colle aux Quintes*, et des chroniques humoristiques déjà parues dans *Le Journal amusant*, *À manger du foin*, avec des illustrations d'Albert Guillaume. Une préface aussi pour *Le Pacte*, pièce de son secrétaire X.-Marcel Boulestin[2]. Il ne chôme pourtant pas et fait imprimer cet avis qu'il adresse à ses correspondants, faute de temps pour leur répondre :

---

1. La souscription, qu'on a appelée le « Monument Henry », rapporte 131 000 francs provenant de 25 000 donateurs. Arthur Meyer a souscrit 250 francs au nom du *Gaulois* (pour convaincre ses amis de son antisémitisme...), Déroulède et Maurice Barrès 50 francs, François Coppée, Willy, Jean Lorrain, Degas, 20 francs.

2. Traducteur de *L'Hypocrite sanctifié* de Max Bartohm en 1904 ; à Londres en 1907, secrétaire de Cosmo Gordon Lennox ; en 1911, s'occupe de décoration avec Nicole Gronet, sœur de Paul Poiret ; en 1914-1918, dans l'armée britannique, interprète et cuistot. Auteur de *Tableaux de Londres* (Dorbon-Aîné, 1912), d'*Aspects sentimentaux du front anglais*, illustrés par Laboureur, de *À Londres, naguère* (1946) et de onze livres de cuisine après avoir ouvert un restaurant à Londres. Il meurt au cours des années 40.

> *Le soussigné :*
> *Vu les nécessités de sa profession qui l'obligent à ne manifester point dans sa correspondance privée – devant les réserver pour les feuilles publiques dont il vit – les dons heureux qui lui furent dévolus par le généreux hasard ;*
> *Vu, d'ailleurs, la fatigue de ses méninges, résultat provisoire mais durable de débauches excessives ;*
> *Vu enfin la température « véritablement exceptionnelle » et, du reste, étouffante, que nous subissons.*
> *Réclame l'indulgence.*

C'est Colette qui écrit en avril 1899 à Christian Beck alors à Florence : « Willy dit que vous êtes une rosse et que vous n'envoyez pas ce qu'il attend, j'ai peine à le croire. [...] Soyez gentil avec lui. »

C'est l'année où paraît le livre de Paul Acker, *Humour et Humoristes*, qui fait place à Willy et à tous ses amis – Paul Masson, Pierre Veber, Maurice Curnonsky, Paul-Jean Toulet.

Cette année-là encore, au Salon des artistes français, Ferdinand Humbert expose un portrait de Colette, et Jacques-Émile Blanche celui de M. et Mme Gauthier-Villars. C'est charmant, mais ça ne nourrit pas. Au retour de la traditionnelle villégiature franc-comtoise, écrit Colette dans *Mes Apprentissages*, Willy décide de ranger le contenu de son bureau, « affreux comptoir peint en faux ébène, nappé de drap grenat ». Il y retrouve les cahiers noircis par Colette : « Tiens, dit-il. Je croyais que je les avais mis au panier. »

Il ouvre un cahier, le feuillette : « C'est gentil... »

Puis un deuxième, un troisième, un quatrième : « Nom de Dieu ! grommelle-t-il, je ne suis qu'un c... » (En 1948, « un c... » devient « un imbécile ».)

« Et voilà comment je suis devenue écrivain », conclut Colette. À vingt-six ans.

Dans *La Colle aux Quintes*, le recueil annuel de l'Ouvreuse, un livre « en préparation » est annoncé à paraître chez l'éditeur Simonis Empis. Il porte un titre tout simple, tout court : *Claudine*.

3

De la gloire à la dèche
1900-1905

> *Ce n'est pas le moment de faire de la
> littérature, mais de la copie.
> Ne confondons pas.*

« CLAUDINE À L'ÉCOLE »

La naissance de Claudine ne fut peut-être pas si simple que l'a contée Colette en 1936. Sept ans plus tard encore, en 1943, Armory fait le récit d'une visite matinale à Willy :

– Dix minutes et je suis à vous, dit Willy.

Il se retirait lorsque, se ravisant, il fut à une commode de style, un des ornements du studio, ouvrit un tiroir, en sortit un rouleau de feuillets reliés par une faveur rose.

– Tenez, parcourez cela. Vous me direz ce que vous en pensez... des souvenirs de Colette qu'elle s'est amusée à écrire.

Allongé sur le vaste divan que recouvraient des peaux d'ours blancs, je lus les feuillets. [...] J'étais emballé au point qu'absorbé par cette lecture je n'entendis pas revenir Willy.

– Eh bien ?

– Épatant ! Quand publiez-vous ça ?

– Ça vous intéresse ? Tant mieux ! On va voir. Il faudra tout de même que j'arrange un peu.

– À votre place, je n'arrangerais rien.

– O huhu !

Un rouleau de feuillets reliés par une faveur rose ? Armory semble faire davantage confiance à la préface de *Claudine à l'École* qu'à ses propres souvenirs. À Pierre Varenne, Willy dit qu'il n'a fait que couper, sans quoi ce bouquin de 332 pages en eût compté 600. Deux ans avant sa mort, Curnonsky confirme cette version dans un entretien radiophonique : « Un jour, Willy me mit entre les mains un fort paquet de feuillets – environ six cents – couverts d'une écriture ronde, épaisse et encore mal formée [?]. Et il me dit : "Tiens, vieux, lis-moi ça et vois si tu ne pourrais pas en tirer quelque chose en le réduisant." »

Décidément, tout le monde voudrait bien être l'inventeur de Colette. Mais c'est Willy, et lui seul, qui a révisé le manuscrit, ainsi que Colette l'écrit à Rachilde : « Il y a des tas d'années que j'avais ce gros tas de notes en journal, mais je n'avais pas osé croire que ce fût lisible. Mais grâce à la Belle-

Doucette qui a élagué et atténué des crudités trop claudinières, *Claudine* est devenue acceptable – et Colette aussi. »

Les éditeurs sont plus réticents que les premiers lecteurs. Simonis Empis, qui a déjà publié huit volumes de Willy et notamment *Maîtresse d'Esthètes* et *Un vilain Monsieur!*, refuse le manuscrit sous prétexte qu'on n'en vendra pas cent exemplaires. Il n'a peut-être pas tout à fait tort : Willy est pour lui un «auteur gai», et *Claudine à l'École* n'incite guère à la rigolade. Léon Vanier, avec plus de simplicité, offre à Willy de l'éditer... à ses frais. Enfin – et c'est ce qui permet de comprendre les premières hésitations de Willy – c'est un livre mal fichu, qui ne suit pas la construction classique du roman et la règle du découpage en chapitres. C'est une chronique non datée, sans rebondissements calculés : «Elle note tout sur le même plan.» Mais on comprend aussi qu'il découvre brusquement son intérêt un jour de dèche : c'est un livre amoral, un roman scandaleux – et le scandale fait vendre.

Claudine à l'École paraît donc chez Ollendorff, qui a déjà publié les *Histoires Normandes* en 1891 et publiera encore quatre romans signés Willy. Il passera ensuite chez Albin Michel (trois romans), le quittera de 1905 à 1908 (Garnier, Librairie universelle et cinq romans à la Bibliothèque des Auteurs modernes), et reviendra chez Albin Michel auquel il donnera en moyenne plus d'un volume par an de 1909 à 1923, pour le quitter au moment même où Albin Michel rachètera le fonds Ollendorff... et par conséquent *Claudine*. Il ne publiera plus ensuite que chez de petits éditeurs.

Lorsque *Claudine à l'École* paraît en avril 1900, Willy décoche cette épigramme aux éditeurs jaloux de son succès :

> Delagrave s'indigne, il crie à l'injustice,
> Vanier en est malade, et Simonis... Empis.

Prudemment, Willy croit utile de rédiger une préface :

> Je ne reçois jamais un manuscrit sans quelque terreur ; tous les hommes de lettres qui évoluent autour de la quarantaine comprendront cette épouvante sans que j'insiste davantage. Celui de *Claudine* m'effraya plus particulièrement pour ce qu'il était noué de la faveur rose qui, d'ordinaire, distingue les manuscrits féminins ; je le développai d'une main tremblante ;

mes prévisions ne m'avaient pas trompé : c'était de la prose de femme, bien mieux (bien mieux ?) un journal de jeune fille.

De jeune fille, mais non pour les jeunes filles... Et moi qui craignais de me poisser à quelques papotages sirupeux ! Dès les premières pages, mes craintes d'ennui s'évanouirent, – il ne me restera plus que de la stupéfaction.

Ainsi donc, dès la préface, Willy ne se prétend pas l'auteur de *Claudine à l'École* : c'est « de la prose de femme », dit-il. Ce qui est une invitation au lecteur à chercher derrière sa signature l'auteur de ce journal de jeune fille. « La préface, je ne la lus qu'imprimée, écrit Colette, et la couverture [dessinée par E. della Sudda] me fit bien rire : une fillette, déguisée en paysanne, [assise sur un pupitre d'école] écrit sur ses genoux croisés. À même ses bas [rayés] elle porte des sabots jaunes d'opérette ; le panier du Petit Chaperon Rouge est auprès d'elle [où Colette a-t-elle vu un panier ?], et les boucles de sa chevelure roulent sur un caban rouge...

– Pourquoi riez-vous ? me demandait M. Willy.

– C'est ce dessin... Et puis cette préface... Comment veux-tu qu'on croie que c'est arrivé ? »

Certains se laissèrent pourtant duper, si l'on en croit la préface de *Ginette la rêveuse* (1919) : « Jadis, dans une préface qui a disparu de l'édition illustrée, j'ai prétendu que le manuscrit de *Claudine à l'École* m'avait été envoyé, entouré d'une faveur rose, par une écolière anonyme. Nombre de lecteurs se laissèrent prendre à cette "supercherie littéraire" pour parler comme le perspicace Quérard. » D'autres, au contraire, n'en croient pas un mot : « On donnera à son écolière une trentaine de printemps au très bas mot. Je le soupçonnerai d'avoir recherché ce contraste. Il est piquant. C'est un effet de travesti », écrit Charles Maurras dans *La Revue encyclopédique* du 5 mai 1900.

Mais comment une femme pourrait-elle signer en 1900 un livre aussi scandaleux ? « Fichtre non, écrit Colette à Rachilde, il ne faut pas me nommer dans *Claudine* ! Raison de famille, convenances, relations, patati, patata... Willy tout seul ! À Willy, toute cette gloire ! » Aussi Rachilde ne la nomme-t-elle pas dans *Le Mercure de France* :

> *Claudine à l'École* n'est ni un roman, ni une thèse, ni un journal, ni un manuscrit, ni quoi que ce soit de convenu ou

d'attendu, c'est une personne vivante et debout, *terrible*. [...] Que par un tour de force de son seul esprit (il en a beaucoup) Willy le boulevardier, le potinier, le brillant auteur et le plus délicat des virtuoses ait créé ce personnage de Claudine, ou qu'il ait réellement *cueilli* ces pages des mains aimées d'une femme, comme on prendrait des fleurs pour les disposer avec art dans un vase précieux, je m'en moque. [...] De Willy, le livre est un chef-d'œuvre. De Claudine, le même livre est l'œuvre la plus extraordinaire qui puisse éclore sous la plume d'une débutante, elle promet un peu plus que la gloire à son auteur : le *martyre*, car il n'y aura jamais assez de pierres et de couronnes de ronces à lui jeter. C'est égal, je suis contente d'avoir lu ça ! Bravo, Willy, et merci, Claudine : seulement si vous faisiez des volumes *ordinaires* à présent, je ne vous *raterais* pas, vous savez !

Et toujours Rachilde, en 1929 : « Willy, c'est Paris affinant la plante de province, l'émondant et la forçant en serre pour qu'elle donne des fleurs doubles. S'il ne crée pas, il recrée, ce qui est encore plus malin, mais s'est-il amusé autant qu'il a pu nous amuser ? »

Dans *Mes Apprentissages*, Colette se plaint que Willy ait organisé autour de sa collaboration « quelque chose de mieux que le silence ». « Il prit l'habitude de me convier à entendre les louanges qu'on ne lui ménageait pas, de me poser sur la tête sa main douce, de dire :

– Mais vous savez que cette enfant m'a été précieuse. Si, si, précieuse ! Elle m'a conté sur la "laïque" des choses ravissantes. »

C'est pourtant le secret de Polichinelle. « L'auteur ne cachait pas – et n'avait aucune raison de cacher – quelle part revenait à Mme Colette Willy dans la paternité – ou la maternité – de ce livre agaçant et adorable », écrit Franc-Nohain en 1906. Et Henri-Albert : « Qui donc ignore cette élégante silhouette de jeune femme intelligente qui s'est faite la collaboratrice et la camarade dévouée de son mari ? [...] Son image reste inséparable de celle de Willy. Aux grands jours de Paris, aux fêtes et aux premières, elle sourit dans l'ombre du feutre à bords plats du père de Claudine. Et, de la sentir à son bras, curieuse et gracieuse, M. Henry Gauthier-Villars semble plus heureux, plus bienveillant. » Les autres biographes, Eugène de Solenière et

Jean de La Hire, donnent encore plus d'importance à Colette que ne le fait Henri-Albert.

Pourtant, à en croire Colette, Catulle Mendès avait découvert tout seul ce que tout le monde savait : « C'est vous, n'est-ce pas, l'auteur des *Claudine*... Mais non, mais non, je ne vous pose pas de questions, n'exagérez pas votre embarras... »

Il suffisait à Catulle Mendès, familier du couple, de lire la première ligne de *Claudine à l'École* : « Je m'appelle Claudine, j'habite Montigny... » On pourrait croire qu'il s'agit d'un prénom ; mais, comme Colette, Claudine est bien un nom de famille, qu'on trouve classé à son rang alphabétique sur la feuille de résultats des épreuves écrites du brevet : « Anaïs, Belhomme, Claudine, Jaubert... » Quant à Montigny, c'est évidemment Saint-Sauveur-en-Puisaye, le trou par excellence, cité en toutes lettres dans *Maîtresse d'Esthètes*, où va se réfugier Buvard épongé par Ysolde Vouillard.

Le contenu autobiographique du premier roman de Colette peut avoir fait hésiter Willy. Non par pudeur, mais surtout parce que ce n'est pas sa conception personnelle du roman. Colette rêve sa vie (si bien qu'il y a quelque imprudence à prendre au pied de la lettre ce qu'elle écrit d'elle-même) ; elle en fait œuvre d'art, de son premier à son dernier roman. Elle est, en 1900, ce que sont devenus la plupart des romanciers français, qui ne savent plus raconter qu'eux-mêmes. Willy, au contraire, se montre incapable de transmuer sa vie en roman. Tous les sujets lui sont apportés par ses collaborateurs, et cela depuis *Une Passade*. Willy est un conteur ; il raconte des histoires dont il est le spectateur, tandis que Colette ne montre qu'elle. L'un est voyeur, l'autre exhibitionniste – et ce trait de caractère qui apparaît dans leur œuvre romanesque éclatera aux yeux du public réprobateur lors du « scandale du Moulin-Rouge ».

On peut s'indigner que Willy ait signé les premières œuvres de sa femme ; mais s'en plaint-elle en 1900 comme en 1936 ? Elle connaît bien les méthodes de travail de son mari et l'existence des « ateliers » auxquels elle participe depuis sept ans à titre de secrétaire. Son père avait des prétentions littéraires et il est certain que, de son côté, elle a beaucoup lu. « Non, écrit-elle pourtant dans son *Journal à rebours*, je ne voulais pas écrire. [...] Dans ma jeunesse, je n'ai jamais, *jamais* désiré écrire. » Ce n'est pas en effet une note de 17/20 en composition française lors de l'examen du Brevet élémentaire, fût-elle la meilleure de la session 1889, qui prouve une vocation littéraire. On comprend donc que Willy se flatte d'avoir «fait» un grand écrivain. «Si les livres contestés n'avaient pas connu le succès, on m'aurait attribué les raisons de leur mévente. Et quand même ne serais-je pas l'unique auteur des *Claudine*, il me resterait la gloire d'avoir formé un fier talent» (cité par Sylvain Bonmariage).

Il ne peut évidemment pas en dire autant de ses autres «collabos» qu'il choisit parce qu'ils sont déjà des écrivains, avec leur talent et leurs défauts, mais connaissant l'art de composer un roman.

Les deux livres de Paul d'Hollander[1], l'établissement du texte dans la «Pléiade» disent mieux que je ne saurais le faire la part qui revient à Willy, ou à Colette, dans la rédaction de *Claudine* et des *Minne*. «... Il la mit en garde contre l'abus des adjectifs, il lui interdit le style de l'ébriété naturiste où elle aurait bien pu faire des naufrages aussi éclatants que ceux d'Anna de Noailles», écrit P.-H. Simon. Colette reconnaît que Willy lui rend un fier service le jour où il lui déclare : «Je ne savais pas, ma chère, que j'avais épousé la dernière lyrique.» «Mot dur, sans doute juste, et qui ne me fut pas inutile.»

Colette elle-même tient à garder une certaine distance envers les *Claudine* et les *Minne* : «Étant mes filles en même temps que celles de mon mari, je ne pourrais me montrer à leur égard impartiale.» Quant aux romans auxquels elle ne collabore pas, «à l'exception d'une impertinente et délicieuse *Passade* exécutée avec la complicité de notre ami Pierre Veber, Willy m'a toujours déconseillé la lecture, sous prétexte que "je n'aimerais pas ça". Il connaît mes goûts mieux que moi-même; je n'ai pas insisté». On ne saurait pousser plus loin la discrétion.

Il reste un petit point à éclaircir. En effet, à partir d'une certaine date Colette cite les *Claudine* dans la liste de ses œuvres avec la mention : «avec "monsieur" Willy». De son côté, en 1914 (*Les Amis de Siska*), Willy annonce les quatre *Claudine* avec une accolade et ces mots entre parenthèses : «(avec Madame Colette)» – et non «Colette Willy», comme elle signe encore. Qui, dans cet assaut de politesse narquoise et méprisante, a commencé? Il n'est pas certain que ce soit Colette.

---

1. Colette et Willy, *Claudine en ménage*, édition critique par Paul d'Hollander, 1975. – Paul d'Hollander, *Colette, ses apprentissages*, 1978.

Willy a pris la précaution de terminer *Claudine à l'École* sur l'annonce de son départ à Paris ; autrement dit, « à suivre » – si le premier roman se vend bien. On relève de tout, mais pas n'importe quoi, dans les lectures de l'héroïne de *Claudine à l'École* : Gustave Kahn, Pierre Louÿs, Armand Silvestre, Léon Daudet, Paul Adam, Lucien Muhlfeld, Auguste Germain – ces noms ne seront pas inutiles –, *Gil Blas*, *La Revue des Deux Mondes* et *Le Mercure de France*. Et, naturellement, la presse est excellente. Après Charles Maurras, c'est André Beaunier, Adolphe Brisson, Henri Chantavoine, Edmond Sée. Les envois ont été soignés : « À monsieur Remy de Gourmont, j'offre cette historiette où j'expose "le passe-temps des filles sages" (*Culture* [*des idées*], 206). Et je me dis son admirateur, féru de Lilith. »

Les remerciements ne le sont pas moins : à P.-A. Changeur, de *La Revue d'Europe* : « Même en faisant la part de votre amabilité, il me semble démêler, à travers l'excès de vos louanges, que vous avez pris – pour de bon – quelque plaisir à feuilleter *Claudine*. Et j'en suis tout content. » À Lucien Descaves qui en juillet a fait allusion à *Claudine* dans son article sur les *Sévriennes* paru dans *L'Écho de Paris*, alors que ledit *Écho*, après avoir accepté le principe de publier sur la même *Claudine* une chronique (pour l'insertion de laquelle l'éditeur (ou l'auteur) eût versé une somme convenue), s'est au dernier moment récusé, « la nature de cet ouvrage ne lui permettant décidément pas de le recommander à ses lecteurs ».

« Ces trois romans, écrit Henri-Albert en 1904 à propos des premiers *Claudine*, obtinrent un succès prodigieux qui comptera parmi les plus importants de la librairie contemporaine. » En septembre, le *Journal* annonce la vingtième édition de *Claudine à l'École*. En 1902, l'éditeur annonce la 50e édition, en 1905 la 94e (une « édition » correspond alors à 500 exemplaires). Jean Lorrain s'écrie : « Elle s'est tirée à cinquante mille, comme du Zola ou du Mirbeau. » Willy s'informe lui-même des ventes et comble de soins attentifs un certain Achille, vendeur renommé du boulevard des Italiens, qui « vous déboule une pile de cent » si un livre, ou un auteur, lui plaît.

Succès tel que Willy est obligé de faire imprimer cet avis sur papier vert :

> Le soussigné, informé par la Maison Ollendorff qu'elle ne lui concéderait plus aucun exemplaire de *Claudine à l'École*,

regrette de ne pouvoir faire droit aux réquisitions qui lui parviennent relativement à ce chef-d'œuvre.

Tout le monde n'apprécie pas pour autant les galipettes des gobettes de Montigny. Jacques Bainville, prudent, constate que le livre est moins corrupteur qu'un roman de Zola. Des feuilles de province dénoncent en Willy un adversaire de l'école laïque. « Le plus frénétique vengeur de la morale fut un minus habens prolixe qui opérait dans le *Tintamarre*. » Quant à *La Croix de Reims*, qui avait poussé le bouchon un peu loin, Willy l'obligea par ministère d'huissier à insérer au titre du droit de réponse « un article deux fois plus long que l'attaque ; il occupa toute la première page. Elle fumait, la vieille donneuse d'eau bénite ».

Ce que l'abbé Louis Bethléem n'oublie pas de relever dans ses *Romans à lire et à proscrire* :

> Ses romans, et surtout ses quatre *Claudine*, ont eu un succès immense. Nous ne pouvons pas dire qu'ils sont immoraux. *La Croix de Reims* (octobre 1903), pour avoir osé le prétendre, fut obligée par l'irritable et facétieux auteur d'insérer tous les jugements critiques rectifiant son appréciation. Nous nous contenterons de citer quelques témoignages : Vivante (*sic*) à la façon de bêtes, Claudine obéit à ses instincts (*Revue dorée*, novembre 1902) ; il émane d'eux une volupté inavouable (*Gil Blas*) ; Willy est parvenu à se faire classer comme auteur systématiquement immoral, parlons net, comme un écrivain faisant métier de pornographie... Les *Claudine* sont évidemment des livres malsains, pervers, scabreux, scandaleux... *Minne* n'est qu'une réplique industrielle à l'heureuse série terminée des *Claudine*. Les *Égarements de Minne* sont d'une immoralité dont on peut seulement dire pour l'excuser qu'elle est loyale. Quant à *La Môme Picrate*, à *La Maîtresse du Prince Jean*, à *Maugis amoureux*, ils constituent exactement ce que l'on nomme par tous pays de la littérature pornographique (*Revue Bleue*, 7 octobre 1905, page 476).

Aux *Annales politiques et littéraires* du 17 juin 1900, dans un article qui unit les deux romans parus en même temps (« *Claudie* [sic] *à l'École*, les *Sévriennes* [de M.G. Réval] : ces deux titres indiquent suffisamment qu'il est question, dans ces deux ouvrages, de pédagogie »), Adolphe Brisson ne manque pas de souligner : « Il y a dans *Claudie* [sic] trente pages que j'avais envie de déchirer. Et ce sont elles, peut-être, qui feront vendre l'ouvrage... Triste ! Triste !... » Au même moment, le 15 juin, Alphonse Allais note dans le *Journal* : « Willy n'est autre que ce jeune romancier, auteur de *Claudine à l'École*, une dégoûtation que je ne vous engage pas à laisser traîner sur la table de nuit de vos fillettes. » Bien d'autres le pensent, mais sans plaisanter.

Jusque-là auteur gai, Willy acquiert d'un coup une solide réputation d'immoralité. En avril 1903, un dessin paru dans *Le Rire* le montre écrivant à côté d'un bidet. En 1906, dans son recueil *Impressions de voyage et autres*, contenant une soixantaine de quatrains épigrammatiques, Louis de La Salle, ami de Proust, de Tinan, de Louÿs et de Curnonsky, trousse cette épigramme *Sur deux collaborateurs* :

> Parlerai-je de vous, ô gracieux ménage,
> Dont les seuls fruits connus sont en vente partout ?
> Je le voudrais, je suis tenté par le carnage.
> Je ne puis vaincre mon dégoût.

Jean Lorrain s'en amuse. Dans *La Maison Philibert* (1904), il fait dire par le tenancier de la maison close qui surprend Géraldine, une pensionnaire, en train de lire un roman : « *Claudine s'en va* ! J'n'aime pas beaucoup cette littérature. Ici, elles en raffolent toutes. Ce Willy, c'est le génie du mal ! Il dépraverait une maison ! »

Il y a heureusement pour l'auteur quelques compensations :

> Vous n'imaginez pas, cher ami Marchand, tout ce que *Claudine* m'a valu de correspondances féminines et de visites... cocasses. Combien de couples (presque toujours de petites ouvrières), enhardies d'avoir lu « sur » un livre l'exposé de sentiments analogues aux leurs, se dévoilaient cyniquement. On m'écrivait : « Monsieur Willy, c'est rudement vrai ce que vous avez écrit, telle page ! Nous sommes tout à fait dans le genre de votre Claudine, ma petite chérie et moi. Même, rapport à ça, nous voudrions vous demander quelque chose... » Et puis, on venait dans ma garçonnière.
>
> Les dix ou douze premières entrevues m'ont intéressé, et encore pas beaucoup. Mais l'accoutumance rendit ces médiocres saphismes tout à fait assommants. Pâté d'anguilles !

C'est ainsi qu'il fera la connaissance de Marguerite Maniez, précoce lectrice de *Claudine* (elle n'a que quinze ans en 1900), venue quêter un autographe; elle deviendra Meg Villars, et la seconde épouse de Willy.

Le ménage, comme le disent Jean de Tinan et les biographes de Willy, est bien «un ménage de camarades». Mais l'un et l'autre s'en accommodent-ils vraiment?

« Le Mariage de Louis XV »

Le peu d'activité de Willy en 1899 nous avait surpris. S'il n'avait pas publié *Claudine à l'École*, on se demande en effet de quoi le couple aurait pu vivre; les «Lettres de l'Ouvreuse» et les chroniques humoristiques ne lui suffisent certainement pas, et dans une lettre à Paul Nadar du 21 novembre 1900, il évoque sa «purée» pour refuser l'achat d'épreuves photographiques (ou en faire baisser le prix). Ce ne sont évidemment pas ses autres livres parus en 1900 qui peuvent lui assurer l'aisance.

La musique, d'abord. Il publie chez Fumont *Bastien et Bastienne*, opéra-comique en un acte de Henry Gauthier-Villars et Georges Hartmann (dont le texte original allemand était déjà traduit d'un livret de Favart), musique de Mozart composée en 1768 à l'âge de douze ans, dont la partition était restée inédite. *Bastien et Bastienne* est représenté à l'Opéra-Comique le 9 juin 1900.

L'histoire, ensuite. *Les Mémoires d'un Vétéran de la Grande Armée, 1791-1800*, de J.-C. Vaxelaire, publiés et annotés par Henry Gauthier-Villars, paraissent chez Delagrave. Mais c'est surtout *Le Mariage de Louis XV*, chez Plon et Nourrit, en octobre 1900, qui a retenu tous ses soins. Dans une lettre à un correspondant inconnu, il écrit : «Tu ne t'étonnerais pas de me voir confectionner de gros bouquins, congestionnés de documentation, si tu savais quel morne dégoût j'éprouve à chatouiller les pieds nidoreux de mes contemporains par des calembours afin de les faire rire, ces mufles!» Et il précise que pour acheter les autographes nécessaires à sa documentation, il a dépensé l'équivalent des piges de cent «Lettres de l'Ouvreuse». Il écrit encore : «Avec le produit de mes romans, qui se vendent bien, j'élabore à grands frais des volumes d'histoire qui se vendent moins : les louis que m'ont rapportés *Maîtresse d'Esthètes* et *Un vilain Monsieur!*, je les ai usés, tous, à des achats d'autographes coûteux : comptes du duc d'Antin, correspondance de Stanislas Leczinski et de Vauchoux, etc. Il en est résulté un *Mariage de Louis XV*, de haut embêtement, j'ose le dire.

Et mon âme d'archiviste-paléographe se gaudit au penser que je m'en vais bientôt fouiner dans les bibliothèques allemandes, de Munich à Weimar, pour y rechercher les lettres inédites de la princesse Palatine. Le grave bouquin de Charlotte-Elisabeth d'Orléans sera payé par la trilogie folâtre des *Claudine*. »

Les sources inédites du *Mariage de Louis XV* sont les *Annales de Menin*, « assemblage de documents – journaux du temps, correspondances inédites, etc. – concernant les cérémonies mêmes du mariage de Louis XV », que le directeur de la bibliothèque Carnavalet a pu retrouver « sur une vague indication » ; un recueil de pièces relatives à l'ambassade du duc d'Antin et riches en détails sur la mission de l'envoyé du jeune roi à Strasbourg, qui lui ont été cédées par le libraire Charavay ; enfin la correspondance de Stanislas Leczinski avec le chevalier de Vauchoux, acquise à la vente de la bibliothèque Villeneuve-Bargemont. Henry Gauthier-Villars remercie aussi, dans son avant-propos, Paul d'Estrée, « le chercheur habile entre tous à découvrir les documents humains », qui a dû effectuer les recherches aux Archives des Affaires étrangères et aux Archives nationales.

Henri-Albert note que « la prédilection de M. Gauthier-Villars pour cette pure image du passé qu'est la Reine nous peut fournir quelques indications sur la psychologie de Willy. Elle nous révèle une pitié secrète, une âme sensible qui s'attendrit devant la solitude et la souffrance. [...] Pour le chercheur d'états d'âme, le Renaud de *Claudine* est moins loin qu'on ne pense du Chevalier de la reine méconnue par un époux frivole et débauché ». Mais on soupçonne Henri-Albert d'avoir peu ou prou collaboré au *Mariage de Louis XV*. Faut-il penser pour autant que ses ouvrages historiques, non plus, n'ont pas été écrits par Willy ? Il faut d'abord remarquer que ces livres ne paraissent pas sous la marque Willy, qui fait vendre, mais sous son propre nom, Henry Gauthier-Villars, peu connu du public. Par contre, qu'il ait fait appel à des documentalistes, voire à des traducteurs (Henri-Albert est le traducteur de Nietzsche) ne serait pas étonnant. Il écrit à Jean Jullien :

> Je mets la dernière patte à un gros machin historique, mi-narration mi-érudition, *Le Mariage de Louis XV*, auquel je travaille depuis tout près de quatre ans. La mince galette produite par les bouquins peu ou prou folâtres, je l'ai employée à des achats de documents inédits, salement coûteux pour la plupart, lettres de St. Leczinski à Vauchoux, rapports du duc de Bourbon, mémoires du duc d'Antin, consultations du cardinal de Rohan et autres... Bien entendu, j'ai feuilleté tous les mémoires du temps (1721-1725). Mais je crains d'avoir laissé échapper qque ouvrage moderne. Toi qui, Dieu merci, te tiens au courant de tout, pourrais-tu m'indiquer un volume (autre que Raynal, des Réaux, Bougé [?]) où je pourrais trouver pâture ?

Quoi qu'il en soit, *Le Mariage* est un livre auquel il tient et il ne manque jamais une occasion de le citer. Dans une chronique du *Rire*, le 19 décembre 1908 : « Personne n'échappe à cette innocente manie qui consiste à vouloir briller hors de son "emploi", un de mes amis, le meilleur de tous mes amis, un brave garçon qui gagne sa vie tant bien que mal à débiter des chroniques et des romans étiquetés "rigolos", n'a d'estime que pour un lourd bouquin d'histoire, qu'il pondit à grand labeur, *Le Mariage de Louis XV*, de vente malaisée, et, d'ailleurs, souverain contre les insomnies... »

Ou dans *Jeux de Prince* (1906) :

« – Lorsque la Princesse-Mère m'eut honoré de cette mission délicate... de même que Morville fut chargé par le Duc de Bourbon de trouver femme pour Louis XV...

– Je sais, je sais... interrompt Albéric ; il y a là-dessus un gros bouquin d'un nommé Henry Gauthier-Villars... très embêtant ! »

À force de le dénigrer lui-même, on peut se demander à qui il peut donner envie de lire *Le Mariage de Louis XV*.

Il faut le croire quand il dit que le livre lui a coûté cher. En 1905, à l'époque de la Grande Dèche, il imaginera une combinaison compliquée pour fourguer à Charavay lui-même les manuscrits qu'il lui avait achetés quelques années auparavant : il demande à Curnonsky de se faire passer pour un certain

« Monsieur de Sailland », qui s'intéresse de près à la disgrâce du duc de Bourbon, et d'écrire à Charavay :

« La lecture du livre de M. Gauthier-Villars sur le Mariage de Louis XV m'a particulièrement intéressé en raison des Lettres du chevalier de Vauchoux, inédites, que vous lui aviez procurées, paraît-il, et qui seraient d'autant plus précieuses pour moi que l'auteur ne les a pas (m'a-t-on dit à Nancy) toutes employées intégralement.

Pourriez-vous me faire savoir si ces lettres ont fait retour à votre fonds, et, le cas échéant, ce que vous en demanderiez [...]. »

On comprend la manœuvre : Charavay alléché va courir chez Willy lui proposer de racheter sans marchander ces manuscrits qu'une bonne poire est prête à acquérir. D'autant plus que cet imbécile de « Monsieur de Sailland » lui dit que l'adresse de Henry Gauthier-Villars qu'on lui a donnée est fausse (55 *rue* des Grands-Augustins, et non *quai*) et que sa lettre à l'auteur lui est revenue ! Je ne sais pas si cette opération a finalement pu se réaliser, mais elle donne bien le ton des petites combines et machinations que monte périodiquement Willy ; malheureusement ces modestes arnaques réussissent rarement.

« Claudine à Paris »

Claudine à l'École avait paru en mars 1900 ; les articles auxquels il devait son succès, au mois de mai. Willy n'avait eu que le temps de remettre Colette à l'établi pour que *Claudine à Paris* puisse sortir un an exactement après le premier volume, en mars 1901.

Mais en 1901 paraissent bien d'autres choses encore. De décembre 1900 à avril 1901, en feuilleton dans *La Nouvelle Revue*, un roman sur l'occultisme, *Amour astral*, qui ne sera pas publié en volume. Puis deux recueils de l'Ouvreuse, *Garçon, l'audition !* chez Simonis Empis, et *La Ronde des Blanches*, à la Librairie Molière. Il faut croire que Simonis Empis commence à se lasser, et que la Librairie Molière n'obtient pas de l'Ouvreuse le succès escompté, car c'est son dernier recueil de chroniques musicales.

Sous son nom d'Henry Gauthier-Villars, il se met alors à écrire (ou à faire écrire) des livres pour la jeunesse. En 1901, chez

Flammarion, c'est *La Bayadère*, en collaboration avec Henry de Lucenay, illustré par Henri Delavelle, et dédié « à mes chères petites-nièces, Yvonne et Renée ». En 1903, chez Delagrave, *L'Automobile enchantée*, en collaboration avec Georges Trémisot, illustré par R. Pinchon ; et chez Hachette, dans la Bibliothèque des Écoles et des Familles, *Le Petit Roi de la Forêt*.

En 1901 encore, c'est *L'Odyssée d'un petit Cévenol*, chez l'éditeur A. Hennuyer, illustrée par Jean Geoffroy, qui semble avoir été écrite par Eugène de Solenière. Le livre est dédié « à mon cher petit garçon Jacques Gauthier-Villars ». Il a onze ans et son papa écrit : « Je te dédie, mon cher Jacques, cette histoire d'un petit Cévenol qui sait lutter contre l'adversité d'un cœur résolu. Imite-le. Certes, j'espère fermement que tu ne rencontreras point autant de traverses que ce garçonnet – en particulier, je souhaite, pour plusieurs raisons, que tu deviennes orphelin le plus tard possible. »

Willy s'occupe attentivement de l'éducation de son fils. Quand vient l'heure du collège, c'est en Angleterre qu'il l'envoie. En 1900, Colette vient l'y voir, accompagnée d'une amie, « une Grecque ravissante et polyglotte au nom néerlandais, car elle avait épousé un Belge » – Sophia van der Brule, qui apparaît dans *Claudine à Paris*, dans *La Retraite sentimentale* et dans les romans de Willy (*Suzette veut me lâcher, Une Plage d'Amour*), sous le nom de Calliope van Langendonck, « la Grecque au nom flamand paradoxal, aux irrésistibles yeux pers, qui parlait toutes les langues (simultanément) et entretenait des relations dans les deux mondes, le vrai, auquel elle appartenait indéniablement, et le demi qui la distrayait davantage ». Elles font sensation dans le collège anglais, Colette avec son allure sportive, « très chic dans son tailleur de chez Redfern et coiffée d'un bibi net et seyant de chez Lewis », à côté de son amie qui suit la mode 1900, « chapeau empanaché, jupe longue et falbalas ». Colette écrit à Willy (dans une lettre aujourd'hui perdue) pour lui dire combien son fils a changé. En 1902, il revient en France et entre à l'École des Roches, récemment fondée, et passe ses vacances d'été avec Willy et Colette. Mais Willy tient à ce qu'il reparte à l'étranger « pour apprendre les langues et la vie » (*Les Fourberies de Papa*). En 1905, il écrit à Lucien Descaves :

> Ma vieille maman étant morte, je vais le plus tôt possible mettre à exécution un projet dont elle était un peu effrayée, à

tort, et expédier mon fils en Allemagne pour qu'il y travaille un peu, et pour qu'il parle beaucoup allemand. Au Collège, quand il aura rabâché six ans
      Der, die, das,
il saura – la peau !

 Comme je sais que cette question de l'indispensable expatriation des petits français t'intéresse, je me permets de venir te raser, et de te demander si tu connais une ville, une famille ayant des enfants (mon Jacques a 14 ans 1/2).

 Je ne voudrais pas l'envoyer dans un Francfort trop cosmopolite, où il trouverait avec une facilité excessive des cafés à grues (quoique le moyen soit très bon pour apprendre la langue du pays) ni dans un trou silésien trop morose [...].

 Excuse-moi, vieil ami. Ma femme n'est que la belle-mère du petit. Alors qui s'en occuperait sans moi ?

Descaves lui conseille une ville universitaire et Willy hésite :

 Plus je relis ta lettre, plus je suis tenté d'envoyer mon fils à Heidelberg. Je suis obligé de partir pour Marseille dans 48 heures, mais je viendrai te raser au retour. L'embêtement, c'est que mon Jacques est nul en allemand ! Alors, je voudrais seulement une famille où, avec d'autres gosses, il pût, forcément, se débrouiller au point de vue de la langue.

 Finalement, c'est à Bonn que séjournera Jacques Gauthier-Villars. Son père vient le voir et fait immédiatement la conquête du Herr Professor qui héberge son fils en entamant avec lui une controverse historique sur la princesse Palatine ; et sa femme et sa fille trouvent Willy « so charmant ». Willy félicite son fils de ne pas commettre de gallicismes, mais il ajoute : « En revanche, tu prononces beaucoup trop de mots allemands à l'anglaise ; il vaudrait mieux les prononcer à l'allemande. Que veux-tu, c'est l'habitude de ce pays ! »

 À son retour d'Allemagne, Jacques Gauthier-Villars passe quelques semaines au domicile paternel avant de retourner en Angleterre. Au cours de son séjour, Willy et Colette l'emmènent chaque soir au théâtre et au concert. Il aime surtout les répétitions générales où « les loges des jolies femmes devenaient autant de petits salons, où s'empressaient les admirateurs. Celle où trônait Colette, en compagnie d'une amie, était assiégée.

Willy, lui, "faisait les couloirs", comme un député à la Chambre. Il ne pouvait faire dix pas sans être accosté par un ami, un "cher confrère", une belle actrice sollicitant quelques mots aimables dans sa chronique, par de jeunes débutants qui l'abordaient timidement et partaient ravis. Autour de Willy, les rires fusaient. Le nombre de gens que cet homme facétieux, gaspilleur d'esprit et d'argent, a pu divertir et obliger sans en faire état est incalculable. Aussi est-il normal qu'aujourd'hui il soit accusé de n'avoir eu que l'esprit et l'argent des autres, notamment par ceux qui en ont profité... »

Quelques grossièretés

En 1901 toujours, Willy publie *Dans le noir*, en collaboration avec Andhrée Cocotte (André sans « h », ou Georges Trémisot, ou Paul Acker ?), sous une couverture de G. Lamy, à la Librairie Molière. Il écrit une préface pour *Dispensé de l'article 23*, de Paul Acker, une autre pour *Trois semaines d'amour*, de Paul Héon (Paul Barlet).

Avec *Claudine à Paris*, ce n'est plus de souvenirs, mais d'un passé tout récent que Colette doit tirer une intrigue. Le mot convient mal : *Claudine à Paris* est une suite d'épisodes qui traînent parfois en longueur. Edmond Sée, dans le *Journal* du 26 mars, relève cependant une « connaissance railleuse des mœurs les plus "rares" et les plus répandues du siècle ! ». Colette découvre l'homosexualité masculine ; le jeune Marcel (Marcelle, Marcelinette) est une « gobette en culottes », qui reçoit de son ami Charlie des lettres où celui-ci transcrit tout bonnement un passage d'*Escal-Vigor*. « Ce jeune arriviste sait jouer d'Eeckoud, dirait Maugis », fait dire Colette (ou Willy) à la jeune Claudine (dix-huit ans), qui a décidément de bien curieuses lectures.

« Dans ma jeunesse, j'ai fréquenté longuement des homosexuels variés, grâce à l'un des secrétaires-nègres de Monsieur Willy » (Colette, *Mes Apprentissages*). Marcel, c'est Xavier-Marcel Boulestin (Hiksem dans *Les Égarements de Minne*, et Blackspott dans *Une Plage d'Amour*). « Marcel était un peu filou et énormément pédéraste. Il s'en vantait. Un jour que je lui déconseillais la fréquentation des apaches, garçons bouchers et divers costauds dont il faisait ses délices, lui conseillant de leur préférer – puisqu'il voulait du masculin – des gosses encore gracieux d'une jolie sveltesse éphébique : "Pensez-vous, s'écria-t-il, je ne suis pas pour cure-dents." Il divertissait Colette, qui l'observait avec un mépris amusé, et me chipait des louis pour les lui donner. » Willy signale encore d'« autres tapettes » dans les *Indiscrétions* : B., c'est Bazaillas, professeur de philo à Condorcet ; puis de Bréville, « musicien de grand talent, très grand », et « sa femme », le ténor Bagès ; Emilio della Sudda, auteur de la couverture de *Claudine à l'École*, « gentille putain masculine » d'origine turque, cancéreux, misérable, qui survit grâce à de Bréville.

Il y a, dans ce bouquin, quelques grossièretés ; sans moi, elles seraient plus nombreuses. Exemple : parlant de médiocres bonbons anglais qui évoquent comme « un souvenir de pomme aigre », ma géniale collaboratrice avait écrit : « Ils sentent la pomme rotée. » J'obtins une atténuation, mais il y fallut bien des prières. On me disait : « C'est drôle ! [...] Vous avez des pudeurrrs de vieille fille... » Plus tard, on soupirait : « Qu'est-ce que vous voulez, les passages trop brrrutaux sont tous de Willy. C'est sans délicatesse, les hommes. » Oui, ma belle.

On peut supposer que Colette ne fait pas seulement allusion aux bonbons anglais, mais aussi aux jeux de la jeune Luce avec l'« oncle » qui l'entretient : « Des fois, il me fait mettre à quatre pattes, et courir comme ça dans la chambre. L'air d'un bouloustre avec son gros ventre, il court après moi, aussi à quatre pattes, et se jette sur moi en criant :
– Je suis le fauve !... Sauve-toi !... Je suis le taureau ! »
En 1900, on risque la correctionnelle pour moins que ça.

Henry Maugis

« Dans *Claudine à l'École* éclôt un personnage qui se promènera désormais dans toute l'œuvre, si j'ose dire, de M. Willy. Henry Maugis est peut-être la seule confidence que M. Willy nous ait faite sur lui-même [...]. Ce Maugis "tout allumé de vice paternel", amateur de femmes, d'alcools étrangers et de jeux de mots, musicographe, hellénisant, lettré, bretteur, sensible, dénué de scrupules, qui gouaille en cachant une larme, bombe un ventre de bouvreuil, nomme "mon bébé" les petites femmes en chemise, préfère le déshabillé au nu et la chaussette au bas de soie, ce Maugis-là n'est pas de moi. »

Colette se trompe, car Maugis (qui est un pseudonyme de Willy) est déjà éclos dans *Une Passade* et *Maîtresse d'Esthètes*. Ce Maugis n'est pas d'elle, mais elle sait en prendre le pli, si l'on en croit ce dialogue qu'elle rapporte à propos de *Claudine en ménage* :

« – Si vous avez besoin de moi pour Maugis, me dit Willy, laissez des blancs.

Je n'en laissai pas [...]. Mon "à la manière de..." se tenait fort bien, mon Maugis parlait le pur Maugis d'origine...

– Bravo, dit froidement M. Willy. »

Dans les *Indiscrétions*, Willy confirme ce que dit Colette de *Claudine à Paris* : « Un portrait dont Colette n'a pas tracé un coup de crayon, c'est celui de Maugis. Cette charge de Willy, par Willy, je l'ai – à la demande des éditeurs – refourrée partout, comme un leitmotiv. » Il est en tout cas plus vivant que ce Renaud-Willy dont Colette reconnaît qu'il est « plus creux, plus léger et vide que ces pommes filées pour orner les arbres de Noël et qui s'écrasent dans la main en paillettes étamées ».

> Maugis fait virer ses grosses épaules et montre un nez bref, des yeux bleus bombés sous des paupières tombantes, deux grandes moustaches féroces au-dessus d'une bouche enfantine. Encore tout gonflé d'une juste fureur, ses yeux en hublots et son cou congestionné lui donnent l'air d'un petit bœuf quelque peu batracien. [...] Mais il sourit, maintenant, d'une bouche avenante, et, comme il salue, en montrant un crâne rose, aux dimensions exagérées, je constate que tout le bas de sa figure – menton flou, noyé d'embonpoint, et lèvres puériles, – dément sans cesse l'énergie du front vaste et du court nez volontaire.

En 1885, dans *Art et Critique*, il se présente comme le successeur de Gaston Villars, opportunément tué en duel. Tel est le Maugis que *Claudine à Paris* rencontre aux concerts Colonne : « Il fait de la critique musicale, des articles mêlés de grossièretés, de calembours, un salmigondis d'afféterie et de lyrisme. » « Maugis est de ceux qui ont "découvert" Wagner en France. Il l'a imposé d'année en année, par des chroniques têtues, où le scepticisme déboutonné côtoie étrangement un lyrisme d'alcoolique» (*Claudine s'en va*). Il parle d'«une voix de gorge qui s'étrangle facilement», «une voix de jeune fille un peu enrhumée» (*Les Égarements de Minne* et *L'Ingénue libertine*), «une voix de vierge qui a un chat dans la gorge» (Robert Parville, en 1919, dans *Ginette la rêveuse*).

«Qui ne connaît Maugis? Il possède dans le demi-monde littéraire une légitime célébrité de jouissard. Graphomane incisif et calembourdier inguérissable. Ce journaleux boit crapuleusement des liqueurs distinguées. [...] Gras, ventripotent, chauve comme un gland, le teint rose-poupard, Claudine, au vu de ses yeux en hublots et de son cou en accordéon, Claudine le compara, jadis, à un petit taureau quelque peu batracien.» Tel est encore Maugis en 1904 (*La Môme Picrate*); et la même année dans *En bombe* : «Critique d'art et romancier, érudit historiographe et fin faiseur de calembredaines, musicographe venimeux et mélomane aimable, drille costaud et capable d'écrivailler, voire d'aimer, en plusieurs langues, jouissard quadragénaire et gamin, libidineux et sentimental, épateur atteint d'hépatite, ce bizarre citoyen était constitué d'hétérogénéités, d'ébouriffants contrastes, que parvenait seule à harmoniser une extrême et attendrissante inclination à l'ivrognerie.»

Romancier, il est souvent cité comme l'auteur d'*À draps ouverts* et de *Fleur des poids*. Il porte, comme Willy, un chapeau à bords plats signé Léon, et il ressemble tant à son modèle qu'ils ont tous deux la même adresse, 177 bis rue de Courcelles (*Suzette veut me lâcher*, 1905).

Caricature, certainement, et plus juste que bien des dessins humoristiques dont il fait les frais : Willy s'est fait un personnage, et petit à petit il se met à ressembler à sa charge[1].

«S'il me fallait garder rancune à tous ceux qui, sans me connaître, s'en vont répétant le mal qu'on leur a dit de moi... [...] Au surplus, je suis pour beaucoup dans la confection des potins qui circulent sur mon compte» (*Une Plage d'Amour*).

Dans *Le Retour d'âge* (1909), Willy-Maugis se demande l'effet qu'il peut faire sur ses contemporains : «Sans doute, je connais le jugement de Claudine, mais il ne signifie rien, le jugement de Claudine (c'est une femme intelligente) et j'ai eu

---

1. Les caricatures ne manquent pas : Barrère, Cappiello, Albert Guillaume, Sacha Guitry, Léandre, de Losques, Moriss, Benjamin Rabier, Sem, Wely, Widhopff, Zaliouk... et j'en passe.

tort de m'en alarmer; je l'élimine, d'abord parce qu'il me navre, ensuite parce que Claudine, comme chacun sait, n'aime guère les hommes, encore qu'ils ne le lui rendent point.» Et il cite les portraits qu'ont fait de lui Félix Fénéon, Guy Mayniel, Henri de Bruchard, Georges Lecomte, Jules Bertrand, Jean de Tinan, Xavier-Marcel Boulestin, Henri d'Alméras, Adolphe Perny, Paul Mathiex, Armory, Jules Hoche, Paul Acker, Eugène de Solenière... Il oublie Henry Bataille (*Têtes et Pensées*, 1901) : «La vie n'a pas déformé le bonheur tranquille des lignes. La volupté laisse seule quelques empreintes molles... Est-ce la volupté? On sent en tout cas que le rire n'est pas le but de cette intelligence... On doute... C'est trouble... Qu'est-ce?»

Comme on n'est jamais si bien servi que par soi-même, il fignole aussi cet autoportrait :

> En quelle estime mes arrière-neveux tiendront-ils mon œuvre complète? Je m'en fous : elle aura donné de mon vivant tout ce que j'en attendais, mon œuvre complète! Rien ne me manque de ce que je souhaite, ou du moins de ce que, jusqu'à présent, je souhaitais.
>
> Quelques heures de vertu par jour (il ne faut prendre la vertu qu'à l'heure... et au pas), quelques heures, consacrées au travail lucide, me permettent de satisfaire mes vices, pas raffinés, mais coûteux : j'aime la bonne cuisine, les alcools combinés par des barmen experts, des chairs de femme fragile (idéal, ô merveille!). Et je ne dois, client choyé, de reconnaissance à personne, puisque je paie comptant et cher, servi au doigt, sinon à l'œil.
>
> Durant que je satisfais ainsi mes plus bas instincts, mon génial cerveau, lui, se détend et, le lendemain, frais et dispos, abat sa tâche quotidienne, déniche le bouquin à lancer, l'article à faire, l'éditeur à taper, remplit au mieux son rôle de bailleur de fonds. Étude et quiétude, c'est le bonheur assuré par l'équilibre des facultés.

Alors? Maugis est-il Willy? Bien sûr; mais pas toujours : dans *Claudine s'en va*, Maugis est riche, il écrit «pour le plaisir», et nous savons bien que c'est faux. Le personnage de «Willy-le-noceur» est aussi douteux que celui de «Gabrielle-la-petite-oie-blanche». Prendre Willy pour Maugis, ce serait confondre Colette et Claudine. Maugis et Claudine sont deux types romanesques dans lesquels les auteurs, Willy et Colette, ont mis beaucoup d'eux-mêmes; mais ce n'est pas plus. Malheureusement, de pseudonymes en masques, et de mensonges en affabulations, l'illusion prend la couleur de la réalité. Il serait intéressant, pour y voir plus clair, de tracer les «vies parallèles» de Claudine et Maugis; nous verrions apparaître bien des similitudes : nous avons un *Maugis amoureux* comme nous avons une *Claudine amoureuse* (sous le titre définitif de *Claudine en ménage*), et un *Maugis en ménage*. L'un comme l'autre *s'en va* en même temps que leurs auteurs se séparent; mais tandis que Colette se souvient encore de Claudine en 1922 (*La Maison de Claudine*), Maugis, qui se suicide en 1910 (*Maugis en ménage*), ne ressuscitera pas. C'est d'ailleurs au moment où il fait mourir Maugis que Willy change de costume à la ville : il abandonne le bords-plats pour le chapeau melon, et porte monocle; il ne ressemble plus à Maugis, mais, comme beaucoup l'ont remarqué, à Édouard VII. Henry Maugis est mort, vive Robert Parville! Ce changement à vue, au moment où Willy et Colette divorcent, doit bien signifier quelque chose.

En voilà beaucoup pour *Claudine à Paris*, qui ne mérite pas tant. Rachilde, dans *Le Mercure de France* d'avril 1901, ne s'y trompe pas; et Colette lui écrit : «Vous préférez *Claudine à l'École* et vous me faites l'honneur de me le dire. Je suis très flattée, je vous jure, d'être traitée en homme-de-lettres [...].»

« PANTAGRUEL »

Le succès des *Claudine* en librairie ne suffit pas à Willy. Il décide de se tourner vers la scène, ce qui est bien la seule façon pour un écrivain de cette époque de gagner de quoi vivre s'il ne produit pas de feuilletons. Il n'est pas le seul à en rêver; Jarry aussi, virtuose du Théâtre mirlitonesque, produit opérette sur opérette. Dans une lettre publiée par *Le Courrier français* du 5 mai 1901, Claude Terrasse écrit qu'il a terminé «*Pantagruel*, 5 actes, texte de Jarry et Gauthier-Villars». Il existe en effet un manuscrit du *Pantagruel* de Jarry revu par Willy (*Expojarrysition,* n° 322). Willy collaborateur de Jarry? Il le confirme dans une lettre à Claude Terrasse postée de Carlsbad en 1901 (ou au plus tard 1902); il craint que Terrasse ne trouve jamais de directeur capable de monter ce livret, « et, si Jarry ne s'y oppose pas, je voudrais que notre poème fût publié » (*Étoile Absinthe*). Il ne parut jamais de *Pantagruel* signé de Jarry et Gauthier-Villars, mais en 1911 de Jarry et Eugène Demolder. Il n'est pas impossible, non plus, d'après Noël Arnaud, que Willy ait collaboré à *Jef*, d'Alfred Jarry : rien de ce qui est belge ne lui était étranger.

CLAUDINE SUR SCÈNE

Colette à Lucien Muhlfeld, en janvier 1902 : « Voilà qu'on va jouer *Claudine* et je n'en suis pas fâchée. Voir Willy entre deux et dix heures du matin, cela ne saurait me suffire longtemps. » Willy a élu domicile aux Bouffes-Parisiens, il y travaille toute la journée, et Colette se plaint de son absence. « Il faut que cela fasse recette ; car j'ai besoin d'argent et nous tirons la langue. » Polaire ne semble pas comprendre cette façon de voir et répond à Colette en taillant une basane sur sa cuisse : « Nous autres, on s'en fout, on fait de l'art ! »
« Je voudrais seulement faire plaisir à mes créanciers », conclut Colette.

Claudine à Paris, comédie en 3 actes, augmentée par la suite d'un prologue (*Claudine à l'École*), par Willy et Luvey, est représentée pour la première fois aux Bouffes-Parisiens le mercredi 22 janvier 1902. Les créanciers de Colette peuvent être satisfaits : il y aura 123 représentations. C'est pour l'époque un succès dû en partie à la présence de Polaire, qui incarne le personnage de Claudine.

Cette comédie n'a pas été publiée, et nous ne connaissons de l'adaptation de Luvey (pseudonyme collectif formé des premières syllabes des noms de Lugné-Poe et Charles Vayre) que les décors et quelques photos de scène : le prologue est situé dans le préau de l'école de Montigny, avec ses agrès de gymnastique ; le premier acte se déroule dans le bureau de papa, docteur ès malacologie, entre des piles de bouquins énormes et des tombereaux d'escargots ; deuxième acte, au cabaret de la « Souris Convalescente » (allusion au « Rat Mort » de la place Pigalle), où Polaire chante et où chaque soir apparaît le personnage de Maugis, un sosie de Willy dont l'exhibition plonge Colette dans le malaise ; troisième acte enfin, la chambre de Claudine, qui a bu trop de champagne et déclare son amour à Renaud. À une représentation où il a conduit Jacques Gauthier-Villars, Willy souffle à son fils au cours d'une scène entre Renaud et Claudine : « C'est ta petite maman. »

Les répétitions, dont Colette se plaint, commencent dans la gaieté et l'enthousiasme ; mais de nombreux amis annoncent un échec : Lugné-Poe met en scène une comédie trop vite écrite (en une semaine par Charles Vayre, précise Polaire) ; décors bâclés, accessoires de scène oubliés, tout est réuni pour un four. Pourtant, «les répliques (dit encore Polaire) fusaient et partaient comme des balles. Le public s'amusait franchement». Et puis, justement, il y a Polaire.

« Je venais d'avoir dix-huit ans », dit-elle. La vérité, c'est qu'elle en a vingt-cinq. Émilie Marie Bouchaud est née à Agha, en Algérie, en 1874. À quatorze ans, elle est venue à Paris rejoindre son frère aîné, le comique Dufleuve, auteur notamment d'*Elle était souriante*, créé par Montel, et qui chante alors à l'Européen. Servie par son physique (42 centimètres de tour de taille), Polaire devient chanteuse excentrique ; trépidante, cambrée, les poings sur les hanches, elle crée un classique du café-concert, *Tha ma ra boum di hé*, et *T'as tant d'pognon*, paroles de Lucien Delormel, musique de Sam Devere, qu'elle chante à l'Eldorado en février 1895. (Max Lebaudy, le « petit sucrier », fait alors son service militaire ; gravement malade, il va mourir au Val-de-Grâce, victime de l'incurie des médecins militaires qui ne le réforment pas) :

> Mon p'tit sucrier dernièr'ment
> Partit au régiment
> Il a maint'nant l'habit d'tringlot
> Faut voir ce qu'il est rigolo
> La dernièr'fois que je l'ai vu
> Mon cœur fut tant ému
> Que sur-le-champ j'ai poussé c'cri
> T'es un peu court mais sapristi !
> *Refrain* :
> Ah ! Ah ! comm't'es rigolo
> Quel sucre t'as en tringlot
> T'es pas joli joli joli garçon
> Seulement t'as tant de pognon.

Henri Delormel, l'auteur anonyme de *La Consolation à Polaire à la manière de Sénèque* (1904), en a le souffle coupé :

> Vous avez toujours provoqué l'étonnement ; il y a cinq ou six ans vous paraissiez sur la scène de la Scala ou de l'Alcazar d'Été sous de fantastiques chapeaux de gommeuse, le front bas barré par la frange des cheveux, les yeux démesurément agrandis par les teintes brunes, mauves ou bleues du Khôl. Par les dieux immortels vous aviez un genre bien à vous qu'on n'a jamais imité. Les bras tordus dans une crise d'épilepsie, des gestes d'une effarante précision, des attitudes feintes soulignées par des cris inarticulés comme sous des étreintes affolantes...
> Les trois quarts des spectateurs étaient béants de ce que vous osiez, pétrifiés de saisissement ; mais vous n'en aviez cure :
>
> *Je masse aussi les vieux messieurs,*
> *Je suis masseuse ! Je suis masseuse !*
>
> Il fallait au moins dix minutes à l'orchestre pour se remettre !...

Et Polaire danse. Willy le rappelle à Curnonsky : « Mon petit Cur, il y a aussi que le cake-walk fut dansé pour la première fois à Paris par Polaire, aux Mathurins. L'Histoire doit graver ce souvenir dans ce que Menier appelle ses "tablettes". »
Willy fait d'elle ce portrait :

> Vivace, tout le corps menu trépide, comme une voiturette sous pression. Ses bras nerveusement tendus, poings crispés, devant elle, la tête aux joliesses d'androgyne rejetée en arrière, elle cambre cette taille célèbre, capable d'enjalouser une abeille qui se corsèterait chez la faiseuse en renom. Les dents étincellent, et de la bouche, plus voluptueuse que classique, un gargouillis de rires clairs s'envole.
> Alors, poignant contraste avec l'enfantillage de cette joie, voici que s'entr'ouvrent avec langueur deux yeux de fellahine, diamants noirs allongés jusqu'aux tempes, et sous la palpitation de ses cils d'Orient, rêve une indicible mélancolie.

Il faut lire aussi ce qu'il (ou Armory) écrit dans *La Môme Picrate* (1904) :

Quand je vais au théâtre, c'est [...] pour recevoir des émotions. Polaire m'en donne. Blasé en face de comédiennes, d'ailleurs étincelantes de talent, Sarah, Bartet, etc., oui, blindé devant celles-ci, je me sens étrangement troublé devant celle-là. Elle a des défauts : qu'est-ce que ça me fait ? Ou, plutôt, ça me fait plaisir, parce que ces défauts contribuent sans aucun doute à la rendre si délicieusement singulière. [...] Polaire n'est pas une comédienne savante. Tant mieux ! Il y a tant de chiennes qui le sont. Elle n'a aucun talent, a décrété un birbe de la critique. Tant mieux encore ! C'est admirable, à une époque où n'importe quelle fille de sénateur ou de concierge apprend tout l'art dramatique en dix-sept leçons. Polaire est un type. [...] Pour concrétiser certains recoins mystérieux de l'âme du Sphinx actuel, pour traduire un peu de cette névrose qui sourit ou se crispe aux lèvres de la Joconde contemporaine, Polaire est servie par un physique absolument merveilleux. Vous avez remarqué les frémissements de ce corps vibrant, fin et souple. Peut-être n'avez-vous pas suffisamment observé toutes les passions, toutes les combinaisons de clartés et de timbres qui apparaissent dans ces longs yeux joueurs allègres et navrés.

Willy chauffe la critique. Il écrit à Catulle Mendès : « Cette pièce ne vaut rien. La censure en a laissé peu de chose, et l'a rendue, je crois, peu compréhensible – sinon comme action, du moins comme caractères – pour ceux qui n'ont pas lu le roman ; ils sont nombreux ! (Je le regrette d'ailleurs). » Il sollicite au moins sa « bienveillance pour ma petite Polaire. Si vous saviez quelle somme de travail elle a donné ! [...] il lui a fallu dépouiller toute cette défroque de beuglant ; elle s'y est employée avec une ardeur inlassée ; je trouve ses progrès inouïs, je voudrais tant qu'ils vous paraissent intéressants ! ».

Catulle Mendès en tous cas, dans *Le Journal*, trouve que Polaire joue « très agréablement, avec un petit air naïf et maladroit qui est le plus attrayant du monde ».

Armory, qui l'admire tous les soirs au Palais de Glace, prétend que c'est lui qui a donné à Willy l'idée de choisir Polaire pour interpréter Claudine, et qu'il reçoit quelques jours plus tard un petit bleu : « Cher ami, vous aviez raison, c'est Polaire qui jouera le rôle. » Polaire, de son côté, raconte qu'au hasard d'une conversation, elle exprime son admiration pour les deux romans de Willy, tant elle se reconnaît dans le personnage. Ce n'est pas impossible ; car lorsqu'elle se fait présenter à Jules Renard par Willy (*Journal* de Jules Renard, 11 mai 1902) : « Tout le monde [...] m'a dit : "*Poil de Carotte*, voilà un rôle pour vous." »

Mais ce doit être le succès de *Claudine à Paris* qui lui monte à la tête, et elle se voit déjà dans d'autres rôles qui, contrairement à la comédie de Willy et Luvey, ne sont pas faits pour elle.

Chaque soir, après s'être renseigné sur la recette, Willy vient rejoindre Polaire dans sa loge et s'amuse à décacheter son courrier. Ce sont des lettres d'admirateurs, mais aussi d'admiratrices ; quand ce ne sont pas des entremetteuses qui lui proposent de rencontrer de riches amateurs. Car c'est elle qui donne vie au « type » de Claudine, une Claudine à la vérité assez éloignée de l'original : Colette est dépossédée de son personnage, ce qui somme toute est assez courant pour un romancier dont l'œuvre est adaptée à la scène. Bien mieux, chaque « maison » a maintenant sa « Claudine », comme elle a déjà sa négresse : « Willy, qui fréquentait ces endroits en dilettante, pour observer des caractères et noter des détails susceptibles de lui servir dans quelque roman, m'assura qu'il avait souvent rencontré un de mes portraits, alors vendus n'importe où, à quoi une figurante s'efforçait de ressembler le plus possible. » Les théâtres et les cafés-concerts ont aussi leurs imitations. Dans toutes les revues de fin d'année, il y a un tableau consacré à Claudine, et Willy ne dédaigne pas d'y mettre la main. À Parisiana, on joue *Claudine en vadrouille*, de Trebla et Saint-Cyr ; à l'Eldorado, *Claudine aux deux écoles*, avec projections animées sur écran par le Vitographe ; *Claudine et l'apache* ; *Claudine s'amuse* ; *Claudine aux arrêts* ; etc.

Les meilleures choses ont une fin : Arthur Meyer, directeur du *Gaulois*, ayant un ours à caser, dont il fait les frais, les représentations doivent cesser en plein succès. Ce sont alors les « tournées » qui commencent : Polaire se trouve ainsi un beau jour sur la scène du Wintergarten de Berlin. Marcel Simon, qui dirige le Théâtre des Variétés, à Marseille, décide d'y monter la pièce et prie Willy d'en régler lui-même la mise en scène. « Souvent, dit Polaire, les gens du cru prenaient Colette pour moi. "Hé Clôdine !", criaient-ils à Madame Willy. "Qué non, fada, protestait un passant mieux renseigné. La vraie, elle est en scène depuis une heure !" »

Colette raconte ces triomphes marseillais dans un article que Willy reprend en préface de ses *Propos d'Ouvreuse* (1928) : « Sur la Cannebière, je marche dans le sillage de Polaire devenue Claudine, de ce double qui "éclipse", Dieu merci ! l'original. On s'écrase devant son portrait plus grand que nature, exposé chez Nadar ; on discute, on tempête devant sa charge, allègrement brossée par Fortuné ; on l'attend à la porte de l'hôtel de Noailles, on lui parle dans la rue, on la touche, avec cette familiarité tutoyeuse qui m'ébaudit : "Hé, qu'elle est minçoulinette ! On la casserait." » Willy, qui l'accompagne, un peu flapi, chapeauté de son bord-plat historique, récolte ce compliment : « C'est ton père, ma belle, le gros qui porte la cheminée sur la tête ? Aïe, qu'il a de la fatigue ! » Ils rencontrent Jean Lorrain et déjeunent joyeusement chez Basso, le roi de la bouillabaisse.

Polaire vient aussi à Nice, au début de 1909, pour y jouer *Les Hannetons*, d'Eugène Brieux, et *Claudine à Paris*, associant en une même tournée deux personnages inspirés l'un par Lotte Kinceler, et l'autre par Colette !

Le 14 novembre 1910, nouvel avatar de *Claudine*, devenue cette fois opérette sur la scène du Moulin-Rouge, à Paris, livret de Willy (mais aussi Henri Cain, Édouard Adenis et Henri Moreau, trop discrets pour signer), musique de Rodolphe Berger, compositeur de célèbres valses lentes. La mise en scène est de Mévisto, l'orchestre est dirigé par Paul Letombe. Autour de Polaire, Marise Fairy, Yvonne Yma, Madeleine Guitty, Bert-Angère, Claudius, Colas et Regnard.

Une paire de « twins »

« À partir du jour où, obéissant aux suggestions de M. Willy, je coupai mes trop longs cheveux, maint observateur avisé me découvrit une ressemblance avec Polaire. [...] Pour ne pas mentir, je ne demandais qu'à voir tomber ma grande corde incommode de cheveux qui se nourrissait de moi » (Colette). Mais Sido, à qui l'on a fait croire à un accident (lampe à pétrole renversée) prend très mal ce coup de ciseaux : « Tes cheveux ne t'appartenaient pas, ils étaient mon œuvre, l'œuvre de vingt ans de soins. Tu as disposé d'un dépôt précieux, que je t'avais confié... » C'est ainsi qu'en 1902 une mère écrit à sa fille de trente ans.

Les Marseillais peuvent confondre Colette et Polaire. D'après Colette, c'est Willy qui invente volontairement une paire de *twins*. Il leur fait confectionner trois «tenues» identiques : un costume tailleur écossais vert, noir et marron; une robe blanche avec une charlotte en tulle blanc chargée d'un bouquet de cerises; un tailleur gris-bleu à bandes gris-blanc. Un soir de générale au music-hall, Willy leur conseille : «Mettez vos robes blanches. J'aurai l'air de balader mes deux gosses.»

> Quand nous entrâmes tous trois dans l'avant-scène, écrit Colette, l'attention du public se fixa sur nous d'une manière si pesante, si muette et si unanime que les sensibles antennes de Polaire frémirent, et elle recula d'un pas, comme devant la trappe...
> – Eh bien, Popo? dit le manager.
> Elle se cramponnait des deux mains à la porte de la loge, s'effaçait : «Non... non... jeu ne veux pas... Jeu vous en prie... J'entends ce qu'*ils* pensent, c'est laid, c'est haffreux...»

La version de Polaire, qui publie ses souvenirs en 1933, confirme à la fois et nuance ceux de Colette :

> Nous devînmes vite les meilleurs amis du monde. Naturellement, au bout de quelques jours, tout Paris parlait déjà de ménage à trois! l'on donnait même les plus extravagantes précisions. Quelles débauches éhontées ne nous prêta-t-on pas! [...] Pour tous, la rue de Courcelles devint la «rue aux cent mille secousses»; et allez donc! Ce qui aggrava le cas, c'est que Willy, ayant soudain découvert je ne sais quelle ressemblance entre Colette et moi, eut un jour l'idée de nous faire porter à toutes deux un costume identique. [...] C'est uniquement pour assurer quelque publicité à cette pièce, qu'il pensait déjà à faire jouer, que Willy nous décida, Colette et moi, à porter des tailleurs – fort à la mode à cette époque – de même coupe et choisis dans le même tissu. Au fond, il nous promenait un peu à la façon dont on sort un couple de lévriers ou de danois; cela attisait une curiosité déjà allumée par ses fameux couvre-chefs. Les gens, pourtant, n'en jasaient que de plus belle : «On ne peut plus les distinguer l'une de l'autre, ma chère!» s'inquiétait-on... «Elles s'affichent... Ce n'est pas surprenant que Willy arrive à s'y tromper!»... Et ces défenseurs d'une morale qui n'avait jamais

été moins en péril, assuraient, avec quelques mines scandalisées, que l'on nous «trouvait tous trois débraillés, pirouettant sans trêve», que sais-je encore!...

Colette et Polaire ne sont plus des gamines (vingt-neuf et vingt-cinq ans), et Rachilde n'a aucune indulgence pour ces «deux jeunes et très jolies femmes qui se ressemblaient un peu par le même amour du factice, c'est-à-dire des planches, du même tremplin de la monomanie de l'exhibition». Il semble qu'on ne puisse rien reprocher de bien grave aux yeux de la morale à ce «ménage à trois». Pierre Varenne affirme avoir reçu les confidences de Willy et de Polaire, et qu'elles concordent : jamais ils ne furent amant et maîtresse, et l'on ne voit pas pourquoi, trente ans plus tard, ils s'en seraient en effet cachés : ce genre de pudeur ne les étouffait pas, surtout Willy!

Polaire insiste : «Il fut toujours un bon papa pour moi, et je suis heureuse de lui en rendre l'hommage posthume. La fréquentation du couple, si artiste, qu'il formait avec Colette, me fut précieuse à plus d'un titre. On a beaucoup glosé sur nos relations d'alors ; en regard de mes deux amis, l'on m'a même surnommée "le trait d'union". On nous voyait toujours ensemble ? La belle affaire !»

Elle sait d'ailleurs ce qu'elle doit à Willy : «Il était d'une érudition surprenante, et dissertait de tout avec une assurance et une documentation qui me plongeaient dans la plus vive admiration. Je puis dire que dans le développement de mes petites facultés, je dois plus au ménage Willy qu'à toutes mes autres fréquentations, avant et après *Claudine*.»

De son côté, Willy a gardé le meilleur souvenir de Polaire, «notre petite Lily», comme il l'appelle dans une dédicace de *Claudine à Paris*. Et sur son exemplaire de *Claudine en ménage* : «À Claudine-Polaire, j'offre cette histoire d'une amoureuse fourvoyée telle que "Lily" ne sera jamais.» La paire de *twins* n'est pas ce que l'on croit.

Willy se souvient aussi du jour où il l'emmène à l'Opéra assister à la représentation de *Siegfried*. Un instant intéressée, elle ne tarde pas à s'agiter et à se pencher sur son voisin :

– Vrai, Willy, ce que ça dure, cette histoire-là !
– C'est beau...
– [...] Je m'embête.

– Comment ? Vous vous embê...
– Pour sûr ! Je vais me faire la paire et rentrer vivement chez moi, sans quoi je m'endormirai.
– Dormez, ça n'a aucun inconvénient.
– Pensez-vous ! Cette sale musique m'a enrhumée du cerveau, de sorte que la moindre des choses que je pioncerais, pan ! je serais fichue de ronfler. Ça vous ferait remarquer. Je me trotte. Bonsoir. Sans rancune. Embrassez Colette de ma part.

Et Willy a toutes les peines du monde à la retenir, à l'empêcher de faire scandale :

– Tenez, écoutez l'orchestre, c'est superbe, ce passage-là. Vous ne trouvez pas ?

Mais, après dix secondes, secouant sa tête aux courtes boucles brunes, elle dit avec un peu de dégoût, les doigts écartés, comme une petite fille qui se serait poissée de confitures (ou d'autre chose) :

– Pouah ! Ça doit être plein de dièses !

177 BIS, RUE DE COURCELLES

« Polaire passe dans une calèche à deux chevaux. Tout de même, ça impressionne.
Et Willy va avoir son portrait par Bonnat.
La raison est en marche » (Jules Renard, 1904).
Elle habite 11, avenue du Bois-de-Boulogne, plus tard 53, avenue des Champs-Élysées. Dans son salon Louis XV, « la lumière tamisée par les jolis stores met aux choses de délicieuses tonalités blanche et crème ». Mais son vrai cadre, c'est la « Villa Claudine », à Agay, près de Saint-Raphaël, avec ses dessins de Toulouse-Lautrec et de Widhopff, des statuettes, plâtres et bronzes, que des sculpteurs ont faites d'elle, et les portraits de Willy et Colette.
Au début de 1902, après un séjour à l'Impériale Résidence, 15 rue Margueritte, les Gauthier-Villars s'installent au deuxième étage d'un petit hôtel particulier situé dans un quartier excentrique, au 177 bis, rue de Courcelles, entre la place Pereire et le

boulevard Berthier, dans un appartement précédemment occupé par la veuve de S. de Heredia, ancien ministre des Travaux publics, et au-dessus de celui du prince Alexandre Bibesco.

De la lumière, des couleurs claires, joyeuses, douces à l'œil, un divan profond; des fauteuils agréables, des chaises et des tentures d'un art nouveau raisonnable et discret; des statuettes de Willy, de Colette, de Polaire, des photographies des *Claudine*, du *P'tit Jeune Homme* et du *Friquet*; des dessins de maîtres contemporains en de minces cadres : Sem, Cappiello, Léandre, Boldini... et d'autres; des livres, des revues, des journaux; sur le tapis épais, Toby-chien sommeillant dans un rai de soleil; et par-dessus tout, caressant les objets aux angles atténués et les tentures d'agréables nuances claires, la lumière, une tiède lumière de printemps...

C'est ainsi que Jean de La Hire voit le salon, tandis qu'une domestique est allée l'annoncer à Willy. Georges Casella est moins enthousiaste : « Une pièce baroque qui tenait à la fois d'une salle d'attente et d'un cabaret hollandais : meubles larges, bancs massifs, tables trapues, cheminées boisées au tablier de cuivre fourbi, draperies lourdes glissant sur des tringles... Dans un coin, au-delà d'une baie, ce petit bureau encombré d'objets, où l'encrier voisine avec la boîte à poudre », c'est celui de Colette.

Polaire confirme ce décor : « Une pièce dont le jour était tamisé et verdi, grâce à un amusant effet de culs de bouteilles qui filtraient curieusement la lumière; une longue table et des bancs, le tout de chêne soigneusement ciré, des cuivres, des étains, des faïences villageoises. » Pour atteindre son « étroit domaine », où elle dispose d'une bonne table et d'une lampe à cloche verte, Colette traverse ce salon, « sorte de salle d'auberge stylisée, bancs et tables de bois poli ».

Dans le cabinet de travail de Willy, encore des photos, des statuettes, le buste en marbre de son père, des peintures. Le grand portrait de Willy et Colette par Pascau est accroché dans la salle à manger. La salle de bains a été aménagée par le précédent locataire dans une ancienne penderie triangulaire avec « une baignoire pour mammouth, un réservoir de cuivre comme un bastion et, pour marquer le niveau de l'eau, des poids d'horloge comtoise... ». La chambre à coucher est meublée d'un lit à cannage de satin et laqué blanc, avec armoire, fauteuils et coiffeuse de même provenance, c'est-à-dire d'une vente après saisie.

Il y a aussi, au-dessus de l'appartement, un atelier d'artiste flanqué d'une chambre, et pourvu de trapèze, de barres, d'anneaux et d'une corde à nœuds. C'est la salle de gymnastique de Colette («Entretenons la souplesse», dit *Claudine à Paris*), telle qu'on la connaît sur des photographies et sur des illustrations d'*En bombe* (1904). C'est là que Colette se retire pour tenir des «parlotes» avec Marcel Boulestin, et que vient la rejoindre Robert d'Humières, sautant d'un bond sur la barre du trapèze! «Willy est un très bon maître d'écureuil, écrit-elle à Francis Jammes en mai 1904. La cage est charmante et la porte ouverte. Il m'a donné de très jolis jouets d'écureuil: un trapèze, des barres parallèles, des anneaux, et des échelles.»

Madame a ses jours de réception (premier et troisième mercredis, de 5 à 7); ils ont le téléphone (c'est le 556-86); et une maison de campagne achetée en 1902, les Monts-Boucons, située à Casamène, à deux kilomètres de Besançon.

Jacques Gauthier-Villars vient passer rue de Courcelles les vacances de Noël et du Nouvel An; il a treize ans. Il nous a laissé des souvenirs précis sur cette époque:

> L'horaire suivi avait de quoi surprendre un collégien levé et couché tôt. Dès son réveil, vers neuf heures, Willy, en robe de chambre, réintégrait son bureau qu'il n'avait quitté que vers une heure ou deux du matin, parfois en habit lorsqu'il revenait d'une soirée théâtrale ou autre.
>
> Colette, partie se coucher dès son retour à la maison, demeurait invisible pendant la plus grande partie de la matinée, estimant à juste titre qu'un repos réparateur était indispensable pour garder un joli teint après une soirée prolongée jusqu'à l'aube. Elle vaquait ensuite, sans hâte, à sa toilette de jolie femme et monopolisait volontiers la salle de bain jusqu'à une heure avancée de la matinée. Willy, alors, l'occupait à son tour, après avoir expédié un courrier volumineux, donné et reçu de multiples coups de téléphone et accueilli, bien ou... moins bien les solliciteurs qui venaient nombreux à cette heure, certains de le trouver *at home*.
>
> Il régnait une activité de ruche dans le bureau de Willy, où tous les meubles disparaissaient sous des piles de livres et de

journaux, et je ne parle pas de sa table de travail encombrée, qui n'avait certes pas «cet ordre admirable des bureaux où l'on n'écrit jamais», comme disait narquoisement Willy.

Presque tous les après-midi, Willy et Colette sortaient en voiture, la plupart du temps ensemble, pour faire leurs courses. Cette voiture était naturellement hippomobile, un coupé bleu au trotteur bai que conduisait impeccablement le cocher Ogier [de son vrai nom Armand].

Dans *La Môme Picrate*, c'est un landau bleu; dans *Suzette veut me lâcher*, une victoria bleue, mais le cheval est toujours noir. C'est un attelage loué: «un "locatis" à deux attelées par jour, dans ce temps-là, ne coûtait même pas six cents francs par mois, car le loueur, Comoy[1], consentait des "prix d'artiste"», précise Colette. Jules Renard est aussi surpris de voir passer Willy qu'il l'était de Polaire: «Willy dans une voiture de maître, avec son chapeau à bords plats. S'il le changeait, on ne distinguerait plus Willy de ses collaborateurs.»

> Je préférais sortir avec Colette, écrit Jacques Gauthier-Villars, car, avec Willy, les visites d'affaires chez les éditeurs ou les directeurs de journaux paraissaient peu folâtres à mes treize ans. Inutile d'ajouter qu'il ne m'emmenait pas dans ses visites féminines. [...] Avec Colette, au contraire, c'étaient des courses amusantes dans les grands magasins, ou chez les marchands de friandises exotiques, pour lesquels Colette avait un penchant très marqué qu'elle n'eut aucune peine à me faire partager.
>
> Parfois, Willy nous donnait rendez-vous dans un thé à la mode, j'avais comme lui une préférence pour les English Tea Rooms, peu nombreuses à l'époque. [...]
>
> Le soir, Willy, critique dramatique, et Colette allaient au théâtre ou en soirée, trois ou quatre fois par semaine.
>
> En fait, je ne me souviens pas de soirées passées en famille, à la maison. Les domestiques partis se coucher dans leurs chambres, je restais seul dans l'appartement, gardien du «cirque», c'est-à-dire de Toby-chien et du chat Kiki-la-Doucette, témoignage de confiance qui me gonflait d'orgueil. [...]

---

[1]. Comoy et Perrin sont loueurs de voitures, 252, rue du faubourg Saint-Honoré.

Pâques, à la belle époque, annonçait la belle saison, s'il faut en croire la floraison subite de canotiers de paille sur les crânes des passants. Dès les premiers beaux jours, Willy et Colette allaient faire un tour au Bois à cheval. Aux vacances pascales, je participais à ces randonnées équestres qui nous menaient de la Porte Dauphine à Bagatelle et retour, par l'avenue des Acacias. Ces jours de promenade, l'horaire de la maison était décalé. Dès l'aurore, c'est-à-dire vers… 9 heures et demie, Colette apparaissait très chic dans sa jupe cavalière et son feutre. Willy, qui préférait aux bottes un pantalon de cheval à sous-pieds, troquait son bord-plat légendaire contre un melon. Moi, j'étais guêtré comme un trappeur canadien.

Le fidèle Ogier nous menait en voiture jusqu'à l'entrée du Bois, où nous attendaient les demi-sang assagis de je ne sais plus quel Tattersaal. Willy, de loin le meilleur cavalier de nous trois, les enfourchait sans la moindre appréhension, Colette les chevauchait avec la témérité des « cavalières » qui n'ont jamais eu de montures difficiles, et moi, qui me tenais tout juste en selle, je me croyais Buffalo Bill. […]

Au cours de nos promenades équestres au bois de Boulogne, Willy et Colette rencontraient de nombreuses figures de connaissance, notamment dans l'allée des Acacias, où le Tout-Paris élégant d'alors aimait à s'exhiber et à se contempler, assis sur les chaises de fer du sentier de la Vertu, où défilant à cheval ou en voitures superbement attelées, des lacs à la Porte Dauphine.

Je me souviens aussi de l'insistance des photographes des revues mondaines qui mitraillaient Willy et Colette, personnalités bien parisiennes, dès qu'ils les apercevaient. Visiblement, ma présence gênait ces chasseurs d'images. Alors, discrètement, je chevauchais hors du champ : « Merci, jeune homme », me lança l'un d'eux reconnaissant, d'une voix sonore. Colette haussa les épaules et Willy me traita de « fleur de nave ». Comme quoi on ne peut contenter tout le monde et son père.

C'est dans cet hôtel particulier de la rue de Courcelles que le fils a l'occasion d'observer son père au travail. Sa chambre était voisine du bureau, et le petit Jacques avait la mauvaise habitude de siffler.

Or, Willy, qui faisait ses articles sans aucune gêne dans le brouhaha des conversations, ne pouvait plus écrire une ligne dès qu'il entendait une mélodie, fût-elle sifflée. Il surgissait brusquement, le porte-plume aux dents, sur le seuil de ma chambre et, tel Jupiter tonnant, vouait aux gémonies le merle malencontreux. La bourrasque passée (elle durait peu), j'en profitais pour prendre le large. Lorsqu'une demi-heure plus tard, je revenais discrètement, mon père m'appelait et me demandait très sec : « D'où viens-tu et pourquoi es-tu parti sans prévenir ? » Interloqué, je me taisais, alors Willy enchaînait : « Ces explications abondantes me suffisent, tiens, voilà cent sous, entre dans ta chambre et ne siffle plus. » J'étais encore candide à l'époque, sinon à cent sous (valeur or) le coup de sifflet, j'aurais fait fortune.

Il a l'air d'un homme connu

Un tel train de vie suppose bien des dépenses – et des dettes. C'est l'époque où Colette, « éblouie », touche des « feux » de trois cents francs par mois, avec lesquels elle comble sa mère de cadeaux. « Tout ce qu'on pouvait avoir pour trois cents francs ! » Colette écrit qu'elle n'avait pas de bijoux (seulement des billes de verre), mais Alfred Diard (secrétaire de 1903 à 1909) prétend de son côté qu'à chaque *Claudine* Colette voyait une nouvelle perle s'ajouter à son collier. Il est vraisemblable que l'un et l'autre exagèrent un peu, et que la vérité se trouve entre la bille et la perle. Quoi qu'il en soit, Colette et Willy prennent tous deux de bien mauvaises habitudes ; et la chute après cette période faste leur sera pénible.

Ces livres qui se vendent comme des petits pâtés, ces pièces, ces chroniques grassement payées ne sont pas seulement dus au talent. Il faut y ajouter un sens de la publicité dont Henry Gauthier-Villars est pourvu au plus haut point :

> Il a l'air d'un homme connu.
> Et je ne vois guère que Dieu, et aussi Alfred Dreyfus, un peu, qui soient aussi connus que lui.
> De même que lorsque de très vieilles gens meurent, on est très étonné, car on les croyait morts depuis longtemps, de même Willy est tellement connu qu'on arrive à douter de son existence propre [...].

> Willy a lancé un chapeau célèbre qui lui est retombé définitivement sur la tête.
> Ah! si cet homme-là consentait à se faire un peu de réclame... Mais il est inflexible.

Cette «Pointe sèche» parue dans *Gil Blas* du 4 juin 1904, signée Sacha Guitry, est illustrée d'une caricature de sa main. Dans son roman, *J.W. Bloompoot*, qui paraît aussi dans *Gil Blas* en 1908, illustré d'une nouvelle charge de Willy, Sacha Guitry récidive :

> Willy (qui a pris le pseudonyme d'Henry Gauthier-Villars pour s'introduire dans tous les mondes) est un écrivain peu connu. Mais s'il avait voulu se donner quelque peine, à l'heure qu'il est, personne n'ignorerait son nom.
> En effet, certains de ses livres sont vraiment assez bien faits pour fournir à un auteur l'occasion de percer.
> Mais voilà, Willy a voulu rester dans l'ombre... et, à présent, il s'en mord les doigts.

Bien sûr, il n'est pas question de rester dans l'ombre!
Willy sait qu'un roman ne se lance pas sans un certain battage. Il prévoit, «le roman une fois imprimé, la notice rédigée par l'éditeur et prudemment revue par Bibi, pour le signaler à l'admiration des masses, dans le style raccrocheur et coco de rigueur en l'occurrence. [...] Et je vois aussi les articles extasiés que signeraient des copains et que j'aurais rédigés moi-même : un premier-Paris au *Figaro*, une chronique à *L'Écho de Paris*, un "médaillon" au *Journal*, un "livre du jour" au *Gil Blas* – et quelques autres» (*Le Retour d'âge*). On doit reconnaître que si Willy fait un peu trop de publicité, en revanche un éditeur comme Ollendorff n'en fait aucune.

Willy «était [...] infiniment préférable à tout ce que l'on a raconté de lui; plus tard, cependant, je crus comprendre qu'il ne détestait pas, pour sa petite réclame personnelle, qu'on lui fît une réputation de débauché, quelque peu vicieux. Peut-être, dans ce sens, a-t-il été un précurseur?» écrit Polaire en 1933 à propos du personnage Willy-Maugis. C'est vrai qu'il soigne sa silhouette. Son fameux «bords-plats» sort de chez Léon, le chapelier chic du 21, rue Daunou (tel qu'il le cite dans *La Môme Picrate*) et on le retrouve dans les vitrines sous la forme réduite d'un encrier de bureau, flanqué d'une silhouette de Willy en bois découpé. En 1902, suprême consécration, il entre dans l'Album Mariani. C'est à partir de ce moment qu'il fait tirer par Gerschel une série de douze cartes postales sur lesquelles Colette pose en sarrau noir d'écolière sous le nom de «Claudine», avec Willy et Toby-chien. Pourquoi accepte-t-elle de jouer ce rôle ridicule de fillette battue et consentante ? Avec le «patron des Claudine», elle semble répéter déjà ses prochaines pantomimes. À cette époque bénie où le courrier arrive vite, Willy utilise beaucoup la carte postale (caricatures de Willy, photos de Polaire, cartes publicitaires pour les *Claudine*, vues des Monts-Boucons, etc.).

Là ne se limite pas son activité publicitaire : il suggère l'idée d'une glace Claudine à Latinville, le glacier du monde élégant, 3, rue La Boétie, qui invente peu après le gâteau Claudine. On voit bientôt apparaître le col Claudine assorti d'une lavallière à carreaux, le Claudinet, col pour dames et enfants (catalogue de la Samaritaine, avril 1903), le chapeau de Claudine chez Lewis (422, rue Saint-Honoré); le Parfum de Claudine lancé par Lenthéric à Paris (245, rue Saint-Honoré) et à Marseille, la lotion Claudine; les cigarettes Claudine, les plaques et papiers photographiques Claudine; et même le Parfum de Colette, et la poudre de riz Willy, adhérente et invisible! Willy signale à Vallette (18 février 1902) que *L'Amusant* publie un sonnet sur Claudine («D'ailleurs, il ne vaut pas un clou»); Rip (Georges Thenon) recommande à René d'Helbingue (11 janvier 1903) la lecture, dans *La Vie en rose*, de «la ballade des Cols à Claudine qui est de ton serviteur, bien qu'elle soit signée Claudine». Et cetera pantoufle.

Il sait si bien la valeur de la citation d'un nom qu'il n'hésite jamais à nommer ses amis – ou ses ennemis! – dans ses romans. Ses collaborateurs le savent bien, et Willy est parfois obligé de refréner leur zèle. Dans la phrase : «... ces raffinements psychologiques où s'amusent les héros de Racine, de Marivaux ou de Maurice Donnay», il a rayé ce dernier nom sur l'exemplaire dactylographié de *Suzette veut me lâcher*, et ajouté à la main : «... quelques contemporains trop talentueux pour qu'il soit nécessaire de leur concéder ici quelque réclame gratuite». Tant pis pour Maurice Donnay!

« CLAUDINE EN MÉNAGE »

« Aujourd'hui, 4 janvier 1921, je viens de relire d'affilée tout ce bouquin. Eh bien, [...] il n'est pas mal du tout ! » écrit Willy à Jules Marchand. Ce roman, c'est *Claudine en ménage*, celui de la série des œuvres en collaboration de Colette et Willy sur lequel nous sommes le mieux renseignés, depuis la publication en 1975 de l'édition critique procurée par Paul d'Hollander d'après le manuscrit déposé à la B.N. et les éditions successives.

En 1902, quand paraît le roman, Rachilde est bien de l'avis de Willy : « *Claudine en ménage* [...] termine le roman de Claudine [...]. Ces trois livres, dont le plus écrit et le plus osé est certainement *Claudine en ménage*, placent désormais Willy au premier rang des romanciers français. » Elle se trompe seulement en croyant que le « roman » est fini ; Willy et Colette continueront d'exploiter le filon.

Entre-temps paraissent à la Librairie Molière, sous une couverture de Benjamin Rabier, des nouvelles de Willy et Andrée Cocotte, *Pi... houit !...* dont il ne dit pas le plus grand bien à Vallette le 18 février 1902 : « Je supplie Rachilde de n'en point parler. Comprenez, c'est déjà assez emmerdant d'avoir dû laisser publier cette petite ineptie ! S'il faut encore qu'on la mentionne, non. Non ! » Ce n'est qu'une parenthèse.

Claudine en ménage est, comme les précédents, un roman autobiographique, et pourtant Colette oublie de mentionner le moindre souvenir à son sujet dans *Mes Apprentissages*. « Dans un livre qu'on a beaucoup injurié, qui s'appelle *Claudine en ménage*, et auquel j'ai travaillé... », écrit-elle à Francis Jammes. Colette est trop modeste : le manuscrit est bien de sa main, même si les corrections de Willy sont nombreuses. Il révèle en tout cas la réelle complicité de ce couple de « camarades ». Est-il crédible, ce récit de la nuit de noces, que Willy relit la plume à la main ?

« Il est doux d'ignorer d'abord, et d'apprendre ensuite, tant de raisons de rire nerveusement, de crier même, et d'exhaler de petits grognements sourds, les orteils recourbés. »

Colette écrit d'abord : « de gronder sourdement ». C'est Willy qui corrige : « d'exhaler de petits grognements sourds ». Décidément la collaboration des deux époux est complète.

Il est vrai qu'il arrive à Colette d'écrire exactement le contraire de la réalité : « La seule caresse que je n'aie jamais su accorder à mon mari, c'est le tutoiement. Je lui dis "vous" toujours, à toutes les heures, quand je supplie, quand je consens, quand le tourment exquis d'attendre me force à parler par saccades, d'une voix qui n'est pas la mienne.» Or, écrit-elle en 1936, «il me disait bizarrement "vous" et je le tutoyais». Ce que confirme encore Willy dans un pneumatique à Curnonsky (qui lui avait proposé de le tutoyer) : «Tutoyer? Oh! vieux, en vieillissant, blague dans le trou, je désapprends à tutoyer. J'ai un mal affreux à ne pas dire "vous" à Toby-l'Hospitalier; je vouvoute Polaire, Colette même (qui me tutoie). Je ne saurais vous gober davantage, un Tu dans la gueule, qu'à présent.»

Mais ce n'est pas sur ces détails que nous apprendrons comment le couple est en train de se défaire sous nos yeux. Willy prétend : «Colette – c'est trop naturel – a tenu, et je ne l'ai pas empêchée, à se donner, dans cette trouble histoire, le beau rôle; elle a décrit ses inquiètes hésitations, ses reculs, ses refus peu à peu affaiblis... blague! blague! En réalité, c'est elle qui, séduite dès leur première entrevue chez les Muhlfeld, fit la cour à Rézi, une cour ardente, brutale, tenace et qui scandalisa, par son impudence, les Paul Adam, les Henri de Régnier, tous les ménages littéraires...»

Sous le titre : *Doit-on le lire?* Jean Lorrain publie dans *Le Journal* du 29 mai 1902 un long article en première page dans lequel il s'épanche sur ce qu'il appelle les «Liaisons dangereuses du XXe siècle». Il s'excuse du titre et du ton de son article auprès de Willy : «Chroniqueur, je suis obligé de peindre les mœurs, je suis Lorrain de la Bretonne...» Willy lui répond dans une lettre qu'il publie : «Vous êtes tragique comme Lorrain de Vega», élégante façon de le traiter de lope. Si Jean Lorrain, homosexuel, feint de se scandaliser à la lecture de ce roman, il le résume assez bien, et l'attitude de Renaud-Willy le voyeur :

> *Claudine en ménage*, c'est Claudine amoureuse, somme toute. Si elle était tombée sur un mari plus jeune, plus autoritaire, moins curieux et surtout moins amusé des curiosités de la femme, moins égoïstement indulgent surtout, qui sait si Claudine eût glissé si facilement sur la pente savonnée de ses caprices, et si nous aurions eu l'aventure si parisienne et si capricieuse de la blonde Rézi?... Nous y aurions, il est vrai,

perdu de bien jolies pages, les plus troublantes, les plus aiguës et les plus vraies peut-être qu'on ait jamais écrites sur l'amitié amoureuse; car cette petite sauvage de Claudine adore son Renaud et l'adore avec frénésie. Il faut voir en quels termes elle parle de sa nuit de noces et des autres! Renaud, qui me paraît être un jouisseur averti, très friand de primeurs, assiste à l'éclosion de Claudine amoureuse un peu à la façon d'un voyeur amusé de tous les gestes de sa femme. Il y a plus qu'un amateur d'âme dans ce mari vicieux et complaisant; il se prête et il assiste bien plus qu'il n'agit; et cette attitude finit par être une déception pour l'ardente et farouche petite fille qu'est Claudine. Claudine, en amour, avait rêvé moins un complice qu'un maître, et cette affamée de caresses trouve un partenaire qui les provoque, les caresses, les reçoit et les observe. Il y a maldonne. Ce *petit pâtre bouclé*, très femme sous ses cheveux courts, voit et veut l'amour mystérieux, et sombre : c'est la féminité même de ce grand gaillard de mari, aux bras si longs et à la poitrine si large, et qui consent toujours et ne commande jamais, qui donne à Claudine sa première désillusion, et la jeune femme commence à trouver qu'il lui manque quelque chose. [...]

Cette liaison [avec Rézi], le mari de Claudine la voit naître; pis, il l'encourage, la protège, la dirige, en hâte la marche et, très excité, doublement épris de sa femme et de Rézi, leur trouve un abri contre les soupçons de l'autre mari, les conduit lui-même à la garçonnière coupable, y fait le guet, et, bon larron, y trouve enfin son compte, puisqu'il tâte aussi de la chair savoureuse de Rézi.

Dans une scène où Renaud exprime l'«horreur» que lui inspire l'homosexualité masculine, Claudine lui reproche d'être en revanche «aguiché, presque approbateur» à l'idée qu'elle pourrait devenir la «trop tendre amie» de Rézi :

– Non, ce n'est pas la même chose! Vous pouvez tout faire, vous autres. C'est charmant, et c'est sans importance...
– Sans importance... je ne suis pas de votre avis.
– Si, je dis bien! C'est entre vous, petites bêtes jolies, une... Comment dire? une consolation de nous, une diversion qui vous repose...
– Oh?

– ... ou du moins qui vous dédommage, la recherche logique d'un partenaire plus parfait, d'une beauté plus pareille à la vôtre, où se mirent et se reconnaissent votre sensibilité et vos défaillances... Si j'osais (mais je n'oserais pas), je dirais qu'à certaines femmes il faut la femme pour leur conserver le goût de l'homme.

« Je ne puis entendre ce que vient de dire mon mari que comme un paradoxe qui flatte et déguise son libertinage un tantinet voyeur », écrit Colette.
Tout est dit, dans ces quelques lignes, de ce qui va briser ce couple trop libre. Le « sans importance » du mâle pour qui l'homosexualité féminine n'est qu'un divertissement, une parenthèse dans la vie du couple, qui évite à la femme de succomber à l'adultère dans les bras d'un autre homme (et au danger d'introduire un bâtard dans le ménage !) ; et surtout le libertinage du voyeur qu'est Willy. « Pour Renaud, conclut plus loin Claudine, l'adultère est une question de sexe. »
C'est au début de 1901 que Rézi et Colette se sont rencontrées. Rézi, c'est Jenny Urquhart, dite Georgie, une Américaine de Paris (elle y est née en 1866) qui a épousé un ingénieur français, René Raoul-Duval, et habite 107, rue de la Pompe. Poétesse et romancière, elle a publié *Little Miss, Shadows of Old Paris, Written in the Sand*, etc. Elle accompagne les Gauthier-Villars dans la première quinzaine d'août à Bayreuth et à Carlsbad. « Il y a de la bonne musique, de la nourriture médiocre et plusieurs choses tout à fait mauvaises mais l'humeur est bonne et Georgie allègre. Willy passe sans l'ombre de transition de la lyrique allégresse à l'indignation forcenée, celle-ci traduite en termes les plus bas » (Colette à Jeanne Muhlfeld).
Marcel Schwob et Marguerite Moreno ont recommandé la prudence à Colette : Georgie est déjà la maîtresse de Willy, elle le sait, mais aussi celle de Marie de Régnier...
« Quelle garce, cette Rézi ! Je l'ai rudement aimée, d'ailleurs. Vous, mon vieux, vous l'auriez adorée – rien que sur le terrain musical – pour sa merveilleuse inconscience. Elle ne savait rien, mais là, rien ! Et elle enseignait. Et vous réservait, comme issues de son cerveau, les pauvres notions que la veille – la veille ! – j'avais tâché de lui inculquer. À Bayreuth, c'était délirant ! » (Willy à Vuillermoz).

> Elle était dangereusement séduisante, cette Rézi! Menteuse, éperdument. Et traîtresse, amoureuse du danger inutile. Sa joie, c'était (ce trait entre mille) de nous fixer un rendez-vous, à Colette et à moi, dans une même chambre successivement, à une heure d'intervalle. Un jour, sur son cou – la lettre finale est un U – je reconnus le parfum conjugal et je lui dis :
> – Si jamais ma femme s'apercevait de votre manège, elle serait capable de vous flanquer une balle.
> – Comment, s'écria-t-elle, les yeux agrandis d'épouvante, elle a toujours un revolver sur elle ?
> – Toujours.
> C'était faux. [...]
> – Et c'est... et ce n'est pas vous sur qui elle tirerait ?
> Chère petite, comme elle lança son mot avec une sincère indignation! J'en pleurais de joie... (*Indiscrétions et commentaires*).

Rézi reparaîtra dans *Claudine s'en va* : « C'était une fille méchante et séduisante, cette Rézi, qui voulut mettre entre Renaud et moi sa grâce blonde et dévêtue, et se donner le littéraire plaisir de nous trahir tous les deux... »

Et dans une correction de Willy sur le manuscrit de *Suzette veut me lâcher* (1905), à propos d'un ménage à trois : «... Je sais bien qu'en de telles occurrences, la blonde Rézi, jadis chère à Claudine, s'accommode d'une solution ternaire... (Qu'est-ce que Sapho pourvu qu'on rigole!). »

Willy ne rigolera pas toujours. En attendant, c'est Jean de La Hire qui nous fait sourire dans ses efforts pour protéger l'intimité du couple, quand il écrit en 1905 :

> Je n'ai pas à savoir où Willy a pris son modèle; cela ne me regarde pas, ni le public. Je ne m'enquerrais pas si Colette à treize ans est racontée dans *Claudine à l'École*, Colette à seize ans dans *Claudine à Paris*, encore moins si Colette mariée se trouve dans *Claudine en ménage*. – On s'est beaucoup inquiété de cela, dans les salons, dans les coulisses et les foyers de théâtre, dans les compartiments des trains rapides, dans les salles de rédaction et les garçonnières, sur les boulevards de Paris et la rue Cannebière de Marseille. Moi, je ne m'en inquiète pas du tout, et, si j'y fais allusion,

c'est pour qu'on ne puisse m'accuser d'omettre volontairement quelque chose. Je ne sais donc pas si Colette est Claudine, si Colette est née en 1850 ou en 1890, si elle a épousé Willy à seize ans ou à vingt, si Willy est Renaud ou Maugis ou Smiley ou les trois à la fois. J'ignore tout cela, parce que ni moi ni le public n'avons le droit de chercher à pénétrer dans la vie intime d'un écrivain et de sa femme, parce que ni moi ni le public n'avons le droit de faire d'un probe roman de mœurs un scandaleux roman à clef – car c'est le scandale que le public désire, espère, attend et invente, s'il ne le trouve pas; parce que, enfin, de ce qu'un écrivain prend ses modèles dans la vie il ne s'ensuit pas que nous devions savoir où sont et quels sont ses modèles.

« CLAUDINE AMOUREUSE »

Claudine en ménage fait scandale avant même de paraître.
« Il y a des portraits ? – Frappants. – Au point qu'il y a eu des démarches faites, paraît-il, auprès d'un éditeur. – Qui a refusé d'éditer le livre comme trop immoral. » Jean Lorrain est donc au courant de l'intervention de Georgie Raoul-Duval auprès des éditions Ollendorff.
Colette écrit à Lucien Muhlfeld : « [Pierre] Valdagne sort d'ici, porteur de paroles extraordinaires. La maison Ollendorff refuse de publier *Claudine amoureuse*, parce que trop raide. [...] Valdagne propose de vous choisir pour arbitre, vous devez juger de certaines situations qui estomaquent les éditeurs. [...] Il n'y a pas l'ombre d'une monstruosité et pas un seul *mot* attaquable [...]. » C'est bien vite dit.
Claudine en ménage est en effet déjà imprimé et relié sous son titre primitif : *Claudine amoureuse* quand, d'après Willy, « plusieurs personnes » qui ont lu le manuscrit (ou les épreuves) et reconnu l'héroïne, « assez ressemblante pour qu'un Parisien ne s'y trompât point », s'empressent de la prévenir. Rézi offre « la forte somme » à Mandel pour qu'il retire le livre de la vente. « L'individu accepta et se garda de prévenir l'Américaine que j'en serais quitte pour publier autre part ces bavardages révélateurs, ce que je fis, après avoir exigé de cette crapule cordiale un dédommagement. Tiens donc. » Quatre exemplaires de *Claudine amoureuse*,

sous la couverture typographique de George Auriol, ont échappé au pilon.[1]

Willy porte *Claudine amoureuse* à Alfred Vallette, qui signe le contrat le 24 avril 1902 et fait paraître le livre le 15 mai sous la couverture des éditions du Mercure de France. Il en profite pour apporter de nombreuses corrections au texte, parfois minimes, mais qui toutes font preuve de l'extrême soin que Willy porte au travail imprimé. Colette elle-même fera quelques corrections pour l'édition des *Œuvres complètes* (1948-1950), supprimant un long passage un peu encombrant dont Willy est l'auteur, où des écrivains se plaignent amèrement de leurs éditeurs, et où passe aussi Marcel Prévost, le « Bourget du pauvre ».

Pourquoi Willy change-t-il le titre? Rien ne l'y obligeait, si les arrangements entre Ollendorff et Georgie Raoul-Duval sont bien ceux qu'il rapporte. Est-ce à la suggestion de Vallette (ou Rachilde)? Le contrat porte sur *Claudine en ménage* et, ce titre y figurant, on peut dater d'entre l'impression de *Claudine amoureuse* (janvier-février 1902) et le contrat du Mercure de France (avril 1902) la lettre de Colette à Jeanne Muhlfeld, où elle se plaint que Willy soit « en train de transformer, à coup de retouches trop brutales, le Rézi de Claudine en Georgie ». Or, rien de tel n'apparaît dans les corrections apportées au texte de *Claudine amoureuse* avant qu'il devienne *Claudine en ménage*. « Elle y est – elle y serait effroyablement reconnaissable. Il ne faut pas. [...] je m'inquiète, vous le voyez, surtout pour lui [...]. Ma chère amie, vous savez qu'il suffira d'un mot de vous – ou de Lucien, ou de tous deux, pour empêcher Willy de commettre cela. » Il faut supposer que les Muhlfeld sont intervenus auprès de Willy, et qu'ils l'ont convaincu d'être prudent, un procès pouvant définitivement compromettre la publication du roman.

Au scandale que fait *Claudine en ménage*, on peut mesurer le courage de son éditeur, Alfred Vallette, qui savait toutefois fort bien ce qu'il faisait : le premier tirage, précise Paul Léautaud dans une lettre du 12 août 1922, est de 10 000 exemplaires, dont 1 000 sans marque d'édition et 19 exemplaires sur hollande. La

---

1. Trois autres romans devaient paraître en 1902 dans la même collection « Le livre relié à 3fr.50 », avec un ornement de George Auriol chaque fois différent sur la reliure en percaline de couleur : J.-H. Rosny, *Les Deux Femmes*; René Maizeroy, *Trop jolie*; Ernest Daudet, *Poste restante*. La collection n'eut pas de suite.

critique, maintenant : Émile Pouvillon parle d'«un chef-d'œuvre dangereux»; Camille Mauclair, d'un «ton libertin mêlé d'un léger sanglot». Mais il y a aussi de véritables appels à la censure; et longtemps les biographes de Colette expriment leur conviction que Willy est le seul auteur des pages les plus osées : «Par qui ces pages d'un réalisme décevant furent-elles écrites?» (Jean Larnac). «Se peut-il que Mme Colette ait véritablement signé ces histoires pas très jolies!» (Fernand Keller et André Lautier). «Gêne en présence des scènes, inutiles et inutilement crues» (Marie-Jeanne Viel).

Cette fois, Willy risque la correctionnelle, et il le sait. Colette aussi, qui joue l'innocente et répond, au milieu des invités du Mercure, à un lecteur qui lui demande son avis sur certain passage : «Je n'en suis pas encore là!»

On s'étonne : comment peut-elle n'avoir pas encore lu l'œuvre de son mari? Mais Remy de Gourmont commence à se demander quel rôle joue Colette. Si l'appareil de la justice se met en marche, devra-t-on poursuivre Willy au risque d'un plus grand scandale encore, celui de découvrir une femme derrière le masque de l'auteur?

C'est à propos de *Claudine en ménage* que l'on commence à parler de Colette «corrompue» par Willy. Ne le dit-elle pas? «Depuis un an et demi, je sens progresser en moi l'agréable et lente corruption que je dois à Renaud.»

Colette avait d'abord écrit : «lente petite pourriture», et il semble que ni Colette ni Willy n'aient trouvé le mot juste. «Colette, improvisatrice, trouve trop fatigant de jamais chercher une date, une épithète... Elle laisse un blanc et me dit "Bouche"» (Willy à Vuillermoz). Lisons la suite de ce manuscrit. Colette écrit d'abord en hésitant : «Près de lui, les petites choses... À les regarder de près avec lui, les grandes choses s'amoindrissent, les petites grossissent et culminent...» Ce n'est pas ça; et Willy note en marge : «Le sérieux de la vie diminue, les futilités inutiles, nuisibles surtout [...] assument une importance énorme.» Ce qui devient enfin : «À les regarder avec lui, les grandes choses s'amoindrissent, le sérieux de la vie diminue; les futilités inutiles, nuisibles surtout, assument une importance énorme. Mais comment me défendre contre l'incurable et séduisante frivolité qui l'emporte, et moi avec lui.»

L'intérêt de ce portrait de Renaud-Willy, c'est que les deux époux, ensemble, y ont mis la main. Déjà, dans *Claudine à*

Paris, Renaud s'exclamait : « Ah ! les petites choses ! il n'y a que celles-là : elles tiennent toute la place et il n'en reste plus pour les grandes. » Complétons encore ce portrait : « Renaud, lui, voit dans l'avenir ; cet homme, que la crainte de vieillir dévore, et qui, devant les glaces, constate *avec des minuties désespérées les lacis de ses petites rides au coin des yeux*, ce même homme trépigne dans le présent et pousse, fiévreux, Aujourd'hui vers Demain. » Et Colette ajoute encore : « Hélas ! tout ce que je note là, un peu au hasard, ne fait pas que je comprenne où est la fêlure. » Mais nous, qui savons que les deux lignes que j'ai soulignées sont de la main de Willy, nous ne sommes pas loin de comprendre. Renaud se plaint d'être « vieux » et de sentir « les minutes [le] rider une à une, ça fait mal, ça fait si mal ! ». Hé, c'est qu'il a quarante-cinq ans – et Claudine dix-neuf. Qui, de Colette ou de Willy, donne ce petit coup de pouce à la vérité ? Quand paraît *Claudine en ménage*, c'est bien Willy qui va avoir quarante-cinq ans ; mais Colette, elle, en a trente.

Pour le moment, écrit Willy à un ami journaliste, « je compte sur cette vente pour tirer deux mois de flemme en Franche-Comté, deux mois dont j'ai un sacré besoin ».

Quelques vers de Willy

La plaquette d'Eugène de Solenière parue en 1903 contient « Quelques vers de Willy », trois poèmes mis en musique, l'un par Armande de Polignac, un autre par Marcel Legay. Celui-ci est un *Rondel pour une dame étrangère*, bien dans le genre de ses poèmes de jeunesse. Il est dédié « à Madame René Raoul-Duval », la Rézi de *Claudine en ménage* :

> J'ayme depuis que je vous voys
> Colomb qui treuva l'Amérique,
> Car Orpheus ne fit de musique
> Aussi doulce que votre voix.
>
> Les dames de nos païs froids
> N'ont point votre grâce féerique,
> J'ayme depuis que je vous voys
> Colomb qui treuva l'Amérique.

Vos yeux profonds disent, je crois,
La profondeur de l'Atlantique
Et votre haleine magnétique,
L'âme divine de vos bois.
J'ayme depuis que je vous voys.

Dans l'*Almanach Willy pour 1904,* paru en 1903, nous lisons un autre poème qui nous intéresse davantage, parce que nous le sentons plus sincère que celui qu'il dédie à Georgie, et parce que Willy le citera encore :

N'étant pas ministre, ni même
Sénateur, non plus que préfet,
Bien que j'aime le travail fait,
J'ai peu de loisir pour la flemme.

Au rebours du roi d'Yvetot,
Je dors fort peu, quoique sans gloire,
Et, couché tard dans la nuit noire,
Le matin, je me lève tôt.

D'une œuvre, une autre me repose ;
Dans les tiroirs les plus divers
J'enfourne des chansons (en vers)
Sans compter les romans (en prose).

C'est gai. Ça l'est depuis vingt ans
Et, comme le vieux, je persiste ;
N'empêche que je serais triste,
Parfois, si j'en avais le temps.

Si j'en avais le temps encore,
Je regarderais couler l'eau,
Tandis que le tremblant bouleau
S'éclaire de lune ou d'aurore.

Et, dans un rêve, je me vois
Près de Claudine aux yeux magiques,
Oubliant toutes les musiques
Pour écouter rire sa voix.

« La Maîtresse du Prince Jean »

Le Journal du 14 novembre 1902 publie une « Lettre ouverte » de Claudine à Willy :

> Vous m'abandonnez ! [...] voilà qui vous plaît élire une autre favorite !
> *La Vie en rose* commence, en effet, cette semaine, la *Maîtresse du Prince Jean*, où vous détaillez avec complaisance les fêtes et gestes d'une tragédienne vénale et sensuelle !
> Quelles fêtes ! Et quels gestes, surtout ! Il faudrait, pour les narrer de façon congrue (l'étrange mot) le verbe débraillé de votre gros ami Maugis. Si je l'en crois, votre Gaétane donne au prince Jean, amant honorable et honoraire, des coadjuteurs plus râblés, et fort nombreux, car elle s'adjuge au dernier et plus offrant chérisseur, jusqu'au jour où, en faveur d'un poète, riche seulement de rimes, elle se départ de sa devise : « Comme on fait son prix, on se couche. »

On connaît une carte postale de Willy à propos des démarches du sénateur Bérenger, « furieux que *Claudine en ménage* n'ait pas été poursuivie ». C'est *La Maîtresse du Prince Jean* qui va en faire les frais.

Ce roman est à nouveau un livre gai... écrit par Léon Passurf ; Colette y aurait collaboré (dans quelle mesure ?) et c'est naturellement Willy qui a révisé le texte définitif, et signé. La Maîtresse, c'est Léonide Leblanc (1842-1894) et le Prince Jean, le duc d'Aumale (1822-1897), que Willy aurait connu à l'époque où il était encore en activité avec le grade d'Inspecteur général des Armées (1879-1883). « Je ne voudrais pas que la *Maîtresse du Prince Jean* soit un four. Et ça se tiendra, écrit Willy. Ou je ne suis qu'une tourte. »

Mais le 28 mars 1903, il alerte Catulle Mendès :

> Le 1er avril (cette date me plaît) je comparais devant la neuvième Chambre, qui va me houspiller à propos de ma littérature. Ça ne m'émeut pas autrement ; toutefois je ne me soucie pas d'être confondu avec les fournisseurs – si médiocres – des libraires belges, et je vous serais obligé, très très obligé, de dire à ces magistrats que 1° tout de même, j'ai publié quelques pages où il y avait autre chose que de la pornographie, et que 2° vous ne trouvez pas que les questions de littérature soient du domaine de la Justice [...].

Willy est convoqué par le juge d'instruction, sur plainte de la Ligue contre la Licence des Rues, animée par le « Père la Pudeur », le sénateur René Bérenger. La date est plus mal choisie qu'il ne le pense, car Francis Viélé-Griffin, appelé à témoigner par Willy, lui adresse un télégramme : « Très sensible à votre extraordinaire poisson d'avril. Adresse tous mes compliments à l'inventeur. » Entre-temps, la publication dans *La Vie en rose* est achevée, le livre a paru chez Albin Michel – et même un quatrième *Claudine*. Willy est défendu par Me Paul-Boncour. Un passage surtout, qui décrit « une scène de volupté prolongée », a donné des frissons au sénateur Bérenger.

À la lecture de l'acte d'accusation par le président Puget, Willy répond qu'il n'a pas d'explication à donner. « Pour la première fois, depuis qu'on le rencontre en public, peut-être, on ne l'a pas vu rire » (*Gil Blas*). Défilent les témoins. Les historiens, Casimir Stryienski et Frantz Funck-Brentano, font l'éloge du *Mariage de Louis XV* dans lequel Henry Gauthier-Villars a su éviter les scènes scabreuses et un facile succès de scandale.

Joris-Karl Huysmans vient à la barre : « Je connais quelques-uns des romans de Willy. J'y ai trouvé des morceaux fort curieux, fort intéressants, qui ont un véritable intérêt documentaire sur les mœurs de notre époque. À mon sens, ce sont des œuvres d'artiste. » Octave Uzane, Catulle Mendès, Camille Erlanger ne tarissent pas d'éloges et rappellent l'aide généreuse de l'Ouvreuse aux jeunes musiciens.

Me Paul-Boncour lit des témoignages d'autres écrivains. Jules Renard, qui sait bien que, sous couvert de *La Maîtresse du Prince Jean*, ce sont les *Claudine* qui sont poursuivis : « Je ne crains pas de dire que Claudine est une créature délicieuse. La postérité ne choisira-t-elle pas entre toutes ses incarnations ? Ce sera son affaire. Moi, par peur de me tromper, je garde les quatre volumes. » Sans y prendre garde, Jules Renard a touché juste. Les *Claudine* avaient titillé le sénateur Bérenger, mais devant la crainte de découvrir une femme derrière le nom de la marque Willy, et d'amplifier encore le scandale, le Parquet avait préféré attendre une occasion meilleure. Me Paul-Boncour ne le cache pas : « ... après ce succès, on s'est avisé que cela pouvait soulever des susceptibilités plus légitimes, en tout cas, plus clairvoyantes, et de hautes, très hautes personnalités se sont dit que l'auteur avait bien mérité des rigueurs de la justice... » Autrement dit, le personnage influent, ami d'un ministre, qui se cache derrière le libidineux docteur Dutertre, tenait à prendre sa revanche.

Dans la plaidoirie, Paul-Boncour insiste encore sur l'inutilité de la répression des outrages aux mœurs par le livre, et s'étonne que parmi tant d'autres ce soient ceux de Willy qui attirent les rigueurs du Parquet. Il ajoute qu'en raison de l'origine des poursuites, il n'aura pas le mauvais goût de solliciter l'application de la loi Bérenger, qui autorise le juge à prononcer le sursis en cas de première condamnation.

Total : 1 000 francs d'amende à Willy, 300 francs au directeur de *La Vie en rose*; Albin Michel de son côté publie une nouvelle édition expurgée.

La couverture illustrée par J. Wely représente Willy à sa table de travail, tenant de la main gauche Claudine par la taille. En frontispice, une photo de Polaire en Claudine, avec ces mots manuscrits : « Vive la vie en rose. » L'auteur de *La Maîtresse du Prince Jean* tient à rappeler qu'il est avant tout l'auteur des *Claudine*; on peut lire d'ailleurs en guise d'avertissement la « Lettre de Claudine à Willy » parue dans *Le Journal*, avec de très légères variantes. Mais on peut lire aussi sur la couverture : « Plaidoirie de Me Paul-Boncour. » On imagine la tête de l'avocat. Un référé ordonne à l'auteur et à l'éditeur de caviarder cette ligne avec un filet noir. (J. Paul-Boncour fait d'ailleurs paraître lui-même sa *Plaidoirie pour M. H. G.-V. (Willy)*, imprimé chez Blay et Roy, à Poitiers.)

Le *Gil Blas* publie alors un poème signé Willy... et Colette Willy, preuve s'il en faut qu'ils ne cachent pas leur collaboration :

> Si j'avais à plaisir pataugé dans la boue
> Pour de l'argent, la honte empourprerait ma joue.
> Non ! Me voici, le front altier,
> (Et chauve !). Je n'ai pas terni de chose pure.
> Si de mon mieux, j'ai fait de la littérature,
> Excusez-moi, c'est mon métier.

Et Willy trace cet envoi ironique sur un exemplaire : « Pour Pierre Louÿs, cette ordure. »

« CLAUDINE S'EN VA »

Claudine s'en va, dont la rédaction est terminée depuis un an, paraît chez Ollendorff en mars 1903 ; le livre avait été annoncé sous presse dans la monographie d'Eugène Solenière sous le titre : *Je m'évade*, « dernière partie de Claudine ». Mandel doit regretter maintenant d'avoir laissé partir *Claudine en ménage* au Mercure de France, où elle va bientôt atteindre sa centième édition ! « Décidément, c'est un roman bien mal fichu », écrit Willy à Vallette. Il n'a pas tout à fait tort. D'abord parce que, contrairement aux trois premiers volumes, ce n'est plus Claudine qui écrit, c'est le Journal d'Annie Samzun durant l'absence de son mari. On ne comprend pas très bien non plus pourquoi c'est Annie qui est la maîtresse du chien Toby, alors qu'il appartenait précédemment à Claudine. Ce n'est d'ailleurs pas Claudine qui s'en va ; mais Annie.

Comme de coutume, Willy s'occupe activement de la publicité. Dans une lettre à son frère, Pierre Louÿs[1] se plaint qu'il ait eu le culot de lui demander un article sur *Claudine s'en va* pour *Le Journal*. Mais ni Colette ni Willy ne se souviennent de ce livre avec sympathie. Colette : « *Claudine s'en va* me donna bien du tracas. D'abord à cause d'une atmosphère bayreutienne qu'il fallut aller chercher à Bayreuth [...]. »

Willy : « Cette *Claudine s'en va* est le volume de la Tétralogie à propos duquel nous eûmes, ma collaboratrice et moi, les plus âpres discussions. Colette voulait y traîner dans la boue toutes les femmes avec lesquelles elle avait couchotté, et quelques autres qu'elle soupçonnait – à tort – de m'avoir remarqué [...]. » Et il cite la femme de son ami le compositeur Ernest Chausson, sous le nom de Valentine Chassenet ; la Rose-Chou, la femme d'Arman de Caillavet ; Marthe Payet, qui est le « portrait (physique, non moral) » de Mme de Serres ; Mme Lalcade, c'est-à-dire Madeleine Lemaire. Et l'Américaine Natalie Clifford Barney, « à qui Colette ne pardonnait pas de l'avoir prise en passant, sans s'y attarder » :

> Il y a Flossie, qui dit, pour refuser une tasse de thé, un « Non... » si prolongé, dans un petit râle guttural semblant

---

1. Pierre Louÿs, *Mille lettres inédites à Georges Louis (1890-1917)*, édition établie par Jean-Paul Goujon, Fayard, 2002.

accorder toute elle-même. Alain ne veut pas (pourquoi?) que je la connaisse, cette Américaine plus souple qu'une écharpe, dont l'étincelant visage brille de cheveux d'or, de prunelles bleu de mer, de dents implacables. Elle me sourit sans embarras, ses yeux rivés aux miens, jusqu'à ce qu'un frémissement de son sourcil gauche, singulier, gênant comme un appel, fasse détourner mon regard... Miss Flossie sourit plus nerveusement alors, tandis qu'une enfant rousse et mince, blottie dans son ombre, me couve, inexplicablement, de ses profonds yeux de haine.

Colette avait rencontré Natalie Barney chez Armande de Chabannes en 1900 ou 1901. Naturellement, devant le couple formé par Natalie Barney et Renée Vivien, Maugis, comme à son habitude, « grognonne presque indistinctement » un calembour éculé : « Quèqu'Sapho, pourvu qu'on rigole ! »

Colette se flatte d'avoir écrit dans ce roman un pastiche de Maugis – vingt pages ! – bien inutile mais rendu nécessaire pour allonger ce roman trop court. Restituons donc à Colette ce passage signé Maugis : « Béziers, c'est la deuxième personne (à moi les génitifs en cascade) *du* pluriel *de* l'imparfait *de* l'indicatif *du* verbe le plus sympathique *de* notre belle langue française ; c'est aussi une sous-préfecture [...]. »

Que de pastiches dans ce roman ! Est-ce Colette elle-même qui se caricature sous les traits de Claudine, « roulant des *r* fresnois » ? « Cerrrtainement, un vide considerrrable... et doulourrreux ! »

Il y a aussi Uriage (Arriège dans le roman), avec son « établissement de bains d'où montait une infecte puanteur sulfureuse mélangée au parfum des orangers... la noce du vidangeur ! », où Willy rencontre « l'agaçant » Léonce de Joncières, « ce casse-cœur » de Georges de Porto-Riche, Édouard Detaille et « le père Bonnat ». Il y a enfin ce passage : « [...] Jean de Katorzeur, vous savez, ce Serbe à la gueule de palefrenier anglais, jadis rédacteur, en langue belge, d'une feuille de chantage bien parisienne, chochotte qui se dit impérialiste pour justifier ses mœurs à la Cambacérès. Depuis que je le menaçai de lui boucher son gagne-pain avec le bout de ma bottine, il m'accabla de prévenances [...]. »

Jean de Mitty, d'origine roumaine et non serbe, de son vrai nom Golfinéanu, rédacteur en chef du *Cri de Paris* où il a sans doute fait paraître une indiscrétion touchant Willy, est connu pour avoir été l'éditeur des *Œuvres posthumes* de Stendhal (1897) et de *Lucien Leuwen* (1901). Il pouvait difficilement laisser passer ces lignes dans lesquelles son nom était si facilement reconnaissable. Il provoque Willy en duel. La rencontre a lieu à Neuilly, dans les jardins des établissements Chéri, le vendredi 3 avril 1903. Les témoins de Willy sont Georges Vanor et André Gaucher ; ceux de Jean de Mitty, Henri de Bruchard et Georges Maurevert, qui relate ce duel bref dans *L'Art, le Boulevard et la Vie* :

> Les lames à peine engagées, Jean de Mitty chargea avec une fureur inconcevable, cherchant la poitrine de son adversaire, et Willy ne rompit que d'un pas... Halte ! Les combattants s'arrêtent... Willy, pâle un peu, porte la main à son flanc et la retire ensanglantée... Une tache rouge s'agrandit sur la chemise... Les médecins accourent, ils emmènent le blessé dans sa cabine, malgré ses protestations : « Je vous assure, je veux, je peux continuer... »
>
> Mais on ne voulut rien savoir et l'on décida, avec raison, que Willy était en état manifeste d'infériorité.
>
> Par bonheur, l'épée de Mitty n'avait pénétré que de 8 à 10 centimètres en biais, dans la couche graisseuse... Si le coup avait porté un peu plus à droite, en plein ventre, il est probable que nous eussions connu les désagréments de la Cour d'Assises.

Et Willy, ceux des Pompes funèbres.

Le lendemain, toute la presse en parle. Beau joueur, Willy écrit à Jean de Mitty une lettre dans laquelle il s'excuse de l'avoir offensé et lui assure que la « méchante page » sera supprimée dans les prochaines éditions de *Claudine s'en va*. Mais ni Willy ni Colette n'en ont jamais rien fait.

Deux semaines plus tard, le 17 avril, il se bat encore à l'épée contre Samuel Larray, dans le parc du comte de Chabannes, à Neuilly, à la suite d'un article de Willy paru dans *Gil Blas*. À la troisième reprise, Samuel Larray est touché au ventre.

Ainsi s'achève cette série des *Claudine*. En 1903, elle a cette pensée délicate à l'égard de Renaud, avant de disparaître des vitrines des libraires : « Il vieillira plus vite que moi ; mais la solitude rend les miracles faciles, et je pourrai peut-être donner un peu de ma vie pour allonger la sienne. »

HAGIOGRAPHIES

Willy a entre mille veines (et Dieu sait s'il en a, y compris la meilleure) celle d'avoir rencontré une copine qui sait adorablement réunir les attraits capiteux d'une libre amie, les gamineries exquises d'une gobette qui s'en fiche, la douceur prévenante d'une compagne dévouée aux avantages de ce qu'il est convenu d'appeler une petite femme sérieuse. Et, avec tout cela, le moins possible des défauts d'une maîtresse et rien du tout du crassement bourgeois, rien de ce que j'appellerai le pédantisme des professionnelles de l'honnêteté. Colette est plus que sa femme, avec sa frimousse de diablotine futée, son apparence de divette en mal de couplets, elle est l'initiée qui aime, qui sait et qui comprend, elle est aussi occasionnellement sa collaboratrice dont la plus espiègle et les traits ingénieux savent intelligemment greffer aux écrits de l'époux une note de malice et une pointe de grâce.

Ah! Colette exquise, que vous avez bien su être le féminin de Willy et que vous devez lui donner de goût! (Eugène de Solenière).

Trois années de suite vont paraître des biographies – ou plutôt des hagiographies – de Willy. Eugène de Solenière, collaborateur de l'Ouvreuse, est le premier à faire paraître la sienne, chez Sevin et Rey, en 1903, sous une couverture illustrée par le petit masque de Vallotton; elle est dédiée «à Colette». En 1904, c'est Henri-Albert qui, sous le même titre, *Willy*, fait paraître sa biographie chez Sansot dans la collection «Les célébrités d'aujourd'hui», dans laquelle il a déjà publié un *Nietzsche*. «Pourquoi Henri-Albert entreprit-il d'écrire une notice à la louange de Willy? se demande Auriant. Ce serait un mystère insondable, s'il n'était loisible d'imaginer que ce fut le *Cas Wagner* qui mit les deux écrivains en rapport par le truchement de l'Ouvreuse.» Or, on sait ce que Willy pense du *Cas Wagner*, où Nietzsche se montre selon lui «dans toute sa laideur morale», ce qui ne saurait être agréable à Henri-Albert. Pour compliquer les choses, Ernest Gaubert écrit (dans une lettre citée par André Billy dans le *Figaro littéraire* du 22 août 1959) : «La biographie signée Henri-Albert dans la collection Sansot est de moi. C'est la suite d'un pari. Elle fut écrite en une après-midi et l'argent que nous donna Sansot mangé en un déjeuner.»

Que croire ? D'autant qu'on lit l'année suivante, en 1905, dans *Chaussettes pour Dames* : « Henri-Albert, auteur d'une brochure intitulée *Willy* et rédigée en idiome alsacien [...] homme de style moche et boche ! » Et Willy écrit à Curnonsky : « H.-Albert clame qu'il m'enverra ses témoins. J'ose lui promettre quelque agrément. C'est pour me faire modifier le texte de C. p. D. qu'il fait courir, aux grandes allures, ces bruits menaçants. Chéri, va ! »

La troisième biographie, en juin 1905, est due à Jean de La Hire. C'est le premier volume d'une nouvelle collection, « Ménages d'artistes », à la Bibliothèque indépendante d'édition. Sur la couverture, la photo de Colette en Claudine assise aux pieds de Willy. En frontispice, la Colette de Jacques Blanche et le Willy de Boldini, aussi maniérés l'un que l'autre.

Willy continue de donner des préfaces (*L'Amour en dentelles*, album de Préjelan, et *Le Jeune Marcheur* d'Alphonse Crozières, en 1902) et entreprend, comme tout le monde et Jarry, de publier un almanach annuel chez Varelli : l'*Almanach Willy pour 1903* (a-t-il même paru ?) ne va pas plus loin que l'*Almanach Willy pour 1904*. Mais ce sont là des travaux de librairie qui ne l'empêchent pas de penser aux choses sérieuses. Le 1er mai 1903, il publie dans *La Nouvelle Revue* un inédit que Jules Claretie s'empresse de relever dans le *Figaro* du 29 mai :

> M. Henry Gauthier-Villars a publié naguère dans la *Nouvelle Revue* quelques vers du discours académique de Rostand, primitivement écrit en vers. Et précisément le poète, en cette harangue inachevée, rappelait ses souvenirs de la Provence, de la Méditerranée, de Marseille :
>
>> J'en conviens, vous avez réalisé le rêve
>> Que j'ai conçu là-bas, tout enfant, sur la grève
>> De Provence où le rythme immortel de la mer
>> Apporte, avec l'odeur du goémon amer,
>> L'arôme des lauriers et des myrtes d'Athènes.
>> Là j'entendis se réveiller des voix lointaines
>> De joueuses de flûtes et d'aèdes pensifs.
>> Souvent, tandis que l'eau brisait sur les récifs
>> Éclaboussant mon front de sel vif et d'iode,
>> J'ai reconnu les chants d'Eschyle et d'Hésiode.
>> D'autres fois, le mistral faisant rire un galet,
>> J'ai supposé qu'Aristophane me parlait...

Et il y a de l'Athénien en effet chez ce Français de pure race – de l'Athénien par la grâce et le charme, de l'Aristophane par l'ironie et le caprice. Il y a aussi du rêveur de légendes, un inassouvi qui souffre en même temps qu'un enchanteur ouvrant pour nous le palais des féeries. Il a déchiré ce discours en vers dont un journal de Catalogne et une gazette hellénique, l'*Athénaï*, ont recueilli les fragments, comme des pétales de rose jetées au vent.

Le lendemain, une lettre de Willy vient doucher l'enthousiasme de Claretie en lui avouant qu'il s'agit d'un pastiche. «Edmond Rostand s'amusa beaucoup de cette supercherie», assure Willy; et prononça le 4 juin sous la Coupole son discours de réception à l'Académie française, en prose.

Les Monts-Boucons

«Casamène [Les Monts-Boucons, à Casamène, près de Besançon] est perché sur l'épaule ronde d'une petite montagne crépue de chênes bas [...]. La maison est une basse vieille maison à un étage, chaude l'hiver et fraîche l'été, un logis sans atours, non sans grâce. Le petit fronton de marbre sculpté [...] s'écaille et moisit, tout jaune et, sous les cinq marches descellées du perron, un crapaud chante le soir» (*La Retraite sentimentale*).

C'est «surtout pour faire plaisir à Colette», écrit Jacques Gauthier-Villars, que Willy achète en septembre 1901 cette propriété qu'il étend en 1902 par l'acquisition de la ferme voisine. Pour lui, un petit changement d'air annuel est bien suffisant; Colette, au contraire, aspire au calme de la campagne. «J'attends et je languis patiemment, écrit-elle à Francis Jammes en 1904, jusqu'au jour où Willy sera assez riche pour vivre ailleurs qu'à Paris, sur une petite montagne qui est à moi.» À Marguerite Moreno en 1902 : «Il y a ici [...] dans un rond d'arbres cachée, toute une machinerie de trapèzes, de barres, de perches et d'échelles. [...] Je m'admire particulièrement dans un renversement au trapèze. Toby-chien (tu sais celui qui n'est Pas Pur!!!) a appris en deux leçons à grimper aux échelles. Je réserve pour les grandes purées ce numéro à succès...» Willy achète un «demi-sang âgé, le pied fin», que

Colette a trouvé, « roué de coups, déchiré de vingt plaies ». Après l'avoir soigné, elle le monte à califourchon en culotte cycliste à carreaux et coiffée d'une casquette. En 1905, elle l'attelle à un petit tape-cul en osier avec lequel elle part à la chasse aux champignons, cèpes et morilles.

« Aux Monts-Boucons, les héros des *Dialogues de Bêtes*, Toby-chien, bouledogue français vif et râblé au poil ras noir bringé, et Kiki-la-Doucette, majestueux chat angora au long pelage soyeux, dormaient fraternellement côte à côte sur le perron ensoleillé. » Jacques Gauthier-Villars garde un « souvenir ébloui » des vacances qu'il y passait avec un cousin de son âge : « Je préférais Toby-le-chien et, pourtant, Kiki-la-Doucette portait deux fois le nom de mon père : Kiki, diminutif d'Henry, et Doucette, affectueux sobriquet conjugal. » C'est là qu'il voit son père, dans le petit salon du rez-de-chaussée, lire à Colette les premiers chapitres de *Jeux de Prince* ; c'est dans le même petit salon qu'elle écrit ses premiers *Dialogues de Bêtes*, qui portent cette dédicace imprimée : *Pour amuser Willy*. À Marguerite Moreno : « Je travaille aussi autrement [qu'aux agrès] avec Willy-la-Doucette. Car il faut absolument manger cet hiver. »

Colette et Willy semblent avoir passé aux Monts-Boucons les meilleurs moments de leur intimité. Elle écrit à Jeanne Muhlfeld : « Willy vous envoie ses respectueuses gentillesses. Il est tout fatigué, aimable, souriant et gâteux... Mais c'est tout de même une Doucette. » Et lui, à Curnonsky, au cours de l'été 1905 :

> Le soleil s'est caché. Je fume.
> Le vent me chante son verset.
> Toby-chien me regarde ; et c'est
> Tout ce que je prends pour mon rhume.

Kiki-la-Doucette, « chat des Chartreux », qu'elle promenait en laisse à Uriage, ou à Paris sur le boulevard Berthier, meurt en 1903. Colette raconte à Georges Casella : « Je disais : "Ici, Chat !" et il accourait à mon geste. Il marchait avec dignité en balançant sa longue queue paresseuse. Il englobait l'humanité dans un mépris universel. Il y avait du dédain dans ses yeux asiatiques. Il nous aimait avec condescendance. [...] Nous l'avons perdu sans savoir pourquoi. Il maigrit, se desséma, il devint plat, plat... puis ce fut la fin. » Est-ce pour Kiki-la-

Doucette qu'elle écrivit en 1902 *Minet*, chanson, paroles et musique de «Madame Willy»? Paul Léautaud ne croyait pourtant guère à son amour des chats : «Ainsi Kiki-la-Doucette mort a été jeté dans le fossé des Fortifications. Tout bonnement. Je lui ai dit, et Vallette également le sien, mon étonnement.»

Toby-chien (très photographié) a été trouvé par Colette dans une écurie : «Je l'avais acheté [...] parce que c'était vraiment un beau petit bull de huit mois, pas équarri, sans nez, des yeux limpides et un peu bridés, des oreilles comme des cornets acoustiques» (*Claudine s'en va*). «Porté sur quatre pattes courtes, ce sympathique personnage incarne un des types les plus beaux pour un connaisseur (les plus hideux pour le commun des mortels) du petit *bull* français. Coudes en dehors, queue tortillée de marcassin noir, il marche l'amble, en arquant les jambes comme un jockey démonté. Ses yeux saillent, son nez rentre, la lèvre vernie découvre quatre petites dents inégales [...]» (*En bombe*). «Maugis, occupé à l'extrême des fonctions intestinales d'un petit bull noir qui trottait en zig-zag devant eux, tantôt sur trois pattes et tantôt sur quatre. Maugis, qui préfère Toby à tout, même au gin cocktail, l'emmène boire en ville, dîner en ville, souper en ville [...]. Attendri, il se reconnaît dans ce petit bull court dont les yeux aimants brillent dans une face prognathe d'assassin senti-mental. "Comme il me ressemble! Pigez sa façon de cligner de l'œil gauche et de tirer la patte droite en marchant; c'est moi tout ch... tout craché"» (*La Môme Picrate*).

«Pour amuser Willy», dit Colette; et à travers une lettre à Jeanne Muhlfeld, on peut imaginer les dialogues qu'ils peuvent avoir, et les propos que Colette tient à son chien. Cette lettre est écrite mi en «Langage des Chiens ou Doucets» avec en regard la «Traduction pour les non Initiés» :

| Chien-Doucette partireu aujourd'hui voir Poulet. [...] Fille coucher toute seule cette nuit, pourra pas faire tête ni faire bras. | Willy part, un jour avant moi, pour les Clayes où séjournent les Chaumont-Quitry [apparentés aux Gauthier-Villars]. [...] Je vais «dormir» seule cette nuit et j'en ressens une certaine mélancolie parce que j'ai l'habitude de me nicher dans un conjugal bras droit. |

À Georges Casella qui lui demande d'où lui est venue l'idée d'écrire ces *Dialogues de Bêtes*, Colette répond : « Pour dérider mon chat, pour faire rire mon chien, je leur en lisais chaque phrase, mais jamais je n'ai pensé à les publier.
– Et qui vous décida ?
– Willy... ça l'amusait... j'ai voulu amuser Willy. »

Catulle Mendès, dans la salle de rédaction de *L'Écho de Paris*, se précipite sur Colette et l'embrasse en s'écriant : « J'ai retrouvé là toute la poésie de Claudine. » Est-ce pour déplaire à Willy et celui-ci le prend-il mal ? Il ne semble pourtant pas jaloux de ce livre quand il écrit à Curnonsky : « Tu m'as beaucoup touché en me parlant comme tu l'as fait des *Dialogues de Bêtes*. Mais Colette est furieuse parce que j'ai déchiré ta lettre sans la lui montrer. Alors, pour la satisfaire, veux-tu me récrire tes lignes si gentilles. »

Colette a soigneusement préparé son service de presse. Pour Marcel Schwob, elle note : « avec terreur et affection ». Elle prévoit même sur sa liste « Maman G-V ». Willy s'occupe de faire passer dans *Femina* la préface de Francis Jammes, qui paraîtra en fin de compte dans *Le Mercure de France* : « Grâce à vous, lui écrit Colette, le 19 octobre 1904, voilà que Willy, levé grinchu, s'épanouit pour toute la journée [...], surtout à cause du tendre empressement que vous témoignez à sa "fille". » Mais dans la même lettre elle écrit que cette préface « sera le commencement et la fin de mon orgueil littéraire ». N'a-t-elle, vraiment, aucune ambition ? Pense-t-elle ne jamais rien écrire d'autre que des romans en collaboration, sous le nom de Willy ? En 1904, elle est sûrement sincère. L'accueil réservé à ce petit livre peut d'ailleurs la décevoir. Les remerciements d'Anna de Noailles, à qui elle a dédicacé les *Dialogues*, sont cérémonieusement anodins, et assortis d'un : « Je vous prie Madame, de me rappeler au souvenir de Monsieur Gauthier-Villars », qui laisse entendre qu'elle ne croit guère à l'authenticité de la signature « Colette Willy ».

Colette n'est pas un écrivain animalier et son anthropomorphisme peut choquer plus d'un lecteur. Colette n'est pas Paul Léautaud : « En réalité, elle aime surtout les bêtes de luxe. [...] Elle donne l'impression d'aimer les bêtes surtout en dompteur » (*Journal littéraire*, 8 novembre 1912). Willy en tout cas doit être ravi, car elle écrit en 1905 : « Signe particulier : il rend les bêtes sentimentales et les femmes cyniques. »

« MINNE »

Malgré ces *Dialogues de Bêtes* qui paraissent sous son nom, Colette continue de travailler aux ateliers. *Claudine* apparemment épuisé en quatre volumes, elle tente maintenant de donner vie à une nouvelle héroïne : c'est *Minne* (juin 1904), dont l'action se déroule tout près de chez elle, et de la zone des fortifs hantés par les chiffonniers et les apaches à rouflaquettes. « Primitivement, dit-elle, c'était une nouvelle de cinquante pages », que Willy lui demande de gonfler au volume d'un roman. Car il n'intervient guère : dix lignes pour *Minne*, une quinzaine de petites corrections pour *Le Mariage de Minne*, premier titre des *Égarements de Minne*[1] qui paraissent l'année suivante, en mai 1905. « Encore heureux que pour l'honneur du roman français, la fin de ma lâcheté ait abrégé son destin. » Ces deux romans ne sont pas plus déshonorants que les *Claudine*. Et c'est avec ces deux *Minne* que Colette prend conscience de sa qualité d'écrivain, qu'elle se sent enfin capable d'écrire et de se corriger elle-même. En 1909, après sa séparation, Colette Willy publiera *L'Ingénue libertine*, qui est le condensé des deux *Minne* : en un seul volume cette fois, la petite Parisienne mythomane de la première partie se prend pour Casque d'Or amoureuse du Frisé et devient dans la seconde une jeune femme à la recherche du plaisir, qu'elle découvre... dans les bras de son mari. Jamais Colette ni Willy n'avaient écrit une « fin » si morale. « Mais, écrit Georges Normandy, pourquoi la plupart des gens qui savouraient *Minne* [...] m'ont-ils avoué (en fermant ce livre si chaste dans l'intention de Willy, ce livre à peine acidulé) qu'il leur restait une saveur spéciale dans la bouche, une chaleur étrange autour des oreilles, des picotements insolites dans les muscles et les articulations ? Est-ce que... ? On n'a pas assez médit du public qui métamorphose, au gré de ses instincts, les desseins les plus louables de nos trop rares moralistes antisoporifères. »

« Suis content pour les *Égarements*, écrit Willy à Cur. J'appréhendais ton jugement, mais je prévoyais que la scène de Maugis te plairait... parce que tu la devinerais exacte, d'après nature hélas ! » Colette a conservé dans *L'Ingénue libertine* cette visite de Minne à Maugis, qui s'achève en fiasco. Elle

---

1. Vente Drouot, 21-22 février 1927, Marguerite Milhau, expert.

fond en larmes et Maugis la renvoie sur ces mots : « Je suis un vieil homme. »

Willy s'est beaucoup décarcassé pour lancer cette nouvelle série : envoi d'épreuves à des critiques avec un petit mot personnel comme s'il s'agissait vraiment d'un roman qu'il a écrit ; relance de Pierre Louÿs qui lui répond d'ailleurs qu'il n'a pas reçu *Minne*, ni les six volumes précédents (à propos de *Claudine s'en va* déjà, Willy lui avait adressé un télégramme de cinquante mots (!) pour lui demander de faire l'article de tête du *Journal*; sans résultat[1]).

Minne sera sérieusement exploitée. Elle devient une opérette de Willy, musique de Justin Clérice, jouée à la Boîte à Fursy, rue Pigalle, du 6 au 20 février 1905 ; et un feuilleton dans *Le Supplément* du 25 février au 25 avril, suivi des *Égarements de Minne* dans le même *Supplément* du 10 octobre au 19 décembre 1905.

Les deux Minne sont les derniers romans de Colette signés par Willy. De 1900 à 1905, Colette aura donc publié cinq romans, ce qui n'est pas si mal pour une femme qui ne voulait pas écrire. Dans le même temps, Willy a signé seize livres, et Henry Gauthier-Villars sept. À eux deux, Colette et Willy ont publié vingt-huit volumes en cinq ans !

Quelle usine !

« LE FRIQUET »

Toujours pratique et prêt à prolonger un succès de librairie, Willy adapte *Minne* à la scène. « Chez Fursy, M. Willy a tiré une pièce en deux actes de son roman *Minne* ; Alice Bonheur, rose, blonde, dans sa robe de velours Vélasquez, petite fée moderne, égarée au milieu des apaches des fortifs, est délicieuse de charme et de grâce juvénile, et la musique de Justin Clérice souligne les situations de son spirituel gazouillement » (Richard O'Monroy, *Le Rire*, 25 février 1905).

Willy ne fait pas chômer les théâtres. Depuis *Claudine à Paris*, il a fait représenter à Paris en 1902 *Médecine aux champs*, au Théâtre des Mathurins, en collaboration avec Andrée Cocotte, avec « laquelle » il publie la même année le recueil de

---

1. Pierre Louÿs, *Mille lettres inédites à Georges Louis (1890-1917)*.

nouvelles *Pi... houit!* sous une couverture de Benjamin Rabier (Librairie Molière). Le 11 mars 1903, reprise de *Claudine à Paris*. Le 29 avril, *Le P'tit Jeune Homme*, comédie en trois actes de Willy et Luvey (et Armory?) aux Bouffes-Parisiens, dont Charles Vayre tire un roman préfacé par Willy. Polaire en travesti y remporte un nouveau succès. Elle passe l'été aux Monts-Boucons (écrit Willy à Isidore Philipp), « admirant les brins d'herbe, humant l'air des montagnes, prenant des forces pour cette longue et dure balade » que sera la tournée du *P'tit Jeune Homme* en province. Le 4 octobre, *Serment d'ivrogne*, vaudeville en un acte, en collaboration avec Andrée Cocotte, au Théâtre Moderne. Le 9 janvier 1904, *P'stt!*, vaudeville en un acte, toujours en collaboration avec Andrée Cocotte, au Théâtre des Mathurins (Librairie Molière).

Le samedi 1er octobre 1904 est créée au Gymnase une pièce en quatre actes, *Le Friquet*, tirée d'un roman de Gyp paru en feuilleton dans *La Revue hebdomadaire* en 1900, et en librairie en 1901. Luvey, Colette et Armory auraient collaboré à cette adaptation qui sera jouée une centaine de fois. Sous le pseudonyme de Gyp, on reconnaît la comtesse de Martel de Janville, née Gabrielle Sybille Aimée Marie Antoinette de Riqueti de Mirabeau, auteur de nombreux livres à succès dont les plus connus encore sont *Petit Bob* (1882) et *Le Mariage de Chiffon* (1894).

C'est la triste histoire de Marie, surnommée « le Friquet » (le moineau), petite orpheline blonde qui a passé son enfance comme écuyère au « Grand Cirque américain » dirigé par le Juif Jacobson (ce qui n'étonne pas de la part de nos deux auteurs antisémites); après l'avoir quitté, elle reviendra au cirque pour y mourir dans une chute de trapèze. *Le Friquet* est dédié : « à Monsieur Degas, qui aime et admire la force, j'offre affectueusement l'aventure d'un petit être très fort ».

Les répétitions du *Friquet* ont commencé avant l'été, mais ont été interrompues jusqu'au 15 septembre en raison du succès du *Retour à Jérusalem* de Maurice Donnay. Willy est aux Monts-Boucons, alité, et Colette écrit à Gyp qui dirige les répétitions pendant son absence : « Ce bobo à la jambe prend une tournure qui ne me dit rien de bon. » Elle va l'accompagner à Paris, et le ramener ensuite. Polaire a besoin de sa présence : elle insiste dans un télégramme qu'elle lui adresse aux Monts-Boucons le 23 septembre :

CHANTE CE SOIR NOUVEAU CIRQUE PUPILLES PRESSE CHANSON ANNÉE DERNIÈRE. ENNUYEUX VENIEZ SEULEMENT LUNDI. PAS COURAGE ÉCRIRE SERVIRAIT À RIEN D'ABORD VOTRE PRÉSENCE UTILE. TENDRESSES TRISTES + CLAUDINE.

Le Friquet est un succès, et toute la presse applaudit Polaire dans le rôle de cette petite écuyère et acrobate de quinze ans. «Ses quatre tableaux, la roulotte des forains, le salon de mes protecteurs, l'atelier de l'ami fidèle chez qui je me réfugiais, enfin ma loge d'acrobate où le drame s'achève dans le sang, furent acclamés. Et la critique unanime me trouva coup sur coup gamine, étrange, instinctive, farouche, féline, passionnée...» Willy fait imprimer des cartes postales de Polaire dans le rôle du *Friquet*, dans le style publicitaire des affiches de cirque: «Grand succès! Great Attraction! Grosser Erfolg! Mayor Exito!»

De Gyp, Rachilde écrit dans *Le Mercure de France* d'avril 1901: «Elle demeurera toujours jeune d'esprit, de corps et de conscience, mais demeurer le même est certainement ce qui vieillit le plus en France.» À sa mort en 1932, Maurice Bourdet écrira dans *Miroir du Monde*: «On attendait son dernier roman comme le dernier calembour de Willy, la dernière redingote de Boni de Castellane. [...] Ses idées, comme son écriture ont la couleur d'une époque disparue – il y a, en elle, des arabesques modern'style, du Lalique démodé, une odeur d'ylang-ylang [...].»

Le 8 décembre 1904, la représentation du *Friquet* est annulée «à cause du deuil qui a frappé M. Willy». Sa mère vient de mourir à Paris le 2 décembre en son domicile, 6, cité Martignac, dans le quartier des Invalides. Willy écrit à Cur: «Maman s'est éteinte doucement, pauvre petite veilleuse qui a charbonné avec résignation. Je m'en attendris; je voyais cette flamme toute menue vieillir – et pourtant, ça me tord un peu le cœur. On n'est pas parfait.»

Colette à Francis Jammes: «La mère de Willy vient de mourir, lui-même est à peine hors de son lit où l'avait couché le saisissement, la fatigue, le chagrin, tout cela se manifestant par une grande fièvre et surtout un énorme abcès à la figure, avec menace d'anthrax. On l'a opéré deux fois. Les obsèques ont lieu demain.»

La mère de Willy est inhumée au cimetière Montparnasse. Willy annonce la nouvelle à son fils: «J'ai, comme tu le devines, beaucoup de chagrin, comme tu en auras certainement toi aussi; il me faut pourtant écrire des gaudrioles pour divertir mes lecteurs... Le métier d'auteur gai est comme celui du clown, ceux qui les ont choisis doivent toujours faire rire, même s'ils ont envie de pleurer. »

« Plus tard, écrit Jacques Gauthier-Villars, j'appris que Willy, ce pseudo-cynique, n'envoyait jamais ses romans à sa mère sans replier et épingler les pages trop audacieuses. Je vis plusieurs de ces romans aux pages jaunies, dont les épingles rouillées n'avaient jamais été enlevées. Je vis également chez Willy une lettre sévère de sa mère, déplorant de lui voir mettre un beau talent d'écrivain au service de romans légers et libertins. » Elle ne lisait que ses livres de critique musicale et d'histoire.

« EN BOMBE »

D'une pièce de théâtre, Willy saute à un roman, et même à plusieurs. L'année 1904 est celle de *La Môme Picrate* et d'*En bombe*, deux titres explosifs.

Le 25 décembre 1903, Willy écrit à Cur : « Voulez-vous *La Môme Picrate* ? C'est massif. Et cul. » Armory (Carle Dauriac, 1877-1946) en est le principal collaborateur : «... ma fréquentation du Jardin de Paris, où triomphaient les anciennes gambilleuses du fameux cancan, mon amitié pour Jane Avril, la "muse" de Toulouse-Lautrec, me valurent de collaborer... sérieusement à un roman qui eut sa vogue sous le titre *La Môme Picrate*. Willy y ajouta des histoires de salles de garde ». Mais Armory n'est pas seul, comme il semble le croire. Fernand Mazade écrivait à Willy en septembre 1903 : « Veux-tu simplement que j'interpole (avec des raccords nécessaires évidemment) un certain nombre de chapitres pour compléter les 300 pages ? Ou bien tiens-tu à ce que je chambarde le tout ? Dans le second cas, il me faudrait environ huit semaines de travail. Dans le premier cas, cinq semaines me suffiraient, semble-t-il. »

Au quadrille du Moulin-Rouge, Jane Avril avait été surnommée « la Mélinite », du nom de l'explosif inventé par l'ingénieur Turpin. On rencontre dans ce roman, sous le nom de Joris van Tyledonck, le wagnérien Teodor de Wyzewa. Au tableau qu'avait brossé Wyzewa de la petite danseuse solitaire du Bal Bullier dans son roman *Valbert* (1893), *La Môme Picrate* apporte de nouvelles touches – Jane Avril dansant dans le kiosque du Jardin de Paris, et sa silhouette frileuse traversant la nuit les Champs-Élysées déserts. C'est en effet un roman massif (412 pages) qui a été grossi par le récit du séjour de deux couples à la salle de garde de l'asile de Villébreu (Ville-Evrard). Et Armory se voit appelé, dans *Le Festin d'Ésope* de juin 1904, « ce bon disciple de Willy ».

Dans le numéro d'août, Apollinaire jubile : « *Le Festin d'Ésope* est assuré de l'immortalité. Willy s'est plu à le nommer dans un roman que l'auteur a *non seulement écrit* mais illustré de ses photographies. Willy est un homme curieux et peu connu malgré tout. Il est notre Andréa de Nerciat. » Ce roman, c'est *En bombe*, illustré de photographies, dans la collection « Excelsior » éditée par Per Lamm. « Willy, l'auteur a posé lui-même pour les illustrations photographiques », est-il bien précisé sur la couverture. Il tient le rôle de Maugis en compagnie, écrit Colette, d'une « sous-*twin* », Mlle Madeleine Rassat, élève du Conservatoire : « Elle avait le goût de l'oisiveté, point d'avenir au théâtre, le cheveu cendré, les yeux très clairs et très beaux, le nez fort, et ressemblait à Louis XV adolescent plus qu'à Claudine ou à Colette. Mais deux ou trois robes, autant de chapeaux, firent le nécessaire, et l'opinion publique se chargea du reste. »

Lorsque Willy sort avec Colette en victoria, il fait asseoir Madeleine sur un strapontin, où elle boude : « Pourquoi est-ce que c'est toujours moi qui vais sur le strapontin ? C'est pas juste. On pourrait au moins changer ! »

Ce qui fait rire Colette, mais agace Willy : « J'en ai assez de cette charrette à bras, qui a le nez triste. »

Il y aura encore d'autres *twins*, dont une, « lointaine et dépareillée », ira jusqu'à prendre le nom de Colette !

À la parution du roman, Curnonsky écrit à Willy qu'il a tort de galvauder Maugis « dans des Bombes picratées qui chahutent indûment toute la chronologie de cet être où nous avons mis plus de choses qu'il n'en tient dans la philosophie de M. Jaurès ! ». Réponse de Willy : « Je t'ai déjà répondu vingt fois que je m'en fous. Quand j'ai besoin d'argent, je fais n'importe quoi. Je ne m'en vante pas, d'ailleurs. » D'*En bombe*, Colette écrit : « Je ne l'ai pas lu. Mais j'ai regardé les images. » Elle a eu tort. Il y a plein de choses intéressantes dans ce roman (et le personnage de Rodolphe de Kernadeck, nom sous lequel Armory s'était présenté à Willy) et surtout cet épisode au cours duquel Maugis, dans les lits successifs de la petite Rose d'Hévan, de Liliane des Acacias ou de Suzanne Aubin, constate son inappétence : « Le dolent fêtard dut s'avouer qu'il baissait (c'est le mot); il n'y avait pas à dire mon bel ami... Maugis ne le dit pas; il dit seulement, pour n'en pas perdre l'habitude, mais ici avec une amertume farouche : "La vie ne vaut pas un pet de lapin", et, de cette proposition, jusqu'alors machinalement ressassée, il entrevit pour la première fois la conséquence logique et se convainquit qu'il souhaitait mourir. »

Cet épisode est tout simplement repris à une nouvelle déjà publiée dans l'*Almanach Willy pour 1904*, sous le titre : « Le suicide reconstituant » (le candidat au suicide se gave d'allumettes et obtient le résultat... inverse de ce qu'il escomptait). Cette nouvelle portait un sous-titre : « Pour amuser Claudine ». Était-ce une réponse à la dédicace des *Dialogues de Bêtes* ? Et cette nouvelle a-t-elle vraiment amusé Claudine ?

Qui a trempé dans la rédaction d'*En bombe* ? Pourquoi Guillaume Apollinaire tient-il à souligner que l'auteur l'a *écrit* ? Ce n'est en tout cas sûrement pas Curnonsky. On n'éprouve pas le besoin de se poser ce genre de question pour *Danseuses*, qui paraît en 1904 chez Méricant avec 26 illustrations de Ch. Atamian, de danseuses fort peu vêtues (sinon ça se verrait), de l'Antiquité à la fin du siècle : deux mille ans de seins et de fesses. On y apprend tout de même que le cake-walk « resta une danse de sauvages épileptiques – et comme la représentation de la colique et l'illustration de Vomito Negro, jusqu'au jour où il plut à Polaire de le danser sur la scène des Mathurins ».

« CHAUSSETTES POUR DAMES »

C'est à cette époque que l'Ouvreuse adopte un collaborateur enfin digne de succéder à Alfred Ernst. De 1904 à 1911, Émile Vuillermoz met la main aux chroniques qui paraissent dans *L'Écho de Paris*, *Comœdia* et *Le Mercure de France*. Depuis 1903, Colette donne au *Gil Blas* des chroniques musicales, où certains reconnaissent l'oreille de « Claude » (Debussy) autant que celle de « Claudine ». Elle continue d'accompagner Willy. Henri Martineau (*Les Guêpes*, 1911) les voit tous les deux au Théâtre Sarah-Bernhardt, où l'on joue, le 7 février 1905, *Angelo, tyran de Padoue*, drame lyrique de Victor Hugo, musique de scène de Reynaldo Hahn : « Ma place de parterre s'adossait à sa baignoire et je me serais bien morfondu à écouter de Max et

Sarah bouffonner dans *Angelo*, si je n'avais reconnu derrière moi l'homme aux bords plats (en ces temps lointains!) et n'avais été distrait un peu par ses propos cocasses : car lui non plus ne mordait pas à *la croix de ma mère*, mais savait trouver le moyen de rire où je n'aurais su que bâiller. »

Tout le monde touche à la musique, même Guillaume Apollinaire qui fait le compte rendu des concerts dans *La Revue d'Art dramatique et musical*, où il se borne à signaler les opinions des critiques ; quand il ouvre une « Enquête sur l'orchestre » dans *Le Festin d'Ésope*, l'Ouvreuse signale malicieusement dans *L'Écho de Paris* du 22 août 1904 : « M. Guillaume Apollinaire traduit un fort volume de Ziehn sur le premier accord du scherzo de la Neuvième Symphonie de Bruckner. »

Tout prétexte musical est bon pour Willy. Ses textes accompagnent les caricatures de *Nos musiciens*, par Aroun-al-Raschid (Umberto Brunelleschi) dans *L'Assiette au Beurre* du 27 septembre 1902. En 1905, c'est un album, *Anches et embouchures*, illustré par Le Réverend, avec un « Prélude » d'Hicksem (Boulestin). Quinze instruments ont droit à autant de poèmes, sonnets, rondeaux, triolets, villanelles et ballades, accompagnés de commentaires et de calembours en prose :

La Mandoline

Depuis que le duc son mari
Est au loin parti pour la guerre
Dona Linda ne quitte guère
Le balcon de jasmins fleuri.

Ce soir, en le parc assombri
Mais que parfois la lune éclaire
Un mandoliniste accélère
Son libidineux pot-pourri.

Dans la pénombre intermittente,
Linda, lascive et palpitante,
Du joueur contemple les mains.

Et, soudain folle, elle s'incline,
Délirant parmi les jasmins :
« Je veux être une mandoline ».

Dans cet album aussi, deux photos de Polaire, et une de Colette jouant de la flûte de Pan dans le costume de Daphnis qu'elle décrit – crêpe de Chine terre cuite, fort court, cothurnes à la romaine et une couronne de fleurs – pour l'avoir porté dans le jardin de Natalie Barney, à Neuilly : ce jour de 1905, elle interprète le *Dialogue au soleil couchant*, de Pierre Louÿs, avec l'Américaine Eva Palmer, « rousse à miracle », vêtue, elle, d'une tunique grecque d'un bleu verdissant.

« Je viens d'avoir une des plus fortes émotions de ma vie, lui dit Pierre Louÿs [...]. L'impression inoubliable de m'entendre interpréter par Mark Twain et Tolstoï »... tant Colette roule les « r » qu'on dirait l'accent russe !

Pierre Louÿs écrit aussi à Curnonsky : « On vous a sans doute averti que je suis devenu d'une fatuité insupportable depuis que je suis joué par Colette Willy. Je suis en train d'écrire une saynète pour laquelle j'exigerai d'être interprété par Sully Prudhomme et Mme Rostand. »

Et il lui réclame un exemplaire de *Chaussettes pour Dames*, qui vient de paraître chez Garnier, avec des illustrations de Henri Mirande. C'est le seul livre sur lequel Willy et Curnonsky ont fait figurer leurs deux noms sur la couverture. Il est dédié à « Willette, Peintre, Dessinateur et Poète du Mollet féminin ». Ils entrent en guerre contre le maillot collant rose qui gaine les jambes des chanteuses et des comédiennes, et réclament l'usage de la chaussette qui laisse voir le mollet nu. *Chaussettes pour Dames* est un sujet sur mesure pour Curnonsky qui, avec son ami Pierre Louÿs, a une prédilection marquée pour les fillettes. C'est peut-être au sujet de ce livre (ou de quel autre ?) que les deux collaborateurs échangent ces télégrammes :

PEUX-TU TERMINER EN QUINZE JOURS SI OUI TU RECEVRAS IMMÉDIATEMENT SUBSIDES SINON AFFAIRE MANQUÉE. AMITIÉS. WILLY.

Curnonsky répond :

TERMINUS 15 À 20 NOVEMBRE. CÉLÉRITÉ. LETTRE SUIT. DILECTIONS. CUR.

Willy renvoie le télégramme annoté au crayon : « Merci pour célérité formule neuve me plaît. Mais 20 novembre me plaît beaucoup moins. N'est-ce pas octobre que tu as voulu dire ? Le 20 novembre il ne sera plus temps et l'affaire est foutue. J'attends ta lettre. »

L'avertissement de *Chaussettes pour Dames* est, naturellement, signé avec les initiales des deux auteurs, « W. C. » et suivi de ce : « P.-S. – Nous nous sommes avisés, depuis dix ans déjà, que notre double initiale prête à une équivoque grossière et nous nous en sommes, maintes fois, divertis bassement. Ceci pour prévenir nos amis, ennemis, confrères et lecteurs qu'ils arriveraient un peu tard et qu'il y a mieux à faire. »

Le plus amusant, dans ce petit manuel qui traîne un peu, ce sont les dialogues entre les deux auteurs, comme cette note de Willy en bas de page : « Mon vieux Curnonsky, je ne trouve pas de mots pour exprimer mon indifférence à ce sujet. Finis cette page-là tout seul. Je vais faire un tour. W. »

Les rapports de Willy avec Garnier ne sont pas excellents. Il écrit à Cur : « Le birbe de la rue des Saints-Pères[1] vient de m'envoyer une facture ! Je lui avais fait envoyer 2 bouquins à un copain bisontin, et cette antique crapule me les facture. Voilà qui nous promet de beaux jours. Sale vieillard pourri ! »

Quant aux ventes, elles sont franchement mauvaises. À part les 165 exemplaires envoyés « en hommage », les ventes de 1905 s'élèvent à 285 exemplaires et celles de 1906 à 1366 exemplaires. Dans le même temps, Garnier vend 293 *Maîtresse d'Esthètes* et 227 *Un vilain Monsieur !*, qu'il a repris à Simonis Empis. Décidément, il n'y a pas que des succès dans la carrière littéraire de Willy.

LE 1er MAI 1905

En avril 1905, la foule se presse au Salon des artistes français devant le portrait de Willy par Giovanni Boldini, « agaçant de chic » (*Les Fourberies de Papa*). Les goûts de Willy en peinture suivent ceux de la mode, et il ne fréquente guère les grands artistes de son temps. Pourtant, dans ses *Souvenirs*, il relate sa visite au richissime Isaac de Camondo qui a réuni une collection de tableaux dans son hôtel particulier de la rue Gluck – « Eau et Degas à tous les étages ». Il raconte à Edgar Degas :

---

1. Le siège des éditions Garnier est alors situé à l'angle de la rue des Saints-Pères et de la rue de Lille.

— Il m'a montré les plus belles toiles que j'aie vues de ma vie.
— Oh! Oh! les plus belles... enfin... passons. Bien entendu, ce monsieur a disserté sur mes œuvres, il a vanté son flair d'acheteur, il vous a expliqué ma peinture, il...
— Non. Il n'a rien dit du tout.

Surpris, Degas reste un instant silencieux. Puis son visage s'éclaire d'un sourire :
— Rien du tout ? Mais, dites donc, Willy, il se forme !

Colette et Willy sont à Monaco en février. On les voit aux obsèques de leur ami Marcel Schwob, le 1er mars 1905. Avec lui, c'est toute une génération d'amis qui commence à disparaître : Alphonse Allais en 1905, Jean Lorrain en 1906, Alfred Jarry en 1907... L'année 1905, c'est aussi le coup de Tanger et la menace allemande qui se précise : les années qui viennent sont des années d'avant-guerre. Willy a quarante-six ans et Colette trente-deux; leur jeunesse est bien finie. Mais ils sont encore de toutes les mondanités, et ils font tout pour qu'on les remarque et qu'on ne les oublie pas. On les voit au Cercle des arts et de la mode le 27 mars. Un journaliste qui, dans *L'Art et la Mode* du 10 avril, a décrit la toilette que portait Colette et ses parements ornés de boucles dorées, reçoit d'elle une lettre de rectification : les boucles n'étaient pas dorées, mais «en acier».

Il ne faut pas se fier aux apparences. Pour mener un tel train, il faut une fortune que les Gauthier-Villars n'ont pas. Et les dettes s'accumulent. Les Contributions directes invitent Willy de façon pressante à régler un arriéré d'impôt de 475,87 francs. Ils sont aux abois : durant les années 1906 et 1907, Willy ne cessera d'être poursuivi par ses créanciers, et de vendre – tout : ses parts dans la maison d'édition paternelle, son portrait par Boldini, ses manuscrits (les lettres du Chevalier de Vauchoux que «M. de Sailland» feint de racheter à Charavay), ses deux chevaux (mais oui), sa propriété des Monts-Boucons... et même ses droits sur les *Claudine* !

Est-ce lui qui parvient à convaincre Colette de prendre des leçons de mime avec Georges Wague ? Veut-il sincèrement assurer l'indépendance financière de son épouse ? On pourrait le croire, même si elle ne le comprend pas, ou plus tard ne s'en souviendra pas. Car les faits sont là : le 1er mai 1905, Willy et Colette sont séparés de biens.

Henri Gauthier-Villars
à l'âge de sept ans.

En 1879, à vingt ans, portrait par Pierret.

En famille

Premier chapeau, celui d'un gommeux 1880. A Passy, dans le jardin du 13, rue Singer, en 1882. De gauche à droite: sa grand-mère maternelle ; Willy ; son frère Albert assis ; sa sœur Madeleine et sa mère ; debout, deux neveux.

Paris, 1886. Découverte du « chapeau à bords plats ».

Pontarlier, août 1888. Ecole à feu. Le sous-lieutenant Gauthier-Villars (assis, le troisième à partir de la gauche) porte un dolman déboutonné...

Au Quartier latin

Willy et son double.
Photomontage d'Emile Cohl.

Trois jeunes poètes
(dont un méconnu) :
à gauche, Willy ;
à droite, Léo Trézenick,
directeur de *Lutèce*.

Willy et Germaine Salvat, dont il reconnaît le fils, Jacques Gauthier-Villars, le 19 septembre 1889.

Fontenay-aux-Roses, 1893. Assis sur le banc, devant Willy, sa belle-sœur Valentine et ses deux enfants, sa mère et son père. Assis au centre, le petit Jacques âgé de quatre ans.

Le petit Jacques sur les genoux de Colette, sa « petite maman »,
que son père a épousée en 1893.

Carte de presse de Willy.

En 1900.

L'Ouvreuse du Cirque d'Été
veille sur les vestiaires de Willy
et d'Alfred Ernst. Dessin de Job.

Willy en voyage. Dessin d'Albert Guillaume.

Dessin de P. Mathey.

Promenade au Bois de Boulogne.

Les Ateliers

La « marque » WILLY,
monogramme anonyme.

Maîtresse d'Esthètes,
roman de Jean
de Tinan. Couverture
d'Albert Guillaume.

Jean de Tinan, en 1895.
Coll. part.

Paul-Jean Toulet,
« collabo ».
Coll. J. P. Goujon.

« Dans le décor modern-style de son bureau », 177 bis rue de Courcelles,
Willy et Colette en 1905.

La Maîtresse du Prince Jean,
couverture de J. Wély, 1902.

Au dos du même
livre, Willy
sculptant
ses héroïnes.

Curnonsky, en 1926,
par Maurice Monda.

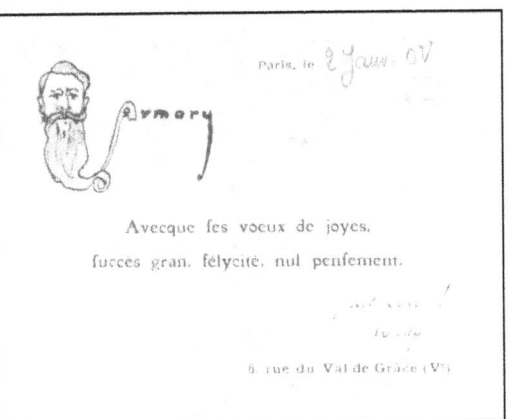

Sur cette carte de vœux d'Armory, rédigée
en vieux français de brasserie,
Willy a noté fort justement : « Quel con ! ».

C'est vraisemblablement à la librairie scientifique
du quai des Grands-Augustins que Georges Colomb,
sous-directeur du Laboratoire de Botanique
de la Sorbonne (Christophe) a fait la connaissance
de l'éditeur Henry Gauthier-Villars (Willy).

Les « Claudine »

Couverture de *Claudine à l'Ecole*, dessin de E. della Sudda, 1900.

Willy, le Père des « Claudine », photo Cautin et Berger. Carte postale publicitaire.

Willy-Claudine, dessin de Rip.

Willy, Colette et Toby-chien, photo de Gerschel. Sur toute une série de cartes postales publicitaires, Colette pose avec complaisance vêtue du sarrau noir de Claudine.

Willy *le Patron*, Colette *la Patronne*, Polaire *Polaire*.
Dessin de Sem. Carte postale publicitaire annotée par Willy.

Colette
et Toby-chien.
Photo Gerschel.
Carte postale.

Polaire dans
le *P'tit Jeune Homme*,
photo Gerschel.
Carte postale.

Polaire dans *Claudine
à Paris*. Photo Manuel.
Carte postale.

Claudine amoureuse devait paraître en 1902 chez Ollendorff
dans une collection de romans reliés à 3 f. 50,
typographie et fers originaux de George Auriol.

Séparation de corps

Le Petit Faune, dans *Anches et Embouchures*, 1905.

Willy excursionnant à Whitechapel, septembre 1907.

Carte postale de 1907, non plus rayée, mais coupée en deux par Willy, qui écrit au verso « Je viens de la conduire à la gare du P. L.M. (…) Je m'ennuie quand elle n'est pas là. (…) Et puis la purée s'épaissit. (…) Je suis au noir. »

Colette « dans le rôle de "Colette" » à la *Revue de Marigny*, juin 1907.

Colette Willy et Yssim
dans la *Romanichelle* au cercle
Les Arts et la Mode. Photo Anthony's.

« Claudine en ménage » (!) vue par Sem.

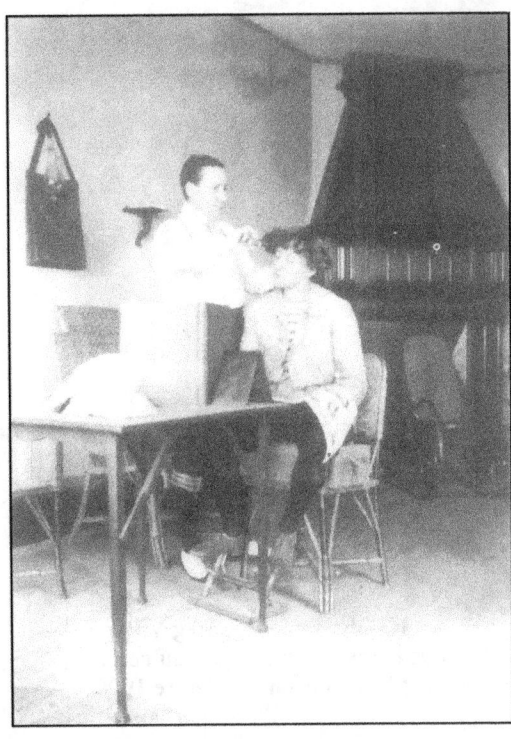

Missy et Colette dans l'intimité.

Séparé de Colette,
Willy change de chapeau.

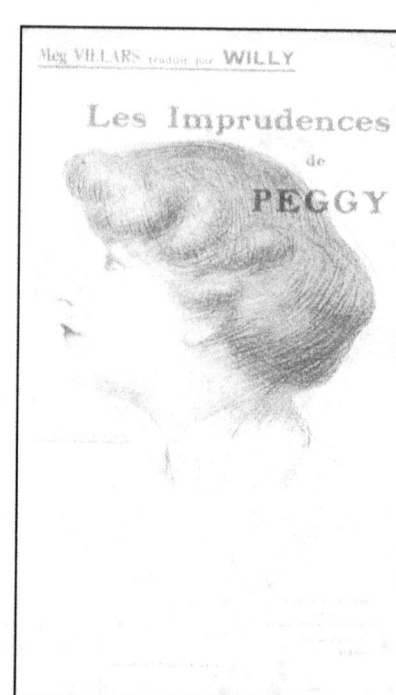

Les Imprudences de Peggy, roman
de Meg Villars traduit par Willy.

Andrée Mielly,
dans *La Petite Jasmin*
de Willy et Georges Docquois.
Photo Félix. Carte postale.

Nancy Borrett et Meg Villars,
« Les Danseurs des rues » au cercle
Les Arts et la Mode, en novembre 1906.
Photo Anthony's.

Les Fourberies de Papa, de Madeleine de Swarte, 1926. Dessin d'Helen Arnoux.

Madeleine de Swarte, 1928.

Le dernier bureau de Willy, 57 avenue de Suffren. A droite, on aperçoit Madeleine de Swarte ; au mur une caricature d'Abel Faivre.

Dessin d'André Rouveyre, 1912
(déjà!).

Les documents proviennent
de collections privées.

La dernière photographie de Willy, en décembre 1930.

Cette séparation aurait été exigée par la famille, Willy venant d'hériter de sa mère une partie de ses parts dans la maison d'édition. L'équilibre précaire du contrat de mariage de mai 1893 était rompu. Mais n'était-ce que cela ? Par cette séparation de biens Willy ne répond plus des dettes de Colette : trop tard, les huissiers sont lancés ! Il va falloir déménager, vivre à l'hôtel, à l'étranger, en Belgique et à Monaco.

Cet acte annonce-t-il déjà la « mise à la porte » de 1906, la séparation de corps, le divorce ? Colette a-t-elle été assez naïve au point de ne pas se rendre compte à quoi l'engageait sa signature ? Nous ne le saurons sans doute jamais ; et les partisans de Colette, et ceux de Willy, s'il y en a, continueront d'accuser l'un, ou l'autre, d'avoir calculé, d'avoir trahi.

Cela n'empêche pas les deux époux de passer ensemble l'été 1905 aux Monts-Boucons.

4

De Taillandy à Bastienne de Bize
1906-1914

Rien + nib + la peau + nada + niente + pouic = zéro.

De la copie

Suzette veut me lâcher (roman que Curnonsky affirme avoir confectionné seul) et Maugis amoureux (auquel il a aussi collaboré : « Ton Maugis amoureux est très, très bien. Le ton m'en plaît tout à fait », lui écrit Willy dans une lettre citée par Colette) paraissent en 1905. Au sujet de l'un de ces deux romans certainement, ce pneumatique de Willy daté du 27 décembre 1904 : « N'abuse pas de ces parenthèses, digressions, etc. qui, amusantes pour nous autres, exaspèrent le public par leur impertinence qu'il comprend mal. Dans l'espèce, je suis d'avis de les supprimer presque totalement, pour ne maintenir que l'"histoire", tu comprends ? »

Curnonsky consacre maintenant tout son temps à la rédaction des romans de Willy. En janvier 1905, pourtant, l'occasion se présente à lui d'entrer dans un journal ou une revue (sans doute *Paris qui chante*), « ce qui ne serait pas mauvais pour la Raison Sociale », dit-il ; et il adresse au patron une requête en bonne et due forme :

> Monsieur et cher Maître,
> J'ai l'honneur de solliciter de votre haute bienveillance vingt-quatre heures de congé pour me consacrer au soin de mon avenir littéraire. Dans l'espoir que vous voudrez bien accueillir favorablement ma demande, je vous prie d'agréer, Monsieur et cher Maître, l'assurance de tout mon dévouement.
> Votre fidèle collaborateur
> Curnonsky

Mais il travaille encore aux trois romans qui vont paraître en 1906 (à part sans doute *Le Roman d'un jeune homme beau*, dont le ton est un peu différent, et où la présence de Maugis se fait très discrète) : « Ce n'est pas le moment de faire de la littérature, mais de la copie. Ne confondons pas. Il y a du turbin pressé. Ou abats-le vite. Ou renonçons » (9 octobre 1905).

« Tu n'as pas l'air de comprendre. Alors, j'en ai assez de recommencer toujours les mêmes explications gémissantes.

L'éternel malentendu subsiste : tu t'obstines à considérer comme de l'art ces choses destinées aux cochons. Qu'on les soigne de son mieux, parfait, mais il n'en est pas moins vrai que cette littérature commerciale doit être livrée avec une exactitude commerciale » (20 octobre 1905).

Et Willy continue de surveiller la santé de son collaborateur :

– Comment, tu as le temps d'être amoureux et d'en souffrir, ah ! que je t'envie, romanesque et érotique éphèbe ! (avril 1905).

– Ne t'emballe pas trop sur la gamine. La correctionnelle te guette !!!!

– Tu es fatigué par la cocaïne, moi j'ai des chagrins qui jouent le rôle de stupéfiants, à ravir.

En 1906 paraissent *Jeux de Prince* (sur un plan du prince Constantin Bibesco, et dont la vente est interdite en Roumanie) et en février *Une Plage d'Amour* (est-ce *Un Voyage sentimental* annoncé en 1904 ?). Cette plage, c'est Biarritz : « Quatre pages de Boulestin sur Biarritz... hélas ! et dix pages de retripatouillage du patron », écrit Curnonsky. Il oublie de dire (parce qu'il l'ignore, sans doute) que Vuillermoz y met aussi la main. Mais il en est tout de même le principal collaborateur, comme le prouve cet échange de télégrammes entre les Monts-Boucons et Paris, à propos d'un épisode du roman :

– PARFAIT MERCI ACTIVE LA SUITE AMITIÉS NON ALFONSO NE DOIT PAS PAYER COMMISSION A L'ONCLE = WILLY.

– ENCHANTÉ CROIS COMMISSION NÉCESSAIRE RÉPONSE URGENTE AMITIÉS = CURNONSKY.

– DONNE COMMISSION ALFONSO SI TU CROIS INDISPENSABLE PEUT-ON PRENDRE LE CINQ CHEZ TON CONCIERGE JEUDI MATIN RÉPONSE URGENTE TU RECEVRAS ARGENT DEMAIN AMITIÉS = WILLY.

Il est assez satisfait de ce roman, et l'écrit à Curnonsky le 27 mai 1907 : « Curieux, ce faible que tu conserves pour *Suzette* [*veut me lâcher*], et que je ne partage pas. En revanche, j'apprécie à leur valeur les embellissements de *Jeux de Prince* (mais reconnais que j'y ai beaucoup travaillé). Et je trouve que *Plage d'Amour* a de l'allure, infiniment plus que *S. veut me lâcher*. Tu as le droit de me trouver idiot. »

Curnonsky écrit alors le plan d'un nouveau roman, *Le Sentier du Vice*, qui séduit fort Willy, mais n'aura pas de suite.

Ce ne sera pas le seul projet avorté. Colette cite dans *Mes Apprentissages* une lettre à Curnonsky au sujet de « quelque chose comme le *Quo vadis ?* des familles ou l'*Aphrodite* du pauvre. Imbécillité grecque ou c...rie romaine. Ça dépendra des documents que je pourrai me procurer ». Les deux collaborateurs rêveront longtemps d'écrire ensemble un roman d'aventures, *L'Île fortunée,* et Willy de son côté entretiendra Curnonsky d'un projet plus ambitieux (l'histoire d'un curé scandalisé par le relâchement des prêtres et l'athéisme de son temps) qu'il abandonnera comme insuffisamment commercial.

UN TOUT PETIT FAUNE

Le 17 septembre 1905, Jules Colette meurt dans sa soixante-seizième année, muni des sacrements de l'Église. Pour arriver plus vite aux obsèques, Willy et Colette louent une automobile, mais ils crèvent trois fois sur la route et arrivent en retard à Châtillon-Coligny. Ils rentrent à Paris le 21 et repartent le lendemain pour Les Monts-Boucons. Willy porte le deuil de son beau-père et n'écrit plus pendant quelque temps que sur du papier bordé de noir.

Colette reste plus longtemps que de coutume aux Monts-Boucons où elle a déjà passé l'été. Le 20 novembre 1905, Willy écrit à Vuillermoz : « Colette revient demain enfin ! Je ne suis pas fait pour le veuvage ! » Il faudra pourtant bientôt qu'il s'y habitue.

La séparation de biens des époux Gauthier-Villars commence à produire ses effets. Redfern, le tailleur pour dames du 242 rue de Rivoli, coûte cher ; et c'est Colette, et non Willy, qu'il poursuit devant la septième chambre du Tribunal civil, qui la condamne le 24 avril 1906 à payer 625 francs de principal, les intérêts, les dépens liquidés et les frais. Naturellement, elle laisse courir. De son côté, Willy se défait en faveur de son frère de la commandite qu'il possède dans la société Gauthier-Villars et Fils ; désormais, il ne sera plus rien dans l'affaire. « Je suis comme "la Tour prends garde", écrit-il à Curnonsky dans une lettre que celui-ci date de 1906, je ne me laisse pas abattre, parce que j'ai une femme et un gosse. Et il faut qu'ils boulottent. Alors, tu sais, je violerais plutôt une septuagénaire, ou j'enfoncerais une vitrine de changeur. »

Malgré son abondante production en librairie, dans la presse et sur scène, les revenus de Willy sont insuffisants pour faire « boulotter » un gosse dans un collège anglais, quand ce n'est pas aux Roches, et une femme qui a pris les mauvais plis de la vie parisienne. Certes, elle travaille aux ateliers; mais puisqu'elle prend des cours de mime avec Georges Wague depuis le début de 1905, ne pourrait-elle pas avoir des revenus personnels ? N'était-ce pas d'ailleurs l'objet de la séparation de biens ?

Dans un jardin (elle ne dit pas lequel), en 1905, Colette se présente à nouveau sur une estrade devant des auditeurs « égaillés sous les charmilles » :

>Je suis un faune, un tout petit
>Faune, robuste et bien bâti,
>Au doux regard, au fin sourire,
>Je le sais, car dans les ruisseaux,
>Parmi les iris, les roseaux,
>Parfois, quand j'ai bu, je me mire.

Cette saynète en vers, attribuée à Willy, serait due « au plus rapide de ses collaborateurs ».

Il est à peu près certain que ce « tout petit faune, robuste et bien bâti » peut être daté de 1905 par cette allusion qu'y fait Maugis dans *Une Plage d'Amour* (février 1906) :

>– Je ne suis aimé qu'à tempérament et le sien est beaucoup trop exigeant pour que, d'ici quelques semaines, elle n'encorne pas mon front comme celui de Colette.
>– Qui ça, Colette ?
>– Un petit Faune de pantomime.

Les leçons de Georges Wague (Georges Waag, 1874-1965), que Willy a connu au cercle de *La Plume*, où il créait les *Cantomimes* de Xavier Privas, n'ont pas été qu'une simple fantaisie. Sylvain Bonmariage affirme avoir fait la connaissance de Colette en 1905, à l'époque où elle « danse » *Le Faune* de Francis de Croisset et *La Paniska* de Charles van Lerberghe (deux titres erronés !). Par contre, c'est bien le 6 février 1906 qu'elle incarne le Faune dans *Le Désir, l'Amour et la Chimère*, sur un argument de Francis de Croisset, musique de Jean

Nouguès, mise en scène de Georgette Leblanc, au petit théâtre des Mathurins, 36 rue des Mathurins, que Missy – la marquise de Belbeuf – a loué à leur intention. Willy se voit déjà directeur d'un théâtre, chargé de la publicité et devenant l'impresario de sa femme. Il écrit à Cur : « Quand t'exhibes-tu dans un fauteuil des Mathurins à dessein de voir Colette faunesque ? » Et joint à sa lettre une coupure de presse :

> Petites nouvelles. Willy nous écrit : « Indiscret Souffleur, je me suis décidé à permettre à l'auteur des *Dialogues de Bêtes* une carrière de comédienne, et je rime pour elle, en ce moment, *l'Éducation d'un Faune*, un acte qui... » Nous arrêtons là l'indiscrétion.

Ou encore cette lettre à Vuillermoz (sans date) : « On vient me saisir lundi matin (Colette, huissier), mais ça n'a aucune importance. Néanmoins, n'en parlez pas au Faune, je vous prie. »

C'est peut-être de ce moment que date cette réflexion de Willy que rapporte Colette : « Si cela vous amusait de jouer sur un vrai théâtre, j'ai un autre acte en prose [...]. Je suis même persuadé qu'il vous serait facile d'organiser une série de représentations agréables, de déplacements [...]. »

En mars 1906, Willy et Colette séjournent chez Renée Vivien, villa Cessole, à Nice. Le 30 mars, un mois après sa précédente création, Colette fait ses débuts publics de comédienne avec *Aux innocents les mains pleines*, un acte de Willy et Andrée Cocotte, au Théâtre Royal, 23 rue Royale, « une vraie bonbonnière », dit Jacques Gauthier-Villars : ouvert par Paul Franck en septembre 1905, il sera démoli en avril 1906 pour faire place à la brasserie Weber. Colette, en travesti, y joue le rôle d'un jeune vicomte, petit gigolo qu'un barman (Marcel Boulestin) présente à une petite grue.

Spectacle bien accueilli, Colette s'amuse beaucoup et roule les « r » mais, écrit Boulestin dans *À Londres naguère*, « quelques représentations furent houleuses et il nous arriva d'être sifflés pour des raisons n'ayant rien à voir avec l'art ». Raisons que Willy expose le 10 mars à Cur, qui tient la rubrique « La semaine Music-Hall » dans l'hebdomadaire *Paris qui chante* : « As-tu déjà vu Colette ? Réponds vite. Le public "chic" du Samedi (pochards en habit noir) veut chahuter pour punir

Colette d'avoir définitivement pris parti pour le professionnalisme, et lâché les Salons. Alors, je serais content (et elle aussi) de t'avoir dans la salle. Et je t'aurai deux fauteuils, si tu veux. »

Paul Acker prend la défense de Willy dans *Gil Blas* du 1er avril 1906 : « À une époque où il y a comme une folie de réclame, je féliciterais plutôt les Willy d'avoir la franchise de porter cet art de la réclame à l'extrême limite que personne n'atteindra et le courage de se moquer du qu'en-dira-t-on. »

En avril, Colette elle-même informe Francis Jammes de son nouveau départ dans la vie : « ... je ne vous écris plus, parce que je me suis mise à faire du théâtre, et que cela, je pense, m'humilie à jamais à vos yeux ». Il y a encore, en 1906, des métiers qu'une femme honnête ne peut se permettre d'exercer. Colette n'a pas fini d'en souffrir, ni Willy qui sera associé à l'opprobre qui atteint sa femme.

Marcel Boulestin ajoute : « La marquise de Belbeuf dont les complets faisaient sensation et concurrence à ceux de Mme Dieulafoy vint applaudir Colette, mais elle exprima cette réserve, assez inattendue dans sa bouche : "Je n'aime pas les femmes qui s'habillent en hommes..." » Ce qu'il faut nuancer par la précision qu'apporte Colette dans *Ces plaisirs* (devenus *Le Pur et l'Impur*, où la marquise apparaît sous les traits de la « Chevalière ») : « "Ce que les femmes en travesti imitent le plus malaisément, c'est le pas de l'homme. Elles bombent du genou, et elles ne serrent pas assez les fesses", jugeait sévèrement la Chevalière. »

Colette avait fait connaissance de la marquise de Belbeuf au début de l'année 1905 au Cercle Victor Hugo, 4 villa d'Eylau (44 avenue Victor-Hugo), le « Cercle des arts et de la mode » tenu par Mme de J..., que les familiers ont surnommé « la Ferme ».

Après avoir été un restaurant dont la clientèle avait pris l'habitude de jouer l'addition à la roulette, ce tripot clandestin a été converti en un cercle privé par Missy, Alfred Edwards et Léon Hamel. Robert Scheffer préside aux destinées du cercle qui comprend un salon-bar, une bibliothèque, un petit théâtre et une salle de bals et banquets, mais surtout les salles de jeu. De petits négrillons et de petites moukères sont chargés du vestiaire et d'éventer les dames. Le cercle a naturellement sa revue, *Le Damier*, qui n'aura que trois numéros en mars, avril et mai 1905. Willy y attire ses collaborateurs Curnonsky et Paul-Jean Toulet, mais aussi André Salmon, Philippe Berthelot, Henri de Régnier, Victor Margueritte, Léon Blum et bientôt Colette.

Au cercle on rencontre également Jules Bois, Pierre de Pressac, Henri de Bruchard, Gabriel de Lautrec, traducteur de Mark Twain, Paul Reboux, Laurent Tailhade, Robert d'Humières, les peintres Frédéric de Madrazo et La Gandara, le sculpteur José de Charmois, le baron de Voguë, Louis-René de Gramont, le prince Galitzine, José-Maria Sert, Marcel Proust, Reynaldo Hahn, Alfred Jarry... Et des femmes de tous les mondes : Rachilde, Suzanne Derval, Liane de Pougy, Caroline Otéro, Georgette Leblanc, Alice de Tender et sa sœur Fanny, la baronne Van Zuylen van Nyevelt van de Haar, surnommée « la Brioche » qui écrit dans son hôtel de l'avenue du Bois des romans qu'elle signe Paule de Riversdale, Georgie Raoul-Duval, Elisabeth de Clermont-Tonnerre surnommée « Allégresse », Lucie Delarue-Mardrus « Princesse Amande », Jeanne de Bellune « Janot » qui promène un moment Liane de Pougy, quelques mois Renée Vivien, Colette quelques jours.

Dans un boudoir voisin de la salle de jeu, les conversations littéraires vont bon train, tandis qu'un pianiste (parfois Vuillermoz) joue du Wagner. Dans *Le Damier* d'avril paraît une « Lettre de Claudine » signée Colette Willy, ce qui est une façon de reconnaître, au moins dans ce cercle privé, qui est le véritable auteur des *Claudine*. « Il y eut des soirées brillantes. C'est au cours de l'une d'elles que la marquise de Morny et Mme Colette furent présentées l'une à l'autre, au grand amusement de Willy qui surveillait le baccara en faisant des mots. » Il a tort de s'amuser.

La marquise de Belbeuf a de la branche. Elle est la fille du duc de Morny, ministre de l'Intérieur du 2 décembre, et de Sophie Troubetzkoï. Du côté de son père, elle est l'arrière-petite-fille de l'impératrice Joséphine, la petite-fille de la reine Hortense et la nièce de Napoléon III. Pour engendrer celui-ci, Hortense de Beauharnais ayant préféré au concours de son mari, Louis-Napoléon, frère de l'Empereur, celui du comte de Flahaut, fils de Talleyrand, la marquise compte encore parmi ses ancêtres le prince de Bénévent. Sophie Mathilde, surnommée Missy, née à Paris le 26 mai 1863, est le quatrième enfant du duc de Morny. On l'a mariée à dix-huit ans, en 1881, à Jacques Godard, marquis de Belbeuf. Dans son château du XVIIIe siècle construit sur la rive droite de la Seine, à six kilomètres de Rouen, Missy s'adonne à sa passion de la chasse et adopte le costume masculin pour monter à cheval. Mais elle se lasse vite, abandonne château et marquis, et vient s'installer dans une garçonnière, 1 rue Pierre-Charron. Ils se séparent (d'après le Gotha) le 25 avril 1887. Elle a vingt-quatre ans, elle est riche, indépendante ; quand elle rencontre Colette, elle a quarante-quatre ans et s'est déjà fait connaître par ses liaisons scandaleuses[1].

Willy est un voyeur ; pour lui, c'est l'aventure de Rézi qui recommence. Il ne peut pas en vouloir à sa femme, elle ne le trompe pas, car il ne croit pas à l'amour entre femmes. « Je ne puis me tenir pour cocu », dit-il à Sylvain Bonmariage. Pour lui, comme pour tous ses contemporains, l'homosexualité est un vice contre nature, et pour Colette aussi ce n'est pas « l'amour normal » (*Le Pur et l'Impur*). Entre Colette et Missy, il ne voit qu'une passade, pas plus blâmable que les siennes. Et le voyeur se régale à la vue de ce nouveau caprice de son « exquise vicieuse gosse aimante ».

Dans *La Vagabonde*, en 1909, alors qu'elle vit encore avec Missy, Colette lui montre bien qu'il s'est trompé : « Deux femmes enlacées ne seront jamais pour lui qu'un groupe polisson, et non l'image mélancolique et touchante de deux faiblesses, peut-être réfugiées aux bras l'une de l'autre pour y dormir, y pleurer, fuir l'homme souvent méchant, et goûter, mieux que tout plaisir, l'amer bonheur de se sentir pareilles, infimes, oubliées... » Dans la préface de *L'Ersatz d'amour*, en 1924, Willy distingue entre les homosexualités masculine et féminine « une différence d'appréciation motivée surtout par des raisons d'esthétique superficielle où la morale n'a rien à voir ». Voyez-vous ça ! Et c'est ce que Colette ne lui pardonne pas – cette « paix libertine de l'homme, qui se résigne, spectateur goguenard, attend la femme qui, pour un temps, lui échappe : "Toi, je te repincerai..." Tant de confiance et de superbe méritent d'être récompensées. En fait, elles le sont presque toujours » (*Le Pur et l'Impur*).

Willy ne fait aucun reproche à la marquise de Belbeuf, et lorsque ses relations avec Colette deviendront acerbes, elle n'apparaît jamais entre eux. Il ne peut pourtant s'empêcher de lancer une épigramme :

---

1. Pour en savoir beaucoup plus, consulter Claude Francis et Fernande Gonthier, *Mathilde de Morny*, Perrin, 2000.

Son nom n'a pas de sexe, quoi qu'on dise et qu'on sache,
Puisqu'on dit beau pour bœuf et belle pour la vache.

Nous connaissons la Chevalière par ce portrait de Colette : « son front blanc, carré, ses yeux anxieux, presque noirs » ; et cette silhouette de Sylvain Bonmariage : « Mme de Belbeuf revêtait un complet masculin, bleu marine, de la meilleure coupe de Carette ou de Voisin, culottiers célèbres à l'époque. [...] Cravatée de rose, avec une énorme perle baroque grise, en forme de poire [...], gantée de daim, monoclée, armée d'un jonc à pomme d'or et chapeautée d'un magnifique feutre gris perle. »

Lorsque Colette fait la connaissance d'Henry de Jouvenel en 1910, et la quitte, Missy, écrit Colette, « vit au-dessus de ce monde et se nourrit de fumée havanaise ». Elle vivra ainsi jusqu'à l'âge de quatre-vingt-deux ans, soutenue par de solides amitiés et notamment celle de Sacha Guitry, pour mourir le 29 juin 1944, peu de temps après une première tentative de suicide[1].

Colette s'en va

« Depuis l'entrée de Colette dans la carrière théâtrale, note Jacques Gauthier-Villars, il n'y avait plus de soirées divertissantes rue de Courcelles. Néanmoins, plusieurs fois par semaine, Willy et Colette réunissaient leurs nombreux amis, au cours de joyeux 5 à 7 agrémentés d'amuse-gueule pour les gourmets et d'alcools divers pour les hydrophobes. » En avril-mai 1906, Colette habite encore rue de Courcelles et elle écrit à Francis Jammes qu'elle a trouvé « sur les fortifications » une chatte et ses trois petits qu'elle a recueillis : « Willy, que j'ai rendu perméable à beaucoup d'animaux, avait son cœur tout décroché aussi. » En septembre, elle n'y est plus ; et en novembre Willy quitte le 177 bis rue de Courcelles pour le

---

1. Missy n'apparaît pas seulement dans les livres de Colette, *La Vagabonde* (Max) et *Le Pur et l'Impur* (la Chevalière), mais aussi dans les romans de Liane de Pougy et de Jean Lorrain (*Très russe*), de Jeanne de La Vaudière (*L'Androgyne* et *les Demi-Sexes*), elle est la *Méphistophela* de Catulle Mendès, *La Marquise de Sade* de Rachilde, la marquise de la Tour du *Songe d'une femme* de Remy de Gourmont, enfin le prince de Morénie des romans de Willy.

6 rue Chambiges, comme l'atteste une lettre de son secrétaire à Vuillermoz, qu'il signe : « Boulestin, déménageur. »

Comment cette séparation s'est-elle vraiment faite ? Willy n'en dit rien. Dans *Mes Apprentissages*, Colette en dit trop, ou pas assez. C'est Boulestin qui lui souffle un jour :

– Si Willy vous parle d'un projet X..., refusez de vous en mêler.

Une autre fois, Paul Barlet, « nègre en chef » :

– Madame, tout ce que j'ai pu sauver de vos manuscrits des *Claudine* est en sûreté chez moi, rue La Fontaine.

C'est encore la voyante Freya qui lui lit les lignes de la main et lui conseille d'« en sortir ».

– De quoi ?
– D'où vous êtes.
– Déménager ?
– Aussi, mais c'est un détail. Il va falloir en sortir... Vous avez beaucoup tardé...

En lui proposant de jouer *Aux innocents les mains pleines* et de partir en tournée, Willy ajoute :

> Ce serait d'autre part une occasion excellente de liquider cet appartement mortel, de trouver une combinaison plus adéquate à un genre d'existence différent, – oh ! un peu différent... Rien ne presse...

Colette :

> « Rien ne presse ? » J'entends : Tout est fini. C'est moi qui aurais voulu dire ce « tout est fini ». Puisque je ne l'ai pas dit, je n'ai plus qu'à me taire.

Du « lyrisme de l'expulsion », nous ne connaissons que la version de *La Vagabonde* :

> On s'habitue à ne pas manger, à souffrir des dents ou de l'estomac, on s'habitue même à l'absence de l'être aimé, on ne prend pas l'habitude de la jalousie. Et il arrive ce qu'Adolphe Taillandy (Willy), qui pense à tout, n'avait pas prévu : un jour que, pour mieux recevoir Mme Mothier sur le grand divan de l'atelier, il m'avait sans courtoisie mise à ma porte, je ne rentrai pas.
> Je ne rentrai pas ce soir-là, ni le suivant, ni ceux d'après.

Colette ne supportait-elle plus ce qu'elle avait si longtemps toléré? Un jour, dit-elle dans *Mes Apprentissages*, en traversant le salon, elle avait rencontré « M. Willy et une dame inconnue, fort près l'un de l'autre. Avec l'aisance que confère l'habitude, avec un humour, qui me venait, d'employée irremplaçable, je ne m'arrêtai qu'un moment et glissai à M. Willy, sur le ton de l'urgence : "Vite, malheureux, vite, la suivante attend depuis un quart d'heure!" Après tout, qu'est-ce que je risquais? Un an plus tôt, pareil jeu m'eût coûté... oui, assez cher. Mais cette fois-là, M. Willy, figurez-vous, se trouva flatté. »

A-t-elle pris ou non cette «habitude»? Elle emploie le même mot pour dire qu'«on ne prend pas l'habitude de la jalousie», et qu'elle lui confère aisance et humour. Sait-elle bien où elle en est quand elle écrit d'une femme de chambre : «Louisa écrivait des vers obscènes en l'honneur de ce que tous les immeubles voisins comptaient de jeunes servantes, et notre cuisinière *nous* mit entre les mains une odelette, qui célébrait avec concupiscence ses charmes de brune.» J'ai souligné ce *nous*, car qui d'autre que Willy pouvait en effet mettre à la porte Louisa, la femme de chambre lesbienne? Si celle-ci a lu la presse au moment du scandale du Moulin-Rouge, en janvier 1907, elle a dû bien rire d'apprendre que la patronne trompait son mari avec la marquise de Morny...

Jalouse, mais aussi délaissée, si l'on en croit ces lignes de *La Vagabonde* : «Des sens? oui, j'en ai... J'en avais, du temps où Adolphe Taillandy daignait s'occuper d'eux. [...] La trahison, la longue douleur les ont anesthésiés, jusqu'à quand?» Délaissée, mais pourquoi – et lequel s'écarte de l'autre? Paul Léautaud a bonne mine, quand il note dans son *Journal* en décembre 1905, ce sobriquet qui court les salles de rédaction : «Willy Lapinacolette»... Pour comprendre ce qui se passe entre eux, nous n'avons que des romans ; et chacun sait que les auteurs s'y donnent généralement le beau rôle, et que ce n'est pas là qu'il faut aller chercher la réalité.

Colette s'en va. Elle a trente-trois ans. Elle se réfugie chez la marquise de Morny, 2 rue Georges Ville. Peut-être Willy, criblé de dettes, n'est-il pas mécontent que Colette soit maintenant entretenue par Missy? Colette loue d'ailleurs très vite un rez-de-chaussée dans le même quartier, 44 rue de Villejust (rue Paul Valéry), où elle s'installe avec chien et chat.

Willy continue de la voir et de s'occuper d'elle. Dans une lettre à Cur, où il lui recommande de ne plus écrire rue de Courcelles mais rue Champiges, il se préoccupe d'une édition illustrée du livre qu'a signé Colette : « Tu me reparleras de Colette pour ces *Dialogues* illustrés par [Benjamin] Rabier. Je crois qu'il y a quelque chose à faire. » Il le prie aussi de donner de sa part un renseignement à Mlle Madeleine de Swarte, 49 rue Custine, sa nouvelle secrétaire, dont le nom apparaît pour la première fois.

Willy évoque en 1925 « les petites réceptions savoureuses que la marquise de Morny donnait dans son rez-de-chaussée » (*La Fin du Vice*). Armory rappelle ces brillantes réceptions, ces dîners en costume où, dès les hors-d'œuvre, on se battait à coups de roses, de table en table... « Après le dessert, on s'enlaçait selon les sympathies et les préférences de sexe. » On y monte aussi des spectacles. Willy écrit à Vuillermoz : « Pour l'opérette de Biarritz, avez-vous un chanteur ? [...] Le mieux serait de la jouer rue G. Ville, un soir. Ça colle ? » La marquise prend avec Georges Wague des leçons de mime pour tenir un rôle dans *La Romanichelle,* mimodrame auquel ont collaboré Willy, Georges Wague, Paul Franck et Édouard Mathé, et qui doit être joué dans les cercles privés. Fernand Hauser, rédacteur au *Journal*, se présente chez la marquise. Son reportage paraît le 17 septembre :

> – En voilà un indiscret, s'écrie l'auteur des *Dialogues de Bêtes* en me voyant ; qu'est-ce que ça peut vous faire que la marquise joue la comédie avec moi ? C'est dans un cercle qu'elle joue, ça ne regarde pas les journaux...
>
> Un homme, tout de velours vêtu, tenant en main une palette, fit son entrée ; cet homme, c'est la marquise, dans le costume de son rôle, dans *La Romanichelle*, de Paul Franck et Édouard Mathé, qu'elle interprétera aujourd'hui même.
>
> Et, d'une voix très douce, la marquise déclare :
>
> – Ah! c'est monsieur qui vient pour le *Journal*; mais que voulez-vous que je vous dise? Je joue demain, au cercle des Arts et de la Mode, dont je fais partie, et jeudi prochain, au cercle Charras, dont je suis membre ; cela m'amuse ; on se divertit comme on peut. Mais pourquoi raconter cela à vos lecteurs. Je ne peux pas permettre...
>
> Ici, l'auteur de *Claudine à l'École*, Willy, entre :

– Marquise, fait-il, puisqu'un rédacteur du *Journal* est chez vous, inutile de résister ; il saura bien vous faire parler, et, s'il n'obtient pas de vous votre portrait, il saura se le procurer quand même...

La marquise, à ces mots, prend une mine effarouchée.

Mais, tout de même, elle s'apprivoise et me confie qu'elle adore le théâtre. Elle a joué, me dit-elle, la comédie en Espagne, et en espagnol ; à Tanger, où elle va chaque année, elle a dansé le fandango ; elle est une débutante à Paris, mais elle a débuté dans d'autres pays dès longtemps.

– J'ai voulu faire plaisir à quelques amis, me dit-elle, en jouant la pantomime avec Colette et Willy, mais cela ne va pas plus loin ; je joue en amateur, je ne suis point payée... et j'ai pris le pseudonyme d'Yssim...

– Vous n'avez pas l'intention de jouer devant le grand public?

Une hésitation, puis :

– Je n'y songe pas...

– Écrivez : « Elle n'y songe pas », fait Colette Willy, en scandant les syllabes. [...]

– Voulez-vous voir une répétition? [...]

Au piano, un musicien ; au premier plan, le professeur de la marquise, le mime Georges Wague ; dans un coin, Willy et moi. [...] La répétition est achevée ; Willy félicite tour à tour la marquise et Colette, puis, comme celle-ci lui fait les gros yeux, il a ce mot : « Quand madame était mariée avec moi, elle ne me faisait pas ces yeux-là ! »

Et chacun de rire.

C'est Paul Franck qui reprend en public le rôle de la marquise, et *La Romanichelle* est créée à l'Olympia le 1ᵉʳ octobre 1906. Willy écrit à Vuillermoz :

> Je pourrais aller plus mal
>   "   "   beaucoup mieux
> Je m'embête passablement. [...]
> Colette, je crois, pantomime le 1ᵉʳ octobre à l'Olympia.
> Sans commentaires.

Et à Curnonsky :

> Oui, certes, enguirlande l'olympienne C. dans *Paris qui chante* et ailleurs. Tes louanges seront autrement ficelées que

les «communiqués» journalistiques dont la lecture me fout des vents, devant la mer inutilement lancée à l'assaut des rocs. [...] Ces prières d'insérer de l'Olympia! Talent «agréablement pervers».

Après avoir signé, il reprend sa lettre :

> Au fond, tu sais, ça m'embête (mais *toi seul* sais combien) que C. s'exhibe en de telles foutaises! Ah! si j'avais de la galette, elle ne jouerait pas des œuvres de Franck, vrai!
> Il paraît que le bruit de notre divorce prend corps, et même séparation de corps. Tout va bien. Toi, vieux, dis donc que Meg est ma véritable fille, comme Jacques mon véritable fils. Vas-y!

Meg Villars fait alors partie de la troupe qui joue une revue de Mathonnet de Saint-Georges et Willy, *Allô! 263-69* au Little Palace de la rue de Douai, qui ne va pas tarder à devenir le temple du nu et des spectacles grivois.

Dans la même lettre, assez décousue, Willy informe aussi Curnonsky du «genre d'existence différent» qui est maintenant le sien : «Meg est ici *Miss Gauthier-Villars*, convaincue qu'elle l'est réellement, gentille comme un amour, et réclamant elle-même la fessée quand elle a été trop longue à se friser ou quand elle a trop dépensé en chocolats glacés chez Miremont. C'est, mon ami, une fessée à la brosse, très intéressante; on fesse, on rit, on mouille. Rule Britannia!»

Dans *Fantasio* du 1er novembre, sous le titre «Une nouvelle étoile», Franc-Nohain consacre trois pages à Colette, avec des photos de *La Romanichelle* :

> – On ne saurait expliquer Colette Willy sans Polaire, m'a dit quelqu'un qui la connaît bien, et depuis longtemps; – la clef de sa conduite, si l'on peut s'exprimer ainsi, – la clef de Mme Colette Willy, c'est Mlle Polaire [...].
> Polaire-Claudine, – Claudine-Polaire : il n'était plus du tout question de Mme Colette Willy, – et c'était pour elle, en dépit qu'elle en eût, un énervement croissant, et vraiment quelque amertume, à se sentir ainsi dépossédée, au profit de Mlle Polaire, de sa personnalité de Claudine, – sa Claudine...
> Alors Mme Colette Willy conçut le projet de reconquérir Claudine avec les propres armes de Polaire [...].

Voyons : on comprend que Colette veuille interpréter elle-même le rôle de Claudine, pour le reprendre à Polaire qui l'a créé. Mais Franc-Nohain croit-il vraiment tout ce que lui dit «quelqu'un qui la connaît bien, et depuis longtemps», c'est-à-dire évidemment Willy, inspirateur de cet article ? Car ce joli raisonnement ne tient pas debout : «il n'était plus du tout question de Mme Colette Willy». Mais... il n'en a *jamais* été question ! Le nom de Colette n'apparaît ni sur ses livres, ni sur les affiches des théâtres. Ou bien alors «quelqu'un qui la connaît bien» tient-il à ce que les lecteurs de *Fantasio* sachent qu'elle *est* Claudine, et le personnage des romans et de la pièce, sinon leur auteur ? Ce ne doit pas être si clair au public de 1906. Les réflexions suivantes, au sujet du choix par Colette de la pantomime plutôt que du théâtre, sont plus amusantes :

> Mais ici Colette Willy s'est heurtée, dès l'abord, à une difficulté plus grande que lorsqu'il s'agissait d'adopter la robe et les cheveux courts...
> Il y a, en effet entre la comédie et Mme Colette Willy un abîme, – celui que creuse sa prononciation extraordinairement bourguignonne.
> Ce n'est pas que cela soit désagréable : mais comment le public, qui se plaît aux voix d'or, habituera-t-il son oreille à cette voix de la Côte-d'Or ? [...]
> Et voilà pourquoi Mme Colette Willy s'est mise à jouer la pantomime.
> Réussira-t-elle ? A-t-elle réussi ?
> Oui ! sans doute, – et j'ai envie d'ajouter tout bas : Comme c'est dommage !

Colette n'interprète pas seulement *La Romanichelle*; le 29 novembre, elle s'exhibe au Théâtre Marigny dans *Pan*, drame en prose de Charles van Lerberghe, avec une musique de Robert Hans. Un écho paru dans *L'Intransigeant* avait annoncé que la marquise paraîtrait sur scène sous le nom d'Yssim (anagramme de Missy); mais elle est prise de trac et c'est Georges Wague qui la remplace dans le rôle de Pan, Colette tenant celui de la faunesse Paniska, et Pierre Rameil, futur député anticlérical, celui d'un prêtre. *Pan* est sifflé, moins par la faute des comédiens que par celle de l'auteur. Les critiques toutefois ne sont pas tendres pour Colette, à demi nue sous des peaux de bêtes, dont l'accent a consterné les plus indulgents. Le compte rendu de Snob dans *Le Rire* du 15 décembre donne le ton :

> Les loges étaient envahies par le tout... Mytilène des premières, sous la haute direction de la célèbre marquise qui allait, venait, bout-ci, bout-là, et s'agitait pour que ce gros numéro fût bien présenté.
> Il y avait là «Petit Janot» qui montrait sa belle brune, et, avec eux, un tas de personnes vieillies, fripées, défraîchies, exsangues; arborant l'uniforme du couvent, cheveux courts, col droit masculin et petit smoking de drap noir sur jupe plate, sans dessous. Après une ouverture en musique assez jolie, ma foi, Colette parut en Paniska – presque le costume des Romanichels, avec ce jupon très court et déchiqueté qui laisse voir la jambe et la cuisse nues jusqu'aux hanches. Accompagnée par les instruments à cordes, elle prit quelques poses hiératiques, au cours desquelles le jupon se souleva encore un peu plus haut, et le tout Mytilène entra en délire.
> Après, Colette disparut avec Pan, qui devait, sans doute, s'appeler Zizi, et cela devint fort ennuyeux. Une discussion d'une longueur terrible s'engagea entre le curé, le bourgmestre, le capucin, le suisse. Hélas! plus de suisse que de cuisse!
> Heureusement, à la fin de la pièce, Colette reparut drapée dans une petite peau de tigre très courte, avec une longue queue qui s'enroulait autour de ses jambes potelées; et, alors, elle nous dansa un petit pas – saperlipopette! – lui seul valait le voyage. Jamais je n'avais si bien compris le triomphe de la nature. «Petit Janot» exultait, et un peu de sang était revenu à ses joues blêmes. Il y eut des applaudissements et aussi quelques coups de sifflets lancés par des jaloux qui voudraient qu'un succès dépendît d'études au Conservatoire et non d'incitations charnelles.
> Pan se termina en apothéose. La marquise trouva cependant qu'il n'y avait pas assez de rappels. Elle en eût voulu au moins soixante-huit.

«Avez-vous vu C. à Marigny? demande tout de même Willy à Vuillermoz. Est-ce bien? Au fond, je m'embête d'elle, plus que je ne veux me l'avouer.»

Feu Willy

Colette cite dans *Mes Apprentissages* les lambeaux de lettres qu'elle reçoit de Willy, mais certainement plus tardivement, vers 1909-1910 : « Je suis ainsi fait que la RANCUNE est l'ardent revers de ma reconnaissance... » « Voyons, ma chère amie... » « Votre vaudevillesque diplomatie, qui consiste à ne pas me rendre ce manuscrit... » « Nous avons été des associés, ne devenons pas des ennemis. Vous n'auriez rien, je vous le jure, à y gagner... Nos conventions, qui jouent encore, j'y compte... » Sylvain Bonmariage de son côté fait allusion aux « lettres désespérées de Colette au moment de la séparation, où elle supplie son mari de la reprendre » ; lettres qui ne sont pas perdues et dont il cite des extraits :

« Je mesure l'énormité de mon erreur, et seule, je sens que je ne puis me résigner à vivre sans toi, ceci avec le sentiment profond de tout ce que tu as fait pour moi. »

« Il paraît que te voilà mieux disposé. Si je quitte Missy, que fais-tu pour moi ? »

Ces lettres reflètent le désarroi de Colette en 1906 au moment de leur séparation. Bientôt de son côté, Willy ne parle plus de Colette que sous ce nom : « ma veuve ». Et il signe : « feu Willy ». On sourit trop facilement à ce qu'on croit n'être qu'une facétie. Car c'est bien lui, Willy, qui est mort, lui qui va faire mourir Maugis dans *Maugis en ménage*, après une tentative de suicide dans *En bombe*, déjà, et l'obsession de l'impuissance qui traverse désormais ses romans. « Ma veuve », « feu Willy »... Sans doute l'un et l'autre croyaient-ils davantage à une séparation provisoire qu'à une rupture définitive qu'ils vont mettre plusieurs années à supporter. « Personne ne comprit rien à notre séparation. Mais eût-on compris quelque chose, avant, à ma patience, à ma longue, lâche et complète complaisance ? » (*La Vagabonde*).

En 1929, Rachilde prendra le parti de Willy, distinguant « dans les reflets du prisme de sa vie de fêtard très racé, la tragédie des larmes rentrées, de l'amour sincère inavoué, même à lui-même, et du naïf étonnement devant quelque chose, sinon quelqu'un de beaucoup plus fort que lui... et de tellement plus cruel ! ».

Dans les dernières années de sa vie, quand Willy entend prononcer son nom (rapporte Guillot de Saix au Poste parisien en août 1959), « il dit : "Willy ? c'est un vieux rigolo que j'ai bien connu. Il est mort il y a vingt-cinq ans"; il se référait ainsi à l'époque de sa rupture avec Colette ».

Le scandale du Moulin-Rouge

« Au cours d'un de mes séjours en Angleterre, fin 1906, je lus un dimanche, dans *The Referee*, une chronique de son correspondant parisien annonçant que le couple bien connu Willy-Colette venait de se dissocier » (Jacques Gauthier-Villars).

Ce que les chroniqueurs ne disent pas – et sans doute ne le savent-ils pas – c'est que séparés de biens et ne vivant plus sous le même toit, ils continuent de collaborer. « À *La Retraite sentimentale*, je renâclai », dit Colette qui a déjà fourni aux ateliers Willy ses quatre *Claudine* et ses deux *Minne*. La rédaction de cette conclusion mélancolique des *Claudine*, en partie écrite aux Monts-Boucons, peut être située en 1904-1905, et sa mise au net avant le départ de la rue de Courcelles dans le dernier trimestre de 1906. Willy précise en 1920 à Jules Marchand qu'il a écrit *La Retraite sentimentale* « avec Colette » et l'a « autorisée à signer seule », ce que concrétise leur séparation de biens de 1905. À la fin du manuscrit de ce roman, en marge de la phrase de Colette : « Je n'ai pas perdu mon amour ! » Willy note : « Moi non plus. » Ce que ni l'un ni l'autre ne dit, c'est que ce roman s'intitulait primitivement... *La Vagabonde*.

Dès les premières pages reparaissent Renaud et Claudine, et une épaulette de la chemise de Rézi, qui est là, dit Claudine, « pour me rappeler une minute de notre vie d'égoïstes à deux qui commirent cette sottise de croire – pas longtemps ! – qu'on le peut être à trois... ». Leurs âges respectifs ne sont pas plus près de la réalité que dans les précédents *Claudine* : elle se rajeunit de quatre ans, elle vieillit Renaud d'autant, alors que Colette en 1905 en a trente-deux et Willy quarante-six. Malade, Renaud est entré au sana, « entre les quatre murs de ce frigorifique : on traite de même le poisson qui manque de fraîcheur ». Ce « vieux mari couché » cache « sa neurasthénie de Parisien surmené ». « Je suis malheureux, dit-il, parce que je suis vieux. »

Toby-chien apparaît encore, et un Maugis « suant et soufflant », un peu relégué dans l'ombre, « qui, entre deux whisky-sodas, profère toujours des aphorismes désabusés, voile son émotion avec des à-peu-près, à peine susurrés ». Tous les personnages nous sont connus, à l'exception d'une certaine Willette Collie (!) qui mime sur la scène un petit faune.

Cette année-là, Willy ne va pas à Bayreuth. Il charge Vuillermoz d'y aller à sa place, et de lui envoyer de Munich des cartes postales qu'il lui retournera... pour les poster d'Allemagne. C'est un procédé qu'il emploie, et lui permet d'accréditer auprès de ses créanciers son absence de Paris, et à Boulestin de les éconduire : « C'est un garçon précieux. Il est très bien habillé, et ça impressionne toujours les créanciers » (*L'Ingénue libertine*).

En quittant la rue de Courcelles, Colette s'est réfugiée chez la marquise de Morny, ce qui scandalise à peu de frais les échotiers. Crânement, elle adresse au directeur du *Cri de Paris* une lettre datée du 25 novembre 1906, qui paraît le 2 décembre : « Je lis vos entrefilets avec plaisir, un plaisir fréquent, car depuis quelque temps vous me gâtez ! Quel dommage que vous ayez intitulé : "En famille" l'un des plus spirituels ! Cela donne à Willy, qui est mon ami, à la marquise et à moi, et à cette tranquille et gentille danseuse anglaise que Willy nomme Meg, un air de louche phalanstère... Vous avez chagriné sûrement trois d'entre nous. Ne réunissez pas si... intimement dans l'esprit de vos nombreux lecteurs, deux couples qui ont arrangé leur vie de la façon la plus normale que je sache, qui est celle de leur bon plaisir. »

Une lettre de Boulestin à Vuillermoz nous apprend alors que la veille « elles ont répété au Moulin ». La marquise a donc bien l'intention cette fois de monter sur les planches. La presse, et le Gotha, s'émeuvent. L'article le plus violent paraît sur double page dans *Fantasio* du 15 décembre 1906. Il est signé « le Vitrioleur » et illustré d'une charge de Sem, caricaturant la marquise en Mayol (« la Marquise à la Mayolaise »), d'une photo de Mme de Belbeuf à la ville en costume masculin, haut-de-forme, canne et cigare aux doigts, et de deux autres en compagnie de Colette, « pantomime au théâtre » et « pantomime à la ville » : sur cette dernière, Colette en robe longue appuie sa tête sur la poitrine de la marquise et noie son regard dans celui de son amie en costume masculin ; profitant du répit, Toby-chien s'occupe de ses petites affaires.

Il y a tantôt vingt-cinq ans, [...] on l'eût volontiers comparée à Diane Chasseresse, ou à une héroïne de Barbey d'Aurevilly. Son teint lilial aux transparences d'hostie, ses yeux fascinateurs aux reflets d'aigues-marines, son profil de jeune Dieu que nimbaient de courtes bouclettes de la teinte du tabac d'Orient, ses lèvres au retroussis dédaigneux sur quoi elle semblait avoir écrasé tout un bâton de fard, et où flottait un pâle sourire désenchanté, son torse souple et élancé qui se libérait du corset, auraient plu aussitôt à Helleu et à La Gandare, les portraitistes reconnus des Dames de perversion et de Beauté. [...]

Elle ordonnait à merveille un souper en tête à tête ou une petite débauche, pratiquait les exercices de grâce et de force, et, pour en donner la preuve, avait installé un trapèze devant le lit bas et large de la chambre à aimer, dans chacune de ses garçonnières. [...] Un volume, du reste, ne suffirait pas pour contenir les anecdotes pimentées et les traits barbelés qui ont couru et qui courent sur l'androgyne. [...]

Missy n'est plus aujourd'hui que l'ombre d'elle-même, qu'une manière de fantôme qui a quelque chose d'apeurant et de lamentable.

Les cicérones spéciaux qui révèlent aux riches étrangers les curiosités secrètes et les tares de Paris ne manquent pas de leur montrer dans l'allée des Acacias, dans certains bars et certains tripots avec des commentaires que vous devinez cette désexuée au visage de plâtre mou qui se boursoufle, au regard fixe d'éthéromane et de nyctalope, aux lèvres mortes et qui est invariablement coiffée d'un chapeau d'entraîneur et sanglée dans un veston de drap noir, qui remorque avec elle, tantôt un caniche, tantôt une théâtreuse.

Déclassée, tombée au troisième dessous, n'ayant plus pour continuer la fête qu'un majorat ébréché, elle finira soit par se réfugier dans la paix du Carmel, soit par tenir à Monte-Carlo ou à Passy quelque table d'hôte de femmes, soit par échouer dans la petite voiture qui brouette les vieux messieurs à goûts spéciaux.

En attendant, elle se met à jouer la pantomime en compagnie d'une sienne amie, déjà fameuse, et demain elle débutera au Café-Concert.

Pauvre Missy !

La marquise porte plainte en diffamation contre *Fantasio* ; on le ferait à moins.

Le 29 décembre, Snob, dans *Le Rire*, décrit une représentation de *La Romanichelle* dont la marquise a repris le rôle le 20 décembre au Moulin-Rouge :

> Prenons notre lyre, et pinçons la corde d'airain pour chanter le grand événement. Mimi, pinçons !
> Une nouvelle artiste nous est née. Yssim, un nom autorisé que ces dames ne prononcent qu'à genoux. Le programme alléchant, si j'ose m'exprimer ainsi, nous avait mis l'eau à la bouche, et nous prévenait qu'il s'agissait « d'une mondaine très connue, célèbre même, d'une grande dame aussi authentique que blasonnée qui s'est découvert tout récemment la vocation artistique ».
> La chose s'est passée fort tard au Moulin-Rouge, devant des Parisiens un peu abrutis par le manque de sommeil – ils étaient rentrés de la répétition des Folies-Bergère à cinq heures du matin – mais surexcités quand même par l'attente d'un sensationnel événement. On avait payé cent francs les loges, et deux cents francs les avant-scènes.
> Donc, après une lutte bruyante, entre l'orchestre du Moulin-Rouge qui résonnait dans la salle et la fanfare d'un journal qui tonitruait en même temps dans le promenoir, après l'exhibition d'un monsieur qui jouait du violon avec un trombonne – quelle drôle d'idée ! – et celle d'un autre sportman qui tombait de bicyclette, sur son derrière, en lâchant avec grâce un petit bruit, très bien imité ma foi, par la trompe d'avertissement, quelques-uns commencèrent à réclamer sur l'air des lampions : « La Marquise ! la Marquise ! »
> Footit entra alors en scène. Il y eut un moment d'erreur, à cause du visage enfariné et du costume masculin ; mais ce n'était pas la marquise. Et elle parut enfin, un peu mûre, en cheveux courts, frisés au petit fer, plus pâle que jamais, avec le nez long et mince, pointant au-dessus de sa lèvre exsangue. Je pense que la pantomime s'appelait : *Ah ! mes aïeux !* Et, de fait, je me figure la « bobine » que devait faire dans son cadre, rue Margueritte, le noble père, dignitaire du second empire, duc, et grand-croix de la Légion d'honneur, en voyant sa fille bien-aimée s'exhiber sur les planches d'un music-hall.
> Alors Yssim lutta, à main plate, avec une bohémienne, peu vêtue, tandis que, de tous côtés, dans la salle, les cris partaient : « Vas-y, ma vieille Yssim ! Prends-la ! Mais prends-la donc ! »

Décidément, l'amoureux était bien plus amusant que Footit, en marquise sereine-Yssim. Et quand la bohémienne partit – pour retrouver le système Polaire, peut-être – Yssim s'affala en sanglotant; et toute la salle, dans un touchant élan de solidarité sympathique, s'associa à cette douleur, en poussant des cris et des gémissements. Ce fut vraiment très drôle, et il n'y eut, pour siffler dans la salle, que les derniers représentants de la corruption impériale.

– C'est égal, disait en sortant Mme Sylviac écœurée, faut-il que nous soyons poires!

– Tu parles, répondit Max Dearly.

Voilà où mène de se moquer ouvertement du qu'en-dira-t-on! La marquise de Morny ne craint pas le scandale, elle y entraîne Colette, et Willy s'en amuse. Jusqu'à présent cette attitude leur a réussi, sans attirer la réprobation publique. D'ailleurs Willy, et Colette, savent que le scandale a fait vendre leurs livres, sans beaucoup d'incidents. Le procès de *La Maîtresse du Prince Jean* était un avertissement dont ils n'ont pas tenu compte. Mais il y a dans le vice comme dans la vertu des limites à ne pas franchir. La fortune permet à la marquise des excès qu'on ne pardonne pas aux Gauthier-Villars, qui ne savent plus tenir leur rang. La plupart des amis qu'ils fréquentent dans les salons où ils sont tolérés parce qu'ils ont du talent et de l'entregent, sont à l'abri du besoin et évitent prudemment l'exhibitionnisme des planches : la morale bourgeoise tolère à la rigueur la débauche et les tableaux vivants à condition que ce soit dans des cercles fermés, mais jamais en public. Colette se fait chahuter en montant sur la scène du Théâtre Royal, parce que ce n'est pas la place de l'épouse d'un écrivain, encore moins quand celui-ci appartient à une bourgeoisie parisienne honorable, catholique et polytechnicienne. Elle ne l'a pas compris, et Willy non plus.

Quant à la marquise, dont la famille a jusqu'ici supporté les fantaisies et les débordements tant que le scandale a pu être étouffé, elle ne peut plus rester passive et silencieuse devant les articles dont elle est maintenant éclaboussée. Le véritable scandale, ce n'est pas de se livrer à des parties fines, c'est de monter sur la scène du Moulin-Rouge, c'est de compromettre le nom de Morny avec des saltimbanques. La marquise le sait, mais elle s'en moque.

Colette et Willy ne semblent se rendre compte de rien. On voit Colette, lors de la représentation de retraite de Paulus, le 19 décembre, vendre dans la salle des cartes postales dédicacées de ce chanteur de café-concert, en compagnie de De Max. Willy de son côté vit ouvertement avec une nouvelle « fille », Miss Meg Villars, une danseuse qui a pris pour pseudonyme la moitié de son nom. Il n'est pas au meilleur de sa forme et il répond, assez platement, à une enquête de *Fantasio* sur le sourire :

> Notre mère à tous, la Nature
> M'a dit : « Fils, ne sois pas surpris
> Si j'arrache ta chevelure :
> Prends ça gaîment... Chauve, souris ! »

Le scandale éclate le 3 janvier 1907. Ce jour-là a lieu sur la scène du Moulin-Rouge la première représentation de *Rêve d'Égypte*, pantomime de Vuillermoz, Georges Wague et Willy, musique d'Édouard Mathé. Willy se doute-t-il qu'il sera la principale victime de la cabale que va monter la famille de Morny ? Le lundi 31 décembre 1906, il a déjà fait passer cette note dans *Gil Blas* en réponse à un article de Michel Georges-Michel :

> Dimanche [31 décembre 1906]
>
> Mon cher Directeur,
> Dans son avant-première de ce matin, votre spirituel collaborateur Georges-Michel m'attribue généreusement quelques mesures de la musique sur laquelle vont mimer au Moulin-Rouge Mmes de Morny, Colette, Willy et Dassan.
> Aidez-moi à rectifier cette erreur historique. Je n'ai contribué en rien à la musique de *Rêve d'Égypte* qui ne me doit ni une mesure, ni une note, ni... un soupir.
> Yours truly,
>
> Willy

... Mais il cite perfidement le nom de Morny et s'entend à laisser supposer bien des choses.

On pourrait écrire un volume entier sur le « Scandale du Moulin-Rouge », à côté duquel la bataille d'*Hernani* ne serait que bulle de savon, tant la presse se déchaîne. Pourtant *Rêve d'Égypte* ne constitue pas ce soir-là tout le spectacle mais seulement un des numéros de la revue du Moulin-Rouge ; car depuis mars 1903, le Moulin-Rouge n'est plus un bal mais une salle de music-hall et restaurant.

Il faut reconnaître que la direction du Moulin-Rouge y a mis le paquet : son secrétaire, Max Viterbo, a eu l'idée saugrenue de faire apposer, sur l'entrée du Moulin-Rouge et sur les affiches, le blason des Morny !

À dix heures trois quarts, le rideau se lève sur la marquise... devant une salle dont le duc de Morny, son frère, a loué une partie de l'orchestre, et le prince Murat une série d'avant-scènes. Tout le Jockey-Club est là, assisté d'hommes de main, pour défendre l'honneur des familles bonapartistes. Les vociférations et les sifflets couvrent l'orchestre de quarante musiciens. Les petits bancs, les épluchures d'orange, les pièces de monnaie, et même des gousses d'ail volent sur la scène. Colette et Missy, impassibles, continuent de jouer, et par leur courage s'attirent la sympathie et les applaudissements d'une partie du public, celui qui est venu là pour voir un spectacle, ou simplement par curiosité.

Ce n'est pas la minceur du scénario qui a pu choquer le public : un vieil égyptologue tombe amoureux d'une momie. Elle se dresse devant lui, déroule ses bandelettes et danse pour le séduire. Long baiser final... Quand enfin, le rideau tombe, le parterre se tourne vers la baignoire qu'occupe Willy accompagné de Meg Villars, en scandant : « Cocu ! cocu ! » Willy se dresse et brandit sa canne. Le policier de service accourt et tente de l'aider à sortir. « Quatre amis » se joignent à Meg Villars, raconte-t-elle dans une lettre écrite en anglais qu'elle adresse quelques jours plus tard à Jacques Gauthier-Villars, en Angleterre. Alfred Diard en cite une douzaine : Armand Lusciez, Breittmayer, J. Joseph Renaud, André et Marc Gaucher, Édouard Beaudu, J.-L. Croze, Georges Casella, Pierre Mortier, Michel Georges-Michel, Jacques Mortane, « d'autres encore et, cela va de soi, moi-même », qui se heurtent dans le promenoir à un triple rang de « mornystes » cherchant à frapper Willy et sa « fille » à coups de canne. Les poings s'abattent, les monocles sautent, et Willy parvient à se réfugier dans les bureaux de l'administration, tandis que la police fait évacuer la salle.

Le lendemain, le directeur du Moulin-Rouge est convoqué à la Préfecture de Police, où il est avisé que le préfet, M. Lépine, fermera immédiatement la salle si *Rêve d'Égypte* n'est pas retiré de l'affiche. C'est pourquoi le 4 janvier, le public déçu est informé que *Rêve d'Égypte* est remplacé par... *Songe d'Orient* et que le rôle de Franck tenu par la marquise est repris par Georges Wague. Le 5 janvier, Colette envoie un pneumatique à Wague :

> Nouvelle interdiction, radicale cette fois. Je le regrette – pour beaucoup de raisons. Mais je crois qu'il y a d'autres affaires à emmancher avec cette pantomime, vous et moi. Si vous avez des idées, ne vous gênez pas pour me les communiquer.
> Mille amitiés sincères de Yssim et de Colette Willy.

Gaston Calmette, directeur du *Figaro*, peut être rassuré, lui qui écrivait au lendemain du scandale :

> En vérité, c'est un soulagement pour la conscience des honnêtes gens que l'exécution d'hier. Suppose-t-on que la moralité de Paris soit tombée si bas qu'il puisse indéfiniment supporter des spectacles comme ceux que l'on impose depuis trop longtemps à sa tolérance ? Il a pu accueillir, avec un scepticisme que peu de choses parviennent à émouvoir, la complaisance chronique d'aventures scandaleuses ; mais leurs héros, s'ils étaient un peu plus Parisiens, auraient compris que la curiosité n'a qu'un temps et que le scandale n'est pittoresque qu'à la condition d'être éphémère. Paris, indulgent à tant de faiblesses, exige du moins que les exhibitions de cet ordre soient brèves ou discrètes, et que le batelage se pare de quelque grâce, sinon il se décide un beau soir à faire lui-même la police de sa renommée, et il a pleinement raison. Espérons que la leçon d'hier portera ses fruits.

Raoul Ponchon («pâte exquise et sent le vin», écrivait l'Ouvreuse en 1894) est bien le seul à prendre la défense de Colette et de Missy dans sa «Gazette rimée» du *Courrier français* du 10 janvier :

> Je vous trouve un peu bien sévères,
> O Parisiens de Paris !
> Dès que vous avez bu deux verres,
> Seriez-vous complètement gris ?

> Car vous aviez bu, je veux croire,
> Afin de vous donner du cœur,
> O gens courageux après boire,
> Braves, de deux femmes vainqueurs...
>
> Pourquoi cette Colette exquise
> Jouerait-elle pas après tout
> Avec sa divine marquise ?
> Quoi ça peut vous foutre, surtout ?

Les chansonniers du cabaret de la Lune Rousse sont moins aimables et font reprendre en chœur une chanson d'actualité :

> Des hauteurs de Montrouge
> Je vins, ayant appris
> Ah ! Ah ! Ah !
> Qu'un'grand'dam'de Paris
> Devait au Moulin Rouge
> Montrer à tous les yeux
> Ah ! Ah ! Ah !
> Ses goûts plutôt scabreux.
> Voir un'femm'qui se vautre
> Dans l'orgie à loisir
> Quand ça n'est pas la vôtre
> Ça fait toujours plaisir !...

La marquise de Morny intente un procès au directeur du Moulin-Rouge et ne lui réclame pas moins de dix mille francs de dommages-intérêts, pour avoir, en dépit de son contrat, révélé sa personnalité mondaine dans des communiqués à la presse, et apposé la couronne impériale et les armes des Morny sur les affiches, à la porte du music-hall.

Et Willy, dans tout cela ? Il écrit à Curnonsky[1] : « Chambard indescriptible. Sifflets. Hurlements. [...] Le plus fort, c'est que j'ai été engueulé, moi victime innocente. C'est la vie... » Dans une lettre qu'il adresse le 12 janvier à *L'Éclair de Montpellier*, il rectifie quelques erreurs dans la relation des faits, et ajoute :

---

1. Cette lettre a échappé à la donation que Curnonsky a faite de la correspondance de Willy à la Société des Gens de Lettres.

J'attends que l'on m'explique pourquoi l'on feint de me rendre responsable des faits et gestes de Mme Colette Willy, de qui je suis séparé, en fait, en attendant qu'une décision de justice confirme, en droit, cette scission.

Que si vous trouvez que j'ai eu le tort (et je ne m'en reconnais point d'autre, en l'espèce) d'assister à la première de *Rêve d'Égypte*, voici mon excuse. J'ai reçu, quelques heures avant la représentation, un « petit bleu » courageusement anonyme et rédigé en termes fort injurieux, où l'on me défiait, sous peine de voir endommager ma « sale... figure », d'aller ce soir au Moulin-Rouge. Alors, j'y suis allé.

Mais les explications n'effaceront jamais les effets d'un scandale. « La plus terrible conséquence du scandale causé par Colette, écrit Meg Villars à Jacques Gauthier-Villars, c'est que papa a perdu sa place à *l'Écho de Paris*! », la rubrique de l'Ouvreuse qu'il y tenait depuis quinze ans... « Tu peux imaginer ce que cela signifie pour nous – surtout depuis que nous avons perdu notre argent [?]. Hier soir, il l'a dit à Colette. Elle est terriblement égoïste, elle a seulement dit : "Oh, je regrette" et a continué à parler de ses affaires, et elle sait pourtant bien que c'est de sa faute ! Elle m'a complètement dégoûtée. Même la Marquise était "gênée" de la voir si indifférente. » Meg Villars termine sa lettre en recommandant à Jacques, qui a dix-huit ans, de bien travailler parce que les études coûtent cher, « and you know we are really very poor ».

« Le lâchage de *l'Écho* m'a porté un sale coup, écrit Willy à Vuillermoz. Il faut que j'y rentre, ou que je permute au *Journal*... ou que je disparaisse. » Il songe même à provoquer des réclamations d'abonnés, mais il apprend dans la presse que sa place est déjà prise : c'est Arthur Coquart, précédemment rédacteur à *L'Univers*, qui remplace l'Ouvreuse à *L'Écho*. « Enfin, c'est fait. Je m'en fous », écrit-il encore à son collaborateur ; mais il ajoute plus loin : « C'est pas vrai, je ne m'en f. pas du tout et j'ai un gros chagrin. »

Colette n'est peut-être pas si égoïste qu'elle en a l'air : elle implore Catulle Mendès de confier à Willy une chronique devenue vacante au *Journal* :

> Je vous prie de toutes mes forces de prendre Willy à sa place ! Vous savez que la compétence de Willy ne pâlit point,

ne pâlirait point auprès de celle de son prédécesseur. Si vous saviez comme je vous en prie ! Vous n'ignorez pas ce qui s'est passé à *l'Écho de Paris*, n'est-ce pas, et depuis ce temps Willy est malade et malheureux à Monte-Carlo, où il essaie – c'est tout dire – des systèmes à la roulette ! [...] vous qui avez « lancé », je puis dire *inspiré* autrefois les *Lettres de l'Ouvreuse*, faites le possible, et un peu plus, je vous en prie [1] !

Sans résultat : Catulle Mendès accepte bien d'en parler à Letellier, mais à condition que l'Ouvreuse ne traite pas des concerts !...

Six filles... légitimes

Le 23 janvier 1907, Willy forme contre Colette une demande de séparation de corps fondée sur le fait qu'en novembre 1906, date à laquelle il a déménagé, elle a cessé d'habiter avec lui et a manifesté son intention de ne plus reprendre la vie commune. Le scandale du Moulin-Rouge et ses conséquences peuvent sans doute justifier son attitude, mais nous savons déjà, par le reportage du *Journal* du 17 septembre précédent (« Quand madame était mariée avec moi... ») et la lettre à Curnonsky d'octobre (« notre divorce prend corps »), que la « décision de justice » évoquée dans la lettre du 12 janvier à *L'Éclair de Montpellier* était prévue depuis plusieurs mois.

Avant la demande de séparation de corps introduite par Willy, apparaissent déjà entre Colette et lui les premières contestations de droit d'auteur. Au lendemain du scandale du Moulin-Rouge, Colette court d'abord chez l'éditeur Ollendorff, à qui Willy doit un roman, reprend le manuscrit de *La Vagabonde* et le porte au Mercure de France avec lequel elle a signé un traité à l'occasion des *Dialogues de Bêtes*. « Été au Mercure, note Léautaud dans son *Journal* à la date du 9 janvier. Colette Willy dont on fait grand scandale en ce moment à propos de ses exhibitions au Moulin-Rouge avec la Marquise de Morny (Lesbos à Cabotinville) était chez Vallette, à lui parler d'une dernière *Claudine* qu'elle va publier signée

---

1. *Histoires littéraires*, n° 10, p. 123.

de son nom. » Il faut profiter du scandale et de son procès en séparation : « C'est encore de la réclame qui ne coûtera rien au Mercure, ni à moi[1]. » Il est vraisemblable que c'est Vallette qui juge que le titre *La Vagabonde* appartient à Willy, puisqu'il suggère à Colette un autre titre : *La Retraite sentimentale* pour cette « suite et fin de *Claudine* », qui paraît en février 1907. Dans un télégramme à Curnonsky, le 25 avril, Willy semble bien convaincu que le titre *La Vagabonde* lui appartient encore. « Elle en a, seule, touché les bénéfices », écrit-il en 1920. Comment pourrait-il en être autrement ? Willy a-t-il oublié qu'ils étaient alors séparés de biens ?

La Retraite sentimentale est précédée de cet « Avertissement » :

> Pour des raisons qui n'ont rien à voir avec la littérature, j'ai cessé de collaborer avec Willy. Le même public qui donna sa faveur à nos six filles... légitimes, les quatre *Claudine* et les deux *Minne*, se plaira, j'espère, à *La Retraite sentimentale*, et voudra bien retrouver dans celle-ci un peu de ce qu'il goûta dans celles-là.

Le « public » était-il donc si parfaitement au courant de la collaboration de Colette à la rédaction des *Claudine* ? Quand on connaît le succès de ces romans, on s'étonne qu'un si grand nombre de lecteurs aient été mis dans la confidence. Quant à retrouver dans *La Retraite sentimentale* « un peu » de ce qu'il a goûté dans les *Claudine*, Colette est bien modeste.

Une semaine après l'action engagée par Willy, le 31 janvier, Colette, par l'intermédiaire de son avoué, Me Mignon, introduit une demande reconventionnelle basée sur le grief d'infidélité justifiée. Tous les deux ont raison et tous les deux des torts : il est exact que Colette a abandonné le domicile conjugal, comme il est vrai que Willy abrite sous son toit une concubine. Une lettre de Colette fait penser qu'elle ne soupçonne pas encore le caractère définitif de leur séparation ; et elle lui reproche d'avoir installé chez lui Meg Villars, tout en l'assurant de sentiments fort tendres.

Colette et Willy sont légalement séparés par jugement du 13 février 1907. Rubrique des « Tribunaux » dans *L'Éclair* du 14 :

---

1. Cité par Michel del Castillo, coll. Michel Rémy-Bieth.

SÉPARATION DE CORPS

Le tribunal a prononcé, hier, la séparation de corps aux torts et griefs réciproques de M. Gauthier-Villars, dit Willy, et de Mme Sidonie Gabrielle Colette, son épouse.

Le jugement contient les attendus suivants :

Sur la demande du mari :

« Attendu qu'en novembre 1906, la dame Gauthier-Villars a cessé d'habiter avec son mari et pris une habitation distincte de la sienne; qu'elle a donné à son départ le caractère d'une rupture définitive et publique, marqué son intention irrévocable de ne plus revenir au domicile conjugal et publié sa volonté de vivre désormais selon son bon plaisir, que cette résolution a été livrée à la publicité par la dame Gauthier-Villars dans des termes outrageants pour le mari. »

Sur la demande de la femme :

« Attendu qu'il est justifié par la dame Gauthier-Villars qu'à diverses reprises son mari s'est rendu coupable à son égard d'infidélités, qu'il y a lieu, en conséquence, de prononcer également à son profit la séparation de corps;

« Attendu que la dame Gauthier-Villars se réserve de demander ultérieurement une pension alimentaire à son mari, qu'il y a lieu de lui donner acte de cette réserve. »

Et Willy part pour Capri avec Meg Villars. Il réside à Menton quand du 13 au 16 mars, Colette vient jouer *Rêve d'Égypte* avec Georges Wague au Théâtre des Capucines, à Nice. « Non, je n'ai pas vu *Rêve d'Égypte*, écrit Willy à Vuillermoz, mais j'ai vu, en son hôtel, la jeune mime; et elle m'a rendu ma visite à Menton. Mais gardez tout cela pour vous. C'est pas ma faute si je ne peux pas la détester, ni elle moi. » On peut penser qu'il ne tenait pas à renouveler son expérience du Moulin-Rouge en assistant au spectacle dans une ville où les Morny comptent de nombreux amis. Il est vrai que cette fois la marquise se contente d'applaudir dans les coulisses. Elle a sagement renoncé à monter sur la scène, et ce n'est pas le jugement que rend le 20 mars la 9e chambre correctionnelle à la suite de sa plainte en diffamation contre *Fantasio*, qui peut l'inciter à faire trop parler d'elle :

Attendu, au fond, que s'il faut reconnaître que la marquise de Morny a donné prise aux plus vives critiques, ces critiques s'adressant à une femme ne pouvaient avoir la tournure qu'on leur a donnée dans l'article incriminé ; que la demanderesse peut à juste titre se plaindre d'avoir été représentée comme capable de tous les vices et de toutes les débauches, ainsi que cela ressort de l'ensemble de l'article de *Fantasio* ; qu'il lui est donc dû des dommages-intérêts pour le préjudice qu'ont pu lui faire éprouver ces imputations diffamatoires et injurieuses ; mais que ces dommages-intérêts ne sauraient avoir l'importance qu'elle entend leur donner lorsqu'on se reporte à une lettre de Colette W... du 25 novembre 1906, parue dans le numéro du *Cri de Paris* du 2 décembre, dans laquelle cette dernière affichait sans vergogne son genre d'existence... Par ces motifs, déclare la demande recevable et condamne l'éditeur de *Fantasio* à 25 francs d'amende, le condamne par toutes voies de droit... à payer à la marquise de Morny la somme de 25 francs à titre de dommages-intérêts ; Dit n'y avoir lieu à plus amples réparations.

Dans le courant du mois d'avril, l'Opéra de Nice monte un opéra-comique de Willy, *La Petite Sirène*, sur une partition d'Armande de Polignac, sans grand succès si l'on en croit les allusions de Robert Parville (Willy!) à une assistance «très endiamantée, ultra-sélecte, donc aussi incompétente en musique qu'on peut l'imaginer» (*Le Fin de Siècle*, 21 avril).

En mai, il habite l'Hôtel des Palmiers, à Monte-Carlo, en juin l'Hôtel Pavillon Doré. Il fera de plus en plus de fréquents séjours dans la principauté de Monaco. Il y est à la fois à l'abri des créanciers, et à proximité du casino. À Henri d'Alméras :

> Certes, il a fallu tout l'entrain, toute l'élégance, toute la science habilement dissimulée de votre *Pauline Bonaparte* pour me décider à lire autre chose que les «Permanences de la Roulette», car, à Monte-Carlo, on ne lit rien, pas même un journal, on s'abrutit à regarder la bille tourner, à perdre en un jour ce qu'on a péniblement gagné en un an, à fourrer dans un tiroir, sans y répondre, les lettres des amies qui s'inquiètent, des fournisseurs qui deviennent malhonnêtes, des éditeurs qui rappellent, avec leur légitime amertume, qu'ils ont consenti à des avances...
> Et les conversations ! Le Polonais a gagné encore, il a ponté le maximum sept fois de suite sur la noire. L'ami de la maison

(le zéro) sort vraiment trop à la table du milieu ! Il est incontestable que les finales 2/5 sortent beaucoup plus que les 2/6... Ce croupier-là, il tourne admirablement, épatant de régularité : avec lui, je m'installe au tiers du cylindre, je mise 5-8, 11-12, 13-16, etc. Et ça va !

Willy « joue la matérielle », dont il donnait la recette dans *Un vilain Monsieur !*

Voici le problème : Vous arrivez à la table avec cinq louis ; vous les perdez ostensiblement.
– Mais ?...
– Mais, au cours de la partie, vous en avez étouffé sept. Soit quarante francs de bénef, glissés à mesure dans des poches spéciales ; ces deux louis sauveurs, c'est la *matérielle*.

Vous comprenez le mécanisme ? Si l'on joue comme un sage, si l'on retire aussitôt le petit bénéfice réalisé, on a fait sa matérielle ; si la guigne s'en mêle, la guigne au fondement verdâtre, faut pas s'obstiner, faut fuir.

La matérielle, c'est le dîner, le fiacre, la soirée, le souper, quelquefois l'amour. La Matérielle, c'est le nerf de la Douloureuse !

Willy observe les joueurs de baccara, et la faune des casinos :

Et puis, les traditions se conservent ! D'un coup de doigt trop vif, le croupier fait sauter la boule hors de la cuvette. Or, la légende veut qu'après cet incident saltatoire, le zéro sorte. Et tout le monde empile thunes et louis sur le zéro qui doit, immanquablement, sortir. Alors la boule tombe dans la case du 5. Mais la légende a la vie dure.

Et que j'aime les inventeurs de systèmes ! Un monsieur très convenable, déférent, chattemite, me susurre :
– Voulez-vous gagner 25 louis avec cinq ?
– Bien volontiers.
– Eh bien, Monsieur, confiez-moi cinq louis.
– Jamais de la vie !
– (Nuance de mépris) Vous n'avez pas cinq louis ?
– Si, mais je préfère les perdre moi-même.
– Mais...
– Pourquoi, si vous êtes sûr de votre système, car vous en êtes sûr, je pense ?

– Absolument sûr.
– Pourquoi ne le jouez-vous pas vous-même ?
– (Hautain) Ça, Monsieur, *c'est mon affaire.*
Et il calte, à la recherche d'un homme qui lui confiera cent francs. Il le trouvera.

Willy a ses propres martingales. Madeleine de Swarte, dans *Les Fourberies de Papa*, décrit les petits rectangles partagés en trente-six cases, criblés de chiffres et de « calculs décevants aboutissant à cette équation invariable :
rien + nib + la peau + nada + niente + pouic = zéro ».

La vente des « Claudine »

« Alors sur le bureau, il aperçut un bouquin que son mentor y avait oublié. *Les mardis,* par Ernest-Charles. Quel était cet anonyme ? Il feuilleta. Hélas ! il ne comprenait que le français, ayant toujours pensé qu'il serait temps d'apprendre le nègre, lorsque sa mère et son notaire l'auraient embarqué pour le Congo » (*L'Implaquable Siska*, 1913). En 1907, Jean Ernest-Charles (Paul Renaison, avocat, rédacteur en chef du *Censeur*) publie chez Sansot la cinquième série de ses *Samedis littéraires*, qui contient « Le Cas Willy », un article polémique paru le 7 octobre 1905 dans la *Revue Bleue* : « Willy consacre plus de temps à lancer un livre qu'à l'écrire. » Ernest-Charles a déjà plusieurs fois attaqué violemment Willy, qui l'a surnommé l'« Incompétomane » et ne manque jamais une occasion d'écrire qu'avec ses deux prénoms il n'a jamais réussi à se faire un nom. Willy n'a pas l'intention de laisser passer cette nouvelle publication de sa tête de turc.

Le 5 mai 1907, il attaque par la bande en publiant dans la *Verveine* un poème, « L'orage », qui rappelle étrangement un autre poème, « Soir d'orage » paru auparavant dans *La Roulotte* sous la signature de Marius Hégin. En juin, la revue *Antée* imprime face à face les deux poèmes, sans autre commentaire que ce titre : « Coïncidences ». Fâcheuses, en effet.

Malheureusement, dans *L'Art moderne* du 30 juin, Octave Maus fait mention d'une lettre de Willy suggérant que « L'orage » pourrait bien être acrostiche. Les lettres initiales des six quatrains forment la phrase : LE CENSEUR EST UN SALE CANARD.

Ernest-Charles écume de rage, cela se comprend, mais il a le tort de ne pas s'avouer vaincu. Le voilà qui prétend tout simplement... que Willy a plagié Marius Hégin ! Il ne veut pas reconnaître que Marius Hégin est l'anagramme d'Henri Maugis et jure que Marius Hégin, poète belge, est décédé en 1903, comme l'indique une notice nécrologique parue dans *La Roulotte* et... rédigée par Willy. « Ayant créé ce garçon, c'était bien le moins que je l'enterrasse ! » conclut Willy dans une longue lettre que publie *Gil Blas* en juillet 1907. Il réitérera encore ses attaques en juillet 1913 dans *Le Mail*, revue littéraire antisémite et monarchiste à laquelle collaborent Sennep et Alain Mellet auquel on doit la mystification des Poldèves (1929).

En revenant comme chaque année passer les vacances de Pâques en France, Jacques Gauthier-Villars constate que son père et sa belle-mère, qui fut longtemps pour lui sa « petite maman », vivent séparés mais se voient tous les jours : « Leurs rapports quotidiens paraissaient excellents. » Bien mieux, « leur collaboration littéraire continuait comme par le passé ». Et pourtant, c'est à partir de ce moment que leurs deux vies vont s'écarter peu à peu pour ne plus se rejoindre. Leur séparation de corps n'en est pas la cause, car Willy et Meg Villars louent cet été 1907 la maison voisine de la « Villa Belle-Plage », au Crotoy, qui appartient à Missy. Les deux couples passent ensemble leurs vacances aux bains de mer, le plus naturellement et le plus gentiment du monde. Colette écrit à Georgette Leblanc qu'elle souhaite la voir à Saint-Wandrille où elle va jouer *Macbeth*. Elle en profite pour lui demander d'intervenir auprès de Maurice Maeterlinck : « Pourquoi – ô mégalomanie ! – Maeterlinck ne me ferait-il pas un petit drame mimé et dansé ? Attache-le à un pilier de ton cloître, et ne le délivre que lorsqu'il aura consenti. » Elle profite de ses loisirs pour s'écraser trois doigts (!) sous une roue de voiture, et Willy est tout désemparé. « Elle est exquise, cette chère petite folle », écrit-il à Vuillermoz. Et Colette, de son côté : « Il y a trop de femmes dans votre vie, Doucette, et la seule qui vous convient vous fait défaut maintenant, comme me fait défaut le seul homme avec lequel je pourrais vivre [1]. »

---

1. Cité par Michel del Castillo, coll. Michel Rémy-Bieth. Willy avait conservé un certain nombre de lettres de Colette, et les avait confiées à Pierre Varenne, qui en fit usage le 16 juin 1949 dans *Le Cri de Paris* du vivant de Colette...

On parle déjà d'un tunnel sous la Manche – on en parle depuis si longtemps! – mais le bateau est encore le meilleur moyen en 1907, en attendant que Louis Blériot inaugure un nouveau mode de traversée deux ans plus tard :

> Pour voyager en Angleterre
> Un tunnel monstre est en projet,
> Mais le tunnel que je préfère
> Est certe une aile de poulet.

En septembre, Willy part pour l'Angleterre. Meg Villars l'a-t-elle rejoint? Willy en tout cas n'est pas seul : il accompagne Renée Vivien. Ils se sont connus avant 1906, et Renée Vivien continuera de voir Willy et Colette après leur séparation : les deux femmes découvrent même que le numéro 44 de la rue de Villejust habité par Colette, et le rez-de-chaussée de Renée Vivien, 23, avenue du Bois, communiquent par les jardins. Willy est reçu, lui aussi, « dans les funèbres salons de l'avenue du Bois où pèse une obscurité éternelle, à peine blêmie par quelques cierges anémiques, et si angoissante que, malgré soi, dans cette crypte, on parle à voix basse » (*Le Rire*, 1er mai 1909). À Londres, il se souvient de l'avoir vue « hypnotisée pendant de longues heures à la National Gallery devant le portrait de sa chère petite Anne de Boleyn dont elle projetait d'écrire l'histoire... en rejetant, bien entendu, tous les documents que je lui apportais, pour peu qu'ils fussent contraires à sa thèse ». Mais la collaboration de Willy ne doit guère aller plus loin que la recherche de ces documents[1]. Renée Vivien meurt le 18 novembre 1909, et les éditions Lemerre ne prennent pas la peine de faire paraître cette *Anne Boleyn* dont le tirage n'a sans doute pas été payé d'avance[2].

Willy admire très sincèrement le talent de Renée Vivien et il cite à plusieurs reprises (et encore en 1927 dans *Le Fruit vert*) ces cinq vers qui l'enchantent :

---

1. On trouve la signature de Henry Gauthier-Villars à ce propos dans *L'Intermédiaire des Chercheurs et Curieux* en 1908!
2. *Anne Boleyn* a été publiée, enfin, par les soins de Jean-Paul Goujon, aux éditions À l'Écart... en 1982.

> Sous ta robe qui glisse en un frôlement d'aile
> Je devine ton corps : les lys ardents des seins,
>   L'or blême de l'aisselle,
> Les flancs doux et fleuris, les jambes d'immortelle,
> Le velouté du ventre et la rondeur des reins.

Il la croque dans *Le Rire* du 1er mai 1909 : « Vivian Lindsay, poétesse anglaise, blonde, riche, misogyne (que de qualités !). » Quant à Renée Vivien, elle appelle Willy « mon bon oncle », ce qui fait sourire quand on sait que ses maîtresses en titre lui disent « papa » et qu'il réserve le titre de « nièces » à des passades qui se prétendent mais ne sont pas toujours platoniques.

Au cours de ce voyage londonien, qu'il espérait bref, Willy se fait photographier « excursionnant à Whitechapel », coiffé d'une casquette et fumant la pipe, barbe et cheveux grisonnants. Il écrit à Curnonsky[1] : « Dimanche soir à Hyde Park, je me suis arrêté devant la lumière rouge qui accrochait les passants et les invitait à gagner le ciel. On priait, on prêchait. Tout à coup, une jolie fille a déployé une autre bannière blanche, où était inscrit en grosses lettres un cantique *I like Jesus* sur un air admirable de beuglant. Je n'ai pas résisté et j'ai beuglé en battant la mesure avec ma pipe *I like Jesus* Poum ! Poum ! (grosse caisse) [...]. Meg, indignée, me tirait par mon veston pour fuir ces mystiques ; mais je la repoussais d'un coude vertueux et les organisateurs du pieux meeting foudroyaient de l'œil cette vilaine fille qui voulait empêcher le bon vieux Français de sauver son âme !!! »

Il se plaint à Vuillermoz de ne pouvoir se passer de Colette : « Elle ne demanderait – je le sais trop – qu'à plaquer l'anormal pour se terrer avec moi, qq part. Mais manger ? Mais affronter le potin vraisemblable : "Ils boulottent ensemble ce qu'ils ont volé à la Belbeuf." »

« Et puis, ma poor Meg, dois-je la jeter à l'eau ? »

Vuillermoz, avec simplicité, lui suggère de garder les deux femmes. Mais voilà, Colette voudrait éloigner Meg, et Meg de son côté a tout lâché pour suivre Willy. Et puis, comment entretenir deux femmes ?

---

1. Lettre ayant échappé à la donation de Curnonsky à la Société des Gens de Lettres.

« Délivrée du Minotaure », comme vous dites, ou de la Minovache, oui, ce serait souhaitable. Mais vous pensez bien qu'elle n'a pas mis un sou de côté. Il était si indispensable d'avoir des chapeaux de Lewis ! (Je ne dis pas ça pour la charrier, pauvre chère toquée, vous le sentez bien.)

Parbleu !! Je ne croyais pas, moi, qu'il me serait impossible de me passer d'elle, vitalement impossible ! Oh ! ne croyez pas à des besoins de couchage ! Mais sa présence me manque, ses sourires ambigus, la rapidité folle de sa compréhension, le livre qu'elle me jetait sous les yeux ouvert à la page qu'il fallait – jamais d'erreur – marquée d'un coup d'ongle ; il me manque ses joies absurdes, ses chagrins violents et brefs, la puérilité bavarde dont elle masque, comme une tare, sa sensibilité aiguë, et qui sait choisir. Il me manque ses accès de taciturnité pensive. Nous avons eu des parties de silence, inégalables.

Il est bien temps de s'en apercevoir !...

Pourquoi je souffre, écrit-il à Cur le 14 septembre 1907 ? Tout bêtement parce que je suis loin de la seule femme que je puisse complètement aimer. Et puis, je la croyais heureuse, je l'espérais du moins, et je sais maintenant qu'elle s'embête, elle me l'écrit sans ambages : « Allons-nous en loin, tous les deux. » Or, je ne puis vivre avec elle sur le pied de 40 sous par jour. Ici, on vit pour rien et Meg chante, danse, gagne sa vie. – Quel tourment de toutes les heures !

Ah ! à propos de Colette, conseille-moi donc : un monsieur Sylvererius, dévot de la *Revue d'Art dramatique*, m'engueule bassement et insinue que je touche l'argent de la marquise (Bon Dieu, je serais moins dans la mouise, si c'était vrai). Faut-il le poursuivre ? faut-il, dans notre roman, lui consacrer trois lignes soignées ?

« Ma chère Doucette, écrit Colette en février 1907 [...]. Vous ne pouvez jamais dire la vérité, jamais ! Avant l'arrivée – arrangée de loin, de très loin ! de votre jeune amie [Meg], vous me disiez : "Attendez pour vous montrer ensemble avec Missy, que j'aie trouvé une grue à sortir, ce ne sera pas long !" En effet, et vous aviez déjà pris les devants. [...] Je vous embrasse et vous aime, mais je suis blessée dans mon orgueil [...]. Si vous aviez su profiter du coquet et intéressant demi-veuvage que vous faisait mon collage Missy, vous seriez plus heureux et vous auriez plus d'argent. »

À peu près à la même époque, Colette fait parvenir à Robert de Montesquiou un exemplaire de *La Retraite sentimentale* : « Je ne vous ai pas répondu cet été [...], la langueur de juillet, le malaise moral et physique d'un état un peu transitoire [...]. » En quittant Willy, Colette n'a pas trouvé le bonheur; Marguerite Moreno le sent bien, qui la remercie de l'envoi de *La Retraite* en lui demandant si elle est « contente », ne voulant pas, dit-elle, employer le mot « heureuse ». Mais, auprès de Robert de Montesquiou, Colette semble rechercher une approbation : « J'ai si peu d'amis, Monsieur. Ceci n'est pas une plainte, certes non! Mais je vis, m'assure-t-on, d'une manière inusitée et je sais qu'on me blâme beaucoup. On me blâme beaucoup surtout parce que je n'explique pas assez mes raisons de rompre avec presque tout ce qui est sage ou ce qui passe pour l'être. Mais je vous assure que je ne suis pas vilaine, et qu'il n'y a pas un seul motif bas à ma conduite [...]. » Et elle lui propose de danser un pas nouveau, pour lui seul, en remerciement d'avoir aimé son livre.

Robert de Montesquiou n'a pas affaire qu'à Colette. Grâce à son intermédiaire, Willy bazarde son grand portrait par Boldini, dont un porteur vient prendre livraison le 26 juin rue Chambiges : « En toute simplicité, mais d'un cœur reconnaissant, je vous dis merci. » Deux ans plus tard, le 15 juin 1909, il exprime encore à Robert de Montesquiou, dont il sollicite la participation à un festival Chopin que prépare *Comœdia*, « l'hommage d'une admiration *qui se souvient* ».

Acculé par les dettes, Willy fait le vide. « Je possédais, écrit-il à Yvette Guilbert en 1927, une reproduction, sur plaque de porcelaine, de votre saisissante caricature par Toulouse-Lautrec, revêtue de votre apostille : Mais petit monstre, vous avez fait une horreur!... Elle a disparu avec bien d'autres choses! » Colette, qui ne semble toujours pas avoir compris à quoi correspondent une séparation de biens et une séparation de corps, lui fait suivre le commandement daté du 5 août 1907, qu'elle reçoit en vertu du jugement rendu le 26 avril 1906 à la requête de Redfern, son tailleur...

Willy, au temps de sa splendeur, possédait deux chevaux de course, Belhomme et Rameau d'Or, qui n'ont d'ailleurs jamais gagné une course. Il les vend et licencie son jockey, qui lui réclame aussitôt trois mille francs pour appointements et frais divers. La 6ᵉ chambre confirmera en appel sa condamnation à payer cette somme : à sa mort, vingt-cinq ans plus tard, Willy devra encore 1 875 francs à Pierre Riou, entraîneur à Rambouillet.

Willy rend alors visite à son ami Alfred Vallette. Il a déjà perçu ses droits d'auteur sur *Claudine en ménage* jusqu'à la cent dix-huitième édition (59 000 exemplaires, une «édition», dans le langage de la librairie, correspondant alors à 500 exemplaires). Le 30 septembre 1907, il cède au Mercure de France la propriété pleine et entière de ce titre contre paiement comptant de 2 400 francs. Le 19 octobre, c'est à la Librairie Paul Ollendorff qu'il vend en toute propriété *Claudine à l'École*, *Claudine à Paris* et *Claudine s'en va*, pour la somme forfaitaire de 5 000 francs.

Il n'en souffle mot à Colette.

Pourquoi ? Pense-t-il sincèrement que tout ce qui porte sa «marque» lui revient de droit ? C'est vrai, hélas, depuis la séparation de biens. Mais pourquoi ne vend-il alors que les *Claudine* ? Pense-t-il qu'en bonne logique les dettes envers Redfern, et d'autres que nous ne connaissons pas, doivent être couvertes par les collaborations de Colette ? Est-ce la réponse du berger à l'appropriation par Colette du manuscrit de *La Retraite sentimentale* ? Désire-t-il parachever ainsi leur séparation, en ne gardant plus entre eux aucun lien, pas même ces livres qu'ils ont écrits ensemble ? Certes, il ne semble pas avoir vendu ses autres romans, mais rien ne nous prouve qu'il n'a pas essayé. Ne pense-t-il pas aussi que les *Claudine* ont fait leur temps et que les ventes n'iront plus qu'en diminuant, comme celles de ses autres livres ? Ce n'est pas impossible non plus ; mais pour les *Claudine*, il se trompe ; pour les autres, non, quoique certains seront réédités plus tard dans des collections à bon marché.

Ses éditeurs, lassés de le voir venir réclamer des avances, sont peut-être les premiers à lui proposer d'acheter forfaitairement ses droits. Et d'ailleurs, peuvent-ils vraiment lui faire encore des avances ? Dans une lettre à la Librairie universelle, Willy prévient :

«L'huissier Gambier, s'il voit cette petite "Prière d'insérer" pour *Plage d'Amour*, va s'empresser de vous envoyer une opposition, comme il l'a fait pour mes *Claudine*, chez Ollendorff.

Vous qui êtes un homme subtil, je vous prie de vouloir bien me consentir une avance fictive, je ne sais quoi, qui vous permette de répondre "Impossible, mille regrets" à cet huissier vorace, quand il se présentera chez vous. »

La vente des *Claudine* présente donc aussi cet avantage appréciable de couper l'herbe sous le pied des créanciers qui voudraient mettre opposition sur ses droits d'auteur.

Ce n'est pas suffisant. À Robert Eude, qui devait faire le 1er janvier 1908 une causerie au Théâtre des Arts sur les «Lettres d'amour des femmes célèbres», Colette s'excuse de ne pouvoir venir mimer une de ces lettres :

« Le 31 décembre [1907], je suis forcée d'être à mon grand regret à trois kilomètres au-dessus de Besançon. On s'occupera ce jour-là d'y vendre, par autorité de justice et autres stupidités, une propriété que j'aime beaucoup.

Je ne comprends d'ailleurs rien à cette histoire qui suit logiquement, paraît-il, celle d'une séparation de corps et de biens. »

Les Monts-Boucons, achetés en 1900, faisaient partie de la communauté. Ils sont vendus le 7 janvier 1908. « Par autorité de justice », ou autrement, il faut vendre. Et depuis le 15 novembre 1907, Willy doit encore 20 000 francs, oui : 20 000 francs à Jules Bruneteau, 3 place Saint-Pierre, à Besançon... qu'il ne paiera jamais ! Les Gauthier-Villars ont vraiment, depuis quelques années, vécu très au-dessus de leurs moyens.

Willy écrit à Curnonsky :

« Naturellement, faudrait des laitages et des voyages, pas de gratin ni de putains, et de l'eau claire et de la chasteté – et encore quoi ? Mais mieux vaut crever que de vivre ainsi. Tu dureras bien aussi vieux que moi. Et je m'alloue 18 mois encore, *grand maximum*. Tu crois que je blague ? Pas du tout. »

« UN PETIT VIEUX BIEN PROPRE »

Fin septembre, Willy rentre à Paris. C'est pour apprendre que chez Maxim's est exposée la longue frise sur laquelle Sem et Roubille ont caricaturé toutes les célébrités parisiennes défilant dans l'allée des Acacias du Bois de Boulogne : parmi les mondains et les demi-mondaines, dans un fiacre découvert, Willy déguisé en Ouvreuse-cochère promène Colette et la marquise de Morny. Cette fois, Willy se fâche et poursuit les deux dessinateurs en diffamation. Il a, dit-il dans *La Presse* du 12 octobre 1907, le droit d'exiger qu'on lui fiche la paix, «et qu'on ne placarde pas sa caricature chez Maxim's et dans les autres centres... intellectuels». Il ne pardonnera jamais «les lâches caricatures de ce petit jean-foutre de Sem» (1908), «le caricaturiste Sem, l'air chétif et hargneux d'un singe phtisique» (1913).

Ce n'est pas en effet le moment pour Willy de se trouver au centre d'un nouveau scandale. En octobre 1907 paraît le premier numéro de *Comœdia*, le grand quotidien des arts du spectacle, fondé par Henri Desgranges, qui a pour rédacteur en chef Gaston de Pawlowski. Henry Gauthier-Villars collabore dès le deuxième numéro, – et la première d'une nouvelle série de «Lettres de l'Ouvreuse» paraît le 7 novembre (la dernière en 1911). La signature de Willy figure dans *Comœdia* au bas de nombreux contes, chroniques et fantaisies.

Cette année-là, Willy ne fait paraître qu'un seul roman en octobre: *Un petit vieux bien propre*, que Curnonsky prétend avoir été seul à écrire. Il se trompe, car Colette au moins y a collaboré. Elle se trompe donc aussi quand elle dit n'avoir jamais collaboré avec Curnonsky. Tous deux sont excusables; Willy dirige parfois plusieurs collaborateurs à la fois sur le même roman, et n'éprouve pas le besoin de dire aux uns ce que font les autres.

À Curnonsky, le 21 novembre: «La Préface, qui te plaît, a été écrite *pour toi et pour Colette*. Un point, c'est tout.»

Pour bien la distinguer du texte de «Willy», pseudonyme collectif des «ateliers», cette préface est signée «H.G.-V.»:

> Ce roman, il devait d'abord s'intituler le *Choix du Désir* [c'est le titre du deuxième chapitre] et porter en épigraphe la strophe célèbre de Mme de Noailles: «La Douleur et la Mort sont moins involontaires...»; mais l'éditeur m'a fait remarquer, judicieux, que ce titre serait compris des seuls lettrés et qu'on n'écrivait pas pour une douzaine de personnes. [...]
>
> Un peu de grec, pour finir. Je n'ai pas besoin d'expliquer la confusion qui s'établit, dans un cerveau d'alcoolique, entre la «Cora» créée par miss Gertie Millar et la Kora exhumée non loin de l'Erechteion. Mais je prie que l'on veuille bien excuser la citation inexacte d'Herondas (p. 301); si Henry Maugis, pour les besoins du sens, se permet de déformer le vers 74 du

Mimiambe III (éd. Crusius), dans lequel Battaros se targue d'exercer le métier que nous ont rendu familier tant de Sannion et de Ballion du théâtre antique, c'est qu'en vérité les qualités formelles du scazon sont bien peu sensibles à nos oreilles d'«étrangers», de l'aveu du professeur Boisacq.

Il y en a, comme on le voit, pour tous les goûts... Si le lecteur n'est pas bluffé, il ne le sera jamais. Hé, doit-il se dire, que ces romans légers couvrent de profondes pensées!

Dans sa «petite retraite» de la rue de Villejust, Colette avait reçu en 1906 un billet qui l'«étonna fort». Willy lui demandait pour son prochain roman, *Un petit vieux bien propre*, vingt pages de paysages et lui promettait mille francs. «Mille francs d'avant-guerre, mille francs d'après séparation, mille francs pour vingt pages, quand, pour quatre *Claudine*...» Mais le roman se déroule dans la principauté de Monaco, qu'elle connaît mal, et Colette se déclare incompétente. «Si ce roman avait pour cadre la Franche-Comté, télégraphie Willy, accepteriez-vous? Si oui, lieu d'action émigre régions Est.» Cette fois, toujours par télégramme, Colette accepte.

«Les paysages n'y abondent guère, remarque Paul d'Hollander, et Colette ne semble pas s'être donné grand-peine pour gagner les mille francs [...]», hormis les descriptions de la propriété de Tardot avec, en perspective, le Doubs «vif et froid comme un poisson». Cette collaboration donne lieu en tout cas à un incident comique dont Colette doit le récit à «un brave type qui, chez Willy, s'occupait du courrier, ficelait, portait les copies dactylographiées», et qui est selon toute vraisemblance Paul Barlet.

Willy a confié à Colette le manuscrit complet du roman. Quand elle lui restitue, «grevé de quelques pages, le roman bisontin-ex-monégasque», Willy se contente de vérifier les textes nouveaux, et l'envoie chez l'imprimeur; il revient sous forme de placards, qu'il fait corriger par le secrétaire; celui-ci risque une question timide : «On voit donc la mer de Besançon?»

Et, d'après Colette, il lui lit le commencement du roman : «Accoudé au balcon de sa coquette maison bisontine, M. Tardot se divertissait à cracher dans la Grande Bleue...»

Willy bondit – et corrige. Dans la version définitive, il n'est plus question de la mer :

«[...] M. Tardot cracha par-dessus la terrasse où il s'accoudait. Un ciel de mai, balayé de nuages, bleuissait d'ombres mouvantes ce paysage franc-comtois [...]. »
— À quoi tiennent les choses, dit Willy en riant et en parlant pour lui-même. C'est crevant. On en ferait une nouvelle... Je ne dis pas que je n'en ferai pas une nouvelle...

La préface signale aussi que le type de Cagayous a été inspiré par Musette, l'écrivain algérois Auguste Robinet; et que Remy de Gourmont a octroyé une «consultation» dont voici un extrait : «L'amour platonique a pour accompagnement fatal l'onanisme solitaire. Le flirt simple mène aux mêmes conséquences. Le flirt double, c'est l'onanisme à deux, hypocrite et discret [...]. »

Un petit vieux bien propre renferme une longue lettre de Claudine à Maugis (5 pages du roman) qui fait allusion à *La Retraite sentimentale* : Claudine, retirée à Casamène, est effectivement veuve de Renaud. Et à Maugis, qui le sait, Claudine conseille de ne pas venir la rejoindre, «pas... encore». Les deux époux séparés échangent ainsi, d'un roman à l'autre, des personnages, des situations romanesques, et il s'établit entre eux une nouvelle complicité. «Il est probable que cette lettre fut écrite par Colette elle-même, écrit Paul d'Hollander, mais...» Willy écrit à Cur : «... Et cette lettre de Claudine, qui t'a plu (et à moi, donc!) est une mosaïque habilement – pardon – agencée avec d'anciennes notes. Ah, mais! Elle n'a pas été faite pour le *P. vieux* spécialement. Je l'ai raboutée, en recollant les morceaux, comme d'un billet de banque déchiré. »

L'année suivante, en 1908, *Un petit vieux bien propre* aura une suite avec *Pimprenette*. René de Gernys, le personnage principal, est journaliste : il écrit des chroniques à la fois pour *Le Journal des Petits Français* (*Le Petit Français illustré* ?), *Comœdia* et *Le Paillard* (*La Gaudriole* ?) et se trompe parfois dans ses envois; il compose aussi des quatrains publicitaires. On retrouve naturellement dans ce roman Tardot, Pimprenette de Folligny, maîtresse du prince Mihaïl, et Maugis qui habite rue Chambiges, comme Willy, tout simplement.

Ce roman est l'objet d'un échange d'au moins vingt-cinq télégrammes entre Willy et Curnonsky, du 21 mars au 6 juin 1907. Les amateurs de littérature du Troisième Secteur, chère à François Le Lionnais, vont se délecter; les autres peuvent aller faire un petit tour en attendant.

Menton, 21 mars :
TE FRAPPE PAS VIEUX FRERE CA IRA TRES BIEN AMITIES VEUX TU BRAISE – WILLY.

Monte-Carlo, 25 avril :
PANCIER ME DEMANDE DE LUI TELEGRAPHIER SI OUI OU NON IL PEUT COMPTER SUR ROMAN CE TRIMESTRE FAUT IL LUI PROMETTRE ROMAN D'AVENTURE ET POUR QUELLE DATE NOUS RESERVERIONS VAGABONDE POUR OLLENDORFF QUAND ENVOIES TU COPIE AMITIES = WILLY.

Monte-Carlo, 25 avril :
PUIS JE AFFIRMER A MAUGIS QU'IL RECEVRA COPIE BIENTÔT IL EST DEPRIME ET A BESOIN D'ETRE REMONTE AMITIES – WILLY.

Monte-Carlo, 29 avril :
MERCI DEPECHE J'AI CONFIANCE EN TOI NE TARDE PAS CHER VIEUX = WILLY.

Monte-Carlo, 2 mai :
CONTINUE BON NEGRE AMITIES = WILLY.

Monte-Carlo, 5 mai, 8 h 30 :
MERCI GENTILLE DEPECHE ENVOIE SANS FAUTE 91-102 LUNDI J'Y COMPTE TOUT A FAIT AMITIES = WILLY.

Monte-Carlo, 5 mai, 12 h 5 :
RECU JUSQU'A QUATRE VINGT ONZE TRES BIEN A QUAND LA SUITE POURQUOI N'ECRIS TU PAS AMITIE = WILLY.

Paris, 6 mai :
ENVOI CE SOIR ESPERE CHEQUE SAMEDI URGENT URGENT CA VA AMITIES = CURNONSKY.

Monte-Carlo, 7 mai :
PAS RECU CONTINUATION DEBUTS FOLLIGNY QUAND AS TU ENVOYE AMITIES = WILLY

Paris, 11 mai :
ENFIN RASSURE ENVOIE CE SOIR 101-117 BONNE PROMESSE AMITIE CA VOUS PLAÎT IL AINSI = CURNONSKY.

Monte-Carlo, 15 mai :
RECU CA MARCHE BIEN AMITIES VIEUX FRERE = WILLY.

Paris, 18 mai :
130-143 PARTIRONT DEMAIN LETTRE EXPLICATIVE SUIT CA VA AMITIES = CURNONSKY.

Monte-Carlo, 20 mai :
CHER VIEUX ENSEMBLE UN PEU GRIS ET PEUT ETRE TROP RAPIDEMENT FAIT J'AIME BEAUCOUP PIMPRENETTE SURPRISE AVEC CHANTEUR LETTRE SUIT AMITIES = WILLY.

Monte-Carlo, 22 mai :
RECU JUSQU'A CENT TRENTE SEPT INCLUS CA COLLE QUAND VEUX TU DIX LOUIS VIEUX FRERE AMITIES = WILLY.

Paris, 23 mai :
MERCI PROMESSE SE PEUT ELLE REALISER SAMEDI LETTRE ET PAQUET SUIVENT VEHEMENTE AFFECTION CACHETEZ VOS ENVELOPPES AVEZ VOUS JUSQU'A 138 = CURNONSKY.

Paris, 25 mai :
RECU 200 MERCI CA FAIT 1 000 RECU PAGES RECOPIEES AI BESOIN GARDER DEUX JOURS ENCORE 138-163 QUI PARTIRONT LUNDI NULLE INQUIETUDE AFFECTION = CURNONSKY.

Monte-Carlo, 29 mai :
AS TU RECU MANUSCRIT DACTYLO VIEUX FAINEANT TOUT PLEIN D'AMITIES = WILLY.

Paris, [?] mai :
138-165 PARTENT EN DEUX PAQUETS CE SOIR ET DEMAIN 165-189 FIN DE SEMAINE = CURNONSKY.

Paris, 30 mai :
RECU MANUSCRIT ET DACTYLO SOMBRE GÂCHIS TRAVAIL TRES LENT 8 ME DESESPERE 146-151 PART CE MATIN PUIS JE ESPERER 100 SAMEDI ? NAVRE RETARD TRISTESSE AMITIES = CURNONSKY.

Monte-Carlo, 30 mai :
TON TELEGRAMME PARLE DE 145-151 PARTIS CE MATIN MAIS J'AI SEULEMENT RECU LES TROIS PREMIERES PAGES DU CHAPITRE SEPT QUAND AS TU ENVOYE FEUILLETS 141-145 ETAIENT ILS

RECOMMANDES TU RECEVRAS CHEQUE LETTRE DETAILLEE SAMEDI AMITIES = WILLY.

Monte-Carlo, 31 mai :
RECU 141-145 ALL RIGHT CHEQUE ENVOYE HIER QUAND ENVERRAS TU SUITES AMITIES = WILLY.

Paris, 1er juin :
FETE DIEU N'AUREZ RIEN D'ICI MARDI MAIS 140-150 SONT PARTIS HIER SUIS TRES INQUIET MERCI CHEQUE 100 RECU AMITIES = CURNONSKY.

Monte-Carlo, 1er juin :
RECU JUSQU'A 150 EXCELLENTE CONVERSATION PIMPRENETTE ANSELME M'ENCHANTE AMITIES VIVES OUI CHAPITRE SUPPLEMENTAIRE TRES VOLONTIERS = WILLY.

Paris, 3 juin :
ME CROYEZ PAS MORT ACCORDEZ MOI QUATRE JOURS VOUS EN REPENTIREZ PAS PUISQU'AUTORISEZ SUPPLEMENT J'EN FAIS UN 8 QUI SAUVE TOUT MAIS IMPOSSIBLE FRACTIONNER AUREZ 150-180 D'UN SEUL TENANT AMITIES = CURNONSKY.

Monte-Carlo, 6 juin :
CHEQUE PARTIRA AUSSITÔT COPIE RECUE ET MEME AVANT AMITIES VIEUX FRERE = WILLY.

La purée s'épaissit

Le réveillon de nouvel an 1908 réunit autour de la marquise de Morny, Colette, Willy et Meg Villars. *Les Vrilles de la vigne*, ce recueil de nouvelles qui ont paru dans *La Vie parisienne* en 1907, sortent en librairie à la fin de 1908. L'une de ces nouvelles, *Nonoche*, porte la dédicace : « pour Willy », pour qu'il comprenne sans doute l'attitude de la chatte devant le mâle ; un autre, *Toby-chien parle*, « pour Miss Meg V... », contient un sérieux avertissement à « la fausse mineure » ; trois autres enfin, *Nuits blanches*, *Jours gris* et *Le Dernier Feu*, « pour M... », que Colette réunit sous le titre *Pour Missy* en une plaquette de 28 pages, exemplaire unique orné de 17 aquarelles originales de Gustave Fraipont.

Sur l'exemplaire des *Vrilles de la vigne* de Willy, avec 19 illustrations pleine page de Georges Bonnet, elle écrit : « À Willy / À mon meilleur ami / Colette Willy. »

Colette poursuit sa carrière de mime avec *La Chair* à l'Apollo le 2 novembre 1907, à Nice en mars 1908. En août, elle joue à Genève *Son premier voyage*, comédie de Léon Xanrof et Gaston Guérin. Willy à Cur : « Colette va jouer à Genève, alors que je lui ai collé Meg comme nurse anglaise. Elles reviendront dans 4 jours. La vie est bizarroïde. »

Le 10 octobre, Willy se voit confier par *Le Rire* une chronique régulière en deuxième page, « À bâtons rompus », illustrée par Lucien Métivet. C'est vraisemblablement Léo Colette (mais pourquoi pas Colette elle-même ?) qui lui raconte l'histoire cocasse de ce représentant de la Société des auteurs dramatiques à Montigny-en-Fresnois, qui ignore que Molière est tombé dans le domaine public.

« Je ne peux pourtant pas connaître tous les décès qui surviennent ! Jamais la Société n'aurait la prévenance de m'en informer. Quelle boîte ! » (*Le Rire*, le 12 juin 1909).

Cette collaboration ne dure pas longtemps : la dernière causerie « À bâtons rompus » paraît le 26 juin 1909, sans qu'on connaisse la raison de cette interruption.

Le 3 novembre 1908, Willy écrit à Cur :

> Colette s'ennuie ; nous avons très longuement causé hier. Et je crois qu'elle va se mettre à travailler. Il faudrait qu'elle remette en scène une *Claudine*. Et elle m'a dit, textuellement, « Avec un plan, je torche ça en deux mois. » Seulement que personne ne le sache.
>
> Alors, il faut lui faire un plan (que je te paierai, naturellement, vieux). Et, comme elle aura fini et publié avant le *Mariage de Maugis* [*Maugis en ménage*], on pourrait y fout' Maugis, dans ledit plan, et peut-être Annie de la *Retraite sentimentale*... et ménager à Claudine de belles échappées sur la campagne.
>
> Ça colle ?

Curnonsky bâcle un plan, qui ne plaît pas à Willy (11 novembre) :

> Rien à faire du plan, je te le dis tout net, rien du tout, rien du tout.

Je ne veux plus d'amourettes de femmes, mais un conflit tragique d'âmes, terminé par un joli meurtre, mon Dieu oui. T'en reparlerai. Faut que le public en bave.

Nouvelle lettre de Willy :

J'ai une idée, oh! une idée pour ce plan! Mettre en présence *Willette Collie* et *Claudine*... hé! hé! mais ça, c'est pour nous deux, ce secret-là. Et puis, on fourrerait dans le texte de notre petite quelques lettres de Maugis – Chut! Bocca chiusa.

Ce projet n'aura pas de suite.

Le 10 novembre, Colette est à Bruxelles où elle doit interpréter à l'Alcazar, pour quinze représentations, du 18 au 29, le rôle de Claudine créé par Polaire dans *Claudine à Paris*. Elle est accompagnée de Meg et de Jacques Gauthier-Villars. Colette a remanié la pièce « dans le sens autobiographique » (*Comœdia*, 13 octobre 1908).

Colette : « Profitant de la présence rassurante de Missy, je me suis payé une bonne attaque de grippe, soudaine, violente. Quand Missy est là, je m'offre tous les luxes. » Et pourtant, de son côté, Willy écrit à Curnonsky : « J'aurais des tas de choses à te dire, mais Colette me télégraphie qu'elle est grippée et j'ai bien envie de filer encore à Bruxelles, pour ne pas la laisser seule là-bas. » Dans une lettre à Georges Wague, Colette confirme la présence de Willy à la répétition. Il assiste à quelques représentations et vient « faire des malices » en coulisse, avant de gagner Ostende.

Willy s'intéresse de très près à la carrière de Colette. À Cur, en décembre 1908 : « Dis à Baret [directeur des tournées Baret] qu'il devrait laisser Colette faire une tournée avec le *Friquet*, pièce d'un succès certain. Et dis-lui de la petite tout le bien possible. » Autre lettre, autre argument sur le même thème : « Les prix de Polaire sont effroyables. *Jamais* au-dessous de 15 louis par jour. Alors... »

Une autre lettre confirme que « oui, C. joue chez Baret, à Lyon, à la Scala », et revient sur le plan qu'il lui destine : « Comme toi, je crois qu'elles devraient se rencontrer dans les coulisses d'un music-hall, Claudine et Willette. »

Pourquoi tous ces projets? Willy coupe en deux une carte postale sur laquelle ils avaient posé ensemble à Marseille, supprimant Colette d'un coup de ciseaux!

Que deviens-tu ?
Je viens de la conduire à la gare du P.L.M.
Elle va jouer à Lyon. Merde ! merde ! merde ! Je m'ennuie quand elle n'est pas là. Je n'ai pas le sou pour l'accompagner.
Meg est charmante, mais...
Et puis, la purée s'épaissit.
Il faudrait *absolument* que Claudine et Willette Colly puissent se rencontrer. Mais où ? Brusquement, au début du roman ? Ou comment ?
Réponds vite, je suis au noir.

PAUL-JEAN TOULET

Avec *La Tournée du petit duc*, qui paraît en décembre 1908, un nouveau collaborateur entre aux ateliers Willy. C'est Paul-Jean Toulet (1867-1920) dont la seule œuvre encore rééditée aujourd'hui, *Les Contrerimes*, ne paraîtra qu'après sa mort, en 1921.

Toulet s'est installé dans le même immeuble que Curnonsky, place de Laborde, au retour de leur voyage en Extrême-Orient, dont il a rapporté l'habitude de l'opium. En 1907, il vient de perdre sa collaboration régulière à *La Vie parisienne*, et ne parvient pas à placer son roman béarnais, *La Jeune Fille verte*, qu'il a terminé en 1904 et qui ne paraîtra que seize ans plus tard. Ne sortant de son lit que le soir, il ne cherche guère à employer son talent. Curnonsky le présente à Willy. Il va collaborer à cinq et peut-être six romans : *La Tournée du petit duc* (1908), *Maugis en ménage* (1910), *Lélie, fumeuse d'opium* (1911), *L'Implaquable Siska* peut-être (1913), *Les Amis de Siska* (1914) et *La Bonne Manière* (1916).

Toulet souhaite recevoir un fixe de 15 louis par mois, mais Willy préfère payer ses collaborateurs à la tâche. Pour *La Tournée du petit duc*, Willy lui octroie 2 500 francs ; pour le rafistolage des *Amis de Siska*, 600 francs. En 1910, Willy finit par lui assurer chaque semaine 30 ou 40 francs à valoir sur un travail qu'il paie 3 francs la page ; il se charge aussi de régler certaines dettes trop importantes. Évidemment, Willy, poursuivi par ses propres créanciers, ne tient pas toujours ses échéances et s'attire les plaintes de Toulet :

« J'ai eu la faiblesse, mon pauvre Willy, de compter une fois de plus sur votre promesse. Cela m'a valu, avec de nouveaux tracas, de toucher 30 francs au lieu de 40, samedi au lieu de mercredi.»

Autre lettre : «Je n'ai encore rien reçu cette semaine. Je ne sais pas si cela vous amuse. Il faut envoyer l'argent le mardi, et le pousser pendant quelque temps jusqu'à 50 francs par semaine.»

«Vous avez une façon de remercier vos *débiteurs* qui n'est qu'à vous, lui répond Willy. Je suis votre obligé, et de toutes manières. Ce billet d'aujourd'hui venant de l'artiste merveilleux que vous êtes me console de moult déboires assez pénibles.»

Ou encore : «Cher Toulet, soyez certain que vous finirez bien, seul de tous mes créanciers, par être payé. Je serais désolé absolument si vous aviez pu me croire capable de vous voler cet argent dû... car ce serait un vol ni plus ni moins ! Mais je viens de vivre d'assez lugubres journées. Ne m'en veuillez pas trop. Truly yours. Votre admirateur et ami.»

Henri Martineau dit qu'il a pu lire une centaine de lettres de Willy à Toulet. Celles qu'il cite montrent que Toulet ne comprend pas très bien Willy. Après le scandale du Moulin-Rouge et la mise à la porte de *L'Écho de Paris*, Willy répond à Toulet : «Mais non, ce n'est pas par défi que j'ai laissé le scandale s'accumuler, c'était plutôt par inconscience. Et vraiment je me préoccupais si peu des jugements portés par Dêmos ! Il s'est vengé, il m'a écrasé. Je ne m'en relèverai pas. Rien à faire, rien. Cette certitude amère pourrait expliquer peut-être certaines sautes d'humeur...»

Par contre, le patron porte une admiration certaine à son collaborateur, «ce styliste impeccable», écrit Madeleine de Swarte dans les *Fourberies*. Malheureusement, «vos corrections sont charmantes – trop ! – mais je suis si effroyablement pressé que je vous demande de me renvoyer tout en bloc».

Et l'opium ne facilite pas les relations. Madeleine de Swarte raconte une visite à M. Toubot (Toulet) dans sa fumerie : «Dupe d'une hyperesthésie que la touffiane exacerbe sans relâche, il ne se rend pas compte de sa navrante déchéance ; au contraire, il croit son intelligence devenue assez vaste pour tout comprendre, pour évoluer dans l'absolu [...]. Il rêve à fond de train, mais sans quitter son lit [...]. Chez lui, comme chez toutes les victimes de l'intoxication, les plus vertigineux projets sombrent dans cette inertie stagnante de l'opium [...]. Il mourra dans l'impénitence finale. C'est d'autant plus désolant qu'il est, lui, un lettré supérieur.»

La Tournée du petit duc devait primitivement paraître sous la double signature de Willy et Toulet, mais c'est sans doute l'éditeur qui conseille de ne maintenir que celle de Willy, de meilleure vente assurément. Le 24 août, Toulet se plaint du retard de la parution... et du règlement de sa collaboration : « Tout cela tarde durement... Ne vaudrait-il pas mieux revenir, comme vous disiez, à la publication directe et à la double signature ? Ça n'a rien avancé de la sacrifier. »

La véritable cause de ce retard, nous la devinons dans cette lettre, écrite avant la remise du manuscrit définitif (Lodi est le personnage principal du roman) : « Cher Toulet, je vous demande à deux genoux la grâce de Lodi, qu'il vive ! envoyez vite, je vous en prie, une fin brève. Et maintenant parlez en toute franchise *sans haine et sans crainte* au nommé Willy. M'autorisez-vous à certains tripatouillages ? Ayez confiance en moi, dites... »

Ces tripatouillages, c'est Cur qui s'en charge, et sans doute ne va-t-il pas très vite. Mais Willy n'oublie pas que Toulet est le principal auteur du roman et il écrit à Cur : « Prière, enfant polonais, de me ciseler quelques lignes avertissantes, expliquant aux foules que, pour des raisons de librairie, par condescendance pour les manies du public qui n'aime point 2 signatures, Willy signe seul le petit duc, mais que je tiens à rendre à César Toulet ce qui lui appartient, sûr d'ailleurs que les fins lettrés reconnaîtront tout de suite (j't'en fous, mon Cur) la finesse, la... de l'auteur de... »

La Tournée du petit duc ne comporte pas d'avertissement, mais cette dédicace : « À Perdiccas, avec mes reconnaissantes amitiés », qui unit Cur et Toulet sous leur pseudonyme commun.

En 1908, Curnonsky ne manque pas de travail. Depuis le 2 mars, il publie une chronique hebdomadaire sous le pseudonyme de Bibendum, « Les lundis de Michelin », qui paraissent dans *Le Journal*, tandis que Willy se contente de préfacer les poèmes d'Angelin Ruelle, *À la Fête de Neuilly* (Messein), et en 1909, *La Négresse blonde* : « Nous sommes deux esthètes chauves, trois pelés et quatre tondus – neuf en tout – fondés à regarder comme le plus extraordinaire artiste de nos contemporains, le nommé Georges Fourest. »

Le couple séparé semble pendant ce temps s'être installé dans de nouvelles habitudes. « Un détail charmant sur Willy (note Paul Léautaud dans son *Journal*, le 20 mars 1909), et raconté par lui-même à [Charles] Verrier. Des deux animaux célébrés si joliment par Colette Willy dans les *Dialogues de Bêtes*, Kiki-la-Doucette est morte d'indigestion, et lors de la séparation des époux restait seul Toby-chien. Ni Willy ni Colette n'ont pu se résoudre à le prendre et à le priver, lui, d'elle, elle, de lui. Ils l'ont placé chez le secrétaire de Willy, et le chien est là comme un enfant de divorcé est au collège, Willy et Colette allant le voir chacun à leur tour. Un joli trait, cela, de la part de cet homme et de cette femme, que le commun doit trouver bon de mépriser, et qui doivent être en réalité deux êtres extrêmement sympathiques. »

« L'INGÉNUE LIBERTINE »

La brouille définitive de Colette et de Willy date des premiers mois de 1909. Jacques Gauthier-Villars est surpris et s'en inquiète :

> Pourquoi les rapports entre Colette et Willy étaient-ils devenus si orageux ? Cela me paraissait inexplicable, après leur séparation faite en douceur, dans un silence de neige, à la manière feutrée de Willy. Que s'était-il passé ? Comment expliquer ce brusque changement de climat ? Je résolus de le découvrir, avec la belle confiance en soi que l'on a à l'âge de Chérubin.
> Willy et Colette éludèrent facilement mes questions ; ils savaient de longue date confondre les indiscrets, même pétris de bonnes intentions. Déçu, je me rabattis sur leur entourage qui n'était plus le même, s'était fâcheusement dédoublé et augmenté d'éléments indésirables, plus soucieux de publicité que de vérité. Je n'appris rien, sinon que chacun des deux camps accusait l'autre d'être seul cause de la brouille.

L'Ingénue libertine est précédée d'un double avertissement qui ne fait que reconduire les excellentes dispositions des auteurs de *La Retraite sentimentale* :

> D'un commun accord, les auteurs de *Minne* et des *Égarements de Minne* ont jugé nécessaire un remaniement de ces

deux ouvrages. Cette refonte en un volume ayant été remise aux seuls soins de Mme Colette Willy, les deux collaborateurs ont jugé qu'elle seule devait signer.

Willy

Colette ajoute :

Il va de soi qu'assumant la seule responsabilité de cette publication, j'ai, par un élémentaire scrupule d'honnêteté littéraire, compris, au nombre des remaniements, les suppressions de ce qui constituait la part de collaboration du précédent signataire.

Willy, qui a rédigé le premier avis, a-t-il été mêlé à la rédaction du second ? Ne suffirait-il plus maintenant que de comparer les deux textes, et les coupures, pour savoir ce qui revient à Willy ? Ainsi, dans *Minne*, passait Lucien Solvay sous le nom de «Solvey, dit Pipi-la-Vipère, bookmaker belge». Il a disparu de *L'Ingénue libertine* (novembre 1909), ce qui permet à Colette de lui écrire en février 1910, selon toute vraisemblance : «Au temps où Willy me faisait le contestable honneur de signer mes romans, il lui arrivait parfois d'insérer dans mes textes quelques mots destinés à satisfaire ses rancunes personnelles. Mon premier soin a été de faire disparaître cette inconvenance.» Correction opportune à l'égard d'un critique belge qui lui est favorable, au moment où elle interprète *La Chair* à Bruxelles du 4 au 17 février 1910.

En 1908, Colette n'en est pas encore à écrire *La Vagabonde*. Le 22 janvier 1909, elle tient au Théâtre des Arts, le premier rôle féminin d'*En camarades*, pièce en deux actes où elle conte les vicissitudes d'un ménage de «camarades», comme l'a été le sien. Le mari trompe ouvertement sa femme, la femme se prépare donc à le tromper. Naturellement, tous deux sont jaloux, se disputent – et se réconcilient. Est-ce que Colette espérait encore ? Croyait-elle que Willy laisserait tomber Meg, et elle Missy ?

La véritable raison de la brouille – il n'y en a pas d'autre et celle-ci justifie la colère de Colette –, c'est elle qui l'écrit à Léon Hamel le 28 février 1909 : «Pour ne pas vous laisser dans l'incertitude, sachez brièvement qu'il a vendu, à mon insu, toutes les Claudines aux Éditeurs, pour presque rien et que ces livres qui m'appartenaient si entièrement (moralement) sont à jamais perdus pour lui et pour moi.»

Cela fait plus de seize mois que Willy a vendu les *Claudine*; durant tout ce temps, ils n'ont cessé de se voir – et Willy n'en a jamais rien dit à Colette! Il devait tout de même se douter qu'elle finirait par l'apprendre! Cette lâcheté de sa part trahit sa faiblesse. Colette jusqu'ici n'a-t-elle pas toujours cédé à ses demandes, y compris d'assister à la vente des Monts-Boucons? Mais Willy avait compris qu'il lui serait impossible d'obtenir de Colette son consentement à la vente de ses «filles légitimes». Ou bien pensait-il pouvoir s'en passer, ce qui était son droit, lui seul ayant signé les contrats d'édition?

« J'en ai éprouvé un profond bouleversement, cher ami, je le lui ai écrit. Il a répondu à mon cri de désespoir par une lettre froide, presque menaçante, et je pense qu'après l'explication nécessaire qui aura lieu à son retour de Monte-Carlo (après-demain), tout sera fini entre nous. »

Il n'y a pas de Willy que des lettres froides pour répondre à un désespoir auquel les intérêts se mêlent. Le 7 juillet 1909 :

> Oui, j'ai péché contre vous, vilainement, mais je n'ai pas failli autrement que j'ai dû vous en donner l'apparence. [...] «Dépouillée». Ce mot est un peu injuste peut-être. Cette vente affolée, des *Claudine*, pour ce qu'elle m'a rapporté! Et puis, avouez que vous n'avez pas été, matériellement, trop malheureuse rue de Courcelles.

Dans une autre lettre[1], que l'on peut approximativement dater de la semaine suivante, Willy donne à Colette «les chiffres *vrais* que personne, hors vous, n'a le droit de connaître», qui n'ont aucun rapport avec les «60 000 F (soixante mille) par an» qu'elle suppute. Trois titres, *Claudine à l'École*, *Claudine à Paris*, *Claudine en ménage* ont atteint 52 500 exemplaires; *Claudine s'en va*, 38 500; chacune des deux *Minne*, 21 000. Soit un total de 238 000 exemplaires pour les six titres. En déduisant la publicité qu'il a prise à sa charge, Willy parvient à la somme de 145 500 francs... qu'il divise «par le nombre d'années que nous avons vécues ensemble» pour obtenir un revenu annuel de 11 180 F. «C'est fort joli, Tétette, mais c'est loin des 60 000. »

---

1. Cette lettre a été adjugée à Drouot en novembre 1999 pour la somme de 10 500 francs (1 600 euros), jamais atteinte par une lettre de Willy.

Colette et Willy vont enfin prendre des accords qu'ils avaient négligés. Pour rassurer Colette, Willy rédige un texte dont elle fait mention dans une lettre à Alfred Vallette, le 19 mars 1909 :

> La collaboration de Willy et de Colette Willy ayant pris fin, il devenait indispensable de rendre à chacun la part qui lui est due et de remplacer la signature unique de ce volume par celles de Willy et Colette Willy.
> Des raisons purement typographiques ont voulu que mon nom fût placé avant celui de Colette Willy, alors que toutes les raisons, littéraires et autres, eussent exigé que son nom prît la première place. Willy.

Le 22 mars, Willy autorise les éditions Ollendorff à modifier en ce sens la signature des *Claudine*, cédant en même temps à Colette la propriété pleine et entière de *Minne* et des *Égarements de Minne* (qui deviennent *L'Ingénue libertine*). En juillet, les éditeurs, prudents, font reconnaître par Colette que l'adjonction de son nom ne modifie en rien la convention passée avec Willy.

Ainsi, le droit moral est-il sauf. En 1910, *Claudine*, opérette en trois actes, musique de Rodolphe Berger, est annoncée « d'après les romans de Willy et Colette Willy ».

Colette avait collaboré entre-temps à la « réfection » de *La Petite Jasmin* (pièce qui sera publiée en 1912 sous les noms de Willy et de Georges Docquois). Puisque leurs relations se situent désormais sous le signe du droit d'auteur et de la propriété littéraire, elle refuse de rendre le manuscrit et exige la moitié des droits de Willy. Il s'incline le 24 mars 1909 et l'autorise à faire valoir ce partage à la Société des auteurs dramatiques, et signe : « Votre très amicalement dévoué. »

Un autre accord doit intervenir sur l'usage de son nom d'auteur, car, jusqu'en 1923, Colette, divorcée, remariée (elle signera alors ses lettres « Colette de Jouvenel »), continuera de signer ses œuvres littéraires du nom de Colette Willy, et seulement après cette date, de celui de Colette seul. Elle y voyait certainement un intérêt ; et Willy aucun inconvénient.

Le 21 mars – les choses vont vite – Colette Willy fait sa demande d'admission à la Société des Gens de Lettres. Elle a pour parrain Léo Claretie, Léonce de Larmandie, Paul

Margueritte et Henri de Régnier, et devient effectivement adhérente le 5 avril 1909. Elle s'occupe enfin de sa carrière littéraire.

À partir de ce moment, dans ses listes d'ouvrages «du même auteur», Willy ne cite plus les *Claudine*. Lui aussi regrette de s'en être dépossédé : «On ne m'a point envoyé de *Claudine illustrée* [par Henri Mirande], écrit-il à Curnonsky en 1911. D'ailleurs Ollendorff seul touche. Moi non, ce qui m'embête. Et Colette non plus, ce qui me console.» Il ignore qu'en réalité elle reçoit une légère prime par exemplaire vendu; mais ce n'est qu'à partir de 1945 qu'elle touchera un pourcentage sur les ventes.

En 1948, les *Claudine* paraissaient sous la seule signature de Colette. Le fils de Willy, Jacques Gauthier-Villars, hésitait à lui demander de rétablir le nom de son père. Mais après la mort de Colette, en 1954, il entreprendra les démarches nécessaires auprès des éditeurs et obtiendra en 1955 l'assurance que le nom de Willy soit rétabli. Depuis, on observe une certaine fantaisie. Pour des raisons typographiques, soyons-en sûrs, et aucune autre, le nom de Colette apparaît parfois seul sur la jaquette, celui de Willy ne figurant, fort légalement, que sur la page de titre. C'est évidemment plus commercial. Willy savait déjà qu'il ne faut pas associer deux noms sur une couverture. De son vivant, c'était le sien qui faisait vendre.

La mort de Maugis

De retour d'Ostende en août 1909, Willy demande à Cur s'il a l'intention d'aller à Dieppe chez Baret et fait allusion à d'autres complications. «Tâche donc d'amener la conversation sur la brouille Willy-Colette, pour connaître sa version à lui. Je te demanderai de dire, toi que tu as su ceci : que les menaces (*sic*) ont été faites par la Morny Belbeuf à Willy, par l'intermédiaire de Barlet, que le résultat a été une colère folle de Willy, qui a tout envoyé faire foutre. Mais ne dis pas, bon Dieu, que je t'ai raconté cela.» De quoi s'agit-il donc encore ?

Il ajoute qu'il va déménager et prendre «un loyer *beaucoup* moins cher» que celui de la rue de Chambiges. «Meg commence à gagner de l'argent. À Ostende, c'est grâce à elle que je n'ai pas sombré, la poor thing!»

En octobre et novembre 1909, Colette et Willy, chacun de leur côté, ne laissent plus passer un écho sur les *Claudine*, dans *Paris-Journal* et dans *Paris-Théâtre*, sans en revendiquer la propriété : « Claudine est un personnage créé par moi, qui m'appartient, et ne peut appartenir en même temps ni à Mlle Villars, ni à M. Willy. » C'est exact. Mais Maugis ? N'appartient-il pas à Willy ? Il va donc falloir empêcher Colette de le reprendre à son compte.

Colette cherche maintenant à brouiller Willy et Curnonsky en écrivant cet envoi sur un exemplaire de *L'Ingénue libertine* :

« À mon vieux Curnonsky, à l'auteur d'*Une Plage d'Amour*, du *Petit Vieux bien propre*, de *Maugis en ménage*, etc. L'auteur des *Claudine*. »

Cur montre cette dédicace à Willy, qui lui suggère de répondre en faisant parvenir à Colette une chronique parue dans *Comœdia* accompagnée de réflexions qu'il lui dicte :

> ... vous êtes trop lettrée, trop incomparablement lettrée pour ne pas admettre (maintenant que les polémiques se sont tues) que, tout de même, Willy sait écrire. Est-ce que son petit bout de chronique hâtive n'a pas de saveur ? Pour moi, je viens de le lire, et j'en reste charmé. Et, si je vous le dis, c'est que vous m'avez envoyé *l'Ingénue libertine*, ce chef-d'œuvre, ornée d'une dédicace flatteuse mais injuste, car, si j'ai collaboré aux divers bouquins énumérés par elle, je n'en suis pas le seul auteur. Et tout de même, vous le savez bien vous aussi, votre ex-mari (malgré toutes les bêtises qu'il a pu faire... et qu'il fera encore) n'est pas une nullité sans talent, comme certains ont voulu le prétendre qui pensent vous faire leur cour en mentant ainsi.

La confection d'*Un petit vieux bien propre* à coups de télégrammes n'avait pas enchanté Willy et il craint que le prochain roman n'adopte le même rythme :

> Mon cher Cur,
> Je renonce à comprendre.
> Tu ne m'envoies rien malgré les plus souriantes promesses, alors je me désintéresse de plus en plus des projets matrimoniaux de notre ami. Si tu tardes quelques jours encore, je t'avertis qu'il sera trop tard. Comme je t'en ai prévenu, je suis fermement décidé à ne plus me laisser embêter par les coups

et les soubresauts du dernier enfant, qui m'ont rendu malade, à Monte-Carlo ; je patiente quelques jours encore ; après quoi je te dirai doucement Bonsoir, mon vieux.

Si tu veux, passe chez moi de 5 à 6, mais je ne pourrai que te répéter les mêmes choses. J'ajoute qu'il est un peu ridicule de me les faire répéter si souvent !

La gestation de *Maugis en ménage* est difficile. Ce n'est pas faute de plans, ni de titres : le roman s'est appelé successivement *Le Mariage de Maugis*, et même *Maugis s'en va*. On y reconnaît deux titres des *Claudine*, et si *Maugis en ménage* est définitivement retenu, c'est sans doute parce qu'il fait écho à la *Claudine* la plus scandaleuse de la série, et qu'il peut ainsi allécher le chaland. Si l'on en croit son titre, ce serait donc un roman-miroir, ou tout au moins parallèle aux *Claudine*. Vaine illusion : le « ménage » de Maugis n'a rien à voir avec celui de Claudine !

À la fin de l'un de ces plans, Curnonsky se permet quelques remarques :

> Le doux Maître remarquera [...] que sauf dans *Jeux de Prince* dont l'idée première n'est pas de moi – nulle part
> ni dans *Suzette* [*veut me lâcher*]
> ni dans *Plage d'Amour*
> ni dans *Tardot* [*Un petit vieux bien propre*]
> ni dans ce petit dernier,
> l'adultère ne forme la trame de l'intrigue.

Dont acte. Raoul Monnier, dans le numéro d'hommage des *Guêpes* (1911), écrit : « ... le joyeux auteur de *La Môme Picrate* et de *Pimprenette* nous a donné la version moderne de la vieillesse de Don Juan, dans ce *Maugis en ménage* auquel je ne vois pas bien ce qui manque pour réaliser l'œuvre parfaite ». Maugis, qui a collectionné les femmes, décide de faire une fin et d'épouser celle qu'il aime ; mais il meurt avant de consommer le mariage, et l'abandonne à un autre.

Colette a gardé dans *L'Ingénue libertine* ce personnage de Maugis qu'elle n'aime pas. Par exemple :

> – C'est drôle [dit Minne], on ne pense jamais que vous vous appelez Henry, sans Maugis...
> – Je ne suis plus assez jeune pour avoir un prénom.

Oh, là ! Que va-t-elle maintenant faire de Maugis ? Un vieillard ? Il n'y a qu'une solution pour l'empêcher d'user de ce personnage qui appartient à Willy :

« Ah oui, tuons Maugis. Il n'est que temps, mais qu'il meure en beauté. Et après, à nous deux la marque W.C. ! » (La marque Willy-Curnonsky n'a cependant été utilisée que sur la couverture de *Chaussettes pour Dames*, et ne le sera plus.)

« Maugis doit mourir – irrévocablement » (9 février 1909).

À cinquante ans, « en gros et en détail », Maugis subit une légère attaque. « Ictus ! » diagnostique le docteur Damain, qui lui conseille, à la veille de son mariage, de se ménager. Écrivain de métier, Maugis n'écrit plus. Et Sadie, sa jeune épouse, l'appelle « mon papa chéri », comme Claudine le faisait de Renaud.

« Notre lune de miel est un astre mort. »

Sur le plan manuscrit, Cur a noté : « Et ça ne revient pas. Quelques détails médicaux. » Willy ajoute en marge : « indispensables, étudiés in anima Willy ».

Maugis commence alors à se droguer à la morphine, augmentant régulièrement les doses. Au moment où il va mourir, Tardot l'interroge :

– Alors, vous ne regretterez absolument qu'elle ?
– Elle, et la Musique.
– Tiens, tiens !
– Et encore, la musique...

Dans un passage intitulé « Hors-d'œuvre », qui ne figure que sur un plan et n'a pas été repris dans la version définitive, Maugis propose tout simplement à Claudine, veuve de Renaud, de l'épouser :

> Rentré chez lui, Maugis reçoit la visite de Claudine, de passage à Paris. Conversation mélancolique et crépusculaire autour de leur pauvre cher Renaud.
> Rappels des Claudine.
> Et puis Maugis s'attendrit... et dans sa détresse va jusqu'à faire une déclaration tardive à la jolie veuve.
> – Me remarier ! Mais vous êtes fou ? s'écrie Claudine.
> Et elle recale, gentiment en bon camarade puis conclut :
> – Mais, c'est un indice, ça ! mon pauvre vieux. Vous êtes mûr !

– Ah! vous pouvez le dire. Un mur derrière lequel il ne passe plus rien!
Mais Claudine insiste et lui prêche le mariage [...].

On peut, par ces lignes, mesurer à quel point le «collaborateur» sait s'adapter aux sentiments du patron et transposer dans le plan d'un roman une situation amoureuse dont il est le confident.

Maugis, avant de mourir, s'identifie tout à fait à Willy : il a le même âge, il habite rue Chambiges, son cocher se nomme Ogier, il se fait appeler «ma Doucette bleue» comme le faisait Colette, et il a couché avec Rézi «par besoin de tromper son amie de cœur» – c'est-à-dire qu'il est aussi Renaud...

Curnonsky a confié qu'il avait été seul à écrire ce roman. Willy, le jugeant trop court, lui aurait demandé d'ajouter une trentaine de pages. Sur le refus de Cur, Toulet aurait accepté ce travail, exécuté en une nuit pour la somme de cinquante louis! Mille francs pour trente pages, cela semble tout de même beaucoup. Et réalité, Toulet a été chargé par Willy de retaper cette fin et non de l'écrire :

> Cher ami, Maugis est mort, en beauté (du moins il l'espère), fiançant sa femme vierge à Lodi (Marie-Octave). Or, je ne sais si vous pourrez conserver quelque chose de ces vingt pages totalement ratées. Je voudrais, j'aurais voulu, une fin légère, de mélancolique insouciance ; tous ces obligés de Maugis parlant de lui sans tristesse vraie, raccrochés à la bonne vie vivante, se souvenant du défunt par un *comme eût dit Maugis*, au besoin. Bref, je voudrais une gouaillerie peu appuyée, le dernier acte d'*Amants* : la séance continue. Pouvez-vous? Voulez-vous plutôt? Je vous demande une réponse. Si vous croyez, à mon vif regret, ce dernier chapitre infaisable ou inutile, renvoyez-moi les feuillets que voici 136-155. Si, au contraire, la chose vous paraît faisable, prévenez-moi, et *sublimi feriam sidera vertice*.

Parlant de ses romans à J.-S. Marchand, Willy cite *Maugis en ménage*, «le meilleur hormis l'épilogue raté». Il en fut tout de même vendu 15 000 exemplaires. On y lit cette pensée très juste, qu'on ne sait malheureusement à qui attribuer, Willy, Curnonsky ou Toulet : «... Depuis qu'il y a des démocraties

– et qui lisent, – on ne leur plaît que par l'obscénité, le cynisme et la sensiblerie. »

Willy n'avait pas tout à fait tort quand il disait à Pierre Varenne : « C'est trop beau pour ma clientèle, la copie fournie par Toulet. Je ne peux en user qu'à petites doses. Elle relève la qualité du bouquin, mais nuit à la vente » (André Billy, *Figaro littéraire*, 3 novembre 1956).

« LA VAGABONDE »

Jusqu'à présent, les sentiments de Willy envers Colette ont été tendres et mélancoliques. Cela ne va pas durer : c'est elle qui prend l'offensive.

Quelques lettres de Willy, d'abord, pour donner le ton. À un confrère qui a « écrit un article dont s'irrite Madame Colette », ulcérée que Willy ait été nommé en tant que collaborateur des *Claudine*, il demande des précisions pour « pouvoir consigner dans mon dossier sinon l'article lui-même, du moins un bref raccourci ».

À Curnonsky, ces deux lettres :

« Je suis malade et torturé par des envies de vomir mon âme, qui tient bon ! Colette aura tout à fait l'air d'une veuve d'opérette [...]. Elle est à croquer, d'ailleurs. [...] Tout de même, quand je me rappelle tout ce que je lui ai fait, entre 19 et 40 ans ! Elle n'était occupée qu'à pardonner, à passer l'éponge, etc. »

« Ça me fait *grand plaisir* que [Alfred] Mortier et [André] Rivoire ne croient pas aveuglément cette toquée... Tu y es évidemment pour qq. chose – et beaucoup !

[Paul] Reboux m'a raconté, en se tordant, des choses inouïes que Colette lui avait dites. Il se bidonnait [...].

Je ne m'étonne pas du tout de la lettre engueulatoire que t'a écrite C. Elle devient maboule et, au *Figaro*, elle s'est fait remiser par Serge Dosset qui a refusé de l'écouter. »

Durant l'été 1909, qu'elle passe au Crotoy avec Missy, Colette commence la rédaction de *La Vagabonde*, qui paraît en feuilleton dans *La Vie parisienne* du 21 mai au 1er octobre 1910. Le volume est publié chez Ollendorff, en novembre, avec cette mention accompagnant les quatre *Claudine* dans la liste des ouvrages du même auteur : « En "collaboration" avec

M. Willy. » Ces guillemets et ce « M. » sont volontairement méprisants. Dans *La Vagabonde*, Colette se déchaîne contre Willy, qui apparaît sous le nom d'Adolphe Taillandy, pastelliste. Elle a, dit-on, emprunté ce nom à celui d'une propriété de X.-M. Boulestin; mais c'est aussi sous ce nom que Willy lui-même louait une garçonnière, 93 avenue Kléber, et elle tient sans doute à le lui rappeler. En lisant le portrait de Taillandy dans *La Vie parisienne*, Willy furieux fait courir le bruit qu'il va publier un roman sous le titre : *Sidonie ou la Paysanne pervertie*.

Il ne faut naturellement pas prendre au pied de la lettre tout ce qu'elle écrit, mais on peut la croire quand elle dépeint le rôle effacé qu'elle a tenu durant si longtemps auprès de son mari : « Vous rappelez-vous, les soirs où nous dînions en ville, Adolphe et moi, et que je prenais mon air pauvre, mon "air de fille épousée sans dot" [...] ? Mon mari pérorait, souriait, tranchait, brillait... On ne voyait que lui. Si on me regardait un instant, c'était pour le plaindre, je crois. On me faisait si bien comprendre que, sans lui, je n'existais pas ! [...] Je m'employais de tout mon cœur à disparaître le plus possible. Je l'aimais si imbécilement ! »

Ses attaques contre Taillandy sont d'autant plus crédibles :
« Je ne lui ai pas connu, pour ma part, d'autre génie que celui du mensonge. Aucune femme, aucune de ses femmes n'a dû autant que moi apprécier, admirer, craindre et maudire sa fureur du mensonge. Adolphe Taillandy mentait, avec fièvre, avec volupté, inlassablement, presque involontairement. Pour lui, l'adultère n'était qu'une des formes – et non la plus délectable – du mensonge. »

Mais celui qu'elle n'a découvert que tardivement, c'est « le Taillandy homme d'affaires, le Taillandy manieur et escamoteur d'argent, cynique et brutal, plat et fuyant selon les besoins de l'affaire... ». Inutile sans doute de lui dire, à elle qui n'a jamais eu la notion de l'argent, qu'il fallait bien qu'il y eût dans le ménage quelqu'un qui sût jongler, et nous savons comment ! Il y a plus grave : de tous les Taillandy qu'elle a connus et qu'elle commence seulement à reconnaître, « où est le vrai ? Je déclare humblement que je n'en sais rien. Je crois qu'il n'y a pas de vrai Taillandy... Ce balzacien génie du mensonge a cessé brusquement, un jour, de me désespérer, et même de m'intriguer. Il fut, autrefois, pour moi, une sorte de Machiavel épouvantable... ce n'était peut-être que Fregoli ».

Entre-temps, Willy a demandé à Cur d'écrire à sa «veuve» que le roman de Meg va paraître signé des deux noms, Meg Villars et Willy. «Ajoute un mot affectueux et roublard pour déconseiller la demande en divorce. "À quoi bon cette cassure définitive? Pourquoi faire encore parler les journaux? etc." Pour ton édification personnelle, voici la lettre que m'a écrite mon avoué. Comment la trouves-tu? Je crois que j'ai coupé le divorce sous le pied de ma veuve.»

«Tu vois que je ne blaguais pas, en te disant que j'avais pris mes dispositions juridiques, sans attendre ma veuve! Et aïe donc, on rigole. [...] Je ne peux m'empêcher de rire en me rappelant le ton convaincu que tu as pris, pour me féliciter de l'art avec lequel je sais "simplifier ma vie"... Vieux chameau, je t'aime bien, tu sais.»

De leur côté, Missy et Colette s'éloignent des milieux parisiens qui n'acceptent guère ce couple d'une théâtreuse et d'une aristocrate. Pour s'isoler, Missy découvre à Saint-Coulomb, à dix kilomètres de Saint-Malo, le manoir de Roz-Ven (la Rose des Vents, que Colette écrit toujours en un seul mot) situé au fond d'un vallon qui descend à la plage de la Touesse, «caché dans un bouquet de verdure, de troènes odorants» (Colette). La baronne de Crest refuse d'abord de le vendre à une femme qui s'habille en homme; c'est alors Colette qui signe en 1910 l'acte chez le notaire : Colette devient propriétaire par procuration. Imprudente Missy! Quand Colette la quittera – bientôt – et qu'elle voudra vendre Rozven, Missy s'entendra répondre qu'elle n'en est pas propriétaire. Elle achètera une autre villa trois kilomètres plus loin et aura un mal de chien à récupérer ses propres meubles – des meubles de famille hérités des Morny. Henry de Jouvenel, le deuxième mari de Colette, réaménagera Rozven au début de 1914 et Colette y viendra régulièrement travailler jusqu'en 1926. Fermons cette parenthèse.

Le délai légal de trois ans qui depuis la loi du 18 avril 1886 rend à peu près automatique la conversion d'une séparation de corps en divorce est écoulé. Le 21 juin 1910 – pendant la publication de *La Vagabonde* en feuilleton – le divorce des époux Gauthier-Villars est prononcé.

Colette a trente-sept ans, l'âge qu'avait Willy au moment de ses premiers succès de romancier; et Willy, cinquante et un ans.

Dans *La Vagabonde*, Colette soupire : «Mon Dieu! que j'étais jeune, et que je l'aimais, cet homme-là! et comme j'ai souffert!»

Lui, de Monaco, écrit à Curnonsky : « Peut-être crois-tu que c'est fini l'histoire Willy-Colette ? Mon lapin, elle ne fait que commencer. »

Cinq coups de revolver

2 novembre 1909 : « On veut me couper le gaz. Ça vaut mieux que les couilles, mais c'est embêtant tout de même. » Toujours à Curnonsky :

> Nous différons trop. Tu aimes la littérature, quand même, pour elle-même. Moi, je la hais, comme on poursuit d'une sauvage rancune une femme qu'on n'a pu étreindre. J'avais rêvé des viols fougueux, une splendide frénésie de spasmes, je n'ai pu aboutir qu'à des frôlements, agréables certes, mais décevants. D'où mes rages inassouvies. Il me reste du moins la joie – insuffisante – de mépriser les confrères qui chantent le los de la Très Chère, de la Muse divine, alors qu'ils forniquent avec des maritornes au cul mal lavé.
>
> Déçu, j'ai âprement cherché à gagner ma vie, faute de lauriers. Or, que tu le saches ou non, je me trouve actuellement dans une passe des plus difficiles. En cette occurrence, toi, tu t'étends, ta pipe d'opium à portée de la main, ou bien tu alignes des phrases – moi je burine. La Défense de buriner n'existe pas pour moi. Quand je serai trop las, je disparaîtrai, net.

Il confie à Sylvain Bonmariage : « ... J'ai des créanciers, et mon ex [Colette] m'en envoie tous les jours... des dettes qu'elle fit à l'époque de notre communauté et dont elle m'a fait juger responsable. Alors, ces gens-là, je refuse de les payer. Mes droits d'auteur au théâtre sont perçus par des collaborateurs fidèles qui me les refilent en sous-main, et je vends à mes éditeurs, moyennant une somme fixe, mes livres en toute propriété. »

En décembre 1909, il envisage une tournée du *Friquet*, mais, comme il l'explique à Gyp, les oppositions de ses créanciers bloquent son compte à la Société des auteurs dramatiques. Les mille francs qui leur sont dus seront donc versés intégralement au compte de Gyp. En 1910, une nouvelle opposition de 14 500 francs vient s'ajouter aux précédentes à la Société des gens de lettres.

Au Taillandy de *La Vagabonde* va répondre la Vivette Wailly des *Imprudences de Peggy*, par «Meg Villars (traduit par Willy)», qui paraissent à la fin de l'année 1910. «Songez donc que j'aurais désiré paraître avant *La Vagabonde* de Colette Willy!!! écrit-il à Jacques Richet, son éditeur. [...] Certaines pages de *Peggy* sont des réponses à *La Vagabonde*.»

«Le traducteur a-t-il collaboré, demande le Flâneur dans *Fantasio* du 1er février 1911? Pour l'établir, il faudrait aborder un sujet assez délicat que nous réservons aux moralistes de l'avenir, soucieux de définir l'état des mœurs littéraires et conjugales au XXe siècle? Nous préférons nous délecter à la lecture de ce livre voluptueux et pourtant amer, qui comporte une suite, n'en doutons pas.» Mais Peggy n'est pas Claudine, il n'y aura pas de «suite».

La jeune Peggy, née de mère française et d'un père anglais, est affublée d'une tante maternelle des plus désagréables, Sidonie-Gabrielle-Anastasie, dont les prénoms sont une première petite vacherie à l'égard de Colette. Cette jeune fille de dix-sept ans a des lectures éclectiques: *Claudine, Poil de Carotte, Aphrodite* et *À draps ouverts*, de Willy, un titre jusqu'à présent attribué à Maugis. «C'est un auteur charmant [en note: «Mille remerciements (Note du traducteur)»], ce Willy, mais je détesterais de le connaître comme homme: il doit avoir eu tant de maîtresses; et puis tout en semblant aimer les femmes, on sent si bien qu'il les méprise!»

Elle fait la connaissance de l'écrivain Robert Parville, dit Bobby, dont Willy a fait son double depuis la disparition de Maugis. Il habite avenue Kléber, «au fond de la cour, deuxième, la porte en face». Sommes-nous dans la garçonnière du 93 avenue Kléber, ou 6 rue Chambiges? Parville soulève une lourde portière verte et introduit Peggy dans une grande pièce.

> C'est amusant cette chambre; je n'en ai jamais vu de pareille. Bien qu'il ne fasse pas encore nuit dehors, le store est baissé, un délicieux store japonais traversé d'ibis multicolores aux longs becs dorés, qui volent, le cou replié en arrière. Partout, des lampes électriques; mais celle qu'il a posée sur sa table de travail donne seule de la lumière; les autres ne répandent qu'une demi-clarté mystérieuse. Sur la cheminée, j'admire la spirale d'un énorme coquillage vert dont l'intérieur nacré rosit doucement, tout doucement, aux rayons de l'ampoule qui

y est enclose. Et puis voici deux autres ampoules, dans cet angle, que renferment les pivoines faites de petites perles en verre grenat, et voici encore...

En attendant Parville qui termine son courrier, Peggy s'approche de la cheminée :

> Les portraits abondent, encadrés, en passe-partout, dans de petits cadres d'argent de chez Mappin... Une grande photo s'accote aux jambes croisées d'un Bouddha qui sourit béatement : celle d'une jeune femme coiffée d'un cabriolet 1830, pas régulièrement belle, mais attirante, avec la masse de ses cheveux roulés bas sur son front, ses paupières trop lourdes à demi baissées sur des yeux durs au regard habilement adouci, et des coins de bouche amers, même dans le léger sourire fixé par Gerschell. Comme signature : « Tout pour fille ».

À côté de cette photo de Colette, d'autres de Georgie-Rézi, « vêtue d'un tailleur et coiffée d'un chapeau empanaché de plumes », ailleurs « en robe de dentelle blanche, dans un rocking, nu tête (quels admirables cheveux ondés), le regard menteur et vague ; au dos du carton, Robby a écrit : Bertie, 1902. Oh ! oui, ce prénom, cette toilette, c'est sûrement une Américaine ! Avec des yeux faussement naïfs comme les siens et une telle prudence en manière d'autographes, cette belle Yankee a pu s'offrir beaucoup d'amants, sans se faire pincer ». Et naturellement, un peu partout, des photos de Polaire dédicacées.

Dans la chambre à coucher voisine, tout est couleur de feuille morte, aucun portrait, rien sur les murs, seulement un divan jonché de coussins, le seul éclairage électrique filtrant à travers une carapace de tortue.

> Au coin de la cheminée, un groupe de marbre blanc : deux nymphes entrelacées, couchées l'une contre l'autre, la chevelure en désordre, les mains errantes... [...] En replaçant le trop joli groupe, j'ai failli renverser une statuette que je n'avais pas aperçue, un petit faune de bronze verdi qui contemple les deux nymphes amoureuses, cyniquement, froidement, les mains posées sur ses hanches nues ; j'admire son dos charmant, ses reins souples et nerveux ; pour le mieux voir, j'étends la main, et je manque de le laisser tomber car mes doigts surpris

viennent de rencontrer, au bas de son ventre creux, l'absence de toute feuille de vigne.

Au cours de la conversation qui s'engage, nous allons entendre la version de Willy de son divorce prononcé quelques mois plus tôt :

> Ce n'est pas si facile d'être aimé en ce monde, petite Peggy, j'en sais quelque chose.
> Je ris incrédule, en songeant à toutes ces photographies ornées de tendres dédicaces. Il devine ma pensée :
> – Mais non, je vous assure. Jamais une femme ne m'a rien donné d'elle-même sans exiger trois fois la valeur en échange. Toutes, tôt ou tard, m'ont tendu une main mendiante, toutes !
> Ses yeux bleus, devenus lointains et gris, une rougeur soudaine aux pommettes, changent ce Parville séduisant et léger en un homme qui souffre, à remuer d'amers souvenirs.
> Je ne devrais pas l'interroger... Tant pis, il faut que je sache !
> – Même la dame, si jolie sous son cabriolet 1830 ?
> – Oh ! si jolie, si jolie ! C'est un portrait retouché, et qui date de loin. Il y a eu bien vite du déchet. Voyez plutôt : la voici à trente-trois ans, en 1906, cette rosse de Vivette Wailly.
> D'un tiroir, il a tiré une photographie qui semble une caricature de la première : le cou empâté, la figure en toupie, tempes larges, menton pointu, la bouche entr'ouverte avec une expression voulue d'ingénuité que démentent deux yeux calculateurs.
> – Elle vous a rendu malheureux, celle-là ?
> – Moi, non, mais son mari.
> – Elle n'a pas l'air d'une femme mariée.
> – C'est possible. Mais mon pauvre ami Taillandy l'avait épousée tout de même, cette petite campagnarde intelligente, rusée, crevant de misère et impossible à marier dans son pays, depuis qu'elle avait lâché la maison paternelle pour travailler, chez un professeur de musique d'Auxerre, la fugue, avec divertissement.
> – Elle ne l'aimait pas votre ami ?
> – Ni lui, ni aucun homme. Prodigieusement égoïste, elle lui tolérait des maîtresses par crainte des enfants qui auraient pu la déformer ; et elle en avait aussi.
> – Des enfants ?

— Non, des maîtresses. Mais pas toujours fidèles, car plusieurs de ces prêtresses de Sapho embrassèrent la religion d'Éros (suis-je assez premier empire?), grâce à l'incurable juponnier Taillandy qui se faisait un devoir de les convertir à un culte plus normal. Vous me comprenez?

— J'en ai peur. Dites, ce n'est pas très joli, ce micmac-là...

— Ai-je dit qu'il était joli? Passons. Ça dura trois ans, six ans, douze ans, pendant lesquels Vivette, écervelée et gâcheuse, ruina son mari jusqu'au dernier sou. C'est à ce moment qu'elle acheva de se détraquer et s'acoquina publiquement à une vieille morphinomane qui s'habillait en homme, la baronne de Louviers.

— Votre ami divorça, j'espère?

— Pas tout de suite. Un reste de lâche affection le retenait encore...

— Comment! Il ne la méprisait pas?

— Si. Mais, comme il avait toujours méprisé Vivette, même au temps de sa plus folle passion pour elle, ça ne le changeait pas beaucoup. Et pourtant, il commençait à aimer ailleurs; une adorable fille qui s'était donnée toute à lui, une Anglaise...

— Tiens?

— Oui, et qui vous ressemblait un peu, *little girl*. C'est dire qu'elle était charmante.

— Ne me faites pas rougir et racontez-moi la fin.

— La fin? Elle n'est pas gaie. Quand Vivette comprit qu'elle était définitivement abandonnée pour une femme plus jeune, plus aimée qu'elle, son orgueil ulcéré lui inspira les plus ignobles vengeances : avec l'aide d'un ancien secrétaire de son ex-mari, un petit jeanfoutre papelard qu'elle habillait avec les vieux complets d'homme de la baronne, elle vola les lettres – et les meubles – de Taillandy, elle l'accusa d'avoir empoisonné une de ses maîtresses, elle réussit (à propos d'une malheureuse affaire d'argent dans laquelle elle l'avait entraîné pour en profiter presque seule), elle réussit à le salir d'un procès scandaleux... Enfin, triomphante, assouvie, elle se retira dans son château de Bretagne, don de l'antique baronne de Louviers qui passait avec Vivette des soirées béates à fumer de gros cigares et à se saouler de chartreuse.

— Et l'histoire se termine là?

— Non, elle ne se termine pas là : elle tourne au drame.

— Ah! Ah! Je devine que le mari va revenir...

– On ne peut rien vous cacher, Peggy. Oui, le mari revint. Tout le monde le croyait résigné et lui-même le croyait peut-être, bercé par l'enfantine tendresse de son Anglaise énamourée, quand, un vilain matin, il pénétra – par la grande porte, d'un pas tranquille – dans le château où vivaient les deux amies, et, froidement, il leur logea, à chacune, deux balles dans la tête.
– Oh! Il fut pendu?
– Pas même guillotiné. Il lui restait dans son revolver, de quoi terminer ce mélodrame. La seule précaution qu'il prit, ce fut, avant de s'appliquer le canon sur la tempe, de s'écarter assez pour que son corps ne tombât pas sur les cadavres du couple exécré. Il avait toujours conservé un vieux fonds de romantisme.

Nous voilà servis! Les dernières lignes sont une menace à peine déguisée : Willy se voit déjà entrer à Rozven, le manoir de Bretagne de Missy, revolver au poing, et «froidement», trouer trois têtes!

Mais les autres indications ne sont pas des affabulations – ni le «vol» des meubles, ni le procès scandaleux, ni la complicité de Paul Barlet.

Colette a déjà évoqué dans *La Vagabonde* «ces épaves du mobilier conjugal, abandonnées par Taillandy en dérisoire compensation des droits d'auteur qu'il subtilisa jadis». Willy a dû s'étrangler en lisant ces lignes. Au moment de leur séparation, Colette avait emporté son buste par Fix-Masseau et Willy lui avait reconnu la propriété de ses propres meubles, dont elle lui assurait la jouissance, en principe contre paiement d'une location. C'était une façon de mettre à l'abri le mobilier du ménage, que les créanciers de Willy ne pouvaient plus saisir, puisqu'ils ne lui appartenaient pas! Après leur divorce, Colette intente à Willy un procès pour non-paiement de leur location... Il écrit à Vuillermoz :

«C'est demain que Colette me fait judiciairement *voler* mes meubles, des meubles que je lui avais fictivement reconnus et qu'elle me fait réclamer comme s'ils lui appartenaient en réalité.

Mon ex-secrétaire Barlet [Paul Héon], actuellement chez elle – comme ma cuisinière – mène toute la campagne. Avouez que le jour où je lui tamponnerai la gueule, il ne l'aura pas volé.»

Le jugement est rendu devant la cinquième chambre peu de temps après la publication des *Imprudences de Peggy*, le 3 mai

1911 : Colette rentre en possession des meubles dont Willy lui a reconnu la propriété...

Il y a aussi une sombre histoire de piano baladeur à laquelle je n'ai rien compris (je ne suis pas le seul). Willy écrit à Curnonsky :

> Je suis foutu.
>
> Non seulement je suis sans un rotin, mais on m'assigne le 25 novembre à la neuvième chambre, pour une emmerdante histoire de piano dans laquelle m'a enfilé jadis Boulestin. Ce piano a été vendu, naturellement, et la garce qui le possédait m'assigne.
>
> application de l'article 379 du Code pénal
> 401
> deux mille francs pour préjudice causé.
> Je te le répète, je suis foutu.

Et Colette de son côté à Paul Barlet :

> Mon cher Paul, puisque tu iras à ma place chez le commissaire de police demain, n'oublie pas de dire que j'ai failli, bien à mon insu, receler ce piano, que Willy voulait me *vendre* cinq cents francs ; j'en ignorais la provenance et je trouvais que 500 francs pour un bon Érard, c'était donné. [...] J'ai regretté le piano. Je l'ai moins regretté après... quand j'ai su d'où il venait.

Le « procès scandaleux » est plus complexe. Willy écrit à Cur le 11 juillet 1910 : « Colette lance contre moi une ancienne maîtresse plaquée qui a des papiers très compromettants pour Willy. Il faudra en finir ! À l'occasion dis donc à Claude Farrère [qui depuis 1902 nourrit de tendres sentiments pour Colette] qq unes des ignominies qu'elle a ourdies contre moi ! »

Cette maîtresse est Mme de Serres, Liette dans l'intimité, dont il écrit à propos de *Claudine s'en va* : « Marthe Payet, c'est le portrait (physique, non moral) de Mme de Serres, femme d'un compositeur de la Schola, haïe de Colette qui se réconcilia avec elle vers 1908, je crois, pour m'écraser sous un sale procès. Le coup rata, Dieu merci ! »

Les « Lettres de l'Ouvreuse » ont souvent cité Louis de Serres, élève de César Franck, et Mme de Serres ; Henry Gauthier-Villars a présenté douze ans plus tôt Louis de Serres à la Bodinière, le 6 juillet 1898, avec deux autres musiciens qui lui sont chers, Ernest Chausson et Pierre de Bréville : «... Ses compositions d'une inspiration élevée, raffinées d'écriture, d'une tenue d'art qui ne se dément pas, réunissent toutes les qualités requises pour n'être point rapidement populaires. [...] M. Louis de Serres, lui, ne trouvant pas indispensable de choisir des paroles bassement ineptes comme prétexte à de la musique distinguée, élit des poètes modernes, de forme toujours intéressante, Van Lerberghe, Fabien Colonna, Émile Cottinet, sans parler de Verlaine.» Colette le connaît, car dans *Les Vrilles de la vigne*, «Toby-chien et la musique» est dédié à Louis de Serres.

Le 1er décembre 1910, Colette établit à l'intention de l'avocat un dossier qui constitue un témoignage en faveur de Mme de Serres, dossier accompagné de la copie dactylographiée d'extraits de neuf lettres de Willy à Colette, datées par elle de 1908 et 1909 : «J'avais seulement entendu dire que Mme de Serres avait remis à mon mari une grosse somme (j'ignorais le chiffre exact), provenant de la vente d'une maison, pour la placer dans la maison de commerce d'Albert Gauthier-Villars, éditeur, frère de mon mari. [...] J'avais aussi compris que Mme de S., se contentant d'un revenu fixe, avait machinalement exigé que mon mari conservât, en rémunération du service rendu, le surplus du revenu produit par l'argent déposé dans la librairie Gauthier-Villars.» En 1908, deux ans après leur séparation, Willy joue à Colette «une grande scène d'attendrissement, rejetant sur Mme de S. la responsabilité de [leur] désunion, affirmant qu'elle avait été sa maîtresse presque malgré lui [!] et, en outre, qu'elle n'avait cessé de [la] dénoncer comme menant une conduite déplorable, de [lui] attribuer d'innombrables amants», à tel point qu'il avait fini par la croire, et par «lâcher» Colette. Pour punir Mme de Serres d'avoir causé ces dégâts, Willy imagine tout simplement de ne pas lui restituer son argent et de cesser de lui servir les intérêts. «[Mais] il fallait que Mme de S. acceptât sa ruine sans oser réclamer et, pour cela, que, le moment venu, je jouasse le rôle de l'épouse outragée, qui vient de tout découvrir, menace de tout révéler au mari et dont la fureur rétrospective est prête à déchaîner tous les scandales et tous les drames.»

Au commencement de 1909, Willy communique à Colette tout un paquet de lettres de Mme de Serres : «Quand elle saura que vous savez cela et que vous êtes prête à le porter au mari, elle filera doux.» Or, ces lettres très tendres ne suffisent pas, aux yeux de Colette, à prouver que Mme de Serres ait été la maîtresse de Willy...

Durant sa tournée en province, au printemps 1909, Colette reçoit toute une série de lettres de Willy, qui lui demande, quoi qu'il arrive dans leurs relations, de rester son alliée dans cette affaire. Dès son retour, au cours de la première quinzaine de mai, Willy ne cesse de venir harceler Colette qui, le 24 mai, consent, non à menacer Mme de Serres de tout révéler au mari, mais à lui écrire un pneu où elle implore sa pitié pour l'homme qu'elle a aimé.

Mme de Serres est un moment convaincue que Willy va se suicider; mais elle se ressaisit, et Willy vient encore relancer Colette, lui promettant même une commission sur l'immeuble du boulevard Henri-IV que Mme de Serres va devoir «laver»! C'est alors qu'il s'écrie: «Si elle me fait un procès, je suis perdu. *C'est la prison!*» Colette, qui sait le peu de cas que Willy a toujours fait de ses créanciers, s'étonne de cette frayeur; il avoue alors qu'il a commis la «bêtise» de reconnaître, dans une lettre adressée à Mme de Serres, qu'il ne s'agit pas d'un prêt, mais d'une somme confiée qu'il doit restituer à première réquisition. «Si elle n'a que le reçu, je suis paré; mais si elle a gardé cette lettre, où j'avoue bêtement, et qu'elle dépose une plainte, je suis f...u.»

Ce dossier, et les copies de lettres qu'il contient, semblent bien donner raison à Colette – et à Mme de Serres. Mais dans un procès, il vaut mieux écouter les deux parties. Willy écrit à Vuillermoz au verso d'une convocation du juge d'instruction à se rendre à son cabinet le samedi 10 décembre 1910:

> Je vous dois la vérité. [...] Madame X. m'a prêté jadis la forte somme. Elle détestait alors Colette qui lui rendait avec prodigalité. Quand cette somme a été définitivement perdue, – et croyez que Colette n'a pas nui à cette dilapidation – j'ai continué à verser des intérêts (avec quelle difficulté), à reculer de mon mieux la terrible échéance de... Mais, Colette, un jour, écrit à Mme X.: «*Mon ex-mari s'est toujours fichu de vous, venez me voir, j'en ai la preuve.*»
>
> Et elle lui a montré nombre de lettres dans lesquelles je lui écrivais des variations sur ce thème: «Ma petite Colette, c'est toujours vous que j'aime et non cette madame X...»
>
> Là-dessus, l'autre, folle de rage, flambant de fureur à l'idée d'avoir été charriée jadis, porte plainte, net! Elle allègue que

ce prêt n'en est pas un mais une somme confiée. Donc, abus de confiance, etc. Colette dépose contre moi avec acharnement. Je serai coincé, c'est couru.

Si, par impossible, je bénéficie de la loi de sursis, voire d'un acquittement (mais non!) le résultat sera le même. Je serai perdu, obligé de quitter Paris, etc.

Or, vivre, comment? [...]

Mais, dites, après la correctionnelle, – dans un bon bout de temps – ne vous étonnez pas si je passe devant le jury des assises. Parce que, tout de même, il faudra bien que je me venge, n'est-ce pas?

Le château de Rozven n'a pas fini de retentir de ses coups de revolver!

À sa mort, en 1931, les droits d'auteur de Willy étaient encore frappés d'opposition pour une somme de 5 000 francs à la requête de Mme de Serres.

Est-ce à l'occasion de ce procès que X.-M. Boulestin revient d'Angleterre? «Lors d'un procès manigancé sournoisement par mon ex-conjointe pour me couler, elle lui paya le voyage Londres-Paris pour qu'il vînt déposer contre moi. Je le rencontrai au Palais de Justice; brève conversation; je lui dis en riant: "Puisqu'il en est ainsi, je vous fais arrêter en pleine audience, vous savez que j'ai de quoi. À tout à l'heure." Il m'empoigna le bras et me chuchota, terrifié: "Je file à Calais et je rentre tout de suite." "Vous ferez bien." Il regagna Mayfair aux grandes allures et Colette en fut pour ses débours. Je me suis bien souvent demandé quelles révélations il pouvait craindre, car je ne savais rien...»

Le 20 février 1910, Willy, de Monte-Carlo, adresse lui aussi à un avocat un témoignage en faveur de Rip que le chanteur Mayol poursuit pour des couplets de revue qu'il estime injurieux:

> Le souvenir dure si peu de ces piqûres légères! L'insignifiante démangeaison qu'elles occasionnent ne devrait pas persister davantage [...], à condition de ne pas envenimer ce bobo en le grattant avec les articles du Code. Personnellement, je n'ai jamais cru utile de poursuivre ni les romanciers, ni les chroniqueurs, ni les revuistes qui m'ont plus ou moins molesté. Tout récemment, une femme de lettres qui a beaucoup plus de talent que de bon sens, a répandu le bruit que j'avais assassiné

une de mes maîtresses, peut-être deux (elle n'était pas absolument fixée) : ces propos m'ont paru entachés d'une regrettable exagération, mais je ne les ai cependant pas déférés aux tribunaux. Mr Mayol que Rip n'a pas dû, je crois, traiter d'assassin, aurait bien fait, ce me semble, d'adopter mon insouciante devise : *Rien faire et laisser dire.*

Comment peut-on se fâcher avec Rip qui, sur sa demande, en 1908, avait consenti « à faire disparaître d'une Revue certaines allusions à des faits de notoriété publique, allusions dont la malice importunait Madame Colette Willy avec qui j'entretenais encore des relations courtoises… Peu après, l'intéressée me remercia de ma démarche en me couvrant d'invectives, mais cela, comme dit Kipling, est une autre histoire… ».

À lire les extraits des lettres de Willy copiés par Colette en faveur de Mme de Serres, mais à lire aussi leurs commentaires, à l'un et à l'autre, on est parfaitement convaincu que Colette et Willy sont tous deux de mauvaise foi. Mais n'est-ce pas le lot commun des plaideurs, quand deux êtres qui se déchirent ne se pardonnent pas de s'être aimés ?

Voici l'occasion de relever quelques échantillons de l'état d'esprit de Colette dans sa correspondance. En 1909, dans une lettre à Missy : « Willy a téléphoné – naturellement, je l'ai fait droguer, en coupant la communication. […] Il a recommencé trois fois, et pourquoi ?… *Pour me souhaiter un bon voyage.* Je n'invente rien. » À la même, au mois d'octobre, de Lyon au cours des représentations de *La Chair*, à propos d'un certain Carmona, « un maquereau qui a travaillé avec et pour Willy, une crapule rasta qui vit de dames âgées, beau gars et costaud » qu'elle croit être et qui est en effet, envoyé par Willy : « Il a commencé par me dire que "Willy m'adorait". Je suis entrée en fureur et j'ai commencé à l'édifier sur mes sentiments. » À Georges Wague, le 19 novembre, elle précise le chantage de Carmona, « comme quoi la marquise et Paul Barlet auraient cette semaine chacun une balle dans la tête *si je persistais à dire la vérité* au sujet du [piano ? suppose Claude Pichois] *et* des Claudine !!! […] J'ai couru chez le procureur de la République qui m'a promis de les faire appeler tous deux, Meg et Willy, chez Berthelot, le commissaire aux délégations judiciaires ».

De Bruxelles maintenant où elle joue *La Chair*, toujours à Missy en février 1910 : « Meer m'a dit que Willy fait tout ce qu'il peut pour faire engager Meg à l'Alcazar. Je lui en ai raconté de toutes les couleurs, il peut aller leur redire, à Willy et à Meg, ce que je pense d'eux... » Au mois de mars, à Monte-Carlo, où elle déjeune avec la Comtesse (?) et Janot : « Willy a gagné un soir, l'an dernier, 40 000 fr. (quarante mille à la roulette). [...] Entre les têtes et les épaules du triple rang de joueurs debout, à l'autre extrémité de la table, j'ai aperçu, deviné plutôt, un morceau de la gueule que je connais si bien. [...] Et pour qu'il sût que je l'avais vu, j'ai dit à la Comtesse en le désignant du doigt : "Le vieux maquereau est là-bas!" Il s'est vu découvert, s'est montré une seconde pour ne pas avoir l'air de se cacher, a joué cent sous et a filé tout de suite. » En novembre, de Naples elle écrit enfin à Missy : « On va s'en occuper de M. Gauthier-Villars, pas ? »

Comment Jacques Gauthier-Villars, qui a vingt ans, vit-il les démêlés de son père et de sa belle-mère ? Colette lui écrit en juin 1909, un peu pour justifier sa vie de couple avec la marquise : « Missy va bien, grâce à Dieu. C'est toujours la Missy que tu connais, le même compagnon fidèle, et honnête, et tendre, qui m'a sauvée, retiens-le, du désespoir, du suicide sans doute, ou peut-être, ce qui serait pis, de la triste vie des "femmes entretenues"... [...] J'ai des nouvelles de ton père, il va bien, je dois même le voir demain, il a demandé à me parler, il viendra ici [25 rue de Saint-Sénoch, ex-rue Torricelli]. » Willy lui écrit le 15 décembre pour le mettre en garde, car il n'a entendu que le «son-Colette» à propos d'une situation pénible dont il ne veut pas être le bouc émissaire : la réconciliation souhaitée par Jacques est impossible. Un peu plus tard, en 1910, il promet de justifier par des preuves, qu'il lui montrera à son retour de Séville, le «chantage abominable» exercé par Colette sur Mme de Serres. « Il m'en coûte de te parler ainsi. C'est la première fois. Colette ne t'a jamais aimé, d'ailleurs, je le sais trop, et j'espère que la rupture t'en sera moins pénible. » Le 15 février, c'est Colette qui lui écrit (ou plutôt qui lui répond de Bruxelles) qu'elle a sans doute bien fait de ne pas le faire plus tôt. « Sous l'empire du chagrin ou de la colère, j'aurais pu me laisser aller à des sincérités, propres seulement à te peiner, et je voyais là une sorte de délation, aussi [...]. En ce qui concerne ton père, je me tais. Mais sache bien une chose [...], ton salut, ta sauvegarde sont rue de Bourgogne, chez ton oncle Albert Gauthier-Villars et ta tante [Valentine]. » Willy avait posté cinquante francs à son fils,

Colette lui envoie aussi un petit mandat « pour te payer des sorbets à la chufa, ou des cigares », car il est toujours en Espagne.

La Baronne Bastienne de Bize

Henri Martineau raconte que, chez Sacha Guitry et en présence de Charlotte Lysès, Paul-Jean Toulet prend la défense de Willy. Celui-ci lui adresse un pneumatique : il ne tient pas, lui dit-il, « à l'estime littéraire de Sacha, même additionné de Lysès ; mais la vôtre m'est précieuse. Et je vous remercie, ami, de tout mon cœur (c'est un vers d'Aicard). Laissez-moi aussi vous féliciter de votre bravoure, car vous avez dû lutter seul contre tous ».

Toulet, Curnonsky et Willy se sont attelés à un nouveau roman, *Lélie, fumeuse d'opium* : « Crois-tu vraiment qu'on pourra extraire de P.J.T. la matière d'un roman boulevardo-colonial ? » (à Cur, août 1909). Toulet saute sur l'idée de ce roman dans lequel il va pouvoir prouver son expérience de la drogue.

> Or, écoute ceci [écrit Willy à Cur en août] :
> Mercredi, hier, à 8 h du soir, comme je me mettais à table, Toulet est venu me dire : « J'arrange l'affaire de l'opium avec Pancier. Il donnera 5 000 francs du roman, donc 2 500 pour moi. Comme je dois aller en Algérie, il m'enverra 500 F par mois. »
> Suffoqué, j'ai répondu : « C'est parfait. »
> Alors, il m'a dit : « Je vous enverrai un plan demain ; il est bon, mais il manque un peu de force. Vous en mettrez. »
> Et j'ai répondu encore : « C'est parfait. »
> Qu'est-ce que tu penses de ça ?
> Moi, je pense que nous ne ferons pas ce roman-là. Voilà tout.
> Lui écris-tu à ce sujet ?
> Ou restes-tu dans l'ignorance ?
> Il est loufetingue, maboule et dingo !

Les choses s'arrangent tout de même entre les trois collaborateurs. « Enchanté que l'idée de la touffiane te convienne » (à Cur, le 30 septembre). Car le premier titre qu'ils choisissent est *La Touffiane*, qu'ils abandonneront, craignant sans doute que cet argot ne soit pas compris des lecteurs. Cur et Toulet établissent à deux un plan qu'ils appellent pour cette raison le « biplan » (« Te parlerai en détail du biplan... », Willy à Cur le 2 novembre). En fin de compte, note Curnonsky le 12 octobre 1911, c'est lui seul qui établit le plan définitif; il écrit les trois premiers chapitres et le dernier, Toulet trois autres (il y en a dix et un épilogue), et un nombre indéfini d'autres collaborateurs y travaillent également.

« Mais, dis donc [fait remarquer Willy à Cur le 30 septembre], combien devra toucher le père Toulet? S'il ne te reste presque rien, après sa part à lui, à quoi bon?... »

« Comme vous le dites [écrit-il à Toulet], broder ne suffit pas. Il faut une complète réfection. Je l'implore de vous, aux conditions que vous voudrez, et qui, bien entendu, ne sauraient avoir rien de commun avec les précédentes, puisqu'il s'agit ici, non d'additions améliorantes, mais d'un entier bouleversement et, sur ces ruines, d'une architecture nouvelle. »

Toulet lui retourne sa première copie, Willy l'assure qu'elle est « divine », et le prie de lui faire parvenir la suite et de soigner particulièrement le troisième chapitre : « L'opium c'est votre partie, si j'ose dire. »

La rédaction de l'ours occupe toute l'année 1910. Leslie, le personnage principal, est Andrée Mielly, une jeune octavonne, fille de M. Montcharmont, fondateur de tournées théâtrales, « une gosse créole, des yeux noirs qui flamboient, et une bouche rouge avec des lèvres un peu fortes », dont les fesses occupent les nuits de Willy à Monte-Carlo.

> Évidemment, je n'en suis pas resté, avec Dérette, aux lisières du platonisme. Songe donc que je suis né en 1859. Il me reste trop peu d'années à vivre pour les gâcher en sentimentalisme azuré.
>
> Mais – et ici je ne ris plus – ce que je ne pouvais prévoir, c'est cette soudaine et cruelle revanche de l'amour bafoué, qui m'étreint le cœur, et le broie, alors que bon paillard à son déclin je voulais seulement m'amuser avec cette gamine toute bouillonnante, en sa précocité, d'africaines ardeurs [...].
>
> Dieu que cette saloperie de Colette serait contente, si elle pouvait s'en douter !
>
> Mais j'aime autant qu'elle l'ignore. Meg aussi.

Le voilà pris entre Madeleine de Swarte, sa «secrétaire» depuis 1906, «toujours condamnée aux secondes places», Meg Villars et sa «nièce» Andrée Mielly!

> Je suis une vieille putain. Quand je suis avec Madeleine, je feins de me tromper et je lui dis «Andrée», alors ses yeux bleus pâlissent un peu, et elle m'embrasse, plus calme.
> Quand, mû par la même vacherie, j'appelle ma petite noiraude «Madeleine», ses yeux de sombre diamant noircissent encore et elle me mord.
> Je les aime bien toutes deux, mais Dérette, que je méprise, en tant que blanc, me tient ferme, sans peut-être s'en douter.
> Mad. prétend qu'Andrée le laisse entendre. Je voudrais bien mais j'ai déjà surpris des allusions qui m'ont fait frémir, à cause de Meg, de Meg *très sur l'œil* à propos d'elle.
> Ne me dis pas que je suis un vieil idiot. Je le sais si bien! Et puis, je ne pense plus qu'à ça. Je m'idiotifie. Je me dégoûte. Ne me lâche pas.

Ces confidences s'adressent à Curnonsky. Avec Toulet, ses préoccupations sont plus littéraires : «J'aimerais une ligne ou deux sur le blanc un peu bleuté (il me semble) de ces yeux noirs (du même noir que l'ébène liquide de certaines pierres).»
À Guillot de Saix, il propose de lui montrer quelques feuillets qui l'amuseront : «Il y est question d'une souple créole aux yeux de flamme, à la voix caressante et grave, que, peut-être, vous reconnaîtrez... Mais que me parlez-vous, méchant homme, de jeux de l'Amour et du Dépit. Elle est charmante, elle est exquise. Et voilà tout. Et je suis un oncle qui l'aime aussi tendrement que platoniquement. Voilà.»
Willy tentera en vain de faire d'Andrée Mielly une comédienne. Il lui écrit qu'il ne se console pas qu'on lui ait préféré le nain Delphin pour jouer dans *L'Oiseau bleu* de Maurice Maeterlinck, représenté au Théâtre Réjane le 2 mars 1911, «une salade de jolies idées (volées à *Peter Pan*) et de symboles massifs, extrêmement belges quant au poids». Toujours pessimiste, il ajoute : «Je vais partir, je vais rester absent trois semaines, trois mois, trois ans peut-être, et j'aurai tellement vieilli qu'à mon retour vous direz : "Bonjour Monsieur Gauthier-Villars. Donnez-moi des nouvelles de votre fils Willy qui était mon oncle. Est-ce qu'il n'est pas mort?"»

Comme toujours, le roman souffrira bien des aventures, entre Paris et Monte-Carlo. Willy perd une partie du manuscrit et se confie à Toulet :

> Maintenant, je puis vous avouer ce qui a failli me rendre fou ; l'odieux imbécile qui m'a enguignonné, enragé, et a été cause que j'ai tout perdu à la roulette : un valet de chambre attentif et soucieux de bien faire a flanqué au panier les 126 premières feuilles, corrigées par vous, remaniées par moi, au point. Sans doute je les avais posées par terre. L'immonde imbécile a tout jeté. J'ai pensé devenir fou. J'en suis resté un peu idiot.

... Et Toulet se plaint de n'être pas payé aux échéances convenues :

> Encore avez-vous le front de me reprocher mes retards ! Ne savez-vous plus écrire, oui ou non ? Voilà un mois que je vous demande ce qu'il faut faire avec mes deux tiers qui sont finis. Dans le doute j'ai commencé l'autre tiers. Et comme vous auriez à le payer, si vous ne voulez pas que je continue, dites-le. Et expliquez-vous un peu clairement, que diable ! Ce n'est au-dessus de vos forces. (Mais tout de même.) Si vous faites le troisième tiers autrement, dites-le-moi... Je pourrai le finir, si je suis tranquille, en un mois ou cinq semaines.

Avec *Lélie, fumeuse d'opium,* Willy poursuit un autre but : se venger de Colette et de «son patois d'opérette», sous le nom de la baronne Bastienne de Bize :

> De son Fresnois natal, elle gardait des intonations paysannes et les exagérait, enchâssant dans ses phrases des mots patois dont elle avait dressé une liste assez complète, qu'elle relisait soigneusement, chaque matin, dans sa baignoire. [...] Non que Mme de Bize fût la fleur printanière : sa quarantaine [Colette a trente-huit ans], l'amer sillon la proclamait, tracé dans sa joue creuse par le perpétuel sourire de commande ; sa croupe excessive, dont ses amis de tous les sexes vantaient jadis l'arrogante cambrure, s'alourdissait fâcheusement. Épaisse, sa taille courte roulait sur des hanches évoquant la gourde plutôt que l'amphore, et les lacis de la patte d'oie tiraient vers les tempes kalmoukes deux yeux gris aux paupières mâchurées de khôl, des yeux

madrés de paysanne, du plus amusant contraste avec la bouche toujours entr'ouverte par une moue enfantine assidûment travaillée devant l'armoire à glace.

Nous connaissions déjà depuis 1899 une baronne de Bèze (ne pas confondre!) dans le *Bréviaire des Courtisanes* de Perdiccas (Toulet-Curnonsky). Bastienne de Bize porte encore un autre nom dans les conseils que Willy prodigue à Paul-Jean Toulet :

> La baronne de Bize, je souhaite qu'elle ressemble – à crier – (et ce «pour des raisons» comme balbutiait Verlaine) qu'elle ressemble à Mme Colette Willy, physiquement et par ses mœurs, avec cette différence que l'infortunée paysanne pervertie n'a jamais trouvé chaussure à son pied, *id est* un chat plaisant et un esprit supportable, réunis. Bien entendu, il ne saurait être question, *à moins que votre avis ne soit différent*, d'attribuer à la baronne Gousse de Bize le moindre talent littéraire, n'est-ce pas?

Le 18 août 1910, c'est aux soins de Cur qu'il la recommande :

> Mais je ne peux pas assez te recommander la gousse; soigne-la. Il y a un détail *vrai* que je te recommande, comme sa principale originalité consistait en un accent fresnois, elle avait un cahier d'expressions rurales qu'elle relisait avant d'aller dans le monde.
> Ex. *regipper*. «Ça fait regipper.» Ce verbe exprime la brusque salivation causée par un citron trop acide ou une glace trop froide. Alors, elle réclamait un citron... pour pouvoir dire, en roulant les R (et ses auditeurs bénévoles) : «Ça fait rrrregipper.»
> Ou bien, elle disait sur elle-même les pires médisances, d'un air étourdi, afin de pouvoir ajouter, d'un air enfantinement content : «Oh! qu'est-ce que j'ai dit! Ça ne va pas *rabonir* ma réputation.»
> etc. etc.
> Ne laisse pas perdre s.t.p.

Curnonsky obtempère : «Dans ce livre la suce nommée Bastienne de Bize remplira jusqu'aux bords les intentions dont auxquelles...» Pour avoir de l'accent, elle en aura, la baronne, avec ses «jambes longues aux cuisses nerveuses, mais que déparaient des genoux de veau ». Et du département du Gers où il est en villégiature, Curnonsky écrit à Paul-Jean Toulet, en septembre 1910 : « Din ce biau païs d'Armagnaco j'oublesio loi francès et j'ai paour lis prochaines bouquinots du Willy soient escribut en gascoun. »

Guillot de Saix est également mis à contribution pour peaufiner le patois de la baronne : « Écoutez-moi : mettez un peu de patois poyaudin dans les phrases de Bastienne de Bize. Inutile de vous dire pourquoi. Je m'occupe de la rendre aussi ressemblante que possible à votre amie et compatriote. Mais, nom de nom de D... gardez-moi le secret ! » « C'est 63 avenue de Suffren que je vous prie de me renvoyer, poyaudisés par vos mains expertes, ces feuillets qui, sans vos additions patoises, ne sont rien. Inutile d'en mettre beaucoup. Quelques touches, çà et là, pour donner l'accent. »

Willy, qui avait tant vécu d'années avec Colette, avait-il à ce point oublié les expressions et l'accent de sa femme ?

Dans le roman, Lélie reçoit une lettre de Bastienne :

« Ma chérie, votre lettre, envoyée en Bretagne [à Rozven], me rejoint à Casamène [les Monts-Boucons]. Je l'ouvre, assise dans l'herbe, le dos contre un chêne où le lierre enfonce ses mille griffes courtes de bête grimpante. »

Des huit pages de « développements paysagistes », nous ne connaissons qu'un pastiche de Colette de trente-cinq lignes :

> Bastienne ne croyait pas utile de révéler à sa correspondante qu'au lieu de rêvasser devant la belle Nature, elle employait ses loisirs à maquignonner les louches ventes d'immeubles sur lesquelles elle prélevait des commissions qui émerveillaient les employés de la banque Thierry.

C'est évidemment une allusion à cette « affaire des terrains d'Auteuil » que Colette évoque dans une lettre à Léon Hamel du 1er juin 1909 : «... je crois bien que nous allons Missy et moi toucher une récompense à notre travail de ces jours-ci... Vous seriez content de votre capitaliste, de vos capitalistes... ».

Et dans les dernières pages de l'épilogue de *Lélie, fumeuse d'opium* :

> Comme tout Paris, il croyait Bastienne riche. Elle l'était, en effet. Et assez femme d'affaires pour avoir gardé, seule, un

manoir breton dont la plus confiante de ses amies avait payé les deux tiers sans en tirer reçu. Mais endettée, avec cela, jusqu'au cou, au point de ne l'oser dire à son mari. Car les hommes n'ont jamais rien compris aux prix des chapeaux ni des robes [...].

C'est en effet à cette époque que Colette et Missy se séparent. « Vous ne verrez plus Missy avec moi, cher ami, écrit Colette à André Rouveyre le 25 août 1911. Nous ne vivons plus ensemble. » Si Willy a toujours l'intention de venir y tirer des coups de revolver, il ne trouvera plus Colette à Rozven, que lui a laissé Missy. Avec la fatuité du bellâtre, Henry de Jouvenel se tourne vers Missy : « Vous m'écrivez : "Je vous confie Colette." [...] J'accepte Colette de vous, Madame. »

Lélie, fumeuse d'opium a-t-elle atteint son but ? Curnonsky semble en douter, et Willy saute sur sa plume :

> On a bluffé, si l'on a déclaré trouver la baronne si peu agressive, car on a dit à l'un de mes amis que cette carrrricature était infâme (*sic*). Or, comme je désire, – tu comprends pourquoi, ô Machiavel ! – que tu restes en bons termes avec la dame, je te demande de lui pneuter qqchose comme ceci :
> Je n'ai pas encore lu sous sa forme définitive le livre dont nous avons parlé à la Gaîté Rochechouart, sinon j'aurais tenu à vous déclarer nettement, comme je le fais à présent, que jamais je n'ai dessiné ni ne dessinerai une caricature de vous à ce point féroce ! Vous me connaissez suffisamment, je pense, pour être certaine que qqs traits cruels, et d'ailleurs inexacts, ne peuvent avoir été tracés qu'en réponse aux attaques de *La Vagabonde*, justifiées ou non, je ne l'examinerai point. Pour vous haïr ainsi, il faut qu'on vous ait beaucoup aimée...

Comment ? Décidément, Willy est incurable.

La dernière « Lettre de l'Ouvreuse »

« Entre nous, G. de S., je suis beaucoup plus malade qu'on ne le dit et que je ne le dis. Mais il ne faut pas que ma veuve le sache. Elle serait trop heureuse ! » écrit-il à Guillot de Saix en 1910. Et il trace la même année cette dédicace sur un exemplaire de *Maugis en ménage* : « Pour ma charmante amie Claudine Polaire / l'hommage d'un très vieux monsieur / qu'elle a dû oublier déjà. » Meg Villars ne tient pas à passer pour une garde-malade, et elle ajoute : « Pas si vieux que ça... si j'm'y connais ! » Toujours aussi geignard, « papa ». L'obsession de l'impuissance, dans ses romans, ne cache pas qu'il a toujours été avant tout un voyeur. L'« égoïsme à trois », dont Colette avait constaté l'échec, ne le touche pas beaucoup : égoïste seul lui suffit... et Colette n'a pas dit, ou compris, le plaisir qu'il prenait à la savoir dans les bras de Georgie ou de Missy. Il n'est d'ailleurs pas seul à s'intéresser aux ébats des filles et des nièces dont il s'entoure. En août 1909, il écrit à son collaborateur Curnonsky :

> Hier petite séance de 10 h à minuit, avec le même personnel que tu connais déjà. Vraiment, la petite secrétaire aux mirettes claires y a mis une ardeur charmante, et la petite juive russe a joui *une dizaine de fois*. Pour la remettre sur pattes, on lui a entonné de la chartreuse, ce qui lui a donné immédiatement une frimousse ravagée et pâlotte de gamine fouettée et violée tout à fait intéressante. On t'a vivement regretté.

Le mois précédent, cette « petite secrétaire », qui est Madeleine de Swarte, écrivant à Cur pour lui réclamer des « feuillets » promis à Willy, ajoutait avec simplicité : « Et moi je me demande si on ne pourrait pas se réunir bientôt dans votre chambre sur votre pieu dont j'ai gardé un excellent souvenir, ainsi que ma petite amie. »

Les lettres aussi particulières, c'est le mot, sont rares dans la correspondance de Willy ; mais on peut imaginer, sans trop de risques de se tromper, que ce genre de séances lui était familier depuis longtemps, à Paris comme à Monte-Carlo.

Après avoir passé l'hiver et le printemps à Monaco, nous le retrouvons à Paris en juin (il assiste à la salle Gaveau à la première audition du *Psaume XLVII* de Florent Schmitt et crie au chef-d'œuvre) et à Bruxelles le 19 septembre 1910.

« Me voici à Bruxelles en attendant le cloître. Si ça pouvait durer toujours et si Paris pouvait ne jamais [me] reprendre. Ton pauvre vieux flapi, Willy. »

L'opérette *Claudine* est créée au Moulin-Rouge le 14 novembre 1910. Au mois de juillet, Colette a écrit du Crotoy à la Société des auteurs dramatiques et aux éditions Heugel pour revendiquer la moitié des droits. Willy s'incline.

À la fin de l'année, Jacques Gauthier-Villars revient d'Espagne pour démêler sa situation militaire ; le conseil de révision parisien et celui de l'Ambassade de France à Madrid s'ignorant résolument, il est pourvu de deux affectations différentes. Willy se charge de régler cette question, et lui en obtient... une troisième, au 43e régiment d'artillerie, à Rouen.

Jacques Gauthier-Villars trouve son père toujours aussi gai, « toujours pareil à lui-même ». « Soudain, d'un ton négligent, il m'informa que ses relations avec Colette n'étaient plus tendues... elles étaient rompues.

"Tant pis", fis-je, impassible mais navré. "Oui tant pis", commenta Willy, "pour elle comme pour moi". »

En Belgique, Horace van Offel le voit au contraire « au bout de son rouleau, fini, vieilli ». Il lui propose d'écrire un livre prenant le contre-pied des injures de Baudelaire et d'Octave Mirbeau envers la Belgique, où il « faisait un séjour forcé, à la suite d'un arrangement de famille, disait-on ». Mais surtout à l'abri des huissiers.

Il s'installe d'abord 93, avenue de la Panne, mais il quitte bientôt cet appartement d'un prix trop élevé pour un « meublé » confortable, 58, rue Wilson. À Bruxelles, il collabore au *Soir*, à *La Dernière Heure*, au *Pourquoi pas ?* et se fait de nouveaux amis : Georges Ista et Henri Vandeputte deviennent ses collaborateurs, et Paul Max, « polygraphe et chorégraphe », avec lequel il signe *La Femme déshabillée* (qui ne paraîtra qu'en 1922) ; le chroniqueur Fernand Servais, le comédien et revuiste Festerat, le poète Théodore Hannon, « qui tailla cent mille quatrains d'une eau parfaite », le jeune chansonnier Jean Rieux, qui dirige depuis 1907 le Bloc, cabaret à l'instar de Montmartre ; Fernand de Caigny, enfin, avec lequel il compose en 1913 *Le Cavitje*, dont le succès aux Folies-Bergère bruxelloises inquiète Tristan Bernard : il croit y reconnaître une contrefaçon du *Petit Café* (lui-même sur une idée d'Alphonse Allais) en patois marollien ! Depuis les *Dits de Bazoef* du cousin Raphaël Landoy, Willy a eu le temps de faire des progrès : «... le parler belge et le français présentent des similitudes qui facilitent, dans une appréciable mesure, les rapports entre les nationaux des deux pays. [...] Le Belge et le Français emploient à peu près les mêmes mots, mais ils ne leur donnent pas le même sens, et c'est terrible ! De là vient que nous comprenons, approximativement, le belge, mais que nous ne le parlons pas » (*Le Retour d'âge*).

La première du *Cavitje* a bien failli avoir lieu sans l'auteur, si l'on en croit un écho d'André Warnod du 27 janvier 1913 :

> En se rendant à Bruxelles, pour les dernières répétitions de son *Cavitje*, Willy a été victime d'un accident qui aurait pu être grave. Tout près de la gare du Nord, la limousine dans laquelle il se trouvait en compagnie d'une jeune actrice de Buenos-Ayres, est entrée en collision avec un taxi-auto qui filait à toute allure.
>
> La charmante argentine est indemne, heureusement, car Willy doit la faire débuter sous peu, mais son compagnon a reçu une blessure pénétrante à la tête. Néanmoins l'oncle de Mielly a pu prendre le train, après un pansement sommaire.

Le lundi 24 avril 1911, dans *Comœdia*, paraît la dernière « Lettre de l'Ouvreuse » :

> Et maintenant, tirons notre révérence et gagnons la sortie [...]. Libérée désormais de cet angoissant souci de l'analyse qui gâte les plus chers plaisirs, je pourrai, sans songer au compte rendu de Damoclès suspendu sur mon bonnet rose, je pourrai écouter Ricardo Vinès parler de Ravel ; je pourrai écouter Blanche Silva imposer la Sonate de Vincent d'Indy ; je pourrai, quand Chevillard conduira *Antar*, m'enivrer solitairement de ce second thème (« les Joies du Pouvoir ») chanté par le cor sur un rythmique bruissement de la batterie, tandis que les cordes font pleuvoir des pizzicati lumineux et que la flûte déroule ses broderies d'argent ; je pourrai, chez Colonne, contempler ma jolie voisine, chère à Jules Bertaud, « le buste droit, la figure souriante, le regard clair et franc, dans une pose de keepsake 1830 ».
>
> Et je pourrai, aussi, ne plus aller aux concerts !
>
> Bonsoir, chers correspondants, bonsoir. Les grands concerts sont terminés ; ces petites « Lettres » le sont aussi. J'ai de la bouteille ; le souvenir me suffit d'avoir fait, jadis, le coup de poing en faveur de l'Art vrai, ou de celui que je croyais tel. La boxe n'a qu'un temps. Comme le vieux lutteur de Virgile, je dépose le cestre. À vous de dire si, parfois, ce geste fut beau.
>
> L'OUVREUSE.

Vuillermoz, seul maintenant, lui succède :

> Que répondre à une telle prétention d'oisiveté ? [...] Rien. Et nous ne pouvons que nous lamenter pitoyablement. Ainsi, nous n'aurons plus pour nous mettre en joie dès le premier matin de la semaine, ces joyeux «paquets», ces impayables reparties, ces réflexions spirituelles aux transitions imprévues, extravagantes et d'une désordonnée fantaisie ! Nous n'aurons plus la critique fine et singulièrement avertie que cachait par simple coquetterie sans doute, ce flot de mots tintinnabulants, de néologismes, de cocasseries à la fois littéraires et montmartroises, classiques et décadentes, tour à tour sardoniques et bon enfant, impardonnablement sceptiques ou gentiment attendries.
>
> Diable ! voilà quelque deux cents lignes qui vont joliment nous manquer le lundi matin [...].
>
> En vérité, je vous le dis, l'Ouvreuse a fait, avec bonne humeur, une sainte besogne. C'est pour le triomphe de la bonne cause qu'elle a sur scène parfois lancé son petit banc. Dans vingt ans, nous relirons la collection de ces Lettres. Clair, précis, exact, sous la blague de l'humoriste, le jugement de l'artiste apparaîtra, et nous retrouverons, fidèlement tracé, de main de maître, le détail de l'évolution contemporaine.
>
> Chapeaux bas, lecteurs, et saluons ensemble l'Ouvreuse !

Willy ne fera plus que porter la main, en 1911 bien peu à *Princesse Dollar*, de Léo Fall, Maurice Desvallières, Antony Mars et Jean Bénédict, un peu plus en 1912 à l'opéra-comique de Franz Lehar, *Amour tzigane*, dont il signe l'adaptation française avec Jean Bénédict.

Et le 15 juin 1911, il se remarie, un an exactement après son divorce.

À en croire son fils, il n'y tenait pas tellement. Mais Meg Villars aurait menacé de se suicider s'il lui refusait le mariage. Henri Gauthier-Villars, domicilié depuis quelque temps déjà 16, rue Valentin-Haüy (cette adresse légale est celle d'un dépôt des éditions Gauthier-Villars), épouse à la mairie du 7e arrondissement Marguerite Maniez, née à Londres le 16 juin 1885, fille de Victor Maniez, couturier, décédé à Londres, et de Marie Roufflar, qui vit de ses rentes à Neuilly-

Plaisance. La jeune mariée a vingt-six ans... et vingt-six ans de moins que son époux qui, lui, a dépassé la cinquantaine. Que vont dire ceux que scandalise la différence d'âge entre Colette et Willy ? Rien.

Meg Villars est domiciliée 63, avenue de Suffren, où ils habitent tous deux depuis que Willy a quitté la rue de Chambiges. Elle se dit femme de lettres. Bien sûr, elle a signé *Les Imprudences de Peggy*, mais elle est surtout danseuse. Au moment où Colette quitte Willy pour Missy, elle présente *Les danseuses des rues* avec Nancy Borrett, le 10 novembre 1906, au Cercle des Arts et de la Mode de l'avenue Victor-Hugo. Willy la cite dans ses chroniques du *Rire* en 1908 (elle danse à Parisiana), en 1909 un peu partout, autant qu'il peut. Horace van Offel remarque à la Scala de Bruxelles cette « grosse brune aux cheveux courts, une vague contrefaçon de Polaire et de Claudine ». Cet « entre-deux », ajoute-t-il, danse avec la jolie blonde Alice de Tender sur cet argument : les « bouges de Londres ». *L'Implaquable Siska*, roman composé en 1912, cite encore à la Scala « Peggy-aux-belles-jambes [...], l'air candide et rosse en même temps ».

Le nouveau ménage ne dure pas longtemps, Meg Villars quitte Willy en 1913 pour suivre aux États-Unis un nouvel « oncle », riche et titré, avec lequel elle passera les années de guerre à Bruxelles. Willy et Meg divorceront en 1920. Elle prend un moment le nom de Meg de Dudozelle et, comme toutes les anciennes filles ou nièces de Willy, elle devient l'amie de Colette. Elle épouse alors Charles Catusse et collabore durant vingt-cinq ans au *Tatler* de Londres, auquel elle adresse des « Letters from Paris » signées Priscilla. Elle meurt à Noirmoutiers le 28 août 1960.

L'HOMMAGE DES « GUÊPES »

En 1911, durant deux mois, juin et juillet, et trois fois par semaine Willy publie dans *Gil Blas* les *Confidences d'une Ouvreuse*, beaucoup plus vivantes que les *Souvenirs littéraires... et autres* qui paraîtront en 1925.

Au mois de novembre, la revue *Les Guêpes* consacre son vingt-huitième numéro en « Hommage à Willy ». Il est dû à Jean-Marc Bernard, qui écrit :

Willy, dès ses débuts, a eu l'oreille du grand public. Et c'est aujourd'hui seulement, alors qu'il se trouve en pleine maturité, que les petites revues (*le Feu, le Divan, l'Occident*, etc.) se mettent à le célébrer! Le cas est assez rare pour qu'on le signale. Il s'explique toutefois aisément.

Les jeunes hommes sont toujours effarouchés par un écrivain qui s'acquiert une gloire trop prompte. Ils croient ce succès acheté par des concessions ou des flagorneries. Mais que ce même écrivain, dont ils se sont écartés un instant, soit soudainement abandonné, calomnié et haï par des misérables ou des imbéciles, les voici qui accourent se ranger autour de lui.

J.-Ch.-E. Rey lui offre un *Chant Royal pour consoler Willy de la mort de Maugis* :

> Il ne sied point de pleurer sur Maugis.
> Ses ennemis, heureux enfin qu'il meure,
> Ont bien chanté tout bas : De profondis !
> Mais en dépit et du temps et de l'heure,
> Son souvenir en notre cœur demeure
> Et l'avenir sourit à son destin.
> Or, pour troubler le concert clandestin
> Des envieux, suffisent nos matraques ;
> Nous rosserons et Laurent et Martin,
> Gloire à Maugis ! Ernest aura des claques.

Laurent, plus loin cité sous le nom de l'Orang, c'est Tailhade; Martin, c'est l'âne; quant à Ernest, au refrain de la ballade, c'est naturellement Ernest-Charles.

Fagus est sans réserve :

> Willy est un être délicieux, je ne dis pas seulement un délicieux écrivain; l'écrivain laisse chez lui perpétuellement transparaître l'homme. Il réunit, qu'il pousse au suprême, l'exquis de nos qualités françaises; le sens de la proportion et de la mesure dans celui de la réalité, la décence – oui – et la convenance, qui contient la propriété du terme (tout cela s'apparente), la bonne humeur audacieuse et jusqu'à la licence énorme, la probité d'ouvrier – se résumant toutes en celle-ci : le goût. Et l'homme à travers se devine très bon, très brave, très généreux, très loyal. [...] À l'encontre de Zola, «cochon

triste », il sait qu'en France le dévergondage demeure superficiel, et fanfaronnade de vice bien plutôt que vice réel. [...]

Ce sont précisément de tels mérites qui l'ont fait traiter avec un feint dédain, ou un mépris hypocrite, selon un renouvellement de la même manœuvre intéressée qui réussit naguère à l'égard de ces deux admirables représentants de l'honnêteté et du génie français : Jean Lorrain, Alfred Jarry.

Henri Martineau est beaucoup plus réservé. Jean-Marc Bernard lui a fait lire quelques romans « par l'intermédiaire de ces ignobles collections illustrées dont presque toutes les laides gravures s'ingénient à représenter une petite femme en chemise et culotte, lors même que le texte comporte par exception la robe et le chapeau. [...] Cette lecture m'amusa durant quelques jours gris, en dépit des aventures monotones, banales, parfois languissantes et d'une grossière brutalité. [...] Et je sens bien que Willy aime mieux vivre qu'écrire : la dure loi seule l'y contraint. [...] J'ai partout l'impression d'un merveilleux talent gaspillé. »

Ce numéro d'hommage contient aussi des textes de Raoul Monnier, Henry Clouard, et un choix d'opinions de « jeunes », de Jean de Tinan (1899) à Émile Sicard et Francis de Miomandre (1911), en passant par Eugène Marsan (1909) et Louis Thomas (1910).

Hélas, une nouvelle opposition vient de frapper les droits d'auteur de Willy à la requête de la Société générale immobilière, en date du 20 mars 1912, pour la somme de... 80 francs et 30 centimes, les intérêts et les frais s'élevant à 200 francs ! Il y a longtemps que Willy a renoncé à payer ses dettes, quel qu'en soit le montant.

Le 17 avril 1912, nouveau duel sur le terrain du Parc des Princes avec le chansonnier Augustin Martini. « Ce Martini qui n'a inventé ni le cocktail... ni la poudre a rimaillé contre moi une chanson bassement injurieuse (ce dont je me fiche) qui fut insérée dans un numéro de *Femmes d'Aujourd'hui* consacré spécialement à la glorification de Madame Colette Willy. [...] Comme il a la garde trop haute, je lui ai troué la cuisse. Un point c'est tout ! » À son arrivée sur le terrain, un inconnu était venu le conjurer de ne pas se battre sous les arbres.

« Qu'est-ce que ça peut vous faire ?

— C'est rapport au ciné... »

Andrée Mielly et « Le Friquet »

Willy s'occupe encore d'Andrée Mielly. *La Petite Jasmin* est représentée au Théâtre Impérial le 20 septembre 1912, sans aucun succès. En janvier 1913 (séparé de Meg Villars, il n'habite plus au 63 mais au 57, avenue de Suffren), il songe sérieusement à reprendre *Le Friquet* à Bruxelles. Il en avertit Gyp : « Madame, mon cher collabo, lui dit-il, je suis sûr que votre nouvelle interprète vous plaira. » Car il n'est plus question de rappeler Polaire, mais de lancer Andrée Mielly. « C'est une petite sang-mêlé aux yeux immenses, de peau très foncée, elle est intelligente, très. Je l'aime beaucoup, ma petite nièce noire (mais comme une nièce, sans plus. Pensez donc, à mon âge !). » Le prétexte de l'âge lui permet de tout dire et le contraire.

Elle reprend en effet le rôle créé par Polaire et Willy fait passer des échos dans la presse : « Willy, le plus parisien des Belges, nous prie d'annoncer que son ex-nièce, restée son interprète, Mlle Andrée Mielly, vient de remporter un très vif succès dans *le Friquet*, où elle fait couler les larmes du Tout-Bruxelles. »

En ce mois de juin 1913, les recettes du *Friquet* « ne sont pas aussi brillantes que je le voudrais, mais le public pleure tant qu'il peut. L'entrée du banquier Claperon dans la loge du Friquet, au dernier acte, soulève des houles indignées : avant hier, quand il a déclaré : "Je t'aurai", une voix d'En Haut a lancé, justicière : *Och! Smerlap*! bonne grosse invective flamande, plus étoffée que notre "salopiaud", et moins cordiale que notre "cochon" ».

La Société Éclair envisage de porter *Le Friquet* au cinéma, mais préférerait Polaire pour interprète : « Ça va beaucoup chagriner notre petite négresse, et je n'aime pas faire de la peine aux femmes même quand elles sont capricieuses. (Avec ça que les hommes ne sont pas capricieux !) [...] À quoi bon recoller les amitiés fendillées ? J'ai toujours eu horreur du cri strident qui faisait sous ma fenêtre : "Racc... cc... om... modeur de faïences !" Ne raccommodons rien. »

Mais un autre projet retient l'attention de Willy. Théâtre ? Roman ? « Dieu qu'il me tarde de voir le manuscrit, ou du moins le texte entier de *Napoléonette* ! » écrit-il à Gyp. Il devrait être prêt pour le 15 octobre. Willy a eu le manuscrit en main à Bruxelles à la veille de la guerre. Mais *Napoléonette*, roman de Gyp, ne paraîtra qu'en 1917.

Autre projet, *Mariette*, un roman que Fernand Mazade écrit pour lui : « Foutu ami, que ce début me plaît ! Faudrait être une bien médiocre andouille pour n'y point prendre goût » ; ce qui semble pourtant être le cas d'Alfred Vallette.

« L'Implaquable Siska »

On a tant dit et tant écrit que Willy ne signait que des gaudrioles, qu'on a fini par le croire. Rien n'est plus faux. Il suffirait de lire seulement *Les Amis de Siska* (1914) ou *L'Ersatz d'amour* (1923) pour constater que le ton cynique et désinvolte du premier, celui grave du second, font de ces romans des œuvres qui se détachent encore de la médiocrité de la production romanesque du début de ce siècle. Et c'est bien ce qu'il y a de déroutant dans les produits de la marque Willy : sous un titre alléchant et une couverture prometteuse de grivoiseries, la clientèle est parfois trompée sur la marchandise. Heureusement, ça ne se produit pas tous les jours ! Mais enfin, ça arrive.

Vers le milieu de l'année 1911, Willy réclame à Toulet le plan de *L'École des Rastas*, qu'il a égaré, et dont on ne connaît que le résumé dû à Henri Martineau :

> Au début, le héros, ayant gagné près de trois millions au casino, s'arrêtait prudemment de jouer, après trois jours d'une veine insolente. Il drainait alors autour de lui toute une bande d'aigrefins et parmi eux un espion allemand, grossièrement camouflé et à l'affût de renseignements sur un prototype d'avion que possédait sans qu'on sache au juste comment, l'heureux détenteur des millions... Le roman se poursuivait en tous sens mais j'ai oublié à travers quelles péripéties.

Toulet écrit quelques pages du premier chapitre, et note en marge : « Willy est prié de préciser quelques détails descriptifs sur Monaco que j'ignore. » Le projet n'ira pas plus loin. Les ateliers travaillent alors à plein temps sur deux romans qui vont paraître en 1913 et 1914, *L'Implaquable Siska* et *Les Amis de Siska*.

« Les deux *Siska* passent pour avoir eu comme auteurs une dizaine d'écrivains travaillant sur un manuscrit d'Henri

Vandeputte. On a nommé, outre Toulet et Curnonsky, Dorgelès et Carco. Dix écrivains ! Fichtre ! Quel luxe, et pour quel résultat ! » (André Billy, le *Figaro littéraire*, 4 août 1956). Encore ne cite-t-il pas Christian Beck, ni « le bouillant et wallonophobe Horace van Offel, flamand qui écrit un excellent français (*rara avis*) ».

> *L'Implaquable Siska*, roman de Willy, peut se résumer comme suit : en compagnie de son ami Lucien, l'avocat bruxellois Alfred Dumontier joue et perd plus qu'il ne gagne jusqu'au moment où il est ruiné. Il est flanqué de l'« implaquable » Siska qui, cependant, le trompe régulièrement. En sa compagnie, il part pour les États-Unis avec la volonté de rétablir sa fortune. Il y réussit et rentre en Belgique, marié avec Siska dont il devra divorcer (tout en restant lié avec elle) pour pouvoir jouir de l'héritage maternel[1].

Ce qui ressemble fort à une autobiographie de Henri Vandeputte. Passons sur cette Siska que le héros ne parvient pas à plaquer, et sur les situations un peu confuses entre Monaco et Bruxelles, pour citer seulement ce portrait de Robert Parville, « le meilleur ami de feu Maugis, [...] un gentleman quelque peu tassé, assez grassouillet et chauve pour rappeler vaguement Édouard VII, l'air bénin et flapi, mais dans le regard de qui, derrière le monocle, brillaient encore des malices atténuées ». Curnonsky a proposé à Willy de typer différemment ce successeur de Maugis dont il a par-dessus la tête ; mais comme on le voit, Willy préfère que Parville lui ressemble, comme naguère feu Maugis.

Willy a toujours la manie des « suites », parce qu'elles plaisent aux éditeurs. Dans *Les Amis de Siska*, qui paraissent l'année suivante, Siska n'est plus qu'un prétexte : elle apparaît fort peu et le personnage d'Alfred n'intervient que pour rappeler aux lecteurs du précédent volume l'existence du ménage à trois de *L'Implaquable Siska*.

Le sujet de ce roman, dont l'action se déroule cette fois à Paris, aurait donc, lui aussi, été fourni par Henri Vandeputte qui notait lui-même que les deux derniers chapitres étaient dus

---

1. Victor Martin-Schmets, *Henri Vandeputte, collaborateur de Willy* (Mélanges Décaudin, 1988).

à Francis Carco ; mais la dédicace nous fait dresser l'oreille :
« À Tristan Bernard, Son admirateur, Son ami, Willy. »

Quand on sait que les dédicaces des romans de Willy servent habituellement à remercier un collaborateur, en général celui qui a fourni le canevas du roman ou son plan, on ne peut s'empêcher de rapprocher *Les Amis de Siska* des nouvelles d'*Amants et voleurs* et de bien des pièces et romans de Tristan Bernard, où escrocs et marlous sont plus souvent récompensés que les honnêtes gens. L'« Association Générale des Cambriolages Intensifs » est une société secrète à trois qui, après avoir mené les complices au vol, conduira le premier au suicide et les deux autres à l'assassinat : trop théoricien, l'un se fera prendre, tandis que l'autre, cyniquement, partira avec Siska pour l'Égypte... et un nouvel assassinat.

Dans une chronique parue dans *La Petite République*, Laurent Tailhade qualifiait déjà en 1900 Willy d'« ingénieux faussaire dont Tristan Bernard composa les romans », ce qui est trop dire ou pas assez.

Trop de collaborateurs sur un seul livre mènent toujours au même résultat : une révision générale devient nécessaire, et c'est Paul-Jean Toulet qui en est chargé pour la somme de 600 francs. Durant trois ou quatre mois, il est accablé de recommandations. Il s'agit tout d'abord de ne rien couper, sinon le roman serait trop court : « Si je trouve ridicule ce panégyrique de Paul Fort, à tout le moins je le juge inutilement excessif, mais je m'en contrefous. Il est impossible de faire des coupures. »

Toulet ne tient pas toujours compte des avis de Willy : « Vous avez coupé parce que vous avez jugé bon de couper. Je n'ai rien à dire. Fiat ! Et je suis d'ailleurs convaincu que vous avez raison, vu la lourdeur sans conviction de ces saletés mornes. »

Willy recommande à Toulet de soigner le personnage de Parville. Certes, il peut forniquer plus ou moins, mais Willy tient à la réputation de son double romanesque : « ... Je désirerais qu'il refusât nettement de tremper dans les menus forfaits (pas toujours menus) de la bande à Lucien, par un certain dégoût du crime utilitaire : voler ? tuer pour avoir de l'argent ? Non, il aime mieux vivre dans une chambre d'hôtel et b... de temps en temps dans les prix doux, puisqu'aussi bien il est ruiné. » Dans une autre lettre : « À propos de Parville, vous ne devez pas vous triturer le cerveau pour lui faire accomplir hauts faits et méfaits. Tout bonnement que ce vieillard parle de choses et d'autres, surtout d'autres. Et ça fera la rue Michel. »

Tout en corrigeant et en élaguant, Toulet ne peut s'empêcher de faire quelques réflexions sur les collaborations qu'il devine. Willy lui répond, sans qu'il soit possible, évidemment, de savoir s'il ne dit pas la vérité : « Je ne puis m'empêcher de rire, de sourire tout au moins de votre flair. Oui, les pages de Siska nocturne et de Montmartre m'appartiennent. Oui, la pornographie à froid trahit les *délicatesses* féminines que vous soupçonniez, et j'en ai enlevé ! Par contre, le Marseille final m'appartient en propre. *Propre* est-il bien le mot ! J'enrage de devoir avouer que, grâce à vous, la mort de la gosse est devenue émouvante et, évidemment, ce qu'elle devait être. »

Et il conclut : « N'arguez pas que le roman gagne à vos corrections, je ne suis pas encore assez liquéfié pour l'ignorer ! Elles l'ennoblissent, le transforment, je le sais ! »

Ce roman est malheureusement inégal et l'on sent trop la multiplicité des collaborateurs. À Claude Farrère qui lui envoie *Dix-sept histoires de marins*, Willy ne cache pas sa déception : « C'est exprès que je ne vous ai pas envoyé *Les Amis de Siska*, ne le lisez pas (vous savez bien que je ne joue pas la fausse modestie). Il a fallu bâcler cela, malade, exaspéré par les coups de sonnette des créanciers, – et j'ai gâché un bon sujet. »

Francis Carco en tout cas n'a pas à se plaindre, car il est fait dans *Les Amis de Siska* un grand éloge de *Jésus-le-Caille*, qui vient de paraître en 1914, et de son auteur qu'on a « jadis entendu chanter dans un bouge de la rue Grégoire-de-Tours », petite rue du Quartier latin célèbre alors pour ses nombreux bordels.

On a d'ailleurs trop voulu faire plaisir à tout le monde, dans ce roman ; et ce qui fait encore aujourd'hui son intérêt est cause de son déséquilibre : « Remy de Gourmont de la Mirandole » sirotant son Gloria au Café de Flore, ou « ne distinguant que des tuyaux de poêle, des caisses d'emballages et le ventre d'un violon » sur les tableaux cubistes de peintres espagnols exposés dans les bureaux de la revue *Austerlitz*, « organe du Napoléonisme littéraire », 147 rue Jacob – qui est à la fois la revue *Monjoie!*, « organe de l'impérialisme artistique français », et *Les Soirées de Paris*, sises 9, rue Jacob.

Christian Beck, sous le nom transparent de Christian Bock, « ce disciple de Lautréamont » au « front boutonneux et génial », dont le sourire éclaire « son rose visage doré de quelques tavelures rousses », explique que « l'étude du dessin nous détache dans un espace hétérogène perçu par l'œil, agissant comme organe indépendant et non plus par une moyenne neutralisée établie dans le consensus kinesthésique de tous les sens ». On le rencontre attablé à un café en compagnie de Guillaume Apollinaire, « grassouillet et pâlot » : « l'auteur d'*Alcools* agrémentait d'interruptions érudites la thèse imperturbablement développée par l'autre ».

« J'ai lu une poésie pas banale de Guillaume Apollinaire (dit ailleurs Robert Parville), je veux que vous connaissiez cette poésie pas banale de Guillaume Apollinaire. » Ce poème dédié « au peintre Chagall » est un extrait d'*À travers l'Europe* dans la version parue dans *Der Sturm* en mai 1914 :

> Ton visage écarlate ton biplan transformable en hydroplan
> Ta maison ronde où il nage un hareng saur [...]

« ... Le reste du poème est moins clair que le début », ajoute Parville après le dixième vers.

André Salmon est également cité par Parville :

> Et plus tard, tu conserveras
> Ton portrait à l'encre de Chine,
> Entre une boussole, un compas
> Et le passage de la Ligne
> Par un copain resté là-bas...

La Closerie des Lilas enfin, que chérit Paul Fort : « Pour assurer la suprématie de sa résidence préférée sur les autres abreuvoirs de la rive gauche, il est tout de noir habillé. C'est un merle de France dans un buisson de houx ; il siffle de jolis airs et pas mal de demis brune. »

Le tout encore agrémenté d'un quatrain d'André Salmon et d'un poème de Jean Pellerin, à la gloire du Prince des Poètes :

> J'ai rêvé que Paul Fort tout nu,
> Chu du ciel comme un ange,
> Se vautrait, Jésus ingénu,
> Sur le foin d'une grange.

« Partir, c'est crever un pneu !... » conclut Parville

Un billet d'aller et retour

Au cours de la rédaction des *Amis de Siska*, Guillaume Apollinaire reçoit une lettre du 20 mai 1914, dont il tirera ses «anecdotes de Willy sur Catulle Mendès».

> Mon cher Confrère,
> Vous serait-il possible de mentionner... ces menus souvenirs sur Mendès ? ou bien, ne rentrent-ils pas dans le cadre – comme on dit...
> Truly yours,
>
> Willy
>
> Si vous ne les pouvez utiliser, renvoyez-les-moi, s.v.p.

Apollinaire fait de Willy ce petit portrait, qui prouve qu'ils s'estiment assez pour se citer l'un l'autre, mais ne se connaissent guère :

> Je le rencontre tous les deux ou trois ans. J'ai causé une fois avec lui pendant cinq minutes. L'ayant vu ainsi cinq ou six fois, j'ai cependant pu apprécier les changements de sa physionomie depuis le temps où il portait l'impériale et le bord plat jusqu'à sa ressemblance actuelle avec le défunt roi d'Angleterre [Édouard VII est mort en 1910]. Mais je connais de Willy [...] une *Ode au vélocipède* :
>
> > Je veux chanter, nouvel aède
> > Dont le Pégase est en acier
> > La gloire du Vélocipède
> > Intrépide et noble coursier [...]
>
> J'apprécie comme il convient un talent spirituel, nourri de bonnes lettres. Il me plaît que Willy émaille ses écrits de citations latines. Il confectionne à souhait des acrostiches satiriques. Il défend l'hellénisme comme Moréas ou un futuriste florentin et cultive avec succès le calembour.

Désormais Willy a une double adresse, qu'il porte sur son papier à lettres : à Paris, 16, rue Valentin-Haüy, et à Bruxelles, 58, rue Wilson, qui est son véritable domicile. Alfred Vallette n'y comprend rien : un paquet adressé à M. Gauthier-Villars,

16 rue Valentin-Haüy, confié à un coursier trop habitué à livrer les éditeurs, l'a déposé chez son frère, quai des Grands-Augustins! Le lendemain, 25 octobre 1913 : «Mais bon Dieu de bois, cher ami, où vous trouve-t-on?» La lettre adressée cette fois 57 avenue de Suffren s'est égarée. «Et puis dites-moi quelle est votre vraie adresse.» Il vit désormais avec Madeleine de Swarte, «une grande jeune fille blonde, fraîche comme une pivoine, coiffée d'une énorme capeline noire enrichie d'une plume d'autruche». C'est ainsi que la voit Sylvain Bonmariage.

À Paris, on n'oublie pas cependant le Bruxellois d'adoption : *Les Loups*, «journal d'action d'art», dirigé par A. Belval-Delahaye, paraît avec la reproduction en couverture de son buste par Pierre Feitu.

En attendant, Willy, auteur léger, ne lit pas que des gaudrioles. Dans *Le Sourire* du 18 juin 1914, il décrit l'auteur d'un «livre hallucinant» :

> Il s'installe devant sa table recouverte d'une grande feuille de papier blanc sur laquelle il dépose un cœur d'homme palpitant encore – celui de Swann? le sien? – et le dissèque fibre à fibre suivant, avec une âpre minutie, au travers d'une lentille grossissante, venant de chez l'opticien Spinoza, les traces laissées par le poison de la jalousie. Il réfléchit encore, sur lui-même, sur les innombrables résonances que son penser éveille, sur tel site que chérissait son enfance pensive, site qui n'exprime en rien «un indiscret stoïcien», car loin d'émonder, M. Proust se garde de réduire jamais une impression en ses éléments objectifs. C'est proprement un charme...

Mais Marcel Proust conseille à Jacques Rivière de ne plus rien lui envoyer : «Il a déjà parlé plusieurs fois de [*Du côté de chez*] *Swann* et c'est beaucoup trop.»

Convaincu que les choses finissent par s'arranger, et que les querelles d'Allemands entre l'Autriche et la Serbie ne le concernent pas, Willy, à la fin de ce mois de juillet 1914, prend à Bruxelles le train pour Paris avec un billet d'aller et retour.

Il était temps! Le 3 août, les troupes allemandes envahissent la Belgique.

5

De Genève à Paris, par Monte-Carlo
1914-1931

Il n'y a qu'une seule chose au monde à laquelle je n'aie jamais pu résister : la tentation.

Sale blague pour les humoristes

« En 1914, une noire tristesse enlinceulait Paris... Tous ceux que j'aimais étaient mobilisés : mon fils venait de partir avec un petit galon d'or sur sa manche ; mon beau-frère, Sainte-Claire Deville, aussi, sans galon, mais avec trois étoiles, quant à mon frère, il avait pris volontairement du service et commandait je ne sais plus quelles batteries lourdes dans un patelin de l'Oise dont il n'est jamais revenu » (*La Petite Gironde*, 28 août 1927).

Jacques Gauthier-Villars est interprète, avec le grade de sous-lieutenant, aux « Lanciers de Lahore » de l'Indian Contingent du corps expéditionnaire britannique. « Oui, le gosse est au front, écrit Willy à Lucien Descaves le 5 janvier 1915. Et, on a beau se défendre de toute sensiblerie pleurarde, on est bien forcé de songer à tant de loupiots déjà tombés, qui ne se relèveront jamais. D'ailleurs le phénomène auquel je songe, mon fils, quoi, m'écrit, à propos d'une ruse de comanches : "Jamais je n'ai tant rigolé !" Évidemment, la tranchée est plus gaie que la maison paternelle... surtout depuis que j'ai dû f. le camp de Bruxelles, tardivement, en y laissant tout mon saint-frusquin... »

Dans ce Paris déserté par les siens, Willy prend ses repas le matin rue Vaneau chez son frère Albert, veuf depuis 1910. Ancien élève de l'École polytechnique, officier du cadre complémentaire, celui-ci a demandé à servir au front avec le grade de simple lieutenant d'artillerie, alors que ses camarades de promotion sont déjà colonels ; il sera nommé capitaine en 1915. Son beau-frère, Étienne Sainte-Claire Deville, qui a épousé sa sœur Magdeleine en 1885, est en effet général : c'est le « Père du 75 », ce canon que les Boches nous envient. Willy déjeune aussi, pour cinquante centimes, au Restaurant de la Presse, où il rencontre d'autres chroniqueurs non mobilisables et consulte les journaux. Le soir, il dîne rue Rosa-Bonheur, où Madeleine de Swarte loge avec sa mère, avant de rentrer dans sa chambre, dans un hôtel voisin.

Une nouvelle qui paraît dans *Fantasio* le 15 mai 1915 met en scène son double, Robert Parville, « vieux chroniqueur fauché par six mois d'inaction » :

Pas drôle le métier d'auteur gai en France, depuis que tous les sujets de Poincaré Ier se contentent, comme lecture, des deux communiqués quotidiens ! Bon patriote, le gendelettre ne reproche pas à sa clientèle coutumière cet exclusivisme, mais, gros mangeur, il en souffre.

Impossible de recourir à l'estimable argentier, qui, en temps de paix, lui consentit souvent des avances au taux de trente-trois pour cent seulement (par trimestre) : ce Francfortois qui se donnait pour Alsacien expira de joie en apprenant l'entrée de ses compatriotes en Belgique ; il est mort, il ne prêtera plus.

Comment vivre quand on n'a jamais fait d'économies, même en rêve ? Au temps où ses romans décorsetés envahissaient les étalages, l'auteur d'*À draps ouverts* gagnait des mille et des cents, c'est vrai, mais comme il dépensait des deux mille et des deux cents, il se trouvait toujours en équilibre instable sur la corde tendue au-dessus du gouffre de la faillite, de la hideuse faillite. […]

La dèche est là, la dèche au fondement verdâtre, la dèche que deux visites discrètes rue Henner [à la Société des auteurs dramatiques] et cité Rougemont [à la Société des gens de lettres] ont bien pu retarder de quelques jours, mais qui, à présent, s'agrippe à lui, tenace.

«Sale blague pour les humoristes», dit-il à Sylvain Bonmariage. Même son éditeur, Albin Michel, est mobilisé comme soldat de deuxième classe dans un régiment territorial d'infanterie.

«Mon vieux Cur, tu as tort de trop blaguer les Boches ! Laisse ça aux journaux. Le Kronprinz f. le camp, soit. C'est un couillon. Mais cette armée est superbe, comme cohésion, solidité, préparation, manque de scrupules etc. etc. Ah ! si nous avions assez d'artillerie ! »

Et le 30 septembre 1914 : « Bon Dieu, ils tiennent comme des tiques, ces sales Boches ! »

Curnonsky, réformé en 1892, s'engage lui aussi pour la durée de la guerre ; il est versé dans l'auxiliaire à Angers. «Curnonsky, surveillant des fourrages : "Honneur au fourrage malheureux !"»

Sale blague pour les romanciers, pourrait-on dire, qui voient leurs collaborateurs gagner le front.

Willy parvient toutefois à placer quelques chroniques. Mais c'est pour écrire que, malgré tout, il continue d'admirer les compositeurs allemands :

> Pendant la guerre, pour avoir confessé que je restais partisan «inchangé» de la musique wagnérienne, j'ai reçu plusieurs lettres où l'on me disait, entre autres douceurs : «Si vous aimez Wagner, c'est que vous êtes un sale boche.» Puissamment raisonné ! Alors, si j'aime le thé, je suis un sale Chinois ?
>
> En 1914, l'académicien Frédéric Masson – on eût dit le colonel Ramollot assez gris pour s'être trompé d'uniforme – réclama patriotiquement dans *l'Écho de Paris*, le peloton d'exécution pour tous les wagnériens en général et pour moi en particulier (*Souvenirs littéraires et autres*).

«Mauvais pour les wagnériens», dit-il encore à Sylvain Bonmariage.

Heureusement pour lui, Charles Martinet, rédacteur en chef, puis directeur de *La Suisse*, quotidien francophile de Genève, lui propose de venir le rejoindre. Willy hésite. Martinet insiste en lui promettant des appointements réguliers. Willy fait une visite à Henri Simond, directeur de *L'Écho de Paris*, qui lui consent une avance de mille francs sur des articles à faire parvenir de Suisse, en lui recommandant la plus scrupuleuse objectivité. On n'imagine guère Willy suivant ce conseil : son premier papier envoyé à *L'Écho* n'est pas inséré ; et Willy renonce tout simplement à en envoyer d'autres.

Il s'installe à Genève, 9 rue Pierre-Fatis, dans une pension de famille où vient le rejoindre Madeleine de Swarte – «mon enfant, Madeleine, mon ange joufflu» – qui est devenue sa collaboratrice et qui compose des romans que Willy corrige et remanie.

Il en profite pour changer de physionomie : «J'ai porté les bords plats, et je suis devenu correct, barbe Édouard VII, monocle, avec Miss Meg Villars. Depuis la guerre, je porte l'impériale, les moustaches comme un officier de gendarmerie sous Henri III», écrit-il en juillet 1916.

De son exil, à Gyp : «Où je suis, chère Madame et chère collaboratrice ? À Genève, depuis un bout de temps [...] qui commence à me sembler long, quoique les Suisses romands soient de braves gens, germanophobes.» Il est persuadé de la victoire des Alliés : « Je ne voudrais pas être à la place des Boches qui verront les premiers notre armée franchir la frontière. Ah ! les cochons ! [...] Faudra payer[1] ! »

Il consacre toute son activité de chroniqueur à *La Suisse*, où il a toute liberté. Martinet lui confie aussi la rubrique théâtrale. Retrouvant la verve de l'Ouvreuse, il s'acharne sur une riche cantatrice, Mme Purnode, « certes pas Mme Pure Note », qu'applaudissent des admirateurs... salariés. Lasse de se voir traiter de « carpe éolienne » atteinte de « l'aphonie des grandeurs », elle s'embusque un soir dans un couloir et, à l'entracte, bondit sur Willy et lui flanque une paire de gifles. En se baissant pour ramasser son monocle, il se contente de dire à haute voix : « Décidément, Mme Purnode ne peut rien faire sans le secours de la claque ! »

Tandis qu'en France, Polaire continue de donner dans les théâtres de quartier une version de *Claudine* allégée du prologue pour en réduire les frais de décors (mais il faut alors ajouter un intermède de chansons au tableau de « La souris convalescente »), qui doit encore assurer quelques droits d'auteur à Willy, il fait jouer, avec ou sans la collaboration de Martinet, des sketches et des revues dans les théâtres et cabarets genevois. On relève un répertoire de trente-sept titres, dont les meilleures scènes sont reprises dans les cabarets parisiens, notamment au Perchoir. Bravant la censure, il se permet des allusions germanophobes qui provoquent parfois les murmures d'une partie de la salle, et les applaudissements de l'autre. Les autorités helvétiques le prient de se modérer. Il traduit alors une opérette anglaise, *La Geisha*, qui est représentée au Kursaal et ne peut choquer les populations neutres.

Cette activité ne suffit pas à faire vivre deux personnes et, le 31 octobre 1915, il s'adresse à Pierre Mille, à la Société des gens de lettres, pour lui demander un secours. « J'ai dû quitter – pour combien de temps ? – Paris où la vie était devenue d'une cherté néfaste pour un pauvre diable qui a tout laissé (*tout, absolument tout*) à Bruxelles. Et mes premiers frais d'installation, plus que modeste, à Genève, m'ont mis à sec.» Les ressources de la Société sont trop maigres, et Pierre Mille lui conseille de s'adresser à l'Office de Propagande, organisme officiel installé rue François-Ier,

---

1. Willa Z. Silverman, *Gyp, la dernière des Mirabeau*, trad. française, 1998.

qui peut sans doute trouver à l'employer. Or, le directeur de cet office est Henry de Jouvenel, le deuxième mari de Colette, qui commence une carrière politique, et Willy n'a nullement l'intention de s'adresser à lui. Pierre Mille alerte alors Philippe Berthelot aux Affaires étrangères, qui lui fait allouer une mensualité modeste mais qui présente l'avantage de la régularité.

HUBACHER CRÉTIN

« Qui donc se rappelle encore, à Paris, le nom de Willy ? Personne, assurément, personne ! » Il a tort de dire cela à Pierre Varenne, car certains ne l'oublient pas, tel Apollinaire qui écrit dans *Le Mercure de France*, le 16 janvier 1916 :

> La vie des gens de lettres est devenue difficile, m'a-t-on dit, depuis la guerre. Je parle de ceux qui ne s'occupent que de littérature et ne sont pas en âge de porter les armes. C'est ainsi que Willy qui est un des meilleurs observateurs des milieux où il a vécu et qui vit de sa plume, a dû pour vivre s'expatrier à Genève, les journaux réservant leurs colonnes à la singulière littérature de ceux à qui l'on a réservé le monopole des récits guerriers interdits avec raison aux militaires. Ces historiographes, les plus inattendus que l'on connaisse, prennent le pain des gens de lettres. Ils sont des civils embusqués dans la chose militaire et c'est l'une des plus vilaines embuscades. Puisse la Suisse mieux réussir à Willy que la pauvre Belgique où il demeurait, je crois, avant la guerre ! [...]
> Il y a beaucoup d'Allemands en Suisse et l'on m'a raconté que, dans une petite brasserie de Genève antiboche, où Willy mangeait des saucisses avec du vin blanc, un Boche qui se trouvait là fit la remarque : « Vous parlez l'allemand avec l'accent français. » La remarque était juste sans doute, mais la réplique ne se fit pas attendre et Willy de demander de sa voix la plus douce : « Quand je dis M...e, est-ce que j'ai l'accent allemand ? »

Deux mois auparavant, le 21 novembre 1915, il écrivait à Willy :

> Je connais le triste noc dont vous me parlez. Le Belge bochophile [Eugène] Guilbeaux m'a longtemps poursuivi de sa haine d'imbécile vaniteux et répugnant.

Dans un langage qui étant du welche bochifié est bien le contraire de celui de l'écolier limousin ou du langage français italianisé dont s'amusait Henri Estienne, le lamentable Guilbeaux traduisait les poètes allemands contemporains presque tous sans talent d'ailleurs sauf Arno Holz qui en a beaucoup (je ne connais rien de Spitteler).

Guilbeaux est l'idiot type verhaerenisant de la façon la plus didactiquement plate. [...]

Romain Rolland et tous ces auteurs pour pianistes des deux sexes continueront à nous emmerder après la guerre parce qu'au lieu d'audace, de bon sens, de vérité, de fondements solides, on n'oppose aux entreprises des pieds-plats que de vagues et bien incertains principes classiques [...].

(Madeleine de Swarte fait allusion à la teneur de cette lettre d'Apollinaire dans *Les Fourberies de Papa*, mais elle se trompe en indiquant qu'elle était à cette date écrite «sur le papier de l'hôpital militaire parisien installé Villa Molière, boulevard Montmorency»; elle prouve cependant par son erreur qu'Apollinaire écrivit d'autres lettres à Willy après sa trépanation, en mai 1916).

À Lucien Descaves, auquel il écrit : « Je suis devenu le plus pot-au-feu des helvètes », Willy fait parvenir des coupures de *La Suisse* et d'autres journaux, signées Gauthier-Villars, Willy, Robert Parville et Madeleine de Swarte (il ajoute à côté de sa signature : «ma fille»). Ce sont des polémiques avec la revue *Juventus* et «les potaches romainrollandistes, ses apprentis-rédacteurs», Guilbeaux et sa revue *Demain* que le *Berliner Tageblatt* «couvre de fleurs[1]», Charles Bernard et sa *Revue pacifiste*, et un autre personnage dont Willy fait sa tête de turc, Charles Hubacher.

À la fin de 1916, Hubacher, «gros boche aussi riche que mufle» (*Petite Vestale*, 1920), se présente aux élections municipales de Genève et fait distribuer ce prospectus :

PRO REPUBLICA !
VOTEZ TOUS POUR LE CITOYEN CHARLES HUBACHER,
L'INTÈGRE REPRÉSENTANT OUVRIER.
EN CE FAISANT, VOUS INFLIGEZ VOTRE MÉPRIS
AUX INDÉSIRABLES :

---

1. Membre français du Komintern, inculpé en France de haute trahison et d'intelligence avec l'ennemi, et condamné à mort, Eugène Guilbeaux sera acquitté lors de la révision de son procès.

HENRI GAUTHIER-VILLARS, DIT WILLY,
LE DÉVOYÉ DU MOULIN-ROUGE
ET LE PEU INTÉRESSANT SADOUX, L'AMI À FALK.
VIVE GENÈVE !

Sa qualité de Français réfugié en Suisse interdit à Willy de se mêler aux querelles politiques locales. C'est donc à un journal pacifiste français qu'il fait parvenir ce « sonnet à surprise », comme dit *Le Mercure de France*, en le publiant le 1er juillet 1917 :

> Hélas ! à chaque instant le mal terrible empire !
> Un cyclone de haine et de férocité
> Bouleverse les champs, ravage la cité ;
> À flots coule le sang sous les dents du vampire.
>
> Cruauté d'autrefois ! Cet ancestral délire,
> Honnis soient les bandits qui l'ont ressuscité,
> Et honte à ceux dont la cruelle surdité
> Refuse d'écouter la pacifique lyre.
>
> C'est assez des combats, de furie et de deuil,
> Rien ne demeurera si nul ne s'interpose
> Entre les ennemis qu'enivre un même orgueil.
>
> Toute raison à la Raison est-elle close ?
> Impuissante, se peut-il que sur l'âpre écueil,
> Nous laissions se briser notre nef grandiose.
>
> Paul Reli.

La filière choisie est la bonne et le pacifiste Hubacher reproduit le poème dans une feuille genevoise, sans même demander son autorisation à l'auteur. On imagine la tête de « l'intègre représentant ouvrier » quand Willy lui fait savoir que Paul Reli est l'anagramme de Parville, et que ce sonnet acrostiche cache ces mots : HUBACHER CRÉTIN.

Willy entame encore une polémique avec le pamphlétaire Auguste Navazza, qui l'étrille dans un hebdomadaire satirique, *Le Mondain*. Un soir, dans une boîte de nuit, ils en viennent aux mains et leurs voisins doivent s'interposer : c'est le début... d'une longue et fidèle amitié.

Que fait donc Willy dans une boîte de nuit ? « Je n'aime pas boire, dans la journée, ayant pris l'habitude de n'absorber que du lait et du café. C'est seulement la nuit venue que je m'alcoolise avec méthode. » Il ajoute : « Ces détails intéressent l'Histoire. » Aussi dois-je préciser que ces lignes ont été écrites en 1917.

Pour occuper ses loisirs forcés, Willy se livre à l'une de ses distractions favorites, la mystification. Il a recueilli dans *La Fin du Vice* (1925) la correspondance qu'il échange pendant la guerre avec une veuve helvétique. Tout commence par cette petite annonce parue dans *La Gazette de Lausanne* :

> Veuve d'un certain âge, mais conservant une radieuse jeunesse de sentiments, désire connaître Monsieur, veuf et aisé, pour mariage. Se hâter. Écrire 4443, poste restante, Lausanne.

Willy se hâte :

> Madame,
> Mes yeux s'arrêtent, dans la *Gazette de Lausanne*, sur votre annonce, et une voix céleste me pousse à vous écrire. J'ai cinquante-deux ans, je suis directeur de l'usine des « Guanos perfectionnés », 263, avenue de Saint-Ouen, je suis d'ailleurs sur le point de céder ma fabrique pour prendre une nouvelle affaire de produits chimiques, pour la « Matérialisation des matières inflammables » qui me rapportera d'importants bénéfices. Mon physique, sans être avantageux, n'est pas dépourvu d'agrément. Je vous enverrai mon portrait dès que vous aurez envoyé le vôtre.
> Si je me décidais à me remarier, ce ne serait que certain de rencontrer un cœur aimant et sincère, une nature d'élite. J'ai eu le malheur de perdre ma femme dans des circonstances épouvantables : elle a eu la tête tranchée dans un accident de chemin de fer, et, chose atroce, le tronc seul fut retrouvé. C'était en revenant d'Italie, sous le tunnel du Saint-Gothard, dans l'obscurité la plus complète. Hélas ! depuis lors, j'ai des idées noires. Enfin, Madame, je suis prêt à me déboutonner plus complètement devant vous, quand je saurai qu'à votre tour vous le ferez devant moi. En attendant un mot de vous, je suis, Madame, votre très humble et très respectueux serviteur.

Il signe de l'un de ses prénoms, Albert, 14 ter, avenue Charles-Floquet, à Paris. Il ne tarde pas à recevoir une réponse qu'il date du 10 juillet 1915 :

> Monsieur,
> Bien reçu votre lettre ce matin dimanche. Je viens, par celle-ci, vous répondre de cœur et tout à la bonne franquette. J'ai quarante-trois ans, je suis veuve depuis une année. J'ai quatre gentils enfants dont l'aîné a vingt ans et le plus jeune quinze. Depuis trois ans je souffre beaucoup. Mon mari est mort après quinze mois de maladie, et la guerre a paralysé tous les commerces en Suisse. Mes parents m'ont laissé un petit avoir. Il consiste en une maison avec la patente d'un café-restaurant qui est encore hypothéqué. J'ai beaucoup de peine à tourner, c'est pourquoi je désire trouver un bon monsieur pour m'aider à partager mes cruelles épreuves.
> Nous avions douze ans de différence avec mon mari. Ce qui nous a mis en retard dans nos affaires, c'est que nous avons fait bâtir des immeubles il y a cinq ans et que les entrepreneurs ne sont pas payés. Alors la guerre m'a empêchée d'accepter la succession. Tout va si mal, comme vous le savez, tout part en faillite. Mais, Monsieur, cela n'empêche pas que nos cœurs pourront peut-être s'unir pour supporter tous ces chagrins. [...]
> Je vous envoie la seule photographie que je possède. Nous nous sommes fait tirer en 1902, cela vous donnera une idée de ma personne. Naturellement, j'ai vieilli par les épreuves de la vie d'ici-bas.

Willy ne s'était pas trompé : « Marie Pinochon-Lechat, café Lechat, Saint-Symphorien », est plus intéressée que son annonce ne le laissait supposer. Il commence par s'inquiéter de ce que penseront les enfants du remariage de leur mère ; mais, en même temps, il propose généreusement de les caser dans son usine. Marie Pinochon-Lechat répond le 16 juillet que ses enfants ne s'opposent pas du tout à son projet. Là n'est pas la question :

> Mes affaires sont en ordre, seulement je ne peux pas m'en sortir. Si vous me veniez en aide, ça irait mieux. J'ai des intérêts à payer prochainement et je ne sais où prendre l'argent.

Que va répondre M. Albert à cet appel à l'aide ? Qu'il gagne trente à quarante mille francs par an, « et j'estime que si l'argent est "ronde", c'est pour rouler ». Mais ce n'est pas tout :

> Examinons maintenant un point délicat, et permettez-moi de le prendre tout de go par la queue.
> Malgré mon âge, je suis encore très vert, ce que nous nommerons un vrai coq en amour. Supporterez-vous mes assauts avec candeur et résignation ou avec fougue et volupté ? Je suis peut-être un peu brutal en vous interrogeant ainsi, mais nous ne sommes pas des enfants, et nous nous devons de nous avouer nos aspirations.

Marie est prête à bien des sacrifices et répond le 23 juillet :

> J'ai vraiment bien des tourments au sujet de l'argent. J'ai l'intérêt de dix-huit cents francs à payer prochainement, plus cinq cents francs de pension à ma mère. Pensez un peu si j'ai du mal à me sortir de là.
> Pour ce qui est des sentiments, je crois avoir eu un mari comme vous, Monsieur, puisque nous avons eu six enfants en cinq ans (sans compter les fausses couches), cela vous prouve que je n'ai pas donné ma part au chat, comme on dit. Naturellement, je n'ai plus vingt ans, puisque je vais sur quarante-quatre, cependant je ferai mon possible pour vous satisfaire sur tous les rapports, mais je ne vous permettrai de me parler de la bagatelle que le jour où Dieu bénira notre mariage, car j'ai toujours été une brave et honnête femme, quoique pauvre et je ne changerai pas.
> En résumé : je dois trois cent cinq francs à un liquoriste pour ses livraisons, cinq cents francs à une marchande de vin pour ses fûts, plus la pension de ma mère.

Inquiété par une allusion à la Bible, M. Albert révèle à sa correspondante qu'il est catholique pratiquant et qu'il craint qu'elle ne soit protestante. Qu'à cela ne tienne, répond Marie le 2 août :

> Que vous soyez catholique et moi protestante, cela ne nous fait qu'un Dieu que nous implorerons à tour de rôle. Beaucoup de gens se sont mariés dans les mêmes conditions sans avoir à le regretter.
> Le plus pressé, c'est que vous me veniez en aide pour payer mes intérêts.

Mais M. Albert a sa dignité ; il passerait sur tout, y compris les intérêts, mais pas sur la religion. Il ne répond plus aux lettres : Willy n'a jamais pris au sérieux les questions d'argent.

Le voyage à Munich

Il demeure un petit mystère dans la vie de Willy pendant la guerre : il se serait rendu clandestinement en Allemagne, une fois peut-être, et même deux fois. Guillaume Apollinaire, en janvier 1906, est catégorique :

> Avant d'aller en Suisse, Willy est allé voir la Hollande. Il s'y procura un passeport. (L'officine où on le délivrait est fermée à cette heure, d'après ce qu'en ont dit les gazettes.) Avec le passeport hollandais, voici Willy camouflé en Batave. L'esprit d'aventure le pousse et il passe chez les Boches voir donner à Düsseldorf la première d'une tragédie ressortissant à cette fausse esthétique que les Viennois exploitent depuis quelques années. [...] À Düsseldorf donc on donnait *Ariane à Naxos* de M. Paul Ernst. Mme Andor, qui faisait Ariane, était endormie et le public aussi, nous fait savoir Willy. Ayant assisté à cette première boche d'Ariane, Willy s'en fut à Calvinopolis en rendre compte dans les journaux suisses. C'est un comble. Mais rendre compte des rasoirs rhénans dans les gazettes helvétiques pendant la guerre de 1915, quelle situation pour un romancier bien parisien ! Cette anomalie est si apparente qu'elle n'a pas échappé aux *Leipziger Neueste Nachrichten*, qui ont dit leur fait à Willy, sans s'étonner toutefois qu'il eût pu voyager en Allemagne ; mais Willy s'en f... pas mal. Il fait la guerre à sa façon qui ne paraît pas mauvaise.

Ce voyage clandestin a donc lieu avant son arrivée en Suisse. Pourquoi Willy ne l'a-t-il pas raconté, dans ses souvenirs ou une chronique ? Or, dans *La Petite Vestale*, recueil de contes écrits pendant la guerre dans *Fantasio* et publié par Albin Michel en 1920, le récit de Robert Parville, « Une rencontre à Munich », laisse au lecteur une curieuse impression de véracité. Le journaliste Robert Parville a donc choisi de vivre à Genève pendant les hostilités :

À l'ennui s'ajoutait la gêne. Ses fonds s'épuisaient. Vivre de son métier de journaliste, il n'y fallait pas songer en ce pays «neutral» où Romain Rolland passe pour un penseur et le scatologue Bron pour un humoriste.

Pourquoi, diable, ai-je quitté Paris ? songeait-il. Comme le mark, je n'ai pas gagné au change.

Un soir, à la brasserie du *Crocodile*, quartier général des Allemands où il entendait, avec l'indifférence que donne l'habitude, les videurs de chopes excités par la lecture du répugnant Guilbeaux, pronostiquer pour la fin du mois l'installation du Kaiser à l'Élysée, Parville se dit tout à coup :

– Leur Empereur n'entrera jamais à Paris, mais moi, pourquoi n'irais-je pas à Berlin ? Je vendrais mes impressions de voyage à quelque canard français et ça mettrait dans mes épinards un beurre dont le besoin se fait incontestablement sentir.

Ce projet d'écervelé réussit à merveille. Muni des papiers d'un certain Lecoultre, Genevois mort au loin et dont les autorités ignoraient encore le décès, Parville prit le bateau à Romanshorn, traversa le lac de Constance, subit sans encombre les fouilles minutieuses des douaniers de Lindau et monta dans le train pour Berlin, via Munich.

Il s'attarda quelque peu dans la capitale bavaroise, attristée par d'innombrables soldats blessés et devenue singulièrement lugubre. [...] Sa flânerie l'avait conduit devant le Théâtre du Prince Régent ; il considérait, amusé, l'ambitieuse gaucherie du monument de Richard Wagner quand il entendit cette phrase prononcée derrière lui, avec le plus inattendu des accents faubouriens.

– C'pauv'Wagner ! D'ici à ce qu'on le rejoue à Paris, il passera d'l'eau sous l'pont Luitpold, pas vrai, Monsieur Parville ?

L'homme de lettres se retourna vivement et resta suffoqué en apercevant non un Parisien, mais un «Feldgrau», un soldat allemand en uniforme de campagne. Déjà l'autre se présentait, très à son aise :

– Ugène, vous savez bien, Ugène, machiniste à Parisiana (avant qu'ça soye devenu un cinéma, bien entendu), du temps qu'on y jouait vot'revue : *À draps ouverts*.

– Ah oui, Ug... Ugène...

– Vous m'remettez tout d'même ! C'est d'être fringué en boche qui m'change, probable ?

– Oh oui, ça vous change ! Mais pourquoi ce déguisement ?
– Déguisement ? J'suis d'la classe 15 ; j'ai beau être né rue de Clignancourt, mes vieux sont de Munich, alors qu'est-ce que vous voulez, il a bien fallu partir. En Pologne, les Russes m'ont amoché un abattis, rien de grave ; après l'hôpital, j'ai tiré mes six jours de perm, et demain je rentre dans le bal. Voilà.
– Mais vous n'aviez jamais dit à personne que vous étiez Bavarois !

L'Allemand parisianisé eut un clin d'œil finaud :
– On n'aime pas s'vanter.

Parville commence à s'inquiéter ; il se voit déjà dénoncé et condamné pour espionnage. Mais Ugène le rassure : il se souvient que l'auteur a été bon pour lui, et il lui demande simplement, quand la guerre sera finie et qu'il reviendra à Paris, de témoigner qu'il est citoyen suisse.

Pierre Varenne avait interrogé Willy sur ce voyage ; il avait souri sans répondre. Madeleine de Swarte, qui quittait rarement Willy, sauf pour les brefs voyages en France, ne croyait pas à cette escapade munichoise. Seul Charles Martinet, directeur de *La Suisse*, soutenait que Willy avait franchi la frontière, d'autant plus aisément que le signalement du Genevois Désiré Lecoultre, dont il utilisait les papiers, correspondait au sien. L'esprit mystificateur de Willy l'a-t-il conduit à prendre de tels risques, à Düsseldorf ou à Munich ? Quelles preuves pourrait-on en avoir ?

PRODUCTION DE GUERRE

La production de Willy pendant les années de guerre ne s'est pas ralentie. « Crois-tu l'heure venue de me plaquer délibérément ? demandait-il à Curnonsky en 1913. Il me semble que tu aurais tort. » La guerre les a séparés, et jamais Curnonsky ne reprendra la plume pour le « doux maître ».

Trois romans paraissent en 1916. *Mon cousin Fred* est dédié « À mon cher Boy / À mon collabo et ami / Jack Maugis / officier interprète Xme Division Britannique ». Jacques Gauthier-Villars devient fils de Maugis !

Collabo de son père, il ne s'en cache pas, et il raconte que Willy lui avait demandé de mettre sur le papier quelques souvenirs :

Willy lut mes élucubrations sans enthousiasme. Il critiqua la longueur de mes phrases, le pullulement de mes adjectifs, le manque de simplicité de mes dialogues et me donna en une demi-heure l'une des meilleures leçons de français que j'aie reçues. La conclusion ne fut guère encourageante même pour un apprenti de lettres sans vocation supérieure. La voici : « J'ai vu pire, laisse-moi ça. Ta documentation pourra m'être utile un jour de disette ! »

La disette étant venue, Willy retape *Mon Cousin Fred* dont l'action se déroule effectivement avant la guerre. Pour cela, il fait appel à Jean-Marc Bernard, dont il avait fait la connaissance après avoir lu ses « lourds commentaires sur un auteur léger », dans *Le Divan* de septembre-octobre 1910. C'est en juin 1914 que Jean-Marc Bernard commence à travailler sur *Mon Cousin Fred*, pour une dizaine de louis ; il est tué au front le 5 juillet 1915.

La Bonne Manière paraît sous le double nom de Willy et de la baronne d'Orchamps, c'est-à-dire Mme Poyallon. C'est d'ailleurs l'éditeur, Albin Michel, qui a confié le manuscrit à Willy en lui demandant « un remaniement avec un peu plus d'action si ça se peut, vu qu'il ne s'y passe pour ainsi dire rien ». Le roman se limite à peu près aux descriptions des nuits blanches et agitées du sous-préfet Lucien Carpis. Willy s'adresse à Paul-Jean Toulet pour ce travail de dentellière. Toulet s'en étonne : « Si, Monsieur, j'ai lu ! lui répond Willy. Et je suis dégoûté de vous avoir attelé à ce travail putride ! Au moins quand vous échenillez mes sales productions, c'est encore moins dégoûtant que les viscosités de la dame !!! » Quand il reçoit les corrections de Toulet, Willy ne peut s'empêcher de lui dire qu'il fait « trop d'honneur à ce texte falot ». L'éditeur n'en désire pas tant : « Je vous demande de ne pas faire trop d'orfèvrerie, mais plutôt de créer, de toutes pièces, un épisode, violent ou du moins pittoresque, se passant soit à Paris, soit ailleurs. Si vous aviez une vieille chose inutilisée et qu'elle pût se loger là ! Quant au style, le mieux, je crois, serait de nettoyer les plus piteuses niaiseries, sans vouloir tout refaire. » Toulet veut trop bien faire, et Willy le lui fait savoir : « J'ai dû rétablir beaucoup de jolies conneries que vous aviez, avec dégoût, coupées, sans les remplacer par un poids de copie équivalent. Nous en serions arrivés à une plaquette, à une brochure aimable, cher Toulet, et vous devinez les cris de putois hystérique poussés par le bibliogrole déçu!»

Ce fut la dernière collaboration de Toulet sous la marque Willy.

La Bonne Maîtresse paraît la même année chez le même éditeur sous un titre qui peut prêter à confusion. Willy écrit en 1916 que ce roman montmartrois a été attaqué «grossièrement et injurieusement par Louis Forest [...] qui se repentira, je le jure, d'avoir servi les rancunes de ma veuve.»

Colette ne cesse en effet d'asticoter Willy, en cherchant au besoin de nouvelles alliées, telle Jeanne Roques, dite Musidora, que Willy a eue pour maîtresse. Elle lui écrivait en 1910 : «Je me baignerai en pensant à toi. T'aime.» Ce n'est pas ce qu'il fait dire à Robert Parville (si Parville est Willy) dans *Ginette la rêveuse* (1919) : «Une étoile de cinémas banlieusards, Dora Musi, furieuse de voir que je ne prêtais aucune attention à ses œillades quémandeuses, me fit injurier dans les revues féministes par Loquette Wely (l'ex-danseuse devenue romancière zoophile) et dans les journaux cinématographiques, par un drôle : Diamant-Berger, son chamelier servant.» On trouve de tout dans ce passage : *La Paix chez les Bêtes*, de Colette (1916) et le périodique *Le Film*, d'Henri Diamant-Berger et Louis Delluc, auquel Colette collabore en 1917. Une autre allusion aux «Vampires, popularisés par Mademoiselle Musidora-aux-yeux-de-Junon (*Boôpis*, disait Homère)», que nous retrouvons dans *La Virginité de Mlle Thulette* (1918), et Musidora dans la nouvelle «Souper de rupture» de *Petite Vestale* (1920), où la girl Maud nous apprend qu'elle est «engagée dans une revue par Mme Barbini pour remplacer Miousidora qui était trop "maoche"».

Cette même année 1917 paraît *Sombre histoire* avec la collaboration d'Andrée Cocotte, dont c'est la dernière collaboration ; ce qui tendrait à prouver qu'Andrée Cocotte est bien Paul Acker, qui a été tué au front l'année précédente.

L'année 1918 voit sortir deux volumes, *Do-dièse* et *La Virginité de Mlle Thulette*, qui a pour collaboratrice Jeanne Marais. L'intérêt de ce dernier, dont l'héroïne est atteinte de la «folie des candeurs», est d'être traversé par l'académicien François Bergeron, qui n'est autre qu'Henri Bergson, auteur non seulement de *L'Évolution créatrice*, mais aussi de *Quid Guibollardus de loco senserit* et du *Sophisme en psycho-*

physiologie : on sait que la thèse latine de Bergson ne concerne pas Guibollardus, mais Aristotelês.

C'est aussi l'année d'un grand deuil : dans la nuit du 13 au 14 juillet 1918, son frère Albert Gauthier-Villars meurt à son poste de commandement au Chemin des Dames. Le 6 août, un décret rend hommage à sa mémoire en lui accordant à titre militaire la croix d'officier qu'il avait reçue avant la guerre à titre civil, avec la mention :

> Gauthier-Villars (Albert-Paul-Ferdinand-Laurent), capitaine territorial, commandant la 22ᵉ Batterie du 77ᵉ d'Artillerie. Officier de la Légion d'Honneur au titre civil par décret du 27 mai 1914, officier de tout premier ordre, alerte et énergique, d'une très belle tenue au feu. Grâce à sa valeur technique, à sa science d'artilleur, à la belle impulsion qu'il a su donner à sa batterie, a su obtenir des résultats remarquables dans ses tirs de destruction sur des pièces à longue portée. Une citation.

Il avait obtenu celle-ci en réduisant au silence, le 9 mai, une des pièces allemandes de gros calibre – la Grosse Bertha – dont les tirs atteignaient Paris. Albert Gauthier-Villars était décoré de la croix de guerre. C'est sa fille Paule qui reprend la direction de la maison d'édition.

Peu d'écrivains ont échappé à la fièvre patriotique qui saisit les Français en 1914. Willy s'est toujours montré mesuré, mais dans un roman intitulé *La Fin du Vice*, paru en 1925, il fait preuve d'une curieuse conversion. On y voit un auteur de romans polissons et un jeune homme efféminé se conduire en héros :

> Le vice était avant la guerre le complément de nos vies inutiles. On se serait cru déshonoré si on ne l'avait pratiqué.
> Pour être chic, dans le mouvement, pour se sentir envié, pour être fêté, il fallait s'y vautrer, il fallait qu'on l'étalât aux yeux du monde ébahi... Les bourgeois s'en montraient offusqués et le recherchaient pourtant. Il y eut d'abord des professionnels, puis des amateurs, on se plut à l'étalage de ses plus bas instincts, la boue, le scandale éclaboussèrent le Monde, le Monde avec un grand M... La guerre vint... et soudain chacun jeta le masque et apparut tel qu'il devait être.

Le patriotisme et l'Union sacrée font de ces miracles. Soyons certains que le bougre est sincère quand il publie ces lignes.

LE TIREUR À LA LIGNE

Willy ne rentre pas immédiatement en France après l'armistice. En 1919, il est encore à Genève, qu'il ne quittera que pour s'installer à Monte-Carlo : les huissiers français sont toujours à l'affût. Willy se retire sur des positions préparées à l'avance.

En cette année 1919 paraît *Ledos, tapissier*, roman dont on ne sait pas grand-chose (qui l'a écrit, avant ou pendant la guerre?) et dont le seul intérêt est d'y rencontrer Léon Bloy, qualifié d'«ivrogne d'eau bénite». Il est à peu près certain que vingt ans plus tôt Bloy avait dû s'attaquer à Willy, ce qui lui avait déjà valu en 1887 d'être traité de «catholique fécal, qui lance ex-tinetta la vidange de ses excommunications».

En avril, il recommande à Lucien Descaves *Les Caprices d'Odette*, de Madeleine de Swarte, où «il y a de jolies choses. [...] Elle comprendra, peu à peu, combien sont rudes les sentiers de la littérature aux pieds du débutant». Madeleine de Swarte (1887-1952), de simple secrétaire devient femme de lettres. Elle publiera encore *Mady écolière* (1922), *Les Fourberies de Papa* (1926, où la main de Willy est sensible), *La Femme sans regard*, *L'Enterrement d'une vie de jeune fille*, etc., dont les titres suffisent à prouver qu'elle a suivi les leçons du patron.

Dans cette année d'après-guerre paraissent deux autres romans de Willy bien différents. *L'Ether consolateur* est l'histoire d'un étudiant en droit éthéromane, qui se drogue tant qu'il est pauvre; mais en héritant de la fortune de son oncle, «il s'évade vers la santé, vers la vie...» et vers le soleil de Sicile. Pas un calembour, pas une rosserie, pas une gaudriole! Il s'agirait à l'origine du manuscrit du *Huitième Péché*, signé Terval, que Théo Varlet avait présenté à Willy avant la guerre. «Que faut-il en faire? demande Willy. Comptez-vous l'utiliser? Ou me le céder? Et, en ce cas, à quelles conditions?» Il craint maintenant que cette passion de l'éther n'effarouche son éditeur accoutumé aux gaudrioles. Willy change le titre et fait paraître le roman chez Albin Michel en 1919, sans même en informer Varlet. À ses réclamations, Willy ne répond que par des jérémiades, des cris de misère et par l'aveu qui l'absout, lui semble-t-il, d'avoir tout croqué à la roulette. Écœuré, Théo Varlet renoncera définitivement en 1921 à récupérer le moindre sou.

Dans la préface de *Ginette la rêveuse*, Willy affirme que ces confessions de la «rêveuse [lui] ont été remises par elle-même peu de temps avant sa mort», contrairement, reconnaît-il, au manuscrit de *Claudine à l'École*.

> D'ailleurs, ces pages ont dû être remaniées de fond en comble. J'ai d'abord élagué des chapitres entiers, d'une psychophysiologie captivante mais si peu respectueuse de «l'honnêteté», qu'Albin Michel aurait dû les publier en latin [une note en bas de page nous indique qu'il s'agit de passe-temps d'institutrices charmées par les vers de Renée Vivien, les *Chansons de Bilitis*, le *Law tennis* de Mourey...], sous peine de susciter les braiments scandalisés de la bande qui, à la suite du vertueux Sébastien Faure, m'accuse assidûment et mensongèrement d'offenser la morale : le dénonciateur Nathan-Gougenheim, dit Louis Forest, auteur d'un *Amour et Cie* de la plus fangeuse pornographie; l'Ernest-Charles qui a lancé contre *la Virginité de M*^{lle} *Thulette* de grotesques excommunications dignes d'un Léo Poldès, etc., etc.

Peut-être, ajoute Willy, a-t-il eu «tort de sacrifier le personnage d'une gamine de quinze ans, insensible et lascive. [...] En revanche, une amputation s'imposait indiscutablement : celle des nombreux, très nombreux détails, d'une effarante minutie copromaniaque, concernant les retraits (les "chambres coies" dit Lacurne de Sainte-Palaye) des diverses demeures habitées par l'auteur. Passons, passons vite». Et puis encore des «descriptions d'une fantaisie outrancièrement baroque», comme celle d'un paysage bourguignon où voisinent oliviers et cyprès! (Tiens, voilà qui nous rappelle l'anecdote rapportée par Colette à propos d'*Un petit vieux bien propre* : la Méditerranée vue de Besançon). Mais surtout, Willy décèle des plagiats, des passages piqués à Rachilde et, même, à *Lélie, fumeuse d'opium*, et une métaphore sortie d'un poème de Laforgue.

«Sadisme mesquin? Kleptomanie bébête? Désir de me jouer un bon tour posthume? Je ne comprends pas.» Ce que ne dit évidemment pas Willy, c'est qui était vraiment l'auteur de ce roman : si c'est un de ses nègres habituels, pourquoi celui-ci n'aurait-il pas été tenté de lui jouer « un bon tour » ?

Ce qui est à peu près certain, c'est que ce roman, assez joliment écrit, se termine à la page 186 – et que de la page 187 à la page 300 il a fallu l'étirer, de chapitre en chapitre, qui sont autant de petites nouvelles sans autre lien entre elles que la présence d'une Ginette de moins en moins rêveuse.

Il nous donne d'ailleurs froidement la recette du tireur à la ligne. Ginette aperçoit sur le bureau de Parville une pincée de feuilles ; sur la première, il a griffonné en travers cette note au crayon bleu : « Pourra servir, mais bougrement à revoir. Faudrait saupoudrer d'un peu de gaîté commerciale. Trop mélanco pour Albin Michel. » Elle commence à lire, et Parville lui fait cadeau de « ces fragments décousus d'un vieux roman resté inédit ». Il s'agit d'un voyage de Maugis à Bruges... et Ginette recopie textuellement ce passage, un chapitre entier !

Et ça fait toujours dix pages de plus...

Au mois de novembre, il écrit à un critique, ami de Casella, et auquel il donne du « Cher Maître et ami », pour se plaindre qu'il l'ait traité en « amuseur » : « Les dames de *la Ruche* le répètent volontiers, entre une recette pour raffermir les seins et une formule de pommade anti-hémorroïdale, mais le jugement de ces hyménoptères en bas bleus m'a toujours semblé négligeable. » *La Ruche*, c'est la rubrique du courrier des lectrices des *Modes de la Femme de France*, et Willy se mêle parfois aux « Abeilles » et répond à toutes sortes de questions : « Je trouve que Daniel Lesueur a plus de sensibilité que Marcel Prévost. Ai-je tort ? Quelle est votre opinion ? » Ou encore : « J'aime Albert Samain qui me fait rêver, mais Paul Géraldy me fait vibrer davantage. Quel est votre avis ? » Et puisque ces dames le prennent pour un amuseur, il ne se gêne pas pour leur prodiguer des conseils intéressés. « J'adore Willy. Il est, selon moi, bien supérieur, du moins pour le piquant, à Cherbuliez. Me trompé-je ? Quel est votre sentiment ? »

« Sur la Riviera »

Willy s'installe à Monte-Carlo en 1920. « Patelin invraisemblable. L'opérette et les drames s'y coudoient. » Il y restera quatre ans. Il y vit seul, « Villa des Fleurs », et a laissé Madeleine de Swarte regagner son appartement de la rue Rosa-Bonheur. La Riviera l'attire-t-elle ? Il écrit à Madeleine :

> Cette terre tant vantée, qui donc aura le courage de décrire sans complaisance l'aridité de ses routes où tourbillonne l'aveuglante poussière, mère des conjonctivites, la saleté décourageante des menottes de pitchounettes vendeuses de mimosas à l'écœurante odeur, et l'agressif paradoxe d'une végétation aussi rigide que les alexandrins forgés par J.-M. de Heredia : aloès en zinc vert-de-gris, cactus aimables comme des fils de fer barbelés, sans préjudice de ces agaves que notre Guillaume Apollinaire, subtil magicien et sous-lieutenant blessé entre les yeux, comparait à des paquets de morue sèche. [...] Connais-tu le pays où fleurit l'étranger ? C'est le grouillement sordide de Marseille ; c'est le rastaquouérisme de Nice ; c'est Toulon dont le soleil embrase les putridités. Combien je leur préfère la chère cité bruxelloise, plantureuse et cordiale, au gai sourire hospitalier, voire Genève la salubre, fière de sa netteté qu'elle mire au Léman pur.

Monte-Carlo, c'est aussi le Casino et le jeu. Il confie à Madeleine :

> Je vis sur le Casino. Sans la roulette, je crèverais de faim. Je joue un jeu très serré, très dur, ce qui exige une patience de chat à l'affût et une prudence de serpent. Je n'en goûte pas les espoirs fous ni les noires désespérances. Je joue en bureaucrate appliqué, persévérant, exact. Que d'autres galopent à bride abattue et boivent l'espace ; moi, je trottine paisiblement, soucieux d'éviter les cailloux roulants et les fondrières.

Ce jeu ne va malheureusement pas sans accidents :

> Aujourd'hui, je me suis fait durement secouer. Il va falloir reconstituer le capital de jeu. C'est là le difficile. Sans ce capital, il est trop évident que je suis désarmé. D'ailleurs, il y a des jours où j'ai un tel trac que je me demande si, même avec des fonds, j'oserais miser sérieusement...

À Gyp, son « collabo » des jours meilleurs :

> Malade ? Oui S.V.P. ne le dites pas trop à Paris. J'ai joué à la roulette, j'ai gagné, finalement j'ai pris une culotte monstrueuse (pour moi. Tout est relatif). De sorte que je souffre de troubles nerveux, attendrissants de ridicule. Attendrissants pour moi, ridicules pour autrui.

Il ne lui dit pas tout. Ses confidences à Madeleine laissent déjà apparaître les atteintes du mal qui le guette :

> Je tâche de continuer mon labeur sans joie, de surmonter mes misères de santé qui viennent surtout d'un défaut de circulation. Ma boîte crânienne est toute envertiginée. Comment produire dans ces conditions ? Obligé de suivre un régime sévère : viande une fois par jour, peu de vin, plus d'alcool... et le moins de veilles possible. Pour le vin et l'alcool, passe encore. J'en ai toujours usé modérément, mais les veilles ! Je n'ai jamais bien (ou mal) travaillé que dans le silence de la nuit. À présent une main méchante me serre la tête sans arrêt. La souffrance et le découragement tout de suite freinent mon élan. Je suis contraint de me prendre par les oreilles pour me pencher la tête sur mon papier blanc, une tête bourdonnante de pensées fort étrangères à la littérature, si l'on peut donner ce nom au journalisme... Je broie du noir, comme dit le lion qui mange du nègre. C'est une vieille fumisterie commise par moi autrefois. Si mes anciens calembours ironiques, fantômes de la déformation verbale, se lèvent des tombes du Passé pour tourner autour de moi, vengeurs, cette danse macabre du bon sens outragé m'anéantira à jamais.

Le travailleur de la roulette est épuisé. Sur un exemplaire de *Do-dièse*, il versifie en mars 1923 :

>> HOMMAGE POSTHUME OU PRESQUE
>> DE FEU WILLY
>
>> Je ne vais plus Villa Paulette,
>> Je ne vais plus à la Roulette
>> Cheveux hérissés (??), œil hagard
>> Je n'irai plus qu'au cimetière,
>> – Dans 4 ou 5 jours au plus tard –
>> Et je suis bien malade, car
>> Mon nez coule... Quelle rivière !...

> Martyr du rhume de cerveau,
> Je me lamente, tel le veau
> Réclamant Madame sa mère.
> En vérité, je vous le dis
> Priez pour moi. De profundis !

Le 13 décembre 1920, le jugement de son second divorce est prononcé : Willy ne reverra plus Meg Villars. Le « 29 (noir, impair et passe) », il accepte d'écrire sur les exemplaires des quatre Claudine appartenant à J.-S. Marchand des « indiscrétions » qui ne seront connues qu'après sa mort. Il doit bien cela au directeur de *Sur la Riviera*, « revue parisienne » publiée à Nice, dans laquelle il signe « le Chemineau » une chronique régulière : « Au coin du bois... sacré ».

Petite vestale vient de paraître. C'est un recueil de vingt-neuf nouvelles précédé d'une présentation de « mon collaborateur et ami Robert Parville, élève et successeur de feu Maugis ». C'est un original : « Pour assister aux messes de mariage, il endeuille son chapeau d'un crêpe ; cependant que se déroule l'allocution nuptiale, il pleure comme un veau qui a perdu madame sa mère et, à l'issue de la cérémonie, il supplie les nouveaux époux, avec des serrements de main émus, d'accepter ses sincères condoléances. Il ne fait rien comme les autres. » Ni aux enterrements, ni aux repas, ni sous le soleil et sous la pluie, et « ne donne pas de leçons de stratégie aux généraux en chef ».

Nombre de ces nouvelles relatent des épisodes de guerre (« Repas de guerre », notamment a paru dans *Fantasio* du 15 mai 1915), plusieurs ont pour cadre la Belgique ou la Suisse, et il semble bien que l'une d'elles, « Souper de rupture », soit l'œuvre de Curnonsky.

Mais le plus curieux, ce sont les illustrations. Paru dans la collection populaire « Le Roman-Succès », chez Albin Michel, sous une couverture de G. Niezab (quel Bazein se cache sous ce pseudonyme ?), le livre est illustré par F. Huguenin-Boudry, Stein et... Robert Parville ! Celui-ci est l'auteur de la moitié des 80 illustrations. Robert Parville est-il donc aussi dessinateur ? Est-ce Willy, dont on connaît quelques dessins, ou Madeleine de Swarte, ou quelqu'un d'autre ? Toutes ces illustrations ne paraissent pas de la même main, et la signature ne permet pas de reconnaître l'écriture habituelle de Willy.

En 1922, Willy publie *La Femme déshabillée* (collaborateur : Paul Max), et Madeleine de Swarte *Mady écolière*, « en collaboration avec Willy ». Par ces guillemets, il fait évidemment allusion à ceux que Colette porte sur la liste de ses œuvres. Il s'est contenté d'« écheniller », écrit-il à Lucien Descaves : « Ce roman c'est *Claudine à Genève*, mais sans claudineries. Le livre est chaste, on voit que j'y ai mis la main. » Ce remake de *Claudine à l'École* est loin de valoir l'original, et l'accent vaudois des camarades de Mady, petite Française de quatorze ans réfugiée en Suisse pendant la guerre, celui des écolières de Montigny.

Ça finit par un mariage (1923) porte la dédicace : « Pour Pierre Varenne, son vieil ami Willy. » Pierre Varenne a raconté comment Willy lui en avait passé commande :

> Albin Michel me presse de lui livrer quelque chose pour une collection de romans courts et bon marché : 3 frs 75. N'as-tu rien dans tes cartons ? Je te préviens tout de suite : il y aura seulement Willy sur la couverture. Je préférerais signer avec toi, car je te gobe. Mais l'éditeur s'y refuse. Étant donné ma vieille réputation, les gens se méfient quand ils voient un nom à côté du mien. Ils pensent que c'est le collaborateur qui a tout fait, et ils n'achètent pas. Je signerai donc seul, cyniquement ; par contre, nous partagerons, royalement.
>
> – Mais, doux maître, je ne suis pas romancier...
> – La belle excuse !

Varenne lui apporte une centaine de pages d'un roman interrompu et reçoit quelques jours plus tard une carte du Casino de Monte-Carlo : « Plein de choses charmantes et neuves ; un peu court. Je vais allonger la sauce, avec regret. Merci, Pierrot. Tu m'as rendu un signalé service. Truly yours (mal léché). Willy. »

L'ébauche de Pierre Varenne était située à Rouen : « À part le point de départ, Willy n'a rien pris dans mon récit tardivement naturaliste, rien, ce qui s'appelle rien. Son roman se passe tantôt à Monte-Carlo, tantôt à Bruxelles, cités de liesse, et ses cent soixante pages, toujours gaies, sont bourrées de calembours et d'anecdotes piquantes, alors que les miennes évoquaient une ville de pluies et de brumes. Sauf une vingtaine, tout au plus, aucune phrase n'a été retenue. Une seule chose commune : le nom du principal personnage, François Dormeuil. Et pourtant, cyniquement, j'ai touché royalement. »

On y rencontre Robert Parville, qui passe son temps à citer les mots de Maugis. La blonde Nadège d'Arzens (Nadine d'Argens) aussi, qui console parfois Willy de ses pertes au jeu : « gamine russe effrontément jolie, aux prises avec les inspecteurs qui lui interdisaient l'entrée des salles de jeu ; toute rose de colère, elle leur criait : "Moi, trop jeune ? Quelle blague ! Je suis en plein dans mon retour d'âge !" ».

Tout un chapitre (en 1923) est consacré au dadaïsme : Picabia, « le peintre supracubiste et hyperdadaïste dont j'aime particulièrement les deux petits chiens, Zizi et Jean Cocteau », Picabia « célébré par Mme Jean de La Hire, par Pierre de Massot, par divers esthètes des trois sexes ». Tombant par hasard sur un numéro de la revue *Littérature,* le héros du roman cite des poèmes de Tzara, Soupault et Pansaers ; celui-ci le fait éclater : « Les alinéas mabouliformes succédaient aux alinéas loufetingues, tous fleurant l'"aliénation mentale". » Willy admirateur de Pansaers nous eût davantage surpris : de ses propres poèmes de 1880 à Dada, il y a une sacrée distance !

Ça finit par un mariage... Ce titre couvre plutôt un nouveau divorce : c'est le dernier livre de Willy que publie Albin Michel ; qui reprend l'année suivante le fonds Ollendorff... et du même coup les *Claudine.*

Au cours des années monégasques, Willy retape deux romans qu'il signe avec Ménalkas, obscur pseudonyme de Suzanne de Callias : *L'Ersatz d'amour* (1923) et *Le Naufragé* (1925), qui paraissent tous deux chez Malfère. Comme la toilette, les mœurs ont leurs modes. Les lesbiennes d'avant-guerre, de Claudine à Sapho, intéressent alors moins les lecteurs de romans que les invertis masculins. À sujet scabreux, succès de scandale. Mais Willy et son éditeur se trompent : aucun des deux romans n'atteint les 10 000 exemplaires. Willy se dépense en pure perte. À Pierre Varenne : « Comment décider les gens à parler de ce livre ? Avec un peu de fonds, une mince tranche de galette, une pincée de blé, on déclencherait le mouvement. C'est désespérant de penser que, faute d'être signalé aux foules, le bouquin ne va pas s'acheter, alors qu'il aurait dû faire son chemin "tante et plus !" »

Aussi remercie-t-il chaleureusement Renée Dunan, « cher et aimable confrère », de son article sur son « petit slave énigmatique ». Il lui confie que son roman *La Triple Caresse* a effrayé

Nadine d'Argens : « Elle m'a soutenu que l'auteur est un homme. "Une femme ne sait pas tout ça". Soit. »

D'Amiens, siège de l'éditeur, d'où part son service de presse, le 2 juin 1923, à Lucien Descaves : « Je te sais débordé. Aussi osé-je espérer que ces "débordements" germaniques puissent solliciter ton attention. » S'ils n'étaient pas germaniques, les critiques littéraires s'intéresseraient-ils davantage à ces débordements ? C'est bien possible : quelle idée de publier au lendemain de la guerre le récit des amours d'un jeune Allemand et d'un jeune Français, commencées à Hambourg en 1913 et poursuivies, par lettres, dans les tranchées de 1914 ?

Dans la préface de *L'Ersatz d'amour*, titre exagérément racoleur d'un roman de bonne tenue, sans calembours ni gaudrioles, Willy regrette que Zola n'ait pas consacré un tome des Rougon-Macquart à l'inversion sexuelle :

> On les devine, on les voit, ces pages de visionnaire naturaliste, massives et floues, bâclées avec une hâte lourde. Le temps lui manqua. Tant mieux.
> Mais il faut déplorer que ce dessein n'ait pu être réalisé par Robert d'Humières, traducteur de Kipling très connu, psychologue incisif très méconnu. Sans se dissimuler les difficultés de la tâche qui le tentait, il m'en parla longuement chez lui, peu après son mariage, un soir qu'il me montrait d'impressionnantes photographies prises pendant son voyage de noces à travers les Indes. Nous devions en causer encore... Et puis, une indiscrétion taquine dans *l'Écho de Paris* inquiéta ses susceptibilités, il demanda, sur un ton vif, des explications qui lui furent refusées sur un ton rogue... et puis nos relations, forcément, s'espacèrent... et puis les Boches envahirent la France... et puis le lieutenant Robert d'Humières se fit tuer.

Cette préface lui vaut de violentes attaques de la part des homosexuels. Willy promet de se venger, mais il ne le fera pas. Il termine en citant le substitut Guignard fustigeant au cours d'un procès « cette sorte d'Art (?) germanique... ». Et Willy de conclure : « Est-ce bien de l'Art ? Ou du cochon ? »

Willy reconnaît pourtant qu'il s'est parfois montré injuste : « Ces exceptions [...], nous les jugeons mal ; presque toujours nous les envisageons avec une sorte d'incompréhension égrillarde et ricaneuse, que je me reproche, pour ma part, d'avoir employée soit en crayonnant les comparses de *Lélie fumeuse d'opium* ou le Blackspot d'*Une Plage d'Amour*, soit en aidant à silhouetter, dans *Claudine*, ce personnage de Marcel (cf. Hicksem des *Égarements de Minne*), repris par Mme Colette, sans collaborateur, avec une vigueur plus précise, plus artistique, dans sa *Retraite sentimentale*. »

« Mme Colette » – qui vient d'abandonner le nom de « Colette Willy » en publiant *Le Blé en herbe* en 1923 – ne lui saura pas gré de ses amabilités. Il est vrai qu'en même temps (signale Pierre Varenne dans *Le Canard enchaîné* en 1959), ayant rencontré sa « veuve », il écrit à un ami : « Elle a maintenant (ce qui doit la désoler, mais me fait plaisir) un cul comme une arrière de diligence... et ça ne m'incite pas au voyage. »

AH! CE RAYMOND ROUSSEL!

En 1923, Willy, qui « marine dans un jus de cafard, infect », est découragé. Il s'épanche auprès de Pierre Varenne : « Ces éditeurs sont d'une totale et décourageante connerie. – Il n'y a point, hélas, de débouchés ici, sauf pour les gens du pays, qui font représenter des conneries locales en partageant les recettes avec le directeur. Doux Pays ! – Il me semble que mes chroniques deviennent de la sous-merde. Et j'ai envie de tout laisser là. » Pierre Varenne n'est pas de son avis et le fait entrer à *Bonsoir*, dirigé par André Benoit, où il reprend sa chronique « À bâtons rompus » dans la page théâtrale où Henri Jeanson bouscule auteurs, acteurs et directeurs.

> Quand Jeanson descend à l'hôtel de Sens,
> Il va voir, avant toute autre personne,
> La grosse servante aux appas puissants.
> MORALITÉ
> Sa première idée est toujours... la bonne.

À la fin de novembre 1924, sa signature apparaît tous les dimanches dans *L'Ère nouvelle*. Il donne à *L'Humour*, hebdomadaire, une chronique « À la flan », et collabore au *Sourire* que dirige Louis Querelle. Il est vrai que la même année, il perd sa chronique à *La Suisse* avec l'arrivée d'un nouveau directeur, Louis Cramer, diplomate de carrière dont, assure-t-il, le gendre est un officier allemand. Auguste Navazza, son ancien adversaire, la lui fait rendre; mais le nouveau directeur ne publie pas toujours ses articles et Willy en est mortifié.

Willy n'est donc pas oublié, comme il le prétend. Il est de ceux que les journalistes interrogent quand ils lancent une enquête. À la question : « Si vous deviez vivre dans une île déserte avec seulement cinq livres, lesquels emporteriez-vous ? », il répond : « Cinq livres de chocolat. » C'est un peu facile, mais la drôlerie est provoquée par le voisinage de réponses qui citent Platon, Pascal, Montaigne, Racine, Molière, Hugo et tous les grands classiques dont on se passe aisément sur une île déserte.

À l'enquête de l'almanach 1924 de *L'Ami du Lettré* sur cette grave question : « Comment vivre de sa plume ? », il répond qu'après avoir dirigé une imprimerie scientifique, il s'est lancé dans la littérature et n'y a gagné que « le dégoût du métier de plumitif ». Au journal *La Suisse*, il répond à une enquête sur le vote des femmes dans le numéro du 13 mars 1927 par un sonnet imité d'Arvers, dont voici le premier quatrain :

> Le vote est un secret, le vote est un mystère,
> Un leurre continu qui a toujours déçu.
> À l'urne électorale, au fait, qu'y va-t-on faire ?
> Les « votants » masculins l'ont-ils jamais bien su ?

Bien des années auparavant, à *L'Œuvre* de Gustave Téry qui demandait aux personnalités interrogées de citer trois noms de journalistes dignes d'entrer à l'Académie française, il avait répondu : « Maurras, le cerveau; Séverine, le cœur; Sembat, l'œil. »

Ces chroniques de la soixantaine sont à l'origine de sa correspondance avec Raymond Roussel. Le 24 octobre 1923, sans doute en remerciement d'un article paru dans *Bonsoir* ou *La Suisse*, Raymond Roussel dédicace un exemplaire sur japon de *Locus Solus* « au créateur de l'immortelle Claudine ». Dans *La Suisse* du 3 novembre, Willy termine sa chronique par ce P.-S. : « Dans ses *Mémoires*, Robert de Montesquiou, citant son voisin de Neuilly, M. Raymond Roussel, écrit à propos de lui : "Je flairai le génie et ne me trompai pas de beaucoup." Intrigué par cette appréciation, j'ai voulu lire les *Impressions d'Afrique*;

il faudra quelque jour parler de cette œuvre (éditée par Lemerre) dont l'éblouissante originalité ne peut laisser personne indifférent. »

Raymond Roussel le remercie encore, et c'est le début de leur correspondance : « Debout sur la corde raide du paradoxe, Raymond Roussel jongle avec d'étincelants sophismes, impeccablement », écrit Willy dans *La Suisse* du 10 novembre. Le 6 décembre, il recommande « aux managers en quête de numéros curieux » le ver de terre joueur de cithare des *Impressions d'Afrique*. Le 21 janvier 1924 et le 7 mars, il cite encore Roussel. Le 22 juin, c'est Roussel qui lui écrit à propos d'un article : « On y reconnaît la griffe de l'auteur des *Messieurs de ces dames* », qui viennent de paraître aux Éditions du Siècle et dont le principal attrait consiste en des « errata » de trente-neuf coquilles ! Il insiste encore le 3 juillet : « Merci pour la relecture de *L'Étoile au front*. De mon côté, je relis souvent *les Messieurs de ces dames*. » Et il pousse le mimétisme jusqu'à employer les formules de politesse habituelles de Willy, « Truly yours » et « Sincerely yours ». La flagornerie de Raymond Roussel finit-elle par lasser Willy ? Leur correspondance s'arrête là, mais nous retrouvons encore Roussel dans les *Souvenirs* de Willy (« l'auteur des *Impressions d'Afrique* et de *l'Étoile au front* est un pense-sans-rire ») et dans *Les Fourberies de Papa* de Madeleine de Swarte :

> Ce Roussel, ah ! ce Raymond Roussel ! [...] Il m'ahurit d'admiration. [...] Il m'a séduit par son originalité agressive, son génie du bizarre et une passion difficilement analysable de l'artificiel.
> – Hé, mais, papa, c'est un signalement qui pourrait vous être appliqué.
> – À moi ? jamais de la vie ! J'écris non pour moi mais pour un tas de gens : pour mon éditeur d'abord, qui m'alloue de quoi payer mon loyer parisien [...]. Raymond Roussel ne patauge pas dans la boue des contingences, le veinard ! Il compose ses livres sans songer à l'esthétique de son libraire ; il fait jouer ses pièces sans mendier l'approbation du chef de claque, du pompier de service et du marchand de billets, trinité formidable : c'est pour sa propre délectation et celle de quelques artistes compréhensifs que, debout sur la corde raide de la difficulté, il jongle avec d'éblouissants paradoxes, comme disait mon

pauvre Maugis [...]. Comme moi, il vomissait notre métier, celui de l'Écrivain qui est un homme public... comme moi, il enviait Raymond Roussel de pouvoir se ficher de la clientèle dont les malheureux gens de lettres sont les esclaves, celle à laquelle ils ne peuvent plaire que par l'obscénité, la grandiloquence, la sensiblerie, depuis qu'il y a des démocraties – et qui lisent.

Willy se trompe : Raymond Roussel ne se fiche pas de la clientèle. Mais il est l'un des seuls à clamer si haut son admiration pour Roussel et sa « passion difficilement analysable de l'artificiel ». Et qui pouvait mieux que lui, virtuose du calembour et de l'à-peu-près, se sentir proche des « procédés » rousselliens ?

« LES FOURBERIES DE PAPA »

« Je souffre de rhumatismes compliqués de dèche. Sales maladies », écrit-il en décembre 1924. Nadine d'Argens, qui l'appelle « tonton » ou parfois « papa », ne suffit pas à le consoler de sa mélancolie et de ses misères physiques. Raoul Gunsbourg[1], ordonnateur des fêtes et des spectacles au Casino, peut lui donner l'illusion qu'il est toujours l'Ouvreuse autrefois redoutée. Ses compositeurs préférés ne sont plus de ce monde, mais il peut encore, dans sa chronique de *Sur la Riviera*, dans *Bonsoir* ou *La Suisse*, encourager les nouveaux venus, et même son ancien ennemi Erik Satie. Après le spectacle, il a encore sa place à la table de Raoul Gunsbourg, qu'il étonne un jour en réclamant de l'eau : « Maître d'hôtel ! lance Gunsbourg. Envoyez-moi le sommelier, et pour ce pauvre Willy, un puisatier ! »

Monte-Carlo est heureusement un lieu de passage qui lui permet de rencontrer de nombreux amis. Il revoit ainsi Polaire, vieillie mais toujours aussi pétulante. « Elle est effrayante, énorme, écrit-il à Madeleine. Elle se maquille probablement dans une chambre sombre, sans allumer, car elle a du noir au milieu du nez, du rouge aux lèvres jusqu'au bas du menton... terrifiante, en

---

1. Raoul Gunsbourg, Bucarest 1859-Monte-Carlo 1955. Il dirigea successivement les opéras de Saint-Pétersbourg, de Nice et enfin de Monte-Carlo (de 1892 à 1950).

vérité. D'ailleurs la même mentalité. Jules Marchand qui était là se tordait parce qu'elle vomissait des invectives contre *l'Éclaireur* qui avait négligemment imprimé : "Bonne reprise de Montmartre, bien interprétée", ... sans la nommer. Si elle avait tenu le critique dramatique, elle lui aurait crevé les yeux.»

Gabriel Fauré meurt le 4 novembre 1924. Willy, qui ne revient presque jamais plus à Paris, fait le voyage pour assister à ses funérailles. Il descend à l'hôtel Hespéria, 149 avenue de Suffren. Sa lassitude, sa santé déclinante impressionnent Madeleine de Swarte, qui réussit à le convaincre de rester auprès d'elle. Il accuse la sécheresse et la poussière du Midi de lui causer des maux de tête, et se sent beaucoup mieux à Paris.

Louis Querelle, l'éditeur du *Sourire*, lui demande d'écrire ses souvenirs, mais c'est avec Fernand Aubier qu'il signe un contrat le 9 décembre 1924 pour des *Mémoires pour nuire à l'histoire de mon temps* qui paraîtront finalement sous le titre *Souvenirs littéraires... et autres* en 1925 aux éditions Montaigne. Dans une lettre à Lucien Descaves, il reconnaît que «c'est trop menu» pour mériter un article et lui demande seulement de le citer en post-scriptum. «Mon éditeur – homme d'ailleurs exquis – trouve la réclame inutile. Moi je la crois indispensable, mais je suis devenu trop pauvre pour la payer. Alors, dame, pour parler à peu près comme Verlaine :

> Ce silence noir
> Tombe sur ma vie,
> Dormez, tout espoir...»

D'un homme qui a connu si intimement le monde littéraire et artistique des trente années qui ont précédé la guerre, on attendait davantage que ce mince volume sans surprise. «On m'a demandé des précisions, je les fournirai, sur mon premier mariage, mon premier divorce, mon second mariage, mon second divorce (*à suivre*)..., écrit-il dans le dernier chapitre. Nous nous reverrons, gens de bien. Mon prochain volume paraîtra bientôt.» Mais il n'y aura pas de prochain volume, pour lequel il s'est contenté de dicter des notes à Madeleine de Swarte.

La même année 1925 voit sortir aux éditions Martine, sous le nom d'Henry Gauthier-Villars (et, entre parenthèses, Willy), des *Propos d'Ouvreuse*, un très bon choix qui fait la part belle à Wagner. Ces *Propos* sont précédés de deux lettres-préfaces... de

Colette! « L'Ouvreuse à Marseille » et « L'opinion de Claudine » ont en réalité paru en 1905, la dernière année de leur vie commune. On imagine la tête que doit faire Colette en voyant reparaître ces textes vieux de vingt ans, dans lesquels elle tresse des couronnes à l'Ouvreuse. Quant aux lecteurs, ils ne doivent plus rien y comprendre ; Aubier non plus auquel Willy écrit le 9 mars 1925, feignant l'étonnement : « Mais, cher ami, je suis stupéfié ! Un duel de plume avec un bas-bleu ! Qui donc ? Je ne me rappelle pas avoir égratigné celle dont *Fantasio* donne un portrait si réaliste. Je ne dis pas que cela ne m'arrivera jamais[1]... » Nous voilà au moins prévenus : soyons vigilants.

Nouveau roman, *La Fin du Vice*, dont j'ai déjà signalé les intentions moralisatrices. Il est dédié à Jeanne Landre, qui a dû au moins en livrer le scénario. Il est signé de deux noms, Willy et Henri Rossi, et publié aux éditions Henry Parville. Cet éditeur n'est qu'une marque, qui allie le nom de Robert Parville au prénom de Henri Rossi, que Willy a hissé au rang de coauteur. Cet Henri Rossi a déjà fait bien des métiers : comédien, impresario, auteur dramatique, romancier, imprimeur et maintenant éditeur, prêt à remplacer, pour Willy, Albin Michel défaillant. La liste des ouvrages des mêmes auteurs est déjà impressionnante. Elle cite *Un petit vieux bien propre*, comédie en 4 actes d'après le roman de Willy, et, surtout, en préparation : *L'Ecu de France*, *Choune avocate à la Cour* (cette Choune est l'héroïne de *La Fin du Vice*), *Chambelly's bar*. Et de Willy aux éditions Henry Parville : *À manger du foin*, qu'il a l'intention de rééditer, *Propos d'Ouvreuse*, *Mes Mémoires de vieux journaliste* (passés chez Aubier) et *Mark Twain* (encore une réédition). Enfin un choix de « divers », en tête desquels les *Claudine*.

Albert Dorfère, le héros de *La Fin du Vice*, est un auteur de romans légers. On lui doit déjà (à lui aussi !) *À draps ouverts* et *Le Père des filles de Loth* qu'il est en train d'achever quand éclate la guerre. Il confie à Choune, sa jeune maîtresse :

> Tu m'entendras souvent dans le monde, au théâtre, raconter des choses énormes, invraisemblables, ne me questionne, ni ne me demande jamais rien. Tu me surprendras aussi en train de débiter aux femmes des histoires malpropres, n'y fais jamais attention. J'ai voulu vivre en littérateur bourgeois, mettre mon

---

1. Archives des éditions Montaigne, IMEC.

érudition à l'étude des choses belles, on n'a pas voulu de moi. On me veut dépravé, eh bien soyons-le tous les deux, pour le monde. Pour le monde, compromettons-nous, sans différence de sexe, laissons-nous égratigner par les revues de fin d'année, soyons effrontément débauchés, puis, quand nous rentrerons chez nous, jetons les masques et aimons-nous banalement, sincèrement. En un mot, foutons-nous du monde puisque le monde aime qu'on se foute de lui.

Dorfère est-il en train de recommencer avec Choune ce que Willy a voulu faire avec Colette – et qui a si mal tourné ?

Madeleine de Swarte, qui a déjà publié chez Albin Michel *Les Caprices d'Odette* et *Mady écolière*, va lui porter son nouveau livre, *Les Fourberies de Papa*. Le 16 septembre 1925, Willy prend la plume pour demander à Curnonsky d'intervenir :

Écoute bien, c'est très sérieux pour Mad et moi. Elle a porté hier les *Fourberies de Papa* au bibliopole Albin Michel, qui l'a reçue aimablement mais, tout de suite, a élevé des objections :

– Vous me dites qu'il y a beaucoup de noms propres dans votre roman, Mademoiselle ? Tant pis, ça vieillit vite, une œuvre...

Elle a été consternée. Songe donc qu'elle a fait, de son mieux, un croquis d'une réception chez Papa (mézigue) homme de lettres. Comment ne pas nommer des types ? Elle n'a pas répondu, désolée. Je la console de mon mieux.

Alors, pourrais-tu dire à Michel *qui sait* (tant mieux) *que nous sommes toi z'et moi réconciliés* – il le lui a dit – pourrais-tu, à l'occasion, lui raconter que je t'ai montré, sans qu'elle le sût, qques pages du manuscrit et que tu les a trouvées très bien ? Qu'est-ce que tu risques ? C'est un gros service à nous rendre.

Dis-lui que la réception « littéraire » (liqueurs, romanciers, cigares, potins, etc.) t'a plu, très vivante ; que tu as feuilleté aussi un séjour à Monte-Carlo « épatant » etc. etc. Quel service tu nous rendrais, vieux Cur !

Comme je tiens à ne pas le voir actuellement, tu pourrais lui dire, apitoyé, que je suis tout perclus, rhumatisant, etc. – et tu ne mentiras point !

Elle lui a caché que j'avais donné un coup de pouce çà et là, mais je pense qu'il s'en apercevra – et toi, j'en suis sûr (ce que j'ai surtout fait, c'est un travail d'élagage, car l'enfant foisonne avec excès, luxuriante sinon luxurieuse). N'en parle pas non plus à Mady – à quoi bon ? – lorsque vous causerez de ces *Fourberies de Papa*.

Je suis terrorisé, parce que je n'ai plus de sous. Cette chambre d'hôtel, quinze balles quotidiens, me ronge ! Il n'y a plus que le succès de ce roman – mais en aura-t-il du moins ? – qui puisse nous tirer de la merde.

Albin Michel refuse le manuscrit, que publient les éditions Henry Parville en 1926. Madeleine de Swarte annonce à paraître prochainement chez le même éditeur *Les Étranges fiançailles du général Mifroid* et cinq autres titres en préparation.

« Papa », c'est Willy, comme il le dit lui-même à Curnonsky, et ce roman nous renseigne mieux sur lui, en fin de compte, que ses propres *Souvenirs*. La réception à laquelle il fait allusion dans sa lettre réunit une trentaine de personnes, parmi lesquelles Renée Dunan (« cette femme à cerveau d'homme »), Georges-Armand Masson, Francis de Miomandre, Gabriel de Lautrec, Léon Deffoux, Jean Poueigh, Georges Maurevert, Jeanne Landre, Mac Orlan, Francis Carco, Georges Fourest, Paul-Jean Toulet, Tristan Derème, Jacques Dyssord, André Warnod, Léon Treich et Missy... De Georges Fourest il cite les *Triolets en l'honneur de quelques romanciers vivants et trépassés*, qui seront recueillis en 1935 dans *Le Géranium ovipare* :

> Que les à-peu-près de Willy
> mon Dieu ! sont hilarantes choses !
> Savez-vous rien de plus joli
> que les à-peu-près de Willy ?
> Qui lit Willy voit aboli
> sur-le-champ tous soucis moroses.
> Que les à-peu-près de Willy
> mon Dieu ! sont hilarantes choses !

Il n'y a pas que des à-peu-près dans la vie de Willy, il y a aussi l'érudition, comme le dit Robert Dorfère à Choune, et c'est le lot de Henry Gauthier-Villars. Chez Plon, en 1926, paraît *La Vie privée d'un prince allemand au XVIIe siècle. L'Électeur palatin Charles-Louis (1617-1680)*, que F. Aussaresses (qui collaborait aux « Lettres de l'Ouvreuse ») signe avec lui. Quelle est la part de Willy dans cette étude historique ? Sans doute plus importante qu'on ne croit. La confection de ce volume, écrit-il à Yvette Guilbert le 24 décembre 1927, lui a coûté beaucoup de temps, lui a occasionné beaucoup de frais, et ne lui a pas rapporté le quart de ce qu'il a dû dépenser en achat de documents. Dans une lettre à un confrère, il s'excuse de l'avoir importuné « au sujet de cet ouvrage morne, alors que vous aviez mieux à faire en vous esbaudissant aux folâtreries de Rip. Mais je ponds si rarement qques pages sans calembredaines que, naïvement, je paonne et fais la roue. [...] Aussi bien, cette *Vie privée d'un Prince allemand au XVIIe siècle* ne peut passionner personne. Pauvre type fasciné par l'exemple des chatoyantes canailles de la Renaissance italienne et que son gros séant tudesque empêchait de s'élever... ».

Il a gardé la manie de rabaisser lui-même les ouvrages historiques dont il prétend faire son miel. Cette attitude n'a pas réussi au *Mariage de Louis XV*, qui est annoncé, en 1926, avec la mention : « Presque épuisé. » Il avait paru en 1900.

Après *Les Aphrodisiaques* en 1927, Willy ne publiera plus rien aux éditions Montaigne. Cela ne l'empêchera pas de réclamer une avance en décembre 1929 qu'il justifie ainsi : « Ne croyez pas que je vais dépenser vingt-cinq louis en marrons glacés. [...] Je suis effrayé par la consommation d'électricité ! [...] Ah ! si je pouvais écrire dans l'obscurité ! Peut-être serais-je plus lisible[1]... » Et il lui adresse en janvier 1930 ses vœux en langage enfançon :

> Beau nané moncieur Obié. Mon granpair Willy croié queue cété pas praicé !
> Scusez le, il hait si vieu !
>
> Toto

NÈGRES ET COLLABOS

Colette a cinquante ans en 1923. Cette année marque un nouveau tournant dans sa vie, comme le fut celui de ses trente-cinq ans. Elle abandonne le nom de Colette Willy, et elle se sépare de Henry de Jouvenel, son deuxième mari. Elle a publié *Chéri* en 1920, *Le Blé en herbe* en 1923. Elle prépare *La Fin de Chéri* (1926) et *La Naissance du jour* (1928). Elle joue le rôle

---

1. Archives des éditions Montaigne, IMEC.

de Léa, de *Chéri*, en tournée à Monte-Carlo et à Marseille en 1924, dans les villes d'eaux, à Bruxelles et à Marseille en 1925. Elle donne une série de conférences dans le Midi à la fin de 1923. Elle collabore régulièrement à plusieurs journaux. Elle est devenue un écrivain connu. Elle est interviewée. C'est alors qu'elle reparle des *Claudine*.

La vente par Willy des *Claudine* aux éditeurs avait été pour elle un véritable arrachement. Willy n'a jamais compris qu'elle se soit attachée à ce qui n'était pour lui que besognes alimentaires ; pour Willy, ce qui compte ce sont les œuvres d'érudition. Pour Colette ce sont les romans ; et la part d'autobiographie qu'ils contiennent suffit à expliquer son attachement, sans considérations esthétiques ou commerciales. Près de vingt-cinq ans se sont écoulés depuis la première *Claudine*. Willy garde la tête froide devant ces œuvres produites aux ateliers sous sa marque, et sait fort bien quelle est sa participation dans les œuvres de sa femme. Colette, non : elle veut oublier, elle a oublié. Les colères des années de leur séparation ont effacé en elle tout souvenir de collaboration. Elle a été volée et elle ne pense qu'à revendiquer, par tous les moyens, la propriété de son œuvre.

Le 12 novembre 1924, Léon Treich cite dans *L'Éclair* un certain nombre de collaborateurs de l'Ouvreuse, dont Willy lui a confié les noms : Alfred Ernst, Pierre de Bréville, Émile Vuillermoz. Les « Lettres de l'Ouvreuse » appartiennent déjà au passé et Willy n'a aucune raison de cacher les noms de ses meilleurs collaborateurs. Sautant sur ces « révélations », Édouard de Keyser publie dans *Le Journal littéraire* une série d'articles, sinon inspirés, du moins documentés par Colette : Willy n'aurait fait qu'exploiter le talent des autres, ceux de Colette et de Curnonsky en particulier. Le 13 décembre 1924, le même journal publie une réponse de Curnonsky, vraisemblablement à la demande de Willy :

> Au retour d'un long voyage (car je ne suis plus parisien que par intermittence), on me communique les articles parus dans *le Journal littéraire* où il est question de Willy et de moi. Que Willy n'y ait pas répondu, je n'en suis pas surpris, connaissant de longue date son m'enfichisme intégral. Mais je ne saurais, comme les gardes affligés d'Hippolyte, imiter son silence :
>
> M. de Keyser dit, entre autres inexactitudes, que le roman intitulé le *Petit vieux bien propre* est entièrement de moi.

Non... il exagère. Ce roman, nous l'avons écrit ensemble, Willy et moi : d'ailleurs notre collaboration est le secret de Polichinelle. Willy n'en a pas fait mystère ; moi non plus. Si je n'ai pas cru devoir signer avec lui, voilà quinze ans et plus, c'est que mon nom, alors inconnu, n'eût rien ajouté au sien.

Pour ne parler aujourd'hui que du *Petit vieux* en cause, bien des choses sont de Willy tout seul, notamment tout un épisode londonien qu'il écrivit au Russel Hotel, où il se trouvait alors en compagnie d'une poétesse anglaise.

Mais ceci est une autre histoire.

Quant à celle des raccords mal faits et de la Franche-Comté avoisinant la Méditerranée, cela me paraît d'une parfaite invraisemblance, et je crois que si M. de Keyser avait pris la peine de lire *le Petit vieux bien propre* il se fût peut-être avisé que le roman ne se passe pas sur la Côte d'Azur... ce qui réduit tout à néant.

D'ailleurs, il y a entre Willy et moi une affection indéfectible, pour parler comme le bon M. Fallières, que rien ni personne n'a jamais pu entamer. Et il y a aussi des secrets terribles que nous nous ferons un malin et commun plaisir de divulguer... quand il nous plaira.

La même année, Léo Paillet demande à Colette comment elle a été amenée à écrire les *Dialogues de Bêtes* : « Pour me reposer de mes premiers romans que je ne signai pas, vous le savez – à ce sujet, je pourrais vous montrer des choses bien curieuses : les manuscrits des *Claudine*, par exemple, tout entiers écrits de ma main. Seules les annotations en marge, pornographiques, sont dues à la plume de mon "collaborateur". Mais passons » (*Dans la ménagerie littéraire*, 1925).

Nous voilà bien loin de la dédicace de l'édition originale : « Pour amuser Willy » ! Elle lui attribue les « claudineries » qui deviennent des « annotations [...] pornographiques » ; et nous voyons apparaître les manuscrits de *Claudine* que, deux ans plus tard, elle montre à Frédéric Lefèvre.

L'interview de Frédéric Lefèvre[1], « Une heure avec Colette », paraît dans le numéro des *Nouvelles littéraires* du

---

1. Carlo Rim (*Le Grenier d'Arlequin*, 1981) n'est guère tendre envers le rédacteur en chef des *Nouvelles littéraires* : « une bonne brute assez vulgaire à la culture bariolée, sur qui ses "heures avec" les plus illustres écrivains n'ont

27 mars 1926. Colette lui présente ses manuscrits des *Claudine* – vingt-huit cahiers – écrits de sa main, sans ratures et presque sans corrections ; à peine, çà et là, quelques mots de la main de Willy.

Cette fois, Willy est ulcéré, et il répond aux *Nouvelles littéraires* par une longue lettre, qui est insérée dans le numéro du 3 avril, sous le titre : « Quelques détails sur la collaboration Willy-Colette » :

> D'une interview prise par M. Frédéric Lefèvre, il appert que Madame Colette, tout en reconnaissant les services rendus à ses premiers essais par mes conseils, il y a une trentaine d'années, estime que cette critique était extrêmement sévère.
>
> À ces souvenirs qui ne cadrent pas avec les miens, j'oppose ses déclarations à M. Michel Georges-Michel qu'il publia le 18 février (*Sourire* n° 450). En termes guillerets, la célèbre femme de lettres raconte à notre confrère que nos disputes littéraires ignoraient l'amertume. Je cite :
>
> – Vous êtes, Colette, la dernière des lyriques, trop homme.
>
> – Et toi, Willy, tu es trop « chichi », trop femelle.
>
> Sous ces répliques bouffonnes, une vérité : je reprochais à ma collaboratrice une certaine brutalité formelle, tandis qu'elle blâmait mon penchant pour le « tortillé ». Il y eut une véhémente discussion le jour qu'elle écrivit, de bonbons anglais vendus dans une épicerie de village : « Ils sentent la pomme rotée. » Effarouché par le sans-gêne de cette notation, j'obtins, non sans peine, qu'elle fût remplacée par une périphrase moins naturaliste. Quelque chose comme : « ils sentent le ressouvenir d'une pomme aigre ». J'eus grand tort. [...]
>
> Qu'il faille voir dans les trois premiers tomes [des *Claudine*], au lieu d'une exacte autobiographie, des récits transportés, stylisés par un art magique (Dichtung und Wahrheit, toujours), d'accord. Mais il ne faudrait pas aller plus loin, parler de pure fantaisie, représenter l'école de Montigny comme l'asile de l'innocence, ni Luce, la célèbre Luce, comme une vertu intangible, car enfin, ce n'est pas un mythe, cette petite paysanne pervertie, je l'ai vue chez nous dans l'Yonne, je l'ai vue chez

---

pas su déteindre au point d'en faire un confrère présentable. Hypertrophié par l'importance qu'on lui donne et qu'il finit par se donner. Ses meilleures interviews, celles qui ont été écrites par les interviewés eux-mêmes ».

nous à Paris, je lui ai parlé, je l'ai fait parler... Pauvre médiocrité gentille, comme elle avait besoin, pour capter les lecteurs, du style ensorceleur qui la transfigurait. [...]

Aussi bien, Mme Renée Dunan reconnaissait ces jours-ci (*Thyrse*, du 26 mars 1926), que les œuvres de Colette dépouillées par le vieillissement de ce qu'on voulait y trouver de grivois, paraissent aujourd'hui « si amplement vécues ».

Pour moi, je réclame le droit de préférer les débuts de *Claudine* à la *Fin de Chéri*. Non que je méconnaisse cette dernière. Je la tiens pour un chef-d'œuvre qui est un tour de force : M. André Billy a raison de célébrer le « beau talent » – disons « le génie » – qu'il a fallu pour nous attendrir sur le cas de ce Werther jeunet s'immolant en l'honneur d'une Charlotte de soixante ans, exagérément plantureuse, « masse consistante, presque cubique ».

Il y eut d'autres collaborations Colette-Willy, en dehors de celle que mentionne l'interview des *Nouvelles littéraires*. Excusez-moi de ne pas donner de dates exactes ; il me faudrait feuilleter des masses de journaux et de notes, qui attendent, à Monte-Carlo, que je les compulse pour écrire le tome II de mes *Souvenirs*. En tout cas, je me rappelle que le *Gil Blas* publia une série de *Claudine au Concert* que nous rédigions, Mme Colette et moi, chaque semaine... de concert, comme eût dit l'Ouvreuse.

C'est également sous le nom de Colette que furent insérés dans la *Fronde* des articles humoristiques, ou se croyant tels, hospitalisés par la fille de la trop oubliée Jeanne Marni. Ces petits papiers étaient rédigés par moi seul, ce qui permet de déclarer, devant Dieu et les hommes, qu'ils ne valaient pas les quatre fers d'un chien.

L'histoire des manuscrits des *Claudine* ne sera jamais terminée. Il est certain que Paul Barlet put « sauver » (écrit Colette) deux de ces manuscrits, *Claudine en ménage* et *Claudine s'en va*, « d'une destruction ordonnée par Willy », destruction dans laquelle il ne faut peut-être pas voir uniquement la volonté de Willy de nuire à Colette, car il semble bien que tous les autres manuscrits de Willy aient été également détruits : contrairement aux hommes de lettres de son temps, Willy ne fait pas commerce de ses autographes auprès des amateurs, et pour cause, ses manuscrits n'étant jamais entièrement de sa main. Quant aux deux premiers, *Claudine à l'École* et *Claudine à Paris*, Colette affirme qu'ils ont été détruits par Willy. Pourtant Madeleine de Swarte certifie avoir vu plusieurs cahiers écrits à l'encre noire par Colette et raturés à l'encre violette par Willy ; Pierre Varenne n'en a vu qu'un, entièrement écrit de la main de Colette, dont chaque ligne était surchargée de corrections de Willy. Fagus, dans *Le Divan* de septembre-octobre 1929, à propos des «cahiers de brouillon» présentés à Frédéric Lefèvre, présume «des cahiers antérieurs». Quand on connaît la manière de travailler de Willy, les copies et les dactylographies successives de chaque roman (et les corrections apportées, par exemple, au texte imprimé de *Claudine amoureuse* avant d'être réimprimé sous le titre de *Claudine en ménage*), on peut croire que le dernier état du manuscrit remis à l'éditeur doit porter le minimum de corrections : Willy conserve-t-il alors les versions antérieures ?

Ce qui est certain, comme l'écrit Paul d'Hollander, c'est que Colette «soumettait [ses cahiers] à son mari au fur et à mesure qu'elle les remplissait», sans attendre d'avoir terminé son roman. Par exemple, il lui arrive d'oublier un personnage : «Et le glorieux Hébert !!!» demande Willy en marge ; et Colette, dans les pages suivantes, prend acte de son observation. Elle reçoit des ordres : «Ça servira-t-il ? – Est-ce régulier ? Oui ? Le dire ! – Situez. Ce n'est pas, je pense, dans la salle à manger.» Si Willy lui enjoint : «indiquez le jour», Colette ajoute à sa phrase : «au jour finissant». «Je noue ma cravate», écrit Colette ; «laquelle», demande Willy en marge ; «ma cravate de tulle blanc», précise Colette.

Certes, Colette a travaillé aux «ateliers» ; mais elle oublie, en 1923-1926, qu'elle tenait dans ces ateliers un rôle particulier, et que son mari «le patron» lui donnait le titre de «patronne». À tel point que les critiques, pourtant avertis de sa présence active parmi les collaborateurs, se trompent parfois. Georges Normandy écrit (*Articles de Paris*, 1908) :

> *Minne* ne vaut, à mon avis, que par son style vaporeux et précis quand il sied, fragile, souple et radieusement désinvolte. Il me rappelle l'écriture d'un charmant garçon, littérateur à ses heures, que je connus naguère. Il avait publié un petit dialogue : *le Pacte*, je crois. Il signait X.-*Marcel* Boulestin. Mes pérégrinations constantes me le firent perdre de vue.

Georges Normandy fait erreur : *Minne* n'est pas de la main de Boulestin, mais de celle de Colette. N'a-t-elle pas été un peu vexée de cette confusion ?

> J'admire la diversité du talent de Willy [ajoute-t-il]. Elle est si grande que toutes les collaborations sont possibles à l'auteur de *Danseuses*, que ce soit avec Pierre Veber ou Andrée Cocotte, Mme Gyp ou MM. Luvey. Il est aussi à l'aise avec les uns qu'avec les autres. Et rien n'est plus surprenant que de voir M. Henry Gauthier-Villars, Willy, l'Ouvreuse, Maugis, etc. narrer, avec un art toujours renouvelé, les actes du soldat Vaxelaire, la toilette intime de la *Maîtresse du Prince Jean*, les incidents des concerts de Paris et d'ailleurs, et les exploits de ses amis dans les cabarets belges où ruissellent des breuvages énergiques.

Personne n'ignore les méthodes de travail des ateliers : « Willy *ont* beaucoup de talent », note Jules Renard en 1905. Ce ne sont pas les époux Gauthier-Villars qu'il désigne ainsi, mais l'ensemble des collaborateurs qui écrivent sous la marque Willy.

Pourtant, avant de signer *Une Passade* en 1895, Willy lui-même n'appréciait guère le travail des nègres anonymes. L'Ouvreuse, le 16 février 1890, laisse planer un doute sur les *Quatre ballades familières pour exaspérer le mufle*, de Laurent Tailhade, « sans la collaboration de Jean Moréas, dit-on » (ce qui lui attire de Tailhade le qualificatif de « bouffon adipeux [qui vend] au détail la pornographie achetée en bloc à des auteurs faméliques »). Le 23 mars, Willy est plus clair encore en attribuant à Hughes Le Roux le *Tartarin sur les Alpes* d'Alphonse Daudet et certaines *Lettres de mon moulin* à Paul Arène (« le Curé de Cucugnan, les Vieux, la Chèvre de M. Seguin, etc... »). Comment en est-il alors venu lui-même à employer des nègres ? La réponse est sans doute dans le mépris qu'il affiche à l'égard de ses lecteurs – et dans les besoins d'argent du ménage. Le pseudonyme « Willy » est la marque d'une firme, à l'intérieur de laquelle Henry Gauthier-Villars peut sans déchoir être lui-même le nègre de ses nègres, leur rédacteur en chef et leur bailleur de fonds. Le genre de romans qu'il livre aux éditeurs doit répondre à des recettes éprouvées. Rien de tel que le travail d'équipe pour peaufiner un «best-seller», car un homme seul ne peut répondre à la demande pressante des éditeurs à la recherche des succès de librairie. C'est ce que Patrick Besnier appelle «une conception *moderne* de l'œuvre d'art», déjà bien comprise par Alexandre Dumas père, et sans laquelle il n'y aurait pas aujourd'hui d'œuvres audiovisuelles. Le mythe de l'«auteur», de l'écrivain solitaire, n'existe plus dans le public qu'à l'égard du livre. Aujourd'hui encore, il a la peau dure : deux collaborateurs ne peuvent signer ensemble un ouvrage, le public et la critique soupçonneront toujours l'un d'eux d'avoir accepté par complaisance la signature de l'autre. Et plutôt que d'«inviter» l'un des deux à la radio ou à la télé, les critiques alors préfèrent n'en faire venir aucun.

Willy s'exprime parfaitement bien au sujet de ses nègres dans *Les Fourberies de Papa* :

> En temps de presse, d'abondance de travaux, on ne peut faire face à tout : romans, articles, livrets d'opéras, adaptations de pièces étrangères; critiques théâtrales, musicales, littéraires, revues, opérettes... Il n'y a que vingt-quatre heures dans une journée et, même en réduisant au minimum le temps perdu à dormir, on n'y suffit pas, alors on pratique une intelligente division du travail, on distribue les tâches à divers dégrossisseurs... Ces manœuvres confectionnent l'ébauche, le «monstre». Sur ce premier jet, on travaille, on élague les fautes de français, on reboute les phrases claudicantes, on saupoudre de traits dits d'esprit, on évite de tomber dans les pièges que vous tend immanquablement tout nègre digne de ce nom, on retape, on lime, on fignole.

Ces «pièges», qui ne les connaît? Dans *Jeux de Prince*, le nègre, Curnonsky en l'occurrence, décrit «Messieurs les pages [...], les doigts chargés de pierres fines»... Willy, qui n'est pas dupe, se contente d'ajouter entre parenthèses : «Contre-petterie, que me veux-tu?», davantage à l'intention de son nègre que des lecteurs qui pour la plupart n'y verront que du feu.

Henri Martineau, de son côté, décrit ce travail d'atelier :

> En possession d'un roman entièrement ébauché et dont il avait acheté la propriété, ou tout au moins l'idée initiale qui pouvait mener à un roman, il établissait ou faisait établir un

canevas aussi développé que possible. Il s'était fait en courant une première idée des modifications à apporter, des épisodes à ajouter, des caractères à modifier. Et par tranches successives il confiait le travail au réviseur approprié, lui expliquait de vive voix, par lettres ou par pneumatiques, ce qu'il attendait de lui. Parfois la copie révisée passait elle-même aux mains d'un autre plus habile ou plus docile à terminer la besogne conformément aux conseils reçus. Il arrivait encore que les chapitres d'un même ouvrage étaient remaniés dans le même temps par des correcteurs différents et réajustés après coup.

On imagine sans peine les soins exigés par la distribution des tâches, leur direction, leur surveillance, et enfin par le souci de leur cohésion. Restaient les tripatouillages ultimes, et l'apport des calembours que le chef d'équipe aimait glisser dans le dialogue, afin de lui donner sinon plus de couleur locale, du moins un ton un peu plus personnel. Il demeure en effet (et c'est assez troublant pour qui veut réduire à peu près à rien le concours de Willy dans ses collaborations) que tous ses romans, issus de tant de plumes diverses, ont entre eux un indéniable air de famille. Et pour la plupart, en dépit de défaillances lamentables, une réelle tenue littéraire.

Dans *Mes Apprentissages*, Colette confirme ces états successifs : plan succinct suivi d'un premier développement en 50 pages établi par un spécialiste ; dactylographie ; rédaction du roman ; dactylographie ; révision par un troisième collaborateur ; dactylographie. À chaque stade, le manuscrit passe entre les mains du patron et reçoit des retouches. Mais le circuit peut être étendu à d'autres spécialistes de la couleur locale, des descriptions, des dialogues, etc. « Distribution du travail, juste estimation des capacités, une manière stimulante de critiquer et l'habitude de juger sans trop récompenser », chaque copie revenant au rédacteur ou passant au suivant, accompagnée de notes et de recommandations, le critique « prompt à frapper le point faible, à réveiller, d'une pointe cruelle, l'amour-propre assoupi ».

« Un articulet de quelques lignes, écrit Colette, est l'objet de dix pages de correspondance fébrile, de cinq ou six lettres qui donnent à l'exécutant habituel des instructions détaillées, réclament, s'inquiètent, empruntent le pneumatique ou le télégramme. »

«J'ai moi-même collaboré avec Willy, et j'ai pu apprécier comment il utilisait les dons de chacun», dit Guillot de Saix. Ainsi Paul-Jean Toulet se voit-il chargé des paysages, Fernand Mazade (qui se croyait l'«inventeur» d'un sonnet de 15 vers) et Rip sont préposés aux gazettes rimées, Paul Acker et Yves Mirande aux dialogues de théâtre.

De 1895 à la guerre, pendant près de vingt ans, le principal collaborateur de Willy est Curnonsky. Nous avons la chance qu'il ait gardé toute sa correspondance :

«Reçu paquet. J'attends l'autre demain. Je te bénis. Et je te crie "Nègre, continue!" Tous les frais de port te seront remboursés, parbleu, couillon! »

Willy lui écrit : « Vieux », ou « Mon Cur, mon non, mon sky ». Lui l'appelle «Doux maître», signe «le déplorable Cur», et pousse le mimétisme jusqu'à se faire appeler aussi «papa» par ses maîtresses, les Curnonska, comme les nomme Pierre Louÿs. Et malgré les réticences de Willy, ils ont fini par se tutoyer.

Curnonsky, tout en jouant le jeu des nègres, glissant des contrepèteries ou des pastiches du «Maître» dans sa copie, prend son rôle très au sérieux : «Mais, doux maître, c'est presque tout à refaire et toute la rosserie, ou l'ironie? du machin disparaît. Et que les deux femmes lâchent *toutes deux* c'est justement ce que ferait *tout le monde* et *ce qu'on attend*. Et nous adressons-nous vraiment à des gens aussi cons que ça? Enfin je vais m'y remettre cette nuit mais que ça me ferait donc plaisir de recevoir un contrordre.»

Et Willy lui répond : «Non mon vieux, c'est très peu de chose à refaire. Et nous travaillons pour des *cons* avec lesquels je te serre la main.»

«Si j'avais écrit un livre sous mon nom, dit Curnonsky à Georges Ravon [*Des yeux pour voir*], on l'aurait vendu à 3 000 exemplaires. Sous la signature de Willy on vendit 210 000 exemplaires de *Maugis en ménage*. Et Willy était très correct : moitié des droits pour lui, moitié pour le nègre.»

Colette, publiant seule ou sous son nom les *Claudine*, eût-elle eu la même chance? En 1900, la marque qui fait vendre est celle de Willy; et Colette le sait d'autant mieux qu'elle signe Colette Willy pendant dix-huit ans, de 1904 (*Dialogues de Bêtes*) à 1922 (*La Maison de Claudine, Le Voyage égoïste*) et ne devient Colette qu'en 1923 avec *Le Blé en herbe*. Sans cette signature, ses livres se seraient-ils aussi bien vendus?

Certainement pas. Willy n'a pas fait que révéler son talent à un écrivain sans vocation, il lui a aussi transmis sa propre notoriété, sans chercher, après les brouilles et les procès, à lui interdire l'usage de son nom. Sans doute, secrètement, n'était-il d'ailleurs pas peu fier de suivre la carrière de l'écrivain qu'il avait formé et qui faisait honneur à sa marque. C'est là un des faits qui tendraient à prouver que, malgré les haines, le ménage Gauthier-Villars ne fut jamais tout à fait rompu, jusqu'à ce jour de 1923 où, à cinquante ans, Colette devint Colette.

On connaît une lettre d'Ernest Gaubert à Belval-Delahaye, citée par André Billy (*Figaro littéraire*, 22 août 1959) :

> Il est d'usage dans certains milieux de parler des collaborateurs de Willy et de leur attribuer tout l'honneur. C'est un tort. J'ai écrit pour Willy deux articles qu'il m'a payés fort bien et lorsqu'ils ont paru il ne restait pas dans le texte signé Willy dix lignes de ce que j'avais écrit. Willy avait tout remanié et refait. J'ai vu un de mes amis écrire un roman qui parut sous la signature de Willy. Et Willy, qui avait fourni le titre, le sujet, les mots, avait refait entièrement le roman et il était bien de lui.

C'est ce que dit Fagus dans *Les Guêpes* en 1911 : «... des collaborateurs sont présumables, négligeables vraiment ! Il n'est qu'un auteur : Willy. Et cela se voit, quand tel d'entre eux que nous ne voulons nommer, publie un livre à lui tout seul, il le croit du moins : ce n'est hélas que du Willy inférieur».

Et Paul d'Hollander de conclure : «Quoi qu'on ait dit ou écrit, Willy n'était pas le "négrier" sans scrupules prêt à dépouiller ses collaborateurs de fruits de leur imagination et de leurs veilles. S'il est patent qu'il ne rédigea entièrement aucun des ouvrages publiés sous son nom, au moins les corrigeait-il et les amendait-il avec un soin auquel sa première femme elle-même rendra hommage.»

«Il ne m'a jamais trompé ni exploité. Je n'ai pas à me plaindre de lui», écrit Horace van Offel. Car Willy paye ses collaborateurs, et il les paye bien. Il écrit à Guillot de Saix en lui proposant d'introduire quelques mots de patois bourguignon dans le portrait de Colette de *Lélie, fumeuse d'opium* :

> Voici cinq feuillets A.B.C.D.E.
> Et puis voici mon cœur qui ne bat que pour vous.

Laissez-moi vous parler franchement. Ça m'écœure de vous voler votre temps. Ne vous formalisez pas de ce que je vais vous proposer.

En somme, la littérature, nous en vivons (bien ou mal, il n'importe). Quand vous travaillez pour Le Senne [critique et romancier, avec lequel G. de S. avait effectué des traductions d'espagnol], il vous paye. Sinon il vous volerait. Pourquoi vous volerais-je ? Vous me rendez, en patoisant ces feuillets, en corsant la baronne Bastienne de Bize, un très réel service. Laissez-moi vous demander ce que je vous dois.

Pour appâter Francis Carco auquel il propose cinq cents francs pour retaper une trentaine de feuillets : « Cinq talbins, dit-il, en jouant sur les mots, c'est pas la rue Michel mais comme c'est pour... t'Albin Michel... »

À Curnonsky : «... je m'engage formellement à t'expédier ces cent louis hebdomadaires, pendant treize semaines, treize ! (noir impair et manque) ». Fichtre ! Avec le louis à vingt francs-or, qu'un mercenaire de lettres peut-il espérer de mieux ? Tout le monde ne s'en montre pas satisfait. Si Colette est éblouie par les mille francs que Willy lui offre pour quelques pages de couleur locale du *Petit vieux bien propre*, Ernest Lajeunesse se montre exigeant, récrimine et, après un échange de lettres menaçantes et injurieuses, renonce, dit-il, à « signer Willy comme tout le monde ». Mais tout le monde n'a pas le caractère irascible d'Ernest Lajeunesse !

Ces nègres qui, le rappelle Colette, travaillent aux « ateliers » Willy, se sont toujours désignés par le terme de « collaborateurs », ou plus simplement de « collabos ». Ils ont « cette bonne grâce gaspilleuse des très jeunes écrivains qui se croient inépuisables » (Colette). Pour Horace van Offel, ce sont plutôt « de petits malins qui, derrière son dos, vous glissent à l'oreille :

– Vous savez, *il m'a demandé un roman.*

Ils espéraient signer un livre avec Willy, et ainsi arriver à Paris par un savant détour ».

Dans *Les Fourberies de Papa*, Madeleine de Swarte est plus sceptique encore à l'égard des nègres : « Leur orgueil est si grand que rien ne l'humilie. Si l'œuvre dont ils ont fourni l'esquisse – d'après mon plan – connaît le succès, chacun de ces praticiens répand le bruit qu'il en est l'unique auteur. Il arrive à le croire. »

Colette n'est pas seule visée par ces lignes. Pour un Paul-Jean Toulet qui reproche au patron de faire sauter les passages auxquels il tient le plus, combien d'autres relisent avec satisfaction une œuvre méconnaissable, sans distinguer la main des autres mercenaires et la touche finale de Willy ?

Le travail des collaborateurs ne se limite pas à la rédaction des romans. Horace van Offel, en 1917, donne à Willy quelques contes pour *Le Rire* et *Fantasio*, jusqu'à ce que le secrétaire de rédaction de ce dernier hebdomadaire, Boucheny de Grandval, s'en aperçoive et lui en fasse la remarque, non sans aigreur : « Ainsi fut interrompu notre innocent trafic. À mon grand regret, car Willy me payait ma copie exactement, sinon généreusement. »

Curnonsky collabore aussi aux contes et aux chroniques. Le 18 octobre 1904, Jacques May, de *L'Auto*, écrit à Willy que Desgranges accepte de publier régulièrement ses articles, mais souhaite en lire un ou deux pour se rendre compte par lui-même s'ils sont bien dans le ton de ce journal sportif. Willy se contente de faire suivre la lettre à Cur avec cette annotation au crayon bleu : « Vieux. Si tu en essayais un, pour voir ? »

L'essai de Curnonsky plaît à *L'Auto* et le 6 mars 1905, Willy lui écrit encore : « O mon cher petit Cur (sans calembour) Willy te prie, n'amour, de lui fabriquer des "machines" pour *L'Auto*. Il en manque. Il t'enlace, Liane. »

Au siège social des ateliers, rue de Courcelles, résident les « secrétaires » : Boulestin (qui a son propre papier à en-tête), Alfred Diard, qui imite à merveille l'écriture du patron, et Paul Barlet, qui suivra Colette dans son exil, avec la cuisinière, Toby-chien et le buste de Fix-Masseau ; mais ils ne suffisent pas à la tâche. Sur un jeu d'épreuves des *Égarements de Minne*, Willy écrit à l'adresse d'un collabo : « Avale ça et fais-moi 2 ou 3 petits *Prière d'insérer* aguicheurs. » Il faut aussi tenir la presse en haleine et lui adresser des échos. À Jacques Barou, rédacteur en chef de *La Vie en rose*, Willy adresse un « Instantané » (il s'agit d'une anecdote sur Polaire à Berlin). Mais il sait ménager la susceptibilité du journaliste et ajoute : « Bien entendu, je n'ai pas la prétention de fignoler », en sachant fort bien que Barou ne prendra pas cette peine lui non plus !

Nègre lui-même, Horace van Offel n'a pas pour ses confrères une très grande estime : « À part les *Claudine*, dont il n'a probablement pas écrit une ligne, Willy ne laisse rien de lisible. Ses nègres se sont moqués de lui. Son nom ayant une valeur marchande, ce Parisien sceptique ne se souciait guère de ce que contenaient les bouquins qu'il signait. Pendant longtemps son pseudonyme sur une couverture aguichante, avec des demoiselles en chaussettes et montrant leurs dessous de danseuses de cancan, suffisait pour faire marcher les clients, les poires, les michés, comme disent les nymphes du trottoir. »

Il exagère sans doute un peu, mais c'est aussi l'avis d'Apollinaire dans une lettre à Madeleine Pagès du 21 octobre 1915 : « Tu verras à quoi on est obligé de descendre parfois pour gagner sa vie à Paris et j'ai toujours résisté à faire des travaux plus bas comme ont fait Willy et les auteurs de romans-feuilletons. »

Il est donc bien utile de tenter de dresser la liste de la cinquantaine de responsables de cette œuvre romanesque, liste non limitative, évidemment, et qui ne comprend pas les collaborateurs de l'Ouvreuse, déjà cités :

Paul Acker, Armory, F. Aussaresses, Paul Barlet, Christian Beck, Jean-Marc Bernard, Tristan Bernard, José de Bérys, Constantin Bibesco, Sylvain Bonmariage, X.-M. Boulestin, Pol Brille, Fernand de Caigny, Suzanne de Callias (Ménalkas), Francis Carco (*Montmartre à vingt ans*, ch. VII), Louis Codet, Colette, Curnonsky, Charles Derennes, Gaston Dhérys, Alfred Diard, Georges Docquois, Roland Dorgelès, Jacques Dyssord, Ernest Gaubert, Jacques Gauthier-Villars, Guillot de Saix, Gyp, Georges Ista, Jean de La Hire, Jeanne Landre, Henry de Lucenay, Lugné-Poe, Charles Martinet, Paul Max, Fernand Mazade, Yves Mirande, Horace van Offel, Léon Passurf, Mme Poyallon, Rip, Henri Rossi, Eugène de Solenière, Adolphe Stanislas, Madeleine de Swarte, Jean de Tinan, Paul-Jean Toulet, André et/ou Georges Trémisot, Henri Vandeputte, Pierre Varenne, Théo Varlet, Charles Vayre, Pierre Veber, Meg Villars, Émile Vuillermoz...

« Les nègres, je m'en suis servi, écrit Willy dans ses *Souvenirs*, mais j'ai aussi servi de nègre. Maintes fois. »

À Miss Edith qui, dans *Maugis en ménage*, déclare le plaisir qu'elle éprouve à lire ses romans : « Ignorez-vous donc, lui répond Maugis, que je les fais confectionner dans les prisons, à bas prix [...] ! » Et dans *Ledos, tapissier*, à propos d'un personnage qui signe de son nom les aquarelles que lui fournit un rapin avant de les adresser à sa maîtresse : « Après tout, il arrivait à Breughel de Velours de recourir à la collaboration discrète de Rubens, et à Dumas père…, et à moi-même… »

Plus nettement encore, il écrit à Curnonsky : « Ce qui est exact, ce que je n'ai jamais caché à mes amis, aux vrais (ils ne sont pas bézef), c'est que sans toi, je le déclare, je le leur ai toujours dit, les meilleurs romans signés Willy n'auraient jamais existé[1]. »

La conclusion ? Elle revient à Colette : « Si le "cas Willy" était seulement celui d'un homme ordinaire, qui appointait des écrivains et signait leurs œuvres, il ne mériterait qu'une brève attention. […] Le "cas Willy" présente une singularité unique : l'homme qui n'écrivait pas avait plus de talent que ceux qui écrivaient en son lieu et place. »

Une âme en voie de conversion

Les éditions Henry Parville n'ont pas tenu longtemps, et les projets de Willy et Henri Rossi sont tombés à l'eau. En 1926, il publie des *Gaillardises*, avec José de Bérys, aux éditions Prima, qui sont ainsi annoncées : « Un monsieur en conte de raides à deux jouvencelles assises sur ses genoux. Prenez donc sa place, vous ne le regretterez pas ». *Les Bazars de la volupté*, un livre sur la prostitution en maison, comme il y en a tant, avec Pol Brille, et avec le même, *Bois de Boulogne, bois d'amour*, mais illustré de gravures sur bois de Joseph Sima, aux éditions Montaigne, auxquelles il reste fidèle et qui publient en 1927 *Les Aphrodisiaques*. Toujours en 1927, *Le Troisième Sexe*, Paris-Editions ; *Le Fruit vert*, chez Louis Querelle, qui contient un conte « vécu et transposé par Ménalkas », où Willy cite ses derniers amis, Claude Farrère, Sylvain Bonmariage (sous le nom de Bellesnoces), « Saillant de Curnonsky », Francis Miomandre, Maurice des Ombiaux, Tristan Derême, André Lebey, Paul Reboux, dont certains sont peut-être des collaborateurs. En 1928, des *Contes sans feuilles de vigne*, chez Louis Querelle ; *Histoire de la manucure*, chez A. Quignon ; des recueils d'anecdotes et de bons mots. Ce sont ses derniers livres, qui ne valent pas tripette, dans lesquels il ressert des

---

1. Encore une lettre que Cur a omis de déposer à la Société des Gens de Lettres.

nouvelles déjà publiées, où le personnage de Maugis, qu'il n'a jamais pu définitivement assassiner, reparaît parfois.

Il habite toujours l'Hôtel Hespéria, 149, avenue de Suffren, à quelques pas de Madeleine de Swarte au numéro 159. Il collabore encore à *La Petite Gironde* : il envoie à Yvette Guilbert une coupure parue le 28 août 1927 pour la féliciter de *La Chanson de ma vie*. Le 24 septembre, il la remercie de l'aide qu'elle lui propose : « D'avance, je vous remercie du secours – quel qu'il soit – que vous voudrez bien accorder à un pauvre diable d'"auteur gai" pour qui la vie est inclémente – après 70 ans, une "ouvreuse" *n'intéresse plus personne!* – moi qui ai obligé tant d'amis, me voici *solitaire, délaissé* dans *un vrai dénuement.* »

Il se déplace encore dans Paris. Léautaud note dans son *Journal*, à la date du 3 novembre, une courte visite de Willy à Alfred Vallette, au Mercure de France : « Il se plaint d'être atteint d'artériosclérose et d'en avoir déjà des symptômes, comme les titubements, un peu l'état d'un homme saoul. Il prend de l'iode et comme je lui parlais de l'utilité d'un régime, il nous dit qu'en effet il ne mange plus de viande, rien que des pâtes, "ce qui n'est pas drôle". Conservé toute sa mémoire, cependant, remarque que lui a faite Vallette, en disant que, lui, il l'a déjà pas mal perdue. »

Alfred Vallette le trouve « très démoli » :

« Il doit avoir un grand passé de noce ? demande Léautaud.

– Plutôt », répond Vallette.

Il continue de recevoir Léo Colette, clerc de notaire à Levallois-Perret, que le pot-au-feu de Madeleine de Swarte change un peu des gargotes banlieusardes dont il fait son ordinaire. Willy et Madeleine recueillent pour lui des timbres rares, la philatélie étant sa seule passion. Il parle aussi de sa sœur, qu'il appelle, avec l'accent, « la baronne de Jouvenel ».

On a du mal à prendre au pied de la lettre l'anecdote qu'Auriant conte à Léautaud, qui la note dans son *Journal*. Léon Deffoux se trouve à côté de Colette dans un déjeuner :

« Ce vieux salaud, ce vieux soulard, ce vieux con, dit-elle de Willy. Qu'est-ce qu'il a fait ?

– Ce qu'il a fait ? Mais, vous, Madame ! » lui répond Deffoux.

Furieuse, Colette lui tourne le dos.

Pierre Varenne raconte un autre repas. Gustave Fréjaville, président de la Presse de Music-Hall, invitait régulièrement Willy aux dîners mensuels de cette association de journalistes.

Il y venait rarement. « Certain soir, Willy y rencontre sa "veuve", et Charles Catusse qui avait épousé Meg Villars, sa seconde "veuve". Charles Catusse serra cordialement la main de Willy. Mais Colette lui fit grise mine. Arrivée en retard, elle partit avant le dessert. Les convives qui espéraient une réconciliation, Pierre Lazareff, Léon-Louis Martin, André Warnod, Legrand-Chabrier et quelques autres, furent déçus. Quant à Willy, plongé dans son assiette, il me dit à l'oreille : "Elle aurait dû rester jusqu'à cette crème au chocolat, quel régal ! J'ai envie de lui écrire pour l'informer de ce qu'elle a perdu." »

Willy a encore des amis fidèles. Armory, qui en 1926, prononce sur lui une conférence devant un public nombreux dans une salle de la rive gauche. Et surtout Pierre Varenne, son « Pierrot », à qui Henriette Charasson apprend qu'elle a réuni un jour, autour d'une tasse de thé, Willy et Paul Bourget. Henriette Charasson est surtout attirée par le côté « gentleman » britannique de Willy, qui ne monopolise jamais la conversation et se contente d'émettre des remarques. Frappée de voir que Willy se croit persécuté par Colette (dans une lettre à Rachilde du 18 avril 1928, il se plaint que Madame Colette le déclare « un imbécile »), Henriette Charasson tente de les réconcilier, elle insiste auprès de Colette pour qu'elle vienne le voir, en lui assurant qu'il n'a plus aucune rancune. Mais Colette lui répond, très aimablement, qu'elle ne viendra pas : « J'ai envie de vous dire comme à ma fille : T'es ben trop gentille, tu ne peux pas comprendre. »

Adolphe Retté avait connu Willy aux temps symbolistes de la rive gauche. Ils ne devaient pas beaucoup sympathiser, car Willy l'avait surnommé naturellement « Adolphe Raté » dans une chronique. Retté, qui s'était converti durant l'hiver 1906-1907, vit alors retiré à Beaune. En 1926, il note dans son journal qu'en consultant le tableau des messes de la semaine, il s'aperçoit que le 15 juillet est le jour de la Saint-Henri. Cela lui paraît d'un heureux présage : Willy vient de lui écrire pour lui demander son livre sur la concordance des Évangiles. Retté confie à la sœur dominicaine qui veille sur lui : « Il me dit que c'est pour le faire lire à une amie intelligente, mais d'après le tour de sa lettre, je flaire que c'est pour en profiter lui-même. Il y a là cette étrange honte qu'on remarque assez bien des âmes en voie de conversion. »

Il charge son ami Marius Boisson de rendre visite à Willy : « Reçu une lettre de Boisson. Willy y est très bien observé, mais il ne pouvait se confier à Boisson comme il l'a fait à moi. Je vais écrire à l'un et à l'autre. Je ferai tout pour conquérir l'âme de Willy, il est certainement sollicité par la Grâce. »

Adolphe Retté écrit à Willy des lettres pressantes, suppliantes. Il lui envoie des livres. Mais il a fort à faire. Les réponses de Willy ne sont pas très encourageantes, telle cette lettre du 20 juin 1927 :

> Je te remercie, mon cher ami, de ne pas m'en vouloir de mon silence. Tu en connais les motifs... J'ai lu tes *Rubis du Calice*. Ils m'ont toujours intéressé mais pas toujours ému comme j'aurais dû l'être, parce que, tu me comprends, ton livre est écrit pour des lecteurs déjà chrétiens. Bien heureux, ce *Pater* pris à rebours. Et tu as raison de pêcher dans *En route* cette page vraiment délicate sur le *Salve Regina*. Mais qui est Lapillus ? *Avec les morts* est touchant, mais non probant, en somme. Ton ami a eu une vision ou cru l'avoir et a prié pour les âmes du Purgatoire. Bon. Et après ?... Pardonne-moi cette grossièreté terre à terre. Je suis dans une très mauvaise période de cécité hargneuse. Je ferais mieux de me taire. Merci encore.
> Henry

Retté ne s'avoue pas vaincu. Il essaie de se convaincre qu'en lisant les livres qu'il lui a adressés, Willy a été occupé malgré lui, presque à son insu, des choses de Dieu. Il note en 1928 : « Si Dieu veut, je le tirerai de son affreuse chambre d'hôtel pour le caser là où il pourrait être entouré de soins religieux. »

Dieu ne semble pas vouloir. Et Adolphe Retté ignore que Willy ne se déplaît pas dans sa chambre de l'avenue de Suffren, que Madeleine de Swarte veille sur lui, écrit sous sa dictée, que ses amis Pierre Varenne, Rachilde et Vallette viennent lui rendre visite, et que son fils Jacques et sa famille ne l'abandonnent pas.

En octobre 1926, mais encore en janvier 1928, Willy est renversé par des automobiles en traversant la chaussée. Ces accidents sont sans grande gravité.

En 1926, il traversait imprudemment la rue de Rivoli pour se rendre rue Cambon. Un agent le ramasse et ne peut s'empêcher de lui dire : « Je vous croyais tout à fait bousillé. »

Et le chauffard furieux : « Une veine que je ne l'aie pas écrasé, le vieux, ils me l'auraient fait payer comme un neuf ! »

Au deuxième chauffeur, qui le relève et veut le conduire dans une pharmacie, Willy répond doucement : « Je vous remercie, je n'ai pas besoin d'être purgé. »

Mais cet accident aura des suites et Willy subira une attaque cérébrale.

Le 3 février 1928, il écrit que le percepteur veut le saisir et l'éditeur Quignon vient de lui refuser un recueil de contes. « Je suis malade. Et je l'étais déjà, car mon artério-sclérose ne me lâche pas, kif-kif l'avare Achéron [...]. Je ne peux pas me démerder tout seul, vieux. Dis-moi. Que faire ? Ce n'est rien de crever, si l'on claque en paix, mais la vieillesse, quand la misère lui bourre le cul à coups de pied, oh ! c'est vomitif. [...] Depuis mon accident d'auto, j'ai conservé une difficulté d'élocution qui, jointe à la lenteur verbale provenant de l'artério-sclérose, m'a annihilé [...]. »

La belle saison venue, Pierre Varenne veut l'emmener à Pourville ; mais la mer lui est interdite. « Si j'ai survécu jusqu'ici, c'est grâce aux soins *incessants* de cette malheureuse Madeleine (qui mène une vie terrible, sans jamais se plaindre). »

Il commence à craindre que ses livres les plus précieux ne s'égarent après sa mort. Sur son exemplaire sur japon de *Locus Solus*, par exemple, il ajoute sous la dédicace de Raymond Roussel de 1923 : « À ma chère petite fille Madeleine l'unique [...], Willy, mars 1928. » Il relit ses propres livres, que Madeleine a fait relier, et lui dicte des corrections sur *La Maîtresse du Prince Jean*, *La Môme Picrate*, *La Bonne Maîtresse*, *Mon cousin Fred*. Il ajoute à *La Fin du Vice* un chapitre sur André Gide !

Sa santé et sa situation matérielle ne s'améliorent pas, et ses amis décident de lancer une souscription et d'organiser un gala à son bénéfice, auquel Mayol, Dranem et Damia, notamment, offrent déjà gracieusement leur concours. Fagus propose d'imprimer un numéro de revue consacré à Willy, dont seraient tirés « des exemplaires de luxe à 50 francs au minimum avec faculté pour les michetons de les payer 500, ou 1 000... ? ». Willy écrit à Cur qu'il suit le progrès des souscriptions, « en même temps qu'elles m'effarent un peu [...]. L'idée de paraître ingrat m'est odieuse ». Vallette, pour le Mercure de France, lui octroie une pension mensuelle[1]. Dans une autre lettre, il dit

---

1. Après la mort de Willy, Paul Léautaud note dans son *Journal* la satisfaction de Vallette de n'avoir plus à verser cette allocation et calcule : « 32 mois à 50 francs, au total 1 600 francs de secours [...] à un écrivain qui a contribué à enrichir la maison ».

avoir remercié certains souscripteurs, comme le lui conseille Cur, « et rien au millionnaire R. ». Pierre Varenne, « comme toi [...] m'encourage et me dit que le Bénéfice [le gala] aura lieu [...]. Et il m'enjoint d'attendre jusque-là. J'essaierai ». Mais il lui écrit aussi : « Si tu peux penser et écrire, sans subir l'assaut qui te secoue le cerveau avec la brutalité de l'eau cognant le tuyau de la toilette, tout va bien. »

La souscription est ouverte le 5 décembre 1928. Le 11 décembre, Géo London publie dans *Le Journal* un appel en faveur de son vieux confrère :

> L'étincelant Willy, l'auteur de tant de romans gais, Willy qui fut aussi célèbre par ses mots que par ses éclats (voir les scandales auxquels se plut sa fantaisie d'enfant gâté) n'est plus aujourd'hui qu'un vieillard solitaire et malade qui vit dans une modeste chambre d'hôtel. Il ne demande rien, mais aux rares amis qui viennent encore le voir, il montre sa main défaillante qui écrivit tant de pages joyeuses... Et puis, comme il est Willy malgré tout, il lance un trait d'esprit et se raille lui-même. Il s'écrie : « Si je m'improvisais professeur de grec ? Au lycée, j'ai même battu mon ami Doumic, aujourd'hui académicien ; c'est une référence ! » [...]
>
> Il faut venir en aide à Willy, vieil enfant de Paris qu'il charma pendant un demi-siècle... On parle d'organiser un gala à son bénéfice dans un grand music-hall ; mais l'heure presse, les vieillards n'ont pas le temps d'attendre.

Il y a d'autres articles, dont celui de Rachilde :

> Auréolé du fameux *bord-plat*, le chapeau légendaire, il allait son chemin en jouant à tous les jeux et y allait volontiers de son argent et de son cœur. On peut lui être tendre aujourd'hui où il se trouve dans une situation délicate, car il fut toujours prêt à rendre service aux camarades embarrassés. On ne fit jamais appel à sa générosité sans le voir consentant à toutes les démarches, à tous les dons.

Curnonsky, Bernard Gervaise, Gabriel de Lautrec et Marcel Réja font circuler une lettre de souscription. Ils sollicitent Colette – qui vient d'être promue officier de la Légion d'honneur le 5 novembre – mais elle refuse son concours. C'est

Gustave Fréjaville, président de la Presse de Music-Hall, qui se charge de recueillir les dons dans un compte ouvert dans une banque à un autre nom que celui de Willy, pour éviter les saisies... Un industriel, M. Lambrotte, dépose un chèque important, en règlement, déclare-t-il, de la dette de reconnaissance qu'il doit à Willy pour les heures joyeuses qu'il lui a fait passer ainsi qu'à son beau-père, Victor de Meulemcester, sénateur socialiste de Bruges. Arrêtée le 6 mars 1929, la souscription s'élève à la somme de 4 000 francs. Quant au gala, il n'aura malheureusement pas lieu, malgré l'acceptation de plusieurs salles, telles que l'Étoile et le Palace; Henri Jeanson avait même malicieusement suggéré le Moulin-Rouge...

Un matin, vers midi, en arrivant chez Madeleine de Swarte où il vient chaque jour prendre son déjeuner, Willy trébuche et perd connaissance. Madeleine alerte son fils et sa famille, qui veulent le faire transporter dans une clinique; mais il refuse. Sa famille augmente alors sa pension mensuelle et procure à Madeleine un infirmier pour la nuit.

Pendant près de deux ans, Madeleine et sa sœur veillent chez elles le vieil homme qui a conservé toute sa lucidité. Une photo le montre assis dans un fauteuil près de la fenêtre, où il passe ses journées silencieuses. Sur sa demande, Madeleine a acheté des disques, non de Wagner, mais des valses viennoises de Franz Lehar, de ce qu'il appelait autrefois de la « musiquette ». Pierre Varenne lui apporte *Phi-Phi* et *Ta bouche*. Il lui prend la main:

« Tu es gentil. La musique gaie rend plus douces les joies disparues... Ah! *Phi-Phi*! J'ai entendu *Phi-Phi* avec toi, grâce à toi... Tu m'y avais conduit presque de force, rappelle-toi... La jolie petite Cocéa, si mince... comme sa voix... Qu'est-elle devenue?

– Elle ne chante plus. Elle joue maintenant des pièces moins frivoles.

– Dommage! Elle semblait faite pour toujours sourire... »

TROIS MILLE PERSONNES

Un soir de janvier 1931, André Warnod et Pierre Varenne montent le voir dans sa chambre. Dans l'escalier, ils croisent un prêtre. Ils trouvent Madeleine en larmes: « Il vient de se confesser, il est très faible. » Dans sa chambre, Willy repose, les paupières baissées. Il respire avec difficulté.

« C'est nous, murmure Pierre Varenne. Nous reconnaissez-vous ? »

Willy ouvre les yeux et les regarde fixement :

« André... Pierre... Merci... »

En le quittant, ils rencontrent Jacques Gauthier-Villars.

Le lendemain, lundi 12 janvier 1931, Willy reçoit dans l'après-midi les derniers sacrements, et s'éteint à six heures du soir, assisté de son fils et de Madeleine.

Dès que la nouvelle est connue, la Société des gens de lettres offre de participer aux frais d'obsèques. Madeleine de Swarte transmet cette proposition à Jacques Gauthier-Villars, qui remercie le secrétaire général, Georges Robert, « pour le touchant témoignage de camaraderie que nous acceptons dans la mesure où la Société jugera de le faire ».

Après une messe solennelle à dix heures en l'église Saint-François-Xavier le 15 janvier, l'inhumation a lieu au cimetière Montparnasse. Le deuil est suivi par trois mille personnes. Derrière la famille, le ministre Louis Barthou ; René Doumic, représentant l'Académie française ; Jean Ajalbert, Rosny aîné et Léon Daudet, pour l'Académie Goncourt ; Charles Méré, président de la Société des auteurs dramatiques, Romain Coolus et d'autres commissaires ; Gaston Rageot, président de la Société des gens de lettres, et ses deux vice-présidents, Pierre Mortier et Charles Batilliat ; Charles Maurras ; Rachilde, Vallette et toute la rédaction du *Mercure de France*.

Deux discours sont prononcés par Pierre Mortier pour la Société des gens de lettres (Jacques Gauthier-Villars eut souhaité que ce fût Francis de Croisset, qu'il connaissait) et Charles Méré pour la Société des auteurs dramatiques. Pierre Mortier termine par ces mots :

> En nous rappelant la curiosité et même l'espèce d'admiration que votre esprit, votre talent et vos succès nous inspiraient quand nous étions adolescents, et le véritable prestige que vous exerciez alors sur nous, en songeant, plus tard, à nos bonnes heures de camaraderie et de confraternité, [...] en constatant les progrès qu'a faits Claudine, en dénombrant tout ce qui est déjà parti et que vous allez rejoindre, [...] je sens que c'est un peu de ma jeunesse que vous emportez avec vous.

Gardez-la, Willy, cette jeunesse, elle vous appartient, vous avez si bien su jadis la surprendre, la charmer et la conquérir.

Dans le caveau de la famille Gauthier-Villars (10e division, 10e ligne Sud, n° 1 Ouest, 462 P 1884), Henri Gauthier-Villars rejoint son père, sa mère, sa belle-sœur et son frère. Cinq autres membres de la famille y seront ensuite inhumés et, le 24 mars 1975, son fils Jacques, décédé le 19.

À une enquête de Gaston Picard dans *Sur la Riviera* du 13 février 1927, il avait proposé une épitaphe de Maugis :

> De musique mon âme est encore désireuse,
> Jazz ou *De Profundis*
> Allez-y, chers amis, sans craindre, foi d'Ouvreuse,
> De réveiller Maugis.

Naturellement, vous ne trouverez rien de tel sur la pierre.

L'Elektra, de Richard Strauss, est créée en janvier 1931 par Germaine Lubin. Willy n'a pas eu le temps de signer à la Société des auteurs dramatiques le bulletin de déclaration de son adaptation.

Le 1er février, l'adieu du *Mercure de France* à Willy, dû à Pierre Dufay, occupe trois pages de la revue et s'achève sur ces mots : « Peut-être, avant dix ans, s'apercevra-t-on que c'était un grand écrivain. »

Mais surtout, le 25 janvier et le 1er février, la revue *Sur la Riviera* publie deux articles intitulés « Willyana », composés d'extraits des « indiscrétions » écrites par Willy sur les exemplaires des quatre *Claudine* de Jules Marchand. Quand on connaît ces pages, qui ne furent publiées intégralement qu'en 1962 en une plaquette hors commerce tirée à cinquante exemplaires, on peut se demander s'il faut être surpris que, quatre ans plus tard, en 1935, Colette ait écrit et publié *Mes Apprentissages* dans *Marianne*, et en 1936 en volume. Elle ne fait peut-être que répondre aux « Willyana » de 1931. « Ceux qui lisent à travers mes pages une malveillance, une passion fielleuse et rancie se trompent », écrit-elle. Elle écrit aussi à Émile Vuillermoz au mois de mars, deux mois après la mort de Willy : « Je lis un ravissant article de M. Willy où il dit, en se plaignant gentiment de ma paresse, que pour *Minne* je l'ai quasiment laissé besogner tout seul. Un de ces jours je me fâcherai, gentiment. » Sans ces articles, Colette eût-elle écrit ce livre sur son mari et ses débuts littéraires ?

Les révélations de *Mes Apprentissages* sont assez mal accueillies par nombre d'écrivains et de journalistes qui ont connu Willy. « C'est étonnant comme le volume de souvenirs de Colette sur sa jeunesse et sur Willy rencontre une unanimité de désapprobation », note Paul Léautaud en 1936. L'année précédente, lors de la publication en feuilleton, Louis Cario lui disait : « C'est bas, presque malpropre... » Et Léautaud : « Est-ce qu'il n'en est pas ainsi de toutes les liaisons ? Est-ce que toutes les liaisons ne sont pas pleines à la fois de choses délicieuses et de choses répugnantes ? »

Le 11 octobre 1935, c'est Jacques Gauthier-Villars qui écrit à Colette pour lui demander de bien vouloir « nuancer d'indulgence ses souvenirs ». Si le seul mérite de Willy a été de « divulguer Colette au grand public dans les *Claudine* et les *Minne*, ne crois-tu pas qu'à ce seul titre il a droit à quelques ménagements ? ».

À un dîner avec le professeur Pasteur Vallery-Radot, le docteur Paulette Gauthier-Villars, son assistante et la nièce de Willy, dit à Colette :

« Tante Colette, vous avez fait une mauvaise action.

– Mon enfant, je le sais », répond Colette.

Pour le docteur Marthe Lamy[1], qui m'a rapporté ce dialogue, cette haine ne pouvait couvrir qu'un excès d'amour : Colette a toujours voulu retrouver Willy, mais ils n'ont su, ni l'un ni l'autre, comment se reprendre, prisonniers de leurs personnages et de leurs milieux.

Plutôt que d'en douter, je préfère reconnaître que je n'en sais rien. J'ai rencontré plusieurs témoins qui ne voulaient pas croire à la haine de Colette pour Willy, ni de Willy pour Colette. Aucun ne se demandait ce que Colette et Willy seraient devenus s'ils s'étaient réconciliés – ou s'ils ne s'étaient pas séparés.

Plus tard, en avril 1932, Gyp publie un roman, *Les Poires*, qu'elle dédie « à Willy / en souvenir du « Friquet »,/ son collabo ».

Polaire publie ses souvenirs en 1933, et meurt en 1939.

Léopold Colette, dit Léo, en 1940.

---

1. Marthe Lamy avait connu Colette par l'intermédiaire de Paulette Gauthier-Villars. Elle est décédée en 1979.

En 1951, prétend Sylvain Bonmariage, la Société des auteurs dramatiques mandate certains de ses membres pour fleurir la tombe de Willy le jour du vingtième anniversaire de sa mort. Sollicitée de se joindre à cet hommage, la Société des gens de lettres refuse, ou plutôt ne répond pas « à la prière de Colette ». Est-ce bien vrai ? Car il ajoute aussi que la famille, qui avait jusqu'alors refusé de voir figurer sur la dalle du caveau de famille le nom de « Willy », accepte enfin de le faire graver – ce qui est inexact : seul celui de Henry (avec un y) Gauthier-Villars est inscrit dans la pierre. C'est seulement à la conservation qu'est enregistré, dès 1931, le nom du défunt avec son pseudonyme : « Henri Gauthier-Villars, dit Willy », et nulle part ailleurs.

En 1952, Madeleine de Swarte, qui avait épousé Sylvain Bonmariage, meurt à son tour, et Meg Villars en 1960.

En 1954, on accorde à Colette des funérailles nationales, auxquelles l'Église refuse de s'associer.

La même année, grâce à l'intervention de Jacques Gauthier-Villars, le nom de Willy est rétabli sur les pages de titre des *Claudine*.

En 1956, Curnonsky se tue en tombant de sa fenêtre.

Aujourd'hui, Curnonsky a sa rue dans le 17e arrondissement de Paris ; Colette a sa place dans le 1er arrondissement, et ses œuvres sont éditées dans la collection de la Pléiade.

Une plaque rappelle que Colette habita 9, rue de Beaujolais ; Curnonsky a aussi la sienne, 14, square Henri-Bergson (ancienne place de Laborde).

Willy n'a rien.

« Mais son nom est lié à un moment, à un cas de la littérature moderne, et au mien » (Colette).

Annexes

LES DOMICILES DE WILLY

1889 : 22, rue de l'Odéon, Paris 6e.
1891 : 99, boulevard Arago, Paris 14e.
1892 : 55, quai des Grands-Augustins, Paris 6e.
1893 : 28, rue Jacob (3e étage du premier immeuble sur la cour), Paris 6e.
1897 : 93, rue de Courcelles (6e étage), Paris 17e.
1900 : Les Monts-Boucons (Doubs).
1902 : Hôtel Impérial, rue Margueritte, Paris 17e.
177 bis, rue de Courcelles, Paris 17e.
93, avenue Kléber, Paris 8e.
1906 : 6, rue Chambiges, Paris 8e.
1907 : Monte-Carlo : Hôtel des Palmiers, Hôtel Pavillon Doré.
1910 : 16, rue Valentin-Haüy, Paris 15e.
63, avenue de Suffren, Paris 15e (Meg Villars).
93, boulevard de Senne, Bruxelles.
1912 : 57, avenue de Suffren, Paris 15e.
1913 : Bruxelles : 93, rue de la Panne, puis 58, rue Wilson.
1914 : Genève : 9, rue Pierre-Fatis.
1920 : Monte-Carlo : Villa des Fleurs.
1924 : Hôtel Hespéria, 149, avenue de Suffren, Paris 15e.
1928 : 159, avenue de Suffren, Paris 15e (Madeleine de Swarte).

ŒUVRES PUBLIÉES

1878
Henry Gauthier-Villars. *Sonnets*, tirage à petit nombre sur Japon. s.n., Paris.
1882
H.G.-V. *Les Parnassiens*, tirage à petit nombre sur vergé sous couverture repliée imprimée en noir et rouge sur papier parchemin. (Conférence Olivaint, séance du 2 mars 1882.) Éditions Gauthier-Villars.

1884
>Henry Gauthier-Villars. *Mark Twain*, tirage à petit nombre. (Conférence Olivaint). Éditions Gauthier-Villars.

1887
>[Prof. Dr H. W.] Vogel. *La Photographie des Objets colorés avec leurs valeurs réelles*, traduit de l'allemand par Henry Gauthier-Villars. Éditions Gauthier-Villars.
>C. Klary. *L'Éclairage des Portraits photographiques*, refondu et préfacé par H. G.-V. Éditions Gauthier-Villars.
>Pizzighelli et Hübl. *La Platinotypie*, avec planches, traduit de l'allemand par Henry Gauthier-Villars. Éditions Gauthier-Villars.

1889
>H. G.-V. *Pot de fleurs*, polka-marche. Vanier.

1890
>L'Ouvreuse du Cirque d'Été. *Lettres de l'Ouvreuse, Voyage autour de la Musique*, en collaboration avec Alfred Ernst. Vanier.

1891
>Henry Gauthier-Villars. *Manuel de Ferrotypie*, avant-propos de Willy. Éditions Gauthier-Villars.
>Willy et Léo Trézenick. *Histoires normandes*, précédées d'une lettre de Dugué de La Fauconnerie. Ollendorff.
>Willy. *L'Année fantaisiste* [I], illustrations d'Albert Guillaume [et 5 dessins de Christophe]. Delagrave.

1892
>Willy. *Comic-Salon*, couverture et dessins de Christophe. Vanier.
>Willy. *L'Année fantaisiste* [II], illustrations d'Albert Guillaume. Delagrave.
>Alcanter de Brahm. *Chansons poilantes*, préface de Willy.

1893
>L'Ouvreuse. *Bains de Sons*, en collaboration avec Alfred Ernst. Couverture de Job. Simonis Empis.
>Willy. *L'Année fantaisiste* [III], illustrations d'Albert Guillaume. Delagrave.

1894
>L'Ouvreuse. *Rythmes et Rires*, en collaboration avec Alfred Ernst. Bibliothèque de la Plume.
>L'Ouvreuse. *La Mouche des Croches*, couverture illustrée par de Ber. Fischbacher.

Willy. *L'Année fantaisiste* [IV], illustrations d'Albert Guillaume et Godefroy. Delagrave.

Willy et Pierre Veber. *Les Enfants s'amusent*, couverture de Jean Veber. Simonis Empis.

Willy [Henry Gauthier-Villars]. *Une Passade*, collection « Les Auteurs gais », Flammarion. [Nouvelle édition en 1895 sous les noms de Willy et Pierre Veber, illustrations de Luc Barbut-Davay.]

Willy. *Soirées perdues*, couverture d'Albert Guillaume. Tresse et Stock.

[Raphaël Landoy] *Récits de Rhamsès II*, préface de Willy, couverture d'Andhré des Gachons. Simonis Empis.

Jossot. *Artistes et Bourgeois*, préface de Willy. C. Boudet.

1895

L'Ouvreuse. *Entre deux airs*. Couverture de Job. Flammarion.

Willy. *L'Année fantaisiste* [V], illustrations de Godefroy. Delagrave.

1896

L'Ouvreuse. *Notes sans portée*, couverture de José Engel. Flammarion.

Willy. *Poissons d'Avril*, couverture illustrée non signée. Simonis Empis.

Willy. *Quelques livres*. Bibliothèque de la Critique.

1897

Henry Gauthier-Villars et Pierre de Bréville. *Fervaal*, étude thématique et analytique. A. Durand et fils.

Henry Gauthier-Villars. *Fervaal devant la presse*.

Willy [Jean de Tinan]. *Maîtresse d'Esthètes*, couverture illustrée par Albert Guillaume. Simonis Empis.

Willy et Andrée Cocotte. *L'Argonaute*, « Petite Collection du Rire », illustrations de Lucien Métivet, Juven. [A paru dans *Le Rire* du 28 novembre 1896 et *sq*.]

William Lawrence. *Les Mémoires d'un Grenadier anglais*, traduit par Henry Gauthier-Villars. Plon.

Albert Guillaume. *Y a des dames*, album, préface de Willy. Simonis Empis.

1898

L'Ouvreuse. *Accords perdus*, couverture de José Engel. Simonis Empis.

Willy. *Un vilain Monsieur!*, couverture d'Albert Guillaume. Simonis Empis.

[Gustave Lyon] *La Musique de chambre*, 2 volumes, avant-propos de Henry Gauthier-Villars. Pleyel, Wolff, Lyon et Cie.

1899

L'Ouvreuse. *La Colle aux Quintes*, couverture de José Engel. Simonis Empis.

Willy. *À manger du foin*, couverture et illustrations d'Albert Guillaume. Simonis Empis.

X[avier]-Marcel Boulestin. *Le Pacte*, deux dessins de Mérodack-Jeanneau, préface de Willy. Société d'éditions littéraires et artistiques.

1900

Henry Gauthier-Villars. *Le Mariage de Louis XV*. Plon et Nourrit.

Henry Gauthier-Villars et G. Hartmann. *Bastien et Bastienne*, opéra-comique en un acte, musique de Mozart. E. Fumont, éd. Schott's.

Willy. *Claudine à l'École*, couverture de E. della Sudda. Ollendorff.

Willy. *Un vilain Monsieur!* Feuilleton dans *Le Supplément* du 18 décembre 1900 au 19 février 1901.

J.-C. Vaxelaire. *Mémoires d'un Vétéran de la Grande Armée, 1791-1800*, publiées et annotées par Henry Gauthier-Villars. Delagrave.

1901

Henry Gauthier-Villars. *L'Odyssée d'un petit Cévenol*, illustrations de J. Geoffroy. Éditions A. Hennuyer.

Henry Gauthier-Villars et de Lucenay. *La Bayadère*, illustrations de Henri Delavelle. Flammarion.

L'Ouvreuse. *Garçon, l'audition!*, couverture de G. Lamy. Simonis Empis.

L'Ouvreuse. *La Ronde des Blanches*, couverture de G. Lamy, Librairie Molière.

Willy. *Claudine à Paris*, couverture de Rassenfosse. Ollendorff.

Willy et Andhrée [sic] Cocotte. *Dans le noir*, couverture et illustrations de G. Lamy. Librairie Molière.

Willy. *Madame Joli-Cœur, roman parisien.* [Publication de *Maîtresse d'Esthètes* (1897) sous ce nouveau titre en feuilleton dans *Le Fin de Siècle*, du 28 décembre 1901 au 9 février 1902.]

Paul Héon [Paul Barlet]. *Trois semaines d'amour*, préface de Willy. Simonis Empis.

1902

Willy. *Claudine amoureuse*, sous reliure percaline, fer original de George Auriol. Ollendorff. [Non mis en vente, voir le titre suivant.]

Willy. *Claudine en ménage*. Mercure de France [mis en vente le 15 mai 1902].

Willy et Andrée Cocotte. *Pi... houit!...*, nouvelles. Couverture de Benjamin Rabier. Librairie Molière.

Willy et Andrée Cocotte. *Médecine aux champs*, comédie en un acte, représentée au Théâtre des Mathurins. Librairie Molière.

Willy. *La Maîtresse du Prince Jean*, prépublication en feuilleton dans *La Vie en rose*, du 16 novembre 1902 au 6 juin 1903.

Willy. *Claudine à l'École*, feuilleton dans *La Gaudriole*, juillet-décembre 1902.

Willy. *Claudine en ménage*, feuilleton dans *Le Supplément*, du 22 novembre 1902 au 24 février 1903.

René Préjelan. *L'Amour en dentelles*, album, préface de Willy. Simonis Empis.

Alphonse Crozière. *Le Jeune Marcheur*, préface de Willy. Simonis Empis.

Eugène de Solenière. *Notules et Impressions musicales*, préface de Henry Gauthier-Villars. Sevin et Rey.

1903

Henry Gauthier-Villars et Georges Trémisot. *L'Automobile enchantée*, illustrations de R. Pinchon. Delagrave.

Henry Gauthier-Villars. *Le Petit Roi de la forêt*. Hachette.

Willy. *Claudine s'en va (Journal d'Annie)*, couverture de E. Pascau. Ollendorff.

Willy. *La Maîtresse du Prince Jean*, couverture et illustrations de J. Wely. Albin Michel.

J. Paul-Boncour. *Plaidoirie pour M. H. G.-V. (Willy)*, le 1er avril 1903 (*tribunal correctionnel de la Seine, 9e chambre*). Imprimerie Blay et Roy, Poitiers.

Pierre Veber et Willy. *Une Passade*. Flammarion.

Almanach Willy pour 1903, première année, illustré. P. Varelli.

Charles Vayre. *Le P'tit Jeune Homme*, préface de Willy. Offenstadt.

Willy et Luvey [Lugné-Poe et Charles Vayre]. *Claudine à Paris*, comédie en 3 actes, précédée d'un prologue en un acte : *Claudine à l'École* ; première représentation le 21 janvier 1902, reprise le 11 mars 1903. [Non publié.]

Willy et Luvey. *Le P'tit Jeune Homme*, comédie en 3 actes ; première représentation aux Bouffes-Parisiens, le 29 avril 1903. [Non publié.]

Willy et Andrée Cocotte. *Serment d'ivrogne*, vaudeville en 1 acte, première représentation au Théâtre Moderne le 4 octobre 1903. [Non publié.]

1904

Willy. *La Môme Picrate*, couverture de J. Wely. Albin Michel.

Willy. *Minne*. Ollendorff.

Willy. *En bombe*, illustrations photographiques. Per Lamm.

Willy. *Danseuses*, illustrations de Ch. Atamian. Méricant.

Willy et Cocotte. *P'stt !*, vaudeville en un acte, première représentation au Théâtre des Mathurins, 9 janvier 1904. Librairie Molière.

Almanach Willy pour 1904, deuxième année, illustré. P. Varelli.

Willy. *Maugis amoureux*, feuilleton dans *Le Supplément*, du 19 mars au 23 juin 1904.

Willy. *À draps ouverts*, feuilleton dans *Le Supplément*, du 8 octobre au 24 décembre 1904.

1905

Willy. *Les Égarements de Minne*. Ollendorff.

Willy. *Suzette veut me lâcher*. Per Lamm.

Willy. *Maugis amoureux*. Albin Michel.

Willy. *Anches et embouchures*, avec un « Prélude » de Hicksem. [Xavier-Marcel Boulestin], dessins de L. Le Riverend, photos de Paul Berger et Paul Boyer. E. Bernard.

Willy et Curnonsky. *Chaussettes pour Dames*, couverture et illustrations de Mirande.

Willy. *Minne*, feuilleton dans *Le Supplément*, du 25 février au 25 avril 1905.

Willy. *Les Égarements de Minne*, feuilleton dans *Le Supplément*, du 10 octobre au 19 décembre 1905.
Léon Passurf. *Les Amours célèbres*. Bibliographie des ouvrages relatifs aux relations intimes des personnages historiques. Préface de Willy. H. Daragnon.
Alberto Bachmann. *Violons et violonistes*. Préface de Willy. Fischbacher.

1906
Henry Gauthier-Villars. *Fervaal* [réunion des deux plaquettes de 1897]. Revue universelle.
Willy. *Une Plage d'Amour*, roman polyglotte. Librairie Universelle.
Willy. *Jeux de Prince*. Couverture de Préjelan. Bibliothèque des Auteurs modernes.
Willy. *Le Roman d'un jeune homme beau*. Bibliothèque des Auteurs modernes.

1907
Willy. *Un petit vieux bien propre*. Couverture de Préjelan. Bibliothèque des Auteurs modernes.
A.M. Villener et Fritz Grünbaum. *Princesse Dollars*, opérette en 3 actes, musique de Léo Fall, adaptation de Willy. Eschig.

1908
Henry Gauthier-Villars. *Georges Bizet*. Henri Laurens.
Willy. *La Tournée du petit duc*. Couverture de Préjelan. Bibliothèque des Auteurs modernes.
Willy. *Pimprenette*. Bibliothèque des Auteurs modernes.
Angelin Ruelle. *À la Fête de Neuilly*, préface de Willy. Messein.

1909
Willy. *Le Retour d'âge* [réimpression sous un nouveau titre de *Maugis amoureux*, 1905]. Albin Michel.
Georges Fourest. *La Négresse blonde*, préface de Willy.

1910
Willy. *Maugis en ménage*. Méricant.
Claudine, opérette en 3 actes, d'après les romans de Willy et Colette Willy, musique de Rodolphe Berger. Heugel.
Meg Villars. *Les Imprudences de Peggy*, traduit [de l'anglais] par Willy. Société d'Édition et de Publications parisiennes.

1911
Willy. *Lélie, fumeuse d'opium*. Albin Michel.
Willy. *Confidences d'une Ouvreuse*. *Gil Blas*, juin-juillet.

1912
> Franz Lehar. *Amour tzigane*, opéra-comique, adaptation française de Henry Gauthier-Villars et Jean Bénédict. Eschig.
> Georges Docquois et Willy. *La Petite Jasmin*. Albin Michel.

1913
> Willy. *L'Implacable Siska*. Couverture illustrée de Raphaël Kirchner. Albin Michel.

1914
> Willy. *Les Amis de Siska*. Couverture illustrée de A. Goguet. Albin Michel.

1916
> Willy. *La Bonne Maîtresse*. Albin Michel.
> Willy. *Mon cousin Fred*. La Renaissance du Livre.
> Willy et baronne d'Orchamps. *La Bonne Manière*. Albin Michel.

1917
> Willy et Andrée Cocotte. *Sombre histoire* [réimpression sous un nouveau titre de *Dans le noir*, 1901]. Albin Michel.

1918
> Willy. *Do-dièse*, roman policier. Albin Michel.
> Willy et Jeanne Marais. *La Virginité de Mlle Thulette*. Albin Michel.
> Madeleine de Swarte [et Willy]. *Les Caprices d'Odette*. Albin Michel.

1919
> Willy. *L'Ether consolateur*. Albin Michel.
> Willy. *Ginette la rêveuse*. Albin Michel.
> Willy. *Ledos, tapissier*. Albin Michel.

1920
> Willy. *Petite vestale*. Albin Michel.

1922
> Willy. *La Femme déshabillée*. Albin Michel.
> Madeleine de Swarte [et Willy]. *Mady écolière*. Albin Michel.

1923
> Willy. *Ça finit par un mariage*. Albin Michel.
> Willy et Ménalkas. *L'Ersatz d'amour*. Malfère.

1924
> Willy. *Les Messieurs de ces Dames*. Éditions du Siècle.
> Willy et Ménalkas. *Le Naufragé*. Malfère.

1925
   Henry Gauthier-Villars (Willy). *Propos d'Ouvreuse*. Éditions Martine.
   Willy. *Souvenirs littéraires… et autres*. Éditions Montaigne.
   Willy et Henri Rossi. *La Fin du vice*. Éditions Henri Parville.

1926
   Willy et José de Bérys. *Gaillardises*. Couverture de V. Spahn, illustrations de Quint. Éditions Prima.
   Willy et Pol Brille. *Les Bazars de la Volupté*. Éditions Montaigne.
   F. Aussaresses et Henry Gauthier-Villars. *La Vie privée d'un prince allemand au XVIIe siècle. L'électeur palatin Charles-Louis (1617-1680)*. Plon-Nourrit.
   Madeleine de Swarte. *Les Fourberies de Papa*, couverture illustrée de Hélène Arnoux.
   Willy et Pol Brille. *Bois de Boulogne, bois d'amour*. Illustré de bois de Joseph Sima. «Nouvelle édition entièrement revue, augmentée et mise à jour» [«Travail dû à la collaboration de Willy»; une première édition sous le seul nom de Pol Brille avait paru en 1925]. Éditions Montaigne.

1927
   Willy. *Les Aphrodisiaques*. Éditions Montaigne.
   Willy. *Le Troisième Sexe*. Préface de Louis Estève. Paris-Édition.
   Willy. *Le Fruit vert*. Louis Querelle.

1928
   Willy. *Contes sans feuille de vigne*. Louis Querelle.
   Willy. *Histoire de la Manucure*. A. Quignon.
   Les Histoires les plus spirituelles de Willy. Bibliothèque du Bon Vivant. Le Livre de l'Avenir.

1962
   Indiscrétions et commentaires sur les « Claudine ». Avant-propos de Pierre Varenne et Alphonse Diard. Tirage limité à 50 exemplaires. Pro amicis [G. Blaizot].

1984
   Mes Apprentissages sexuels (lettre inédite à Renée Dunan) suivi [sic] d'une *Lettre inédite à Liane de Pougy*. [Avec une *Préfacette* d'Épiphane Sidredoulx, une lettre de Pascal Pia et quatre illustrations.] Tirage limité à 100 exemplaires. Chez Robert Parville.

1985
    Deux lettres inédites (7 novembre 1916, 5 mai 1907) présentées par J. -P. Goujon. Éditions « À l'Écart ».

1995
    Willy [Jean de Tinan]. *Maîtresse d'Esthètes*, préface de Jean-Paul Goujon. Champ Vallon.

2001
    Une lettre inédite de Willy sur Tinan [Claude Dignoire]. Histoires littéraires, n° 6.

2003
    Willy. *Lettres à Renée Dunan*. Présentation d'Eric Walbecq. À petit nombre. Le Veilleur de Nuit.

JOURNAUX ET REVUES

L'Action française (1903)
Akademos
L'Ami du Lettré
L'Amusant
Art et Critique (1889-1897)
L'Art libre
L'Assiette au Beurre
Au Quartier Matin
L'Avenir dramatique
La Batte (1888)
Le Bon Journal (1890)
Bonsoir
Le Canard enchaîné
Le Capitole
Le Carcan
Le Carillon
Le Carnet critique
Le Chat Noir (rédacteur en chef en 1897)
La Chronique parisienne
La Cocarde
Cocorico
Le Courrier français
Le Courrier musical (1904)
Comœdia
Le Cri de Paris

La Critique
Le Décadent
Demain
La Dernière Heure
Le Diable au Corps (1893-1895)
L'Écho de la Semaine
L'Écho de Paris (1890-1907)
L'Ère nouvelle
L'Ermitage (1895)
Fantasio
Le Fin de Siècle (1902-1904)
La Fronde
La Gaudriole
Le Génie civil
Gil Blas (1890-1911)
La Grande Revue
L'Humour
Le Journal
Le Journal amusant (1896-1904)
Le Journal musical
Le Journal pour tous
La Lanterne de Bruant
La Liberté du Jura (1878)
Lutèce
Le Mail
Mascarille
Le Mercure de France (1891)
Le Mercure musical
Le Messager français
Le Monde artiste (1904)
Le Monde astronomique
Le Monde des Arts
Le Musée des Familles
Musica
La Normandie intellectuelle
Le Nouvel Écho (1892)
La Nouvelle Revue (1897-1903)
La Nouvelle Rive Gauche
L'Omnibus de Corinthe
Oriental Advertiser (Constantinople)
Pages littéraires

La Paix
Paris-Coulisses
Le Parti national
Le Pays
La Petite Revue du Midi
La Plume
Pourquoi pas ?
La Province nouvelle
La Quinzaine (1898)
La Rampe
La Renaissance latine (1903)
La Revue Blanche (1896-1898)
La Revue Bleue (1892-1895)
La Revue d'aujourd'hui
La Revue de l'Évolution
La Revue encyclopédique (1896-1904)
La Revue hebdomadaire (1894-1899)
La Revue générale de Belgique (1898)
La Revue indépendante
La Revue internationale de Musique (1898)
La Revue littéraire de Paris et de Champagne
La Revue musicale (1903)
La Revue politique et littéraire
La Revue normande
La Revue universelle
Le Rire
Le Roquet
La Roulotte
La Semaine de Genève
Le Soir
Le Sourire
La Suisse
Le Supplément (1902-1904)
Sur la Riviera
La Verveine
La Vie drôle
La Vie en rose
La Vie galante
La Vie musicale (1904)
La Vie parisienne
La Volonté
Weekly Critical Review

Livres consultés

Acker, Paul, *Humour et Humoristes*, Simonis Empis, 1899.
Albert, Henri, *Willy*. Sansot, 1904.
Alméras, Henri d', *Avant la gloire, leurs débuts*, Société française d'imprimerie et de librairie, 1902.
Apollinaire, *Le Flâneur des deux rives*, Gallimard, Idées.
Auriant, *Fragments*, Éd. Nouvelle Revue, Bruxelles, 1942.
Balberghe, Émile van, « *Ivrogne d'eau bénite* » : Léon Bloy et Willy, Le Veilleur de Nuit, 2001.
Bataille, Henry, *Têtes et Pensées*, Ollendorff, 1901.
Beaumont, Germaine, et Parinaud, André, *Colette par elle-même*, Le Seuil, 1951.
Bédu, Jean-Jacques, *Francis Carco au cœur de la Bohème*, Éditions du Rocher, 2001.
Bibliothèque nationale. *Catalogue de l'Exposition Colette*, 1973.
Blanche, Jacques-Émile, *La Pêche aux souvenirs*. Flammarion, 1949.
Bonmariage, Sylvain, *Willy, Colette et moi*, Charles Frémanger, 1954.
Boulestin, Marcel, *À Londres, naguère*, Fayard, 1946.
Cahiers Colette, n° 24, *Ateliers*, Société des Amis de Colette, 2002.
Caradec, François, *Raymond Roussel*, Fayard, 1997.
— *La Farce et le Sacré* (Paul Masson), Casterman, 1977.
— *Alphonse Allais*, Fayard, 1997.
— *Jane Avril*, Fayard, 2000.
Champion, Pierre, *Marcel Schwob et son temps*, Grasset, 1927.
Chauvière, Claude, *Colette*, Firmin-Didot, 1931.
Clifford-Barney, Natalie, *Je me souviens*, Sansot, 1910.
— *Aventures de l'esprit*, Émile-Paul, 1929.
— *Souvenirs indiscrets*, Flammarion, 1968.
Carco, Francis, *Montmartre à vingt ans*, Albin Michel, 1938.
— *Au beau temps de la Butte*, Albin Michel.
Castillo, Michel del, *Colette, une certaine France*, Stock, 1999.
Chalon, Jean, *Colette, l'éternelle apprentie*, Flammarion, 1998.
Colette, *Mes Apprentissages*, Ferenczi, 1936.
— *Lettres à ses pairs*, Flammarion, 1973.
— *Œuvres*, édition établie sous la direction de Claude Pichois, Bibliothèque de la Pléiade, tomes I, II, III (*Mes Apprentissages*), IV, 1984-2001.

— *Album Pléiade*, Gallimard, 1984.
— *Mes vérités*, entretiens avec André Parinaud, Écriture, 1996.
— *Lettres à Missy*, catalogue vente Drouot du 24 novembre 1999, expert Thierry Bodin.
COQUELIN, Louis, *Willy*, Larousse mensuel, n° 294, août 1931.
COURANT, Paul, *Willy musicographe*, Écrits de Paris, décembre 1965.
GROSLAND, Margaret, *Colette*, Albin Michel, 1973.
CURNONSKY, Maurice, *À travers mon binocle*, Albin Michel, 1948.
— *Souvenirs littéraires et gastronomiques*, Albin Michel, 1958.
DORMANN, Geneviève, *Amoureuse Colette*, Herscher, 1984.
DRÈVE, Jean, *Une usine de romans (Willy)*, Le Thyrse, 1er décembre 1959.
FANTIN EPSTEIN, Bernadette, *Wagner et la Belle Époque*.
— *Le Regard de Willy*, Éditions universitaires du Sud, Toulouse, 1999.
FERRIER-CAVERIVIÈRE, Nicole, *Colette, l'authentique*, P.U.F., 1997.
FRANCIS, Claude et GONTHIER, Fernande, *Colette*, Perrin, 1997.
— *Mathilde de Morny*, Perrin, 2000.
GAUTHIER-VILLARS, Jacques, *Willy et Colette, un couple parisien de la Belle Époque*, Les Œuvres libres, n° 161, octobre 1959.
GOUJON, Jean-Paul, *Willy chez Renée Vivien*, À l'Écart, n° 2, 1980.
— *Jean de Tinan*, Plon, 1991.
— *Pierre Louÿs*, Fayard, 2002.
GUILBERT, Yvette, *Mes lettres d'amour*, Denoël et Steele, 1933.
HOLLANDER, Paul d', *Colette, ses apprentissages*, Klincksieck, 1978.
— Colette et Willy, *Claudine en ménage*. Klincksieck, 1978.
KRISTEVA, Julia, *Le génie féminin*, tome III : *Colette*, Fayard, 2002.
LA HIRE, Jean de, *Willy et Colette*, Bibliothèque indépendante d'édition, 1905.
LAMY, Marthe, *Autrefois et autrement*, Éd. Gerbert, 2001.
LÉAUTAUD, Paul, *Journal littéraire*, Mercure de France, 1954-1966.
LECOMTE, Georges, *Willy*, Les Hommes d'Aujourd'hui, n° 412, Vanier, s.d.

LEFÈVRE, Frédéric, *Une heure avec...*, Gallimard, 1927.
LES GUÊPES, *Willy*, novembre 1911.
LORRAIN, Jean, *Histoire de marques*, n.e. Pirot, 1987.
LOUŸS, Pierre, *Mille lettres inédites à Georges Louis (1890-1917)*, Fayard, 2002.
LOUŸS, Pierre, CLIFFORD-BARNEY, Nathalie, VIVIEN, Renée, *Correspondances croisées*, À l'Écart, 1983.
MARTINEAU, Henri, *P.-J. Toulet « collaborateur » de Willy*, Le Divan, 1957.
MARTIN-SCHMETS. *Henri Vandeputte, collaborateur de Willy*, Mélanges Décaudin, Corti, 1988.
MIGNON, Maurice, *Willy, Colette et Polaire*, Imprimerie générale de la Nièvre, 1960.
OFFEL, Horace van, *Confessions littéraires*, Bruxelles, 1938.
PAILLET, Léo, *Dans la ménagerie littéraire*, Baudinière, 1925.
PICHOIS, Claude et BRUNET, Alain, *Colette*, Éditions de Fallois, 1999.
PETIT BOTTIN DES LETTRES ET DES ARTS, Nouvelle Librairie parisienne, 1886.
POLAIRE, *Polaire par elle-même*, Figuière, 1933.
RAA PHOST-ROUSSEAU, M., *Colette, sa vie et son art*, Nizet, 1964.
RACHILDE, *Portraits d'hommes*, Mercure de France, 1929.
RENARD, Jules, *Journal*, Gallimard, 1935.
RAVON, Georges, *Des yeux pour voir*.
SARDE, Michèle, *Colette libre et entravée*, Stock, 1978.
SATIE, Erik, *Correspondance presque complète*, réunie et présentée par Ornella Volta, Fayard/IMEC, 2000.
SIDO, *Lettres à sa fille*, Éd. des Femmes, 1984.
SILVERMAN, Willa Z., *Gyp, la dernière des Mirabeau*, trad. de l'anglais par Françoise Werner, Perrin, 1998.
SOLENIÈRE, Eugène de, *Willy*, Sevin et Rey, 1903.
SWARTE, Madeleine de, *Les Fourberies de Papa*, éd. Henry Parville, 1926.
VARENNE, Pierre, *Manuscrit inédit* (sur épreuves en placards), coll. de l'auteur.
VIEL, Marie-Jeanne, *Colette au temps des Claudine*, Les Publications essentielles, 1978.
VIGNAUD, Jean, *De l'Anarchie intérieure à l'Union mystique*, Messein, 1957.
VIVIEN, Renée, *Anne Boleyn*, À l'Écart, 1982.

ILLUSTRATIONS

Collection de l'auteur : 4, 13, 14, 15, 16, 17, 18, 19, 22, 23, 24, 25, 26, 27, 28, 29, 30, 31, 33, 34, 35, 36, 37, 39, 40, 41, 42, 43, 44, 45, 46, 47, 48, 49, 52, 53
Ancienne collection Jacques Gauthier-Villars : 1, 2, 3, 5, 6, 7, 8, 9, 10, 11, 12, 50, 51
Ancienne collection Pierre Varenne : 38
Collection Jean-Paul Goujon : 20, 21

Remerciements

Dans une lettre à Pierre Louÿs datée du 7 décembre 1919, passée en vente en 1985, Curnonsky écrivait : « Voilà des années que je voudrais vous confier le Dossier Willy Curnonsky ! mais j'avoue humblement que la question est moins haute !! » (que les recherches sur Molière et Corneille qui occupaient Pierre Louÿs). Vingt-deux ans plus tard, le 7 octobre 1941, alors qu'il était sous l'Occupation pensionnaire de l'auberge tenue par Mélanie à Riec-sur-Belon, il écrivait encore à un ami : « J'ai aussi [dans son appartement parisien] entre autres raretés insignes, les sept ou huit cents lettres de Willy relatives à notre "collaboration" (!) secrète et qui prouvent que je suis le seul auteur de 12 ou 15 romans signés de lui seul » (lettre publiée par Pierre Lelant, libraire à Angers, catalogue n° 19, janvier 1970).

C'est cette correspondance que Curnonsky a déposée, en même temps que les lettres de Pierre Louÿs, à la Société des Gens de Lettres en décembre 1954. Soit : 11 dossiers et 650 lettres, cartes, télégrammes et pneumatiques, de 1895 à 1928, couvrant toute la vie littéraire de Willy. Avec la bénédiction de François Billetdoux, président de la Société des Gens de Lettres, j'ai dépouillé cette documentation inédite. Elle n'est toutefois pas intégrale : Curnonsky avait conservé pour son plaisir quelques cartes postales illustrées (de Musidora, par exemple) et donné ou vendu des lettres qu'on voit passer de temps à autre en vente publique ou sur les catalogues d'autographes.

Cette correspondance est loin d'être unique. Willy avait de nombreux correspondants auxquels il écrivait sur des cartes postales, ou sur toutes sortes de papiers et en tous sens, il envoyait télégrammes et pneumatiques qu'il confirmait par téléphone, plusieurs fois par jour grâce aux nombreuses levées et distributions de la poste dans les années qui ont précédé la Première Guerre mondiale. Des centaines de lettres me sont ainsi passées entre les mains, souvent de simples extraits publiés dans les catalogues d'autographes.

En relever systématiquement la référence exacte et précise, comme me l'ont demandé certains lecteurs curieux, était non seulement difficilement envisageable, mais (je vais sans doute les surprendre) ne m'intéresse pas du tout : je ne suis pas universitaire, ce livre n'est pas une thèse, je n'ai aucune raison de justifier ces sources que j'ai vérifiées, et surtout d'en encombrer davantage un livre déjà assez lourd. Je ne vise pas, comme on dit dans les bibliographies commerciales, le «niveau universitaire» ni même un «public motivé», mais les lecteurs curieux de l'histoire et la vie littéraire.

Mes collaborateurs et fournisseurs les plus généreux depuis que Pascal Pia et le lieutenant-colonel Jacques Gauthier-Villars ne sont plus, ont été Thierry Bodin, Eric Walbecq et Jean-Paul Goujon. Ils sont suivis, en ordre, donc alphabétiquement, par Noël Arnaud, Patrick Besnier, André Blavier, Gilles Brochard, Antoine Coron, Jean-Louis Debauve, Michel Décaudin, Bernadette Fantin-Epstein, Patrick Fréchet, Hubert Juin, Bernard Ledoze, Ralph Messac, Claude Rameil, Alvaro Rodriguez, François Sullerot, William Théry. La bibliographie de Willy a été partiellement réalisée grâce aux collections d'Anatole Jakovsky. Enfin je n'oublie pas le docteur Marthe Lamy et Georges Foussier qui tenaient tant l'une et l'autre à réconcilier Colette et Willy...

Une première édition embryonnaire de cette biographie a paru il y a vingt ans sous le titre *Feu Willy* chez un éditeur aujourd'hui disparu et dont la production était vouée au pilon. Dix ans plus tôt, j'avais retapé et contrôlé autant qu'il était possible un manuscrit de Pierre Varenne que sa veuve m'avait confié sur ma demande. Ce livre («l'hagiographie», disait Pascal Pia en refusant une préface) devait paraître chez Pierre Horay qui, devant l'échec prévisible à cette époque, en arrêta l'impression; j'en ai gardé un jeu d'épreuves. Le manuscrit original (?) est entré dans la collection Michel Rémy-Bieth.

Index des noms cités

A

Abraham, Henri : 19
Achille, libraire : 135
Acker, Paul : 114, 119, 126, 144, 148, 208, 317, 345, 349, 375
Adam, Paul : 35, 135, 167
Adelsward, Jacques d' : 34
Adenis, Édouard : 155
Aicard, Jean : 278
Ajalbert, Jean : 357
Albert-Aurier, Georges : 91, 110
Allais, Alphonse : 27, 34, 112, 113, 114, 137, 198, 286
Alméras, Henri d' : 148, 233, 375
Andor, Mme : 313
Antin, duc d' : 139, 140
Apollinaire, Guillaume : 31, 83, 193, 194, 195, 297, 298, 307, 308, 313, 322, 349, 375
Apollinaire, Sidoine : 22
Archimède : 20
Arène, Paul : 342
Argens, Nadine d' : 326, 327, 331
Aristophane : 183, 184
Aristotelês : 318
Aroun-al-Raschid (Umberto Brunelleschi, dit) : 58, 195
Arman de Caillavet, Mme : 88, 96, 99, 121, 122, 124, 179
Armory (Carle Dauriac, dit) : 90, 107, 115, 129, 148, 152, 153, 190, 192, 193, 214, 349, 352
Arnaud, G. : 57
Arnaud, Noël : 150, 380
Arnould, Sophie : 114
Arsonval, Arsène d' : 19
Atamian, Ch. : 194, 368
Audran, Edmond : 62
Auguez, Mlle : 17
Aumale, duc d' : 176

Auriant : 182, 351, 375
Auriol, George : 172, 367
Aussaresses, F. : 56, 335, 349, 371
Avril, Jane : 192

B

B, Mme de : 106
Bady, Berthe : 115
Bagès : 145
Bainville, Jacques : 136
Baju, Anatole : 29, 30
Banville, Théodore de : 26
Barbey d'Aurevilly, Jules : 29, 110, 222
Baret : 250, 258
Barlet, Paul : 37, 47, 56, 111, 113, 118, 144, 212, 244, 258, 271, 272, 276, 340, 348, 349, 367
Barney, Natalie : 179, 180, 196, 375
Barou, Jacques : 348
Barrère : 147
Barrès, Maurice : 119, 125
Bartet, Julia : 153
Barthou, Louis : 116, 357
Bartohm, Max : 125
Basso, restaurateur : 155
Bataille, Henry : 148, 375
Batilliat, Charles : 357
Baudelaire, Charles : 29, 80, 286
Bazaillas : 145
Bazein : v. Niezab
Beaudu, Édouard : 226
Beauharnais, Hortense de : 209
Beaunier, André : 120, 135
Beaunier, Henri : 56
Beauvais-Devaux : 61
Beck, Christian : 110, 111, 118, 126, 294, 296, 349
Becquerel, Henri : 19
Belbœuf, Jacques Godard, marquis de : 10

Belbeuf, marquise de (v. aussi Missy) :
    207, 208, 209, 210, 211, 221, 238, 258
Belhomme, cheval : 240
Bellac : v. Caro
Bellaigue, Camille : 56
Bellune, Jeanne : v. Jarst
Belval-Delahaye, A. : 299, 346
Bénédict, Jean : 58, 288, 370
Benjamin, Edmond : 31
Benoit, André : 328
Ber, de : 364
Béranger, René : 176, 177, 178
Berger, Rodolphe : 155, 257, 369
Bergson, Henri : 317, 318
Berlioz, Hector : 54, 55
Bernadotte, maréchal : 17
Bernard, Charles : 308
Bernard, Jean-Marc : 40, 289, 291, 316, 349
Bernard, Tristan : 90, 112, 119, 286, 295, 349
Bert-Angère : 155
Bertaud, Jules : 287
Berthelot, Marcelin : 18, 276
Berthelot, Philippe : 209, 307
Bertillon, Alphonse : 19
Bertrand, Jules : 148
Bérys, José de : 349, 350, 371
Besnier, Patrick : 343, 380
Bethléem, Louis : 136
Bibesco, Constantin : 204, 349
Bibendum : v. Curnonsky
Bicolor : v. Guigelin
Billy, André : 182, 263, 294, 340, 346
Bismarck, Otto von : 98
Bizet, Georges : 58, 369
Blanche, Jacques-Émile : 84, 117, 126, 183
Bloy, Léon : 110, 319, 375
Blum, Léon : 209
Bois, Jules : 92, 209
Boisacq : 244
Boisson, Marius : 352, 353
Boldini, Giovanni : 159, 183, 197, 198, 240
Boleyn, Anne : 237, 377
Bonaparte, Louis-Napoléon : 20
Bonheur, Alice : 189
Bonmariage, Sylvain : 38, 134, 206, 210, 211, 219, 266, 299, 304, 305, 349, 350, 360, 375

Bonnat, Léon : 158, 180
Bonnefont : 21
Borel, Émile : 19
Borel, Eugène : 29
Barrett, Nancy : 289
Bouchaud, Émilie Marie : v. Polaire
Boucheny de Grandval : 348
Boucher, Émile : 113
Bougé : 140
Bouilhet, Raymond : 56
Boulanger, Georges : 98
Boulestin, Xavier-Marcel : 56, 125, 144, 148, 160, 195, 204, 207, 208, 212, 221, 264, 272, 275, 328, 341, 342, 348, 349, 366, 368, 375
Bourget, Paul : 119, 123, 172, 352
Brahm, Alcanter de : 98, 364
Branly, Édouard : 18
Breittmayer : 226
Breughel de Velours : 350
Bréville, Pierre Onfroy de : 56, 58, 115, 117, 145, 273, 337, 365
Brieux, Eugène : 93, 155
Brille, Pol : 349, 350, 371
Brisson, Adolphe : 25, 120, 135, 136
Brisson, Pierre : 73
Brochard, Gilles : 97
Bron : 314
Bruant, Aristide : 117, 373
Bruchard, Henri de : 148, 181, 209
Bruckner, Anton : 195
Brule, Sophia van der : 142
Brunelleschi, Umberto : v. Aroun-al-Raschid
Brunet, Alain : 70, 377
Bruneteau, Jules : 242
Buffet, Eugénie : ⊕

C

Caigny, Fernand de : 286, 349
Cain, Henri : 155
Callias, Suzanne de : v. Ménalkas
Calmette, Gaston : 227
Camondo, Isaac de : 197
Cap, Captain (Albert Caperon, dit) : 114
Cappiello, Leonetto : 21, 147, 159
Carco, Francis : 13, 294, 295, 296, 335, 347, 349, 375
Cario, Louis : 359
Caro, Elme-Marie : 23

INDEX 383

Caro, tante Landoy : 114
Carette, tailleur : 211
Carré, Albert : 115
Carré, Michel : 116
Casella, Georges : 159, 185, 187, 226, 321
Castillo, Michel del : 231, 236, 375
Catusse, Charles : 289, 352
Cazalis, Henri : v. Lahor, Jean
Caze, Robert : 29
Chabannes, Armande de : 180
Chabannes, comte de : 181
Chabrier, Emmanuel de : 42, 51
Chagall, Marc : 297
Chamberlain, Stuart : 51
Champion, Pierre : 99, 375
Changeur, P.-A. : 135
Chantavoine, Henri : 120, 135
Charasson, Henriette : 352
Charavay : 139, 140, 141, 198
Charles XIV : 17
Charmois, José de : 209
Chaumont-Quitry : 186
Chausson, Ernest : 51, 115, 117, 179, 273
Cherbuliez : 321
Chevillard : 287
Chevreul, Eugène : 18
Cholleton, générale : 68, 69
Chopin : 19, 240
Christophe (Georges Colomb, dit) : 60, 174, 364
Cim, Albert : 118
Claretie, Jules : 183, 184
Clark, Maggie : 120
Claude-Lafontaine, Valentine : 71
Claudius : 155
Clérice, Justin : 189
Clermont-Tonnerre, Elisabeth de : 209
Clouard, Henry : 291
Cocéa, Alice : 356
Cocotte, Andrée : 114, 144, 166, 189, 190, 207, 317, 342, 365, 366, 367, 368, 370
Cocteau, Jean : 326
Codet, Louis : 349
Cohl, Émile (Émile Courtet) : 61, 62
Colas : 155
Colette, Jules : 67, 205
Colette, Léopold : 67, 359
Colomb, Georges : v. Christophe

Colonna, Fabien : 273
Conroy et Perrin : 161
Comte, Auguste : 18
Coolus, Romain : 357
Coppée, François : 125
Coquart, Arthur : 229
Cosima, v. Wagner, Cosima
Cottinet, Émile : 273
Courrières, Berthe de : 110
Courteline, Georges : 114
Courtet, Émile : v. Cohl, Émile
Cramer, Louis : 328
Crest, baronne du : 265
Croisset, Francis de : 206, 357
Crookes, William : 19
Cros, Charles : 18, 27
Croze, J.-L. : 226
Crozières, Alphonse : 183
Curie, Pierre : 19
Curnonsky, (Edmond Sailland, dit) : 13, 17, 33, 48, 84, 87, 101, 103, 104, 107, 113, 114, 124, 126, 129, 137, 140, 152, 167, 183, 185, 187, 193, 194, 196, 197, 203, 204, 205, 208, 215, 216, 228, 230, 231, 238, 242, 243, 245, 246, 247, 248, 249, 250, 251, 253, 258, 259, 260, 262, 263, 266, 272, 278, 279, 280, 282, 283, 284, 285, 294, 304, 315, 324, 334, 335, 337, 343, 345, 347, 348, 349, 350, 355, 360, 368, 376, 379

D

Daly, Raymond : 60
Damia : 354
Dassan : 225
Daudet, Alphonse : 342
Daudet, Ernest : 172
Daudet, Léon : 106, 115, 135, 357
Dauphin, Léopold : v. Pimpinelli
Dearly, Max : 224
Debussy, Claude : 38, 48, 51, 56, 115, 194
Décaudin, Michel : 294
Deffoux, Léon : 335, 351
Degas, Edgar : 125, 190, 197, 198
Delafosse, abbé : 20
Delarue-Mardrus, Lucie : 209
Delavelle, Henri : 142, 366
Delluc, Louis : 317
Delormel, Henri : 152

Delormel, Lucien : 151
Delphin, nain : 280
Demolder, Eugène : 150
Depoix, Mlle : 35
Derême, Tristan : 335, 350
Derennes, Charles : 349
Dérette : v. Mielly, Andrée
Déroulède, Paul : 125
Derval, Suzanne : 209
Desachy, Paul : 31
Descaves, Lucien : 38, 112, 135, 142, 143, 303, 308, 319, 325, 327, 332
Deschamps, Léon : 39
Desgranges, Henri : 243, 348
Després, Suzanne : 111
Desvallières, Maurice : 21, 288
Detaille, Édouard : 180
Devere, Sam : 151
Devillers, docteur : 61
Dhérys, Gaston : 349
Diamant-Berger, Henri : 317
Diard, Alfred : 163, 226, 348, 349, 371
Dieulafoy, Jeanne : 208
Docquois, Georges : 257, 349, 370
Donnay, Maurice : 20, 119, 165, 190
Dorgelès, Roland : 294, 349
Dosset, Serge : 263
Doumic, René : 21, 355, 357
Dranem : 354
Dreyfus, Alfred : 26, 124, 163
Dreyfus, Robert : 51
Drumont, Édouard : 125
Ducos du Hauron, Louis : 18
Dudozelle, Meg de : v. Villars, Meg
Dufay, Pierre : 358
Dufleuve : 151
Duhamel, Biana : 62
Dumas, père Alexandre : 343, 350
Dumur, Louis : 29
Dunan, Renée : 23, 326, 335, 340, 371, 372
Duparc : 115
Dyssord, Jacques : 335, 349

E

Édouard VII : 149, 294, 298, 305
Edwards, Alfred : 208
Eeckoud, Georges : 144
Émile-Bayard, Jean : 41
Engel, José : 118, 365, 366
Erckmann-Chatrian : 19

Erlanger, Camille : 177
Ernest-Charles, Jean (Paul Renaison, dit) : 235, 236, 290, 320, 384
Ernst, Alfred : 51, 54, 55, 56, 57, 118, 194, 337, 364
Ernst, Paul : 313
Escholier, Raymond : 73
Estienne, Henri : 308
Estrée, Paul d' : 139
Eude, Robert : 242

F

Fabre, Joseph : 44
Fagus (Georges Faillet, dit) : 38, 56, 290, 341, 346, 354
Fairy, Marise : 155
Falk : 309
Fall, Léo : 288, 369
Fallières, Armand : 11, 338
Farrère, Claude : 74, 272, 296, 350
Fauré, Gabriel : 51, 56, 332
Faure, Sébastien : 320
Favart : 138
Feitu, Pierre : 299
Fénéon, Félix : 32, 35, 51, 92, 148
Festerat : 286
Feydeau, Georges : 21
Fischer, Max et Alex : 56
Fix-Masseau, Pierre : 108, 109, 111, 112, 271, 348
Flahaut, comte de : 209
Flammarion, Camille : 18, 38, 90, 91, 142
Foley, Charles : 118
Foctit : 223, 224
Forain, Jean-Louis : 106
Forest, Louis : 317, 320
Fort, Paul : 295, 297
Fortuné : 155
Foucault, Léon : 18
Fouquier, Henri : 105
Fourest, Georges : 41, 253, 335, 369
Fraipont, Gustave : 248
France, Anatole : 96, 121, 123, 124
Francis, Claude : 210, 376
Franck, César : 51, 272
Franck, Paul : 207, 214, 215, 216, 227
Franc-Nohain : 132, 216, 217
Francon : 100
Franconi : 46
Fregoli : 264

INDEX   385

Fréjaville, Gustave : 351, 356
Freya, voyante : 212
Freycinet, Charles de : 18
Funck-Brentano, Frantz : 177
Fursy : 189

G

Galitzine, prince : 209
Garbier, huissier : 241
Garnier : 130, 196, 197
Gaubert, Ernest : 182, 346, 349
Gaucher, André : 181
Gaucher, Marc : 226
Gauguin, Paul : 60
Gauthier, Frédéric : 17
Gauthier, Jean-Albert : v. Gauthier-Villars, Jean-Albert
Gauthier-Villars, Albert : 26, 38, 72, 273, 277, 318
Gauthier-Villars, Jacques : 18, 62, 68, 70, 77, 142, 143, 151, 160, 161, 184, 185, 192, 207, 211, 220, 226, 229, 236, 250, 254, 258, 277, 286, 303, 315, 349, 357, 359, 360, 376, 378, 380
Gauthier-Villars, Jean-Albert : 17, 18, 37, 67, 95, 118
Gauthier-Villars, Madeleine : 83
Gauthier-Villars, Miss : v. Villars, Meg
Gauthier-Villars, Paulette : 359
Gautier, Judith : 88
Geoffroy, Jean : 142, 366
Georges-Michel, Michel : 225, 226, 339
Georgie : v. Raoul-Duval et Rézi
Géraldy, Paul : 321
Germain, Auguste : 135
Gerschel : 165
Gervaise, Bernard : 355
Gide, André : 354
Gill, André : 61
Gille, Philippe : 35, 112
Godard, Jacques, marquis de Belbeuf : 209
Godefroy : 365
Golestan, Stan : 56
Golfinéanu, Demetrius : v. Mitty, Jean de
Gonthier, Fernande : 210, 376
Goudeau, Émile : 26, 81

Goujon, Jean-Paul : 13, 109, 113, 179, 237, 372, 376, 378, 380
Gounod : 55
Gourmont, Remy de : 38, 63, 91, 111, 135, 173, 211, 245, 296
Gramont, Louis-René de : 61, 209
Greffülhe, comtesse : 115
Grévy, Jules : 11
Gronet, Nicole : 125
Guérin, Gaston : 249
Grigelin, dit Bicolor : 21
Guignard : 327
Guilbeaux, Eugène : 307, 308, 314
Guilbert, Yvette : 44, 240, 336, 351, 376
Guillaume, Albert : 27, 59, 81, 111, 125, 147, 364, 365, 366
Guillaume II : 36
Guillot de Saix, Léon : 101, 219, 280, 283, 284, 345, 346, 349
Guitry, Sacha : 75, 147, 164, 211, 278
Guitty, Madeleine : 155
Gunsbourg, Raoul : 331
Gyp, comtesse Martel de Janville, dite : 85, 125, 190, 191, 266, 292, 305, 306, 322, 342, 349, 359, 377

H

Haendel, Georg Friedrich : 33
Hahn, Reynaldo : 194, 209
Halévy, Daniel : 51
Hallays, André : 56
Hamel, Léon : 208, 255, 283
Hannon, Théodore : 286
Hans, Robert : 217
Haraucourt, Edmond : 29, 77, 93
Harte, Bret : 35
Hartmann, Georges : 58, 138, 366
Hauser, Fernand : 214
Hégin, Marius : 36, 235, 236
Heine, Henri : 23
Helbingue, René d' : 165
Helleu, Paul : 222
Henri-Albert (Henri-Albert Haug, dit) : 56, 109, 132, 133, 135, 139, 140, 182, 183
Henry, colonel : 124
Héon, Paul : v. Barlet, Paul
Heredia, José Maria : 88, 322
Heredia, Mme S. de : 159
Hermant, Abel : 119

Hermite, Charles : 18
Hérold, Ferdinand : 40, 53, 124
Herondas : 243
Hervé (Florimond Rongé, dit) : 115
Hervieu, Louis : 119
Heylli, Ernest d' : 36
Hicksem : v. Boulestin, Xavier-Marcel
Himly : 23
Hoche, Jules : 122, 148
Holz, Arno : 134, 166, 244, 245, 341, 346, 376
Hollander, Paul d' : 308
Homère : 123, 317
Houdard, Adolphe : 78, 80
Hubacher, Charles : 307, 308, 309, 394
Hübl, Arthur : 38, 364
Hugo, Victor : 29, 93, 194, 208, 329
Huguenin-Boudry, F. : 324
Humbert, Albert : 61
Humbert, Ferdinand : 126
Humières, Robert d' : 160, 209, 327
Huysmans, Joris-Karl : 110, 177

I

Indy, Vincent d' : 44, 51, 56, 58, 117, 118, 287
Ista, Georges : 286, 349

J

J..., Mme de : 208
Jammes, Francis : 160, 166, 184, 187, 191, 208, 211
Janot, ou Petit Janot (Jeanne de Bellune, dite) : 209, 218, 277
Jarry, Alfred : 32, 85, 107, 120, 149, 150, 183, 198, 209, 291
Jaurès, Jean : 193
Jeanson, Henri : 328, 356
Job : 364, 365
Joncières, Léonce de : 180
Joncières, Victorien : 44
Joséphine, impératrice : 87, 209
Jossot : 365
Jourdain, Francis : 84
Jouvenel, baronne de : 351
Jouvenel, Henri de : 211, 257, 265, 284, 307, 336
Juliette, cuisinière : 87, 118
Jullien, Jean : 41, 42, 43, 56, 57, 59, 62, 88, 96, 97, 140
Jullien, docteur : 96

K

Kahn, Gustave : 38, 124, 135
Keller, Fernand : 173
Kernadeck, Rodolphe de : 193
Keyser, Édouard de : 337, 338
Kiki-la-Doucette, chat : 93, 115, 117, 161, 185, 186, 254
Kinceler, Charlotte : 93, 155
Kipling, Rudyard : 276, 327
Klary, C. : 38, 364
Kunkelmann : 94

L

Lacan, Raymond : 113
Laforgue, Jules : 29, 320
La Gandara, Antonio : 209
La Hire, Jean de : 74, 75, 76, 133, 159, 170, 183, 326, 349, 376
Lahor, Jean (Henri Cazalis, dit) : 115
Lajeunesse, Ernest : 347
Lalo, Pierre : 54, 115
Lambrotte : 356
Lamoureux, Charles : 43, 50, 55
Lamy, G. : 144, 366
Lamy, Marthe : 359, 376, 380
Landoy, Henri-Eugène : 70, 114
Landoy, Irma : 70
Landoy, Jules-Paulin : 70, 78
Landoy, Raphaël : 89, 286, 365
Landoy, Sidonie : v. Sido
Landre, Jeanne : 333, 335, 349
Larmandie, Léonce de : 257
Larnac, Jean : 173
Larray, Samuel : 181
La Salle, Louis de : 137
Latinville, glacier : 165
Lautier, André : 173
Lautréamont (Isidore Ducasse, dit) : 296
Lautrec, Gabriel de : 28, 115, 209, 335, 355
La Vaudière, Jeanne de : 211
Lavedan, Henri : 17
Lawrence, William : 114, 365
Lazare, Bernard : 39, 124
Lazareff, Pierre : 352
Léandre, Charles : 147, 159
Léautaud, Paul : 109, 119, 125, 172, 186, 187, 213, 230, 254, 351, 354, 359, 376
Lebaudy, Max : 151

Lebey, André : 101, 350
Leblanc, Georgette : 112, 207, 209, 236
Leblanc, Léonide : 38, 176
Le Cardonnel, Louis : 41
Leclercq, Henri : 109
Lecomte, Georges : 43, 75, 148, 376
Lecomte de Lisle : 26
Lecoultre, Désiré : 36, 314, 315
Leczinski, Stanislas : 139, 140
Lefebvre : 72, 73
Lefèvre, Frédéric : 338, 339, 341, 377
Legay, Marcel : 174
Legrand-Chabrier : 352
Lehar, Franz : 58, 288, 356, 370
Lehmann, Lili : 43
Le Lionnais, François : 245
Lemaire, Gaston : 111
Lemaire, Madeleine : 179
Lemaitre, Jules : 59, 60, 93, 94
Lemice-Terrieux : v. Masson, Paul
Lennox, Cosmo Gordon : 125
Lenthéric, parfumeur : 165
Léon, chapelier : 164
Lépine, Louis : 51, 226
Lerberghe, Charles van : 206, 217, 273
Le Révérend : 58
Le Roux, Hughes : 342
Lesueur, Daniel : 321
Letombe, Paul : 155
Le Verrier, Urbain : 18
Lévy, Jules : 41, 61, 113
Lewis, chapelier : 142, 165, 239
Lippmann, Mlle : v. Arman de Caillavet, Mme
London, Géo : 355
Lorrain, Jean : 101, 110, 111, 112, 125, 135, 137, 155, 167, 171, 198, 211, 291, 377
Losques, de : 147
Louis, Georges : 179, 189, 377
Louis XV : 138, 139, 140, 141, 158, 177, 193, 336, 366, 393
Louis XVI : 17
Louisa : 213
Louÿs, Pierre : 38, 101, 109, 115, 125, 135, 137, 178, 179, 189, 196, 345, 376, 377, 379
Lubin, Germaine : 358
Lucenay, Henry de : 142, 349, 366
Lugné-Poe : 150, 151, 349, 368

Lusciez, Armand : 226
Luvey (Lugné-Poe et Charles Vayre) : 150, 154, 190, 342, 368
Lyon, Gustave : 58, 366
Lysès, Charlotte : 278

M

Mac Orlan, Pierre : 335
Madaillan, Henri de : 74
Madrazo, Frédéric de : 209
Maeterlinck, Maurice : 111, 236, 280
Maillard, Léon : 63
Maillat, Henriette : 110
Maizeroy, René : 172
Mallarmé, Geneviève : 27
Mallarmé, Stéphane : 26, 27, 29, 32, 39, 112
Mallet-Bachelier : 18
Mandel : 171, 179
Mangeot : 45, 46
Maniez, Marguerite : v. Villars, Meg
Maniez, Victor : 288
Manuel, Eugène : 24
Mappin : 268
Marais, Jeanne : 77, 317, 370
Marchand, Jules-S. : 137, 166, 220, 262, 324, 332, 358
Margueritte, Paul : 118, 258
Margueritte, Victor : 118, 209
Mariani : 165
Marivaux : 165
Marni, Jeanne : 340
Mars, Antony : 288
Marsan, Eugène : 291
Marsolleau, Louis : 27
Martel de Janville : v. Gyp
Martin, Léon-Louis : 352
Martineau, Henri : 119, 194, 252, 278, 291, 293, 343, 377
Martinet, Charles : 305, 306, 315, 349
Martini, Augustin : 291
Martin-Schmets, Victor : 294
Massenet, Jules : 42
Masson, Frédéric : 305
Masson, Georges-Armand : 335
Masson, Paul : 41, 83, 87, 91, 96, 98, 99, 100, 105, 106, 113, 126, 375
Massot, Pierre de : 326
Mathé, Édouard : 214, 225
Mathiex, Paul : 148
Mathilde, princesse : 38

Mauclair, Camille : 173
Maugis, Henry : passim
Maupassant, Guy de : 28, 123
Maurevert, Georges : 181, 335
Mauri, Rosita : 42
Maurras, Charles : 131, 135, 329, 357
Maus, Octave : 120, 235
Max, de (de Maxenbourg, dit) : 194, 225
Max, Paul : 211, 286, 325, 349
Maxwell, J.-C. : 19
May, Jacques : 348
Mayniel, Guy : 148
Mayol, Félix : 221, 275, 276, 354
Mazade, Fernand : 192, 293, 345, 349
Mazel, Henri : 40, 41
Meissonier, Jean-Louis Ernest : 106
Mellet, Alain : 236
Ménalkas (Suzanne de Callias, dite) : 326, 349, 350, 370
Mendelssohn : 53
Mendès, Catulle : 51, 56, 69, 79, 102, 115, 133, 153, 176, 177, 187, 211, 229, 230, 298
Menier : 152
Mercier, Auguste : 125
Méré, Charles : 357
Mérode, Cléo de : 108
Messager, André : 38, 58
Méténier, Oscar : 35
Métivet, Lucien : 249, 365
Meulemeester, Victor de : 356
Meyer, Arthur : 124, 125, 154
Meyerbeer : 53
Michel, Albin : 130, 177, 178, 304, 313, 316, 319, 320, 321, 324, 325, 326, 333, 334, 335, 347
Mielly, Andrée : 279, 280, 287, 292, 394
Mignon, avoué : 231
Mignon, cheval : 103
Milhau, Marguerite : 188
Millar, Gertie : 243
Mille, Pierre : 306, 307
Micmandre, Francis : 75, 291, 335, 350
Mirande, Henri : 196, 258, 368
Mirande, Yves : 345, 349
Mirbeau, Octave : 135, 286
Miremont, chocolatier : 216
Misia (Misia Sert, dite) : 74
Missy (Sophie Mathilde de Morny, marquise de Belbœuf) : 9, 10, 11, 207, 208, 209, 210, 211, 213, 214, 215, 217, 219, 221, 222, 223, 224, 225, 226, 227, 228, 230, 232, 233, 236, 239, 240, 243, 248, 250, 255, 258, 263, 265, 271, 276, 277, 283, 284, 285, 289, 335, 376
Mitty, Jean de (Demetrius Golfinéanu, dit) : 180, 181
Mohammed-ben-Kekchose : 19
Moisan, Henri : 19
Molière (Jean-Baptiste Poquelin, dit) : 249, 329, 379
Mondor, Henri : 26
Monnier, Raoul : 260, 291
Monselet, Charles : 38
Montaigne : 329
Montcharmont : 279
Montel : 151
Montesquiou, Robert de : 88, 240, 329
Moréas, Jean : 29, 39, 40, 298, 342
Moreau, Henri : 155
Moreno, Marguerite : 83, 102, 169, 184, 185, 240
Morice, Charles : 39, 60
Moriss : 147
Morny, duc de (père) : 9, 209
Morny, duc de (fils) : 10, 226
Morny, Sophie Mathilde : v. Missy
Mortane, Jacques : 226
Mortier, Alfred : 263
Mortier, Pierre : 226, 263, 357
Morville : 140
Mothier, Mme : 212
Mourey, Gabriel : 22, 320
Mozart, Wolfgang Amadeus : 54, 55, 58, 138, 366
Muhlfeld, Jeanne : 95, 167, 169, 172, 185, 186
Muhlfeld, Lucien : 135, 150, 167, 171, 172
Murat, prince : 10, 226
Murger, Henri : 112
Musette (Auguste Robinet, dit) : 47, 245
Musidora (Jeanne Roques, dite) : 317, 379
Musset, Alfred de : 104, 105

N

Nadar, Paul : 116, 118, 138, 155
Napoléon III : 9, 17, 209
Natanson, Thadée : 124

Nathan-Gougenheim : v. Forest Louis
Navazza, Auguste : 309, 329
Nerciat, Andrea de : 193
Nietzsche, Frédéric : 51, 52, 53, 109, 140
Niezab, G. : 324, 381
Nikish, Arthur : 51
Noailles, Anna de : 134, 187, 243
Normand, Lucien : 61
Normandy, Georges : 188, 341, 342
Nouguès, Jean : 207
Novalis : 29

O

Ocagne, Maurice d' : 38
Offel, Horace van : 286, 289, 294, 346, 347, 348, 349, 377
Ogier, cocher : 161, 162, 262
Ohnet, Georges : 78
Ollendorff : 28, 130, 135, 164, 171, 172, 179, 230, 241, 246, 257, 258, 263, 326
Ombiaux, Maurice des : 350
O'Monroy, Richard : 189
Orchamps, baronne d' (Mme Poyallon, dite) : 316, 349, 370
Osiris, banquier : 106
Orléans, Charlotte Elisabeth d' : 139
Otéro, Caroline : 209

P

Pagès, Madeleine : 349
Pailleron, Édouard : 23
Paillet, Léo : 338, 377
Palatine, princesse : 139, 143
Palmer, Eva : 196
Pancier : 246, 278
Panizza, Oskar : 53
Pansaers, Clément : 326
Parville, Robert : 36, 119, 120, 147, 149, 233, 267, 268, 269, 294, 295, 297, 303, 308, 309, 313, 314, 315, 317, 321, 324, 326, 333
Pascal, Blaise : 329
Pascau, Eugène : 159, 367
Passurf, Léon : 176, 349, 369
Pasteur, Louis : 18
Pasteur Vallery-Radot, Louis : 359
Paul-Boncour, J. : 177, 178, 367
Paulus : 225
Pawlowski, Gaston de : 37, 113, 243

Péladan, Joséphin : 46, 47, 49, 110, 111
Pellerin, Jean : 297
Perdiccas (v. aussi Curnonsky et Toulet) : 104, 253, 282
Perny, Adolphe : 148
Petit Jarot : v. Jarot
Pétrone : 21
Philipp, Isidore : 190
Pia, Pascal : 13, 371, 380
Picabia, Francis : 326
Pichois, Claude : 70, 108, 276, 375, 377
Pichot, Eugène : 56
Pierné, Gabriel : 56, 116
Pimpinelli (Léopold Dauphin, dit) : 113, 383
Pinchon, R. : 142, 367
Pinchon-Lechat, Marie : 311
Pizzighelli, Giuseppe : 38, 364
Platon : 47, 329
Poincaré, Henri : 19, 304
Poiret, Paul : 125
Polaire (Émilie Marie Bouchaud, dite) : 36, 75, 93, 150, 151, 152, 153, 154, 155, 156, 157, 158, 159, 161, 164, 165, 167, 178, 190, 191, 194, 196, 216, 217, 224, 250, 268, 285, 289, 292, 306, 331, 348, 359, 377
Poldès, Léo : 320
Polignac, Armande de : 50, 88, 174, 233
Ponchon, Raoul : 105, 227
Ponsot, Willy : 27
Porto-Riche, Georges de : 180
Potasson, chien : 69
Pottier, Laure : 18
Poueigh, Jean : 335
Pougy, Liane de : 209, 211, 371
Pouvillon, Émile : 173
Poyallon, Mme : v. Orchamps, baronne d'
Préjelan, René : 183, 367, 369
Pressac, Pierre de : 209
Prévost, Marcel : 119, 172, 321
Priscilla : v. Villars, Meg
Privas, Xavier : 206
Proust, Marcel : 32, 85, 101, 122, 123, 137, 209, 299
Puget, président : 177
Purnode, Mme : 306

Q

Quérard, J.-M. : 131
Quint : 371

R

R., millionnaire : 355
Rabier, Benjamin : 147, 166, 190, 214, 367
Rachilde : 31, 33, 38, 68, 75, 107, 109, 129, 131, 132, 149, 157, 166, 172, 191, 209, 211, 219, 320, 352, 353, 355, 357, 377
Racine, Jean : 165, 329
Rageot, Gaston : 357
Rall, Georges : 27, 29
Rameau d'Or, cheval : 240
Rameil, Pierre : 217, 380
Raoul-Duval, Georgie : v. Rézi
Raoul-Duval, René : 169
Rassat, Madeleine : 193
Ravel, Maurice : 287
Ravon, Georges : 345, 377
Raynal : 140
Réaux, des : 140
Reboux, Paul : 209, 263, 350
Redfern, tailleur : 142, 205, 240, 241
Regnard : 155
Régnier, Henri de : 29, 38, 39, 167, 209, 258
Régnier, Marie de : 169
Reinach, Joseph : 124
Reinach, Théodore : 21
Réja, Marcel : 355
Rémy-Bieth, Michel : 236, 380
Renaison, Paul : v. Ernest-Charles, Jean
Renan, Ernest : 52
Renard, Jules : 39, 41, 60, 84, 124, 154, 158, 161, 177, 342, 377
Renaud, J. Joseph : 226
Renaud, Maurice : 53
Renée, amie de Marcel Schwob : 85
Rassenfosse : 366
Retté, Adolphe : 39, 56, 352, 353
Réval, M. G. : 136
Rey, J.-Ch.-E. : 182, 290, 367, 377
Reynaud, Ernest : 29, 41
Rézi (Georgie Raoul-Duval, dite) : 69, 167, 168, 169, 170, 171, 172, 174, 175, 209, 210, 220, 262, 268, 285
Rhamsès II : v. Landoy, Raphaël

Rieux, Jean : 286
Rimbaud, Arthur : 29
Riou, Pierre : 241
Rip (Georges Thenon, dit) : 165, 275, 276, 336, 345, 349
Riversdale, Paule de : v. Van Zuylen
Rivoire, André : 263
Robert, Georges : 357
Robert, Louis de : 123
Robineau-Duclos, Achille : 67, 78, 89
Robineau-Duclos, Jules : 67
Robineau-Duclos, Juliette : 67, 68, 69, 73, 84
Robinet, Auguste : v. Musette
Roché, docteur : 67
Rochefort, Henri : 125
Rolland, Romain : 308, 314
Rollinat, Maurice : 38
Rops, Félicien : 110
Roques, Jeanne : v. Musidora
Rosny, J.H., aîné : 172, 357
Rossi, Henri : 333, 349, 350, 371
Rostand, Edmond : 183, 184
Rostand, Rosemonde : 196
Roubille, Auguste : 242
Roufflar, Marie : 288
Rousseau, Samuel : 38
Roussel, Raymond : 44, 328, 329, 330, 331, 354, 375, 394
Rouveyre, André : 284
Rubens : 350
Ruelle, Angelin : 253, 369
Rzewuski, Stanislaz : 44

S

Saillard (Saillant) : v. Curnonsky
Sainte-Claire Deville, Étienne : 303
Sainte-Claire Deville, Henri : 18
Sainte-Croix, Camille de : 120
Saint-Marceaux, Mme de : 88
Saint-Victor, Mme : 88
Salis, Rodolphe : 26
Salmon, André : 209, 297
Samain, Albert : 321
Samazeuilh, Gustave : 56
Sarcey, Francisque : 35, 88, 112
Satie, Erik : 46, 47, 48, 49, 50, 331, 377
Scheffer, Robert : 208
Schiller : 23

INDEX 391

Schmitt, Florent : 285
Scholl, Aurélien : 41, 82, 112
Schrader de Nysolt, Mina ou Monna : 92, 110
Schwob, Marcel : 28, 38, 60, 62, 63, 70, 78, 83, 85, 87, 96, 98, 99, 100, 102, 103, 106, 122, 169, 187, 198, 375
Sée, Edmond : 135, 144
Sem : 147, 159, 221, 242, 243
Sembat, Marcel : 329
Sennep : 236
Serres, Louis de : 117, 272, 273
Serres, Mme Louis de : 179, 272, 273, 274, 275, 276, 277
Sert, José-Maria : 54, 74, 102, 209
Sert, Misia : v. Misia
Servais, Fernand : 286
Servat, Marie-Louise (ou Germaine Villars) : 62, 63
Seurlis, P. : 30
Séverine : 329
Sicard, Émile : 291
Sido : 67, 68, 69, 70, 73, 78, 83, 84, 96, 155, 377
Sidredoulx, Épiphane : 371
Silva, Blanche : 287
Silverman, Willa Z. : 306, 377
Silvestre, Armand : 120, 135
Sima, Joseph : 350, 371
Simon, Jules : 20
Simon, Marcel : 154
Simon, P.-H. : 73, 134
Simond, Henri : 56, 305
Simond, Valentin : 56
Smiley, Jim : 28, 36, 111, 112, 119, 121, 171
Snob : 218, 223
Solenière, Eugène de : 55, 56, 58, 76, 132, 142, 148, 174, 179, 182, 349, 367, 377
Solvay, Lucien : 255
Sophocle : 52
Soupault, Philippe : 326
Spitteler : 308
Stein : 324
Stendhal : 181
Strauss, Richard : 56, 58, 358
Stryienski, Casimir : 177
Sudda, Emilio della : 131, 145, 366
Sully Prudhomme : 110, 196

Swarte, Madeleine de : 32, 61, 74, 214, 235, 252, 280, 285, 299, 303, 305, 308, 315, 319, 322, 324, 325, 330, 332, 334, 335, 341, 347, 349, 351, 353, 356, 357, 360, 363, 370, 371, 377
Sylvererius : 239
Sylviac, Mme : 224

T

Tailhade, Laurent : 29, 33, 40, 209, 290, 295, 342
Talleyrand : 209
Tarquini d'Or, Mme : 117
Tschaïkowsky : 43, 44
Tender, Alice de : 209, 289
Tender, Fanny de : 209
Terrain, Olympe : 101, 102, 103
Terrasse, Claude : 149
Téry, Gustave : 329
Thèbes, Mme de : 9
Thierry, banque : 283
Thomas, Louis : 291
Tiersot, Julien : 51
Tillet, Jacques du : 13, 38, 56, 101, 107, 108, 109, 111, 112, 113, 119, 120, 121, 137, 138, 148, 291, 349, 365, 372, 376
Tinan, Jean de : 94
Toby-chien : 11, 159, 161, 165, 184, 185, 186, 220, 221, 248, 254, 273, 348
Tolstoï, Léon : 196
Toulet, Paul-Jean : 13, 104, 126, 208, 251, 252, 253, 262, 263, 278, 279, 280, 281, 282, 283, 293, 294, 295, 296, 316, 317, 335, 345, 348, 349, 377, 394
Toulouse-Lautrec, Henri de : 158, 192, 240
Treich, Léon : 36, 335, 337
Trémisot, André : 349
Trémisot, Georges : 114, 142, 144, 349, 367
Trézenick, Léo (Léon-Pierre Epinette, dit) : 27, 28, 90, 364
Trimouillat, Pierre : 41
Troubetzkoï, Sophie : 209
Twain, Mark : 27, 28, 35, 196, 209, 333, 364
Tzara, Tristan : 326

U

Ugène : 314, 315
Urquhart, Jenny : v. Rézi
Uzanne, Octave : 177
Uzès, duchesse d' : 125

V

Valdagne, Pierre (Charles-Lucien Louis, dit) : 28, 119, 171
Valéry, Paul : 125, 213
Vallette, Alfred : 30, 107, 111, 165, 166, 172, 179, 186, 230, 231, 241, 257, 293, 298, 351, 353, 354, 357
Vallotton, Félix : 107, 182
Vandeputte, Henri : 286, 294, 349, 377
Van Zuylen, van Nyevelt van de Haar, baronne : 40, 115, 181, 209
Vanor, Georges : 209, 389
Varenne, Pierre (Pierre Battendier, dit) : 24, 61, 87, 129, 157, 236, 263, 307, 315, 325, 326, 328, 341, 349, 351, 352, 353, 354, 355, 356, 357, 371, 377, 378, 380
Varlet, Théo : 319, 320, 349
Vauchoux, chevalier de : 139, 140, 141, 198
Vaxelaire, J.-C. : 138, 342, 366
Vayre, Charles : 150, 151, 190, 349, 368
Veber, Jean : 90, 365
Veber, Pierre : 78, 80, 83, 87, 90, 91, 92, 106, 124, 126, 134, 342, 349, 365, 367
Verlaine, Paul : 29, 38, 273, 282, 332
Verne, Jules : 19
Verrier, Charles : 254
Viel, Marie-Jeanne : 173, 377
Viélé-Griffin, Francis : 29, 177
Villars, Dominique : 17
Villars, Germaine : 59, 63, 87
Villars, Henri G. (Willy) : 36, 60
Villars, Gaston (Willy) : 29, 30, 36, 146
Villars, Meg (Marguerite Maniez, dite) : 9, 10, 87, 138, 216, 221, 225, 226, 229, 231, 232, 236, 237, 238, 239, 248, 249, 250, 251, 255, 259, 265, 267, 276, 277, 278, 280, 285, 288, 289, 292, 305, 324, 349, 352, 360, 363, 369
Villars, Pauline : 86
Villatte, C. : 29, 36
Villatte, Louis : 31, 36
Villeneuve-Bargemont : 139
Villon, Jacques : 113
Vinès, Ricardo : 287
Viterbo, Max : 226
Vivien, Renée : 180, 207, 209, 237, 238, 320, 376, 377
Vogel, docteur H. : 38, 364
Vogüé, de : 209
Voisin, tailleur : 24
Volta, Ornella : 50, 377
Vuillermoz, Émile : 32, 53, 56, 57, 58, 115, 169, 173, 194, 204, 205, 207, 209, 212, 214, 215, 218, 221, 225, 229, 232, 236, 238, 271, 274, 288, 337, 349, 358

W

Wague, Georges (Georges Waag, dit) : 198, 206, 214, 215, 217, 225, 227, 232, 250, 276
Wagner, Cosima : 56
Wagner, Richard : 44, 47, 51, 52, 53, 54, 55, 117, 146, 182, 209, 305, 314, 332, 356, 376
Warnod, André : 287, 335, 352, 356
Weiller, Lazare : 92
Wely, J. : 147, 178, 367, 368
Wely, Loquette : 317
Widhopff : 158
Wilder, Victor : 51, 54
Willette : 196, 221, 250, 251
Willy, Louise : 95
Wollzogen, Hans von : 51
Wyzewa, Teodor de : 51, 55, 192

X

Xanrof (Léon Fourneau, dit) : 249

Y

Yma, Yvonne : 155
Yssim : v. Missy

Z

Zaliouk : 147
Ziehn : 195
Zizi, chien : 218, 326
Zola, Émile : 124, 135, 136, 290, 327

Table

L'INFLUENCE DE VÉNUS 7

1 – DE WILLY À COLETTE 1859-1892 15
Henry Gauthier-Villars 17
L'à-peu-près grand homme 31
L'Ouvreuse du Cirque d'Été 37
Germaine Villars 59

2 – DE COLETTE À CLAUDINE 1893-1900 65
Adieu vat 67
Un homme jeune encore 73
La rue Jacob 77
« Une Passade » 86
Une grosse maladie 92
« Maîtresse d'Esthètes » 106
93, rue de Courcelles 113
« Un vilain Monsieur ! » 119
C'est gentil… 125

3 – DE LA GLOIRE À LA DÈCHE 1900-1905 127
« Claudine à l'École » 129
« Le Mariage de Louis XV » 138
« Claudine à Paris » 141
Quelques grossièretés 144
Henry Maugis 145
« Pantagruel » 149
Claudine sur scène 150
Une paire de « twins » 155
177 bis, rue de Courcelles 158
Il a l'air d'un homme connu 163
« Claudine en ménage » 166
« Claudine amoureuse » 171
Quelques vers de Willy 174
« La Maîtresse du Prince Jean » 176
« Claudine s'en va » 179
Hagiographies 182
Les Monts-Boucons 184
« Minne » 188

« Le Friquet » 189
« En bombe » 192
« Chaussettes pour Dames » 194
Le 1er mai 1905 197

4 – DE TAILLANDY À BASTIENNE DE BIZE 1906-1914 201
De la copie 203
Un tout petit faune 205
Colette s'en va 211
Feu Willy 219
Le scandale du Moulin-Rouge 220
Six filles… légitimes 230
La vente des « Claudine » 235
« Un petit vieux bien propre » 242
La purée s'épaissit 248
Paul-Jean Toulet 251
« L'Ingénue libertine » 254
La mort de Maugis 258
« La Vagabonde » 263
Cinq coups de revolver 266
La Baronne Bastienne de Bize 278
La dernière « Lettre de l'Ouvreuse » 284
L'hommage des « Guêpes » 289
Andrée Mielly et « Le Friquet » 292
« L'Implaquable Siska » 293
Un billet d'aller et retour 298

5 – DE GENÈVE À PARIS, PAR MONTE-CARLO 1914-1931 301
Sale blague pour les humoristes 303
Hubacher crétin 307
Le voyage à Munich 313
Production de guerre 315
Le tireur à la ligne 319
« Sur la Riviera » 321
Ah ! ce Raymond Roussel ! 328
« Les Fourberies de Papa » 331
Nègres et collabos 336
Une âme en voie de conversion 350
Trois mille personnes 356

ANNEXES 361
Les domiciles de Willy 363
Œuvres publiées 363
Journaux et revues 372
Livres consultés 375
Illustrations 378
Remerciements 379
Index des noms cités 381

Cet ouvrage a été réalisé en Times par Palimpseste à Paris

www.ingramcontent.com/pod-product-compliance
Lightning Source LLC
Chambersburg PA
CBHW052138300426
44115CB00011B/1436